지금 조선의 시를 쓰라

지금 조선의 시를 쓰라—연암 박지원 문학 선집

박지원 지음 | 김명호 편역

2007년 2월 26일   초판 1쇄 발행
2021년 3월 15일   초판 7쇄 발행

펴낸이 한철희 | 펴낸곳 돌베개 | 등록 1979년 8월 25일 제406-2003-000018호
주소 (10881) 경기도 파주시 회동길 77-20(문발동)
전화 (031) 955-5020 | 팩스 (031) 955-5050
홈페이지 www.dolbegae.co.kr | 전자우편 book@dolbegae.co.kr

책임편집 이경아 | 편집 김희동·윤미향·김희진·서민경·이상술
디자인 민진기디자인 | 제작·관리 윤국중·이수민 | 마케팅 심찬식·고운성
인쇄·제본 한영문화사

ⓒ 김명호·민족문화추진회, 2007

ISBN 978-89-7199-270-8 03810

이 도서의 국립중앙도서관 출판시도서목록(CIP)은 e-CIP 홈페이지
(http://www.nl.go.kr/cip.php)에서 이용하실 수 있습니다. (CIP제어번호:CIP2007000513)

연암 박지원 문학 선집

지금 조선의 시를 쓰라

박지원 지음 ― 김명호 편역

돌베개

| 책머리에 |

 우리 고전 작가 중에서 연암 박지원만큼 널리 알려지고 사랑받는 작가도 드물 것이다. 이는 연암의 작품들이 그가 살았던 시대를 넘어 21세기인 오늘날까지 강렬한 매력을 발하고 있기 때문이다. 탈근대를 외치고 세계화를 지향하는 현대에도 연암의 문학은 전혀 낡지 않았다.
 연암은 지금으로부터 꼭 270년 전 한양의 명문 양반가에서 태어났다. 그러한 출신에다 남다른 문학적 재능을 타고났으므로 크게 출세할 수도 있었지만, 오랫동안 재야의 선비로 살아가면서 창작과 학문에만 전념하였다. 그는 당시 양반들의 고루한 사상과 복고적인 문풍을 혁신하고자 했으며, 이를 위해 시대적 편견에서 벗어나 사물을 늘 새롭게 인식할 것을 촉구하였다. 그가 남긴 주옥같은 작품들을 통해 연암은 이러한 '인식의 대전환'을 역설하였다. 세계화의 거센 물결 속에 기존의 모든 경계들이 무너지면서 심각한 사상적 혼란을 겪고 있는 우리 시대에 연암의 문학이 살아 있는 고전으로서

빛을 잃지 않는 비밀은 아마도 여기에 있지 않을까 한다.

연암의 문학은 나에게 각별한 의미를 지니고 있다. 20여 년 전 우전 신호열雨田 辛鎬烈 선생 문하에서 한학을 수학하기 시작했을 때, 나는 『연암집』 강독회에서 우전 선생이 국역·구술하신 연암의 글들을 처음 접하고 그 매력에 깊이 빠져 들었다. 그리하여 연암 문학 연구에 정진하게 되었고, 박사논문이자 첫 저서인 『열하일기 연구』를 완성하였다. 그 이후로는 연암이 이룩한 사상적·문예적 성과가 19세기에 어떻게 계승되어 갔는지를 규명하고자, 그의 손자인 환재瓛齋 박규수朴珪壽 연구에 몰두해 왔다. 소장학자 시절부터 50대가 된 지금까지 연암의 문학은 항상 내 곁을 떠나지 않고 학문적 화두가 되어 온 셈이다.

이제 나의 손으로 연암 문학의 정수만을 뽑아 선집을 엮어 내게 되니 감회가 더욱 깊다. 지난 2005년에 나는 우전 선생이 생전에 구술하신 국역 초고를 바탕으로 민족문화추진회에서 우전 선생과의 공역으로 『국역 연암집』을 간행한 바 있다. 그런데 이번에 다시 수정 보완 작업을 거쳐 돌베개 출판사에서 『연암집』 전3권을 출간하는 기회에, 신뢰할 수 있는 번역에다 연암의 대표작을 엄선한 선집을 냈으면 좋겠다는 권유를 받고 이 책을 펴내게 되었다.

연암의 작품을 국역한 선집은 지금까지 여러 종이 간행되었다. 그중 1960년 북에서 나온 홍기문洪起文의 『박지원 작품선집』은 시기적으로 앞서면서도 높은 번역 수준을 성취한 것이라 할 수 있다. 그 후에 나온 어떤 선집도 질적·양적으로 그 수준을 완전히 넘어섰다고는 보기 어려울 듯하다. 그러나 홍기문의 책을 포함한 종래의 선집들은 모두 연암의 시문詩文 완역이 이루어지지 않은 상태에서 나온 것이기에 그로 인한 일정한 한계를 지니고 있다. 뿐만 아니라 학계에서 연암 연구가 상당한 정도로 축적된 오늘날의 안목에서 보면, 작품 선정과 해석 등에서도 수긍하기 어려운 부분이 적지 않다. 그러므로 연암 연구자로서 나는 언젠가 홍기문의 성과를 진정으로 극복한 연암 문학 선집을 펴내리라 속으로 다짐해 오던 터였다.

이 책에는 연암의 소설 10편, 산문 75편, 시 15수, 도합 100편의 대표작을 엄선해서 실었다. 지금까지 나온 연암 문학 선집 중에서 가장 많은 작품을 실은 것이다. 하지만 연암의 작품은 어느 것 하나도 빼기에 아까운 명문들이어서, 선정하는 데 무척 고심하였다. 우선 사상성보다는 문예성, 역사성보다는 현대성에 치중하여 뽑기로 했다. 작가의 개성과 인간미가 진솔하게 드러나 있고, 인생의 보편적 주제를 다루고 있으며, 기발한 사유나 참신한 발상을 보여주는 작품들을 주로 선정했다. 그리고 작품의 장르와 창작 시기도 감안하여 골고루 선정함으로써 연암 문학의 다양한 면모를 조감할 수 있도록 하였다. 유명한 작품들을 빠짐없이 넣되, 잘 알려지지 않았던 명문들도 가급적 많이 소개하고자 했다. 『열하일기』에서도 「호질」 「허생전」 「일야구도하기」一夜九渡河記 등 6편의 글을 추가로 번역하여 실었다.

아울러 이 책이 독자들을 연암의 문학 세계로 인도하는 훌륭한 길잡이가 될 수 있도록 작품 배열에도 세심한 신경을 썼다. 오늘날 소설로 간주되는 유명한 작품들을 제1부에 배치했으며, 연암 문학의 중심을 이루는 다양한 산문들을 제2부에, 그리고 연암의 빼어난 한시들을 제3부에 배치하였다. 이와 같은 큰 틀 안에서 대체로 창작 시기에 따라 작품을 배열하였다. 이를 통해 초기에서 만년에 이르는 연암 문학의 변모 과정도 짐작할 수 있게 했지만, 예외도 있다. 이를테면 산문 중 서문에는 연암의 독창적인 문학론이 드러난 중요한 글들이 많으므로, 그러한 글들을 서문의 전반부에 집중적으로 배치하여 연암의 문학론을 개관하기에 편하게 했다.

    기존의 연암 문학 선집 중에는 대중적인 문체로 술술 읽히기는 하지만 오역이 심하고 대충 번역된 경우가 적지 않다. 이 책을 펴내면서 나는 『국역 연암집』을 바탕으로 하되, 번역 문장을 철저히 수정하고자 했다. 『국역 연암집』이 우전 선생의 초고를 되도록 살리면서 원문을 충실히 번역하고자 한 것이었다면, 이 책에서는 일관된 나의 문체로 정확하면서도 한결 읽기 쉬운 번역이 되게끔 노력하였다. 또한 작품마다 핵심 내용을 적절히 드러내 주면서 독자들의 가슴에 와 닿는 현대적인 제목을 붙이는 데에도 고심하였다. 그리고 작품 이해에 요긴한 주석을 적재적소에 가하고 부록으로 「인명 및 사항 해설」을 두어, 종래의 선집들에서는 볼 수 없던 자상한 주해를 베풀고자 했다. 말미에는 작품의 이해와 감상을 돕기 위해 「연암 박지원의 삶과 문학」을 실었는데, 이는 내가 곧 집필할 『연암 평전』의 밑그림 삼아 공들여 쓴 글이다.

    연암의 시문을 완역한 위에서 그 정수만을 모은 이 책을 펴내기까지 나는 연암 글의 원문을 몇 번이고 읽고 또 읽으며 항상 새로운 감동을 받았다. 과연 그 감동을 아름다운 우리말로 얼마나 살려 내어 독자들의 심금을 울릴 수 있을지 두려운 마음이 들기도 한다. 나에게 연암 문학 선집을 내도록 적극 권유해 준 돌베개출판사 한철희 사장님과 편집 책임을 맡아 노고를 아끼지 않은 이경아 님에게 깊이 감사드린다.

2007년 2월

각심한재覺心閒齋에서   김 명 호

| 차례 |

책머리에 4

일러두기 14

제1부 소설

이야기 솜씨 좋던 민 노인 閔翁傳	19
한양 명물이 된 거지 광문 廣文者傳	32
광문의 후일담 書廣文傳後	37
양반이 되자 하니 兩班傳	42
신선을 찾아서 金神仙傳	48
말 거간꾼의 술책 馬駔傳	55
똥을 치며 사는 은자 穢德先生傳	65
요절한 천재 시인 우상 虞裳傳	71
범이 선비를 꾸짖다 虎叱	88
남산골의 숨은 선비 허생 許生傳	102
진정한 열녀란 烈女咸陽朴氏傳 幷序	118

제2부 **산문**

서문

지금 조선의 시를 쓰라 嬰處稿序	129
비슷한 것은 참이 아니다 綠天館集序	133
오직 참을 그릴 뿐 孔雀館文稿 自序	136
아름답고도 내실 있는 글 旬稗序	139
참된 문학은 어디에 自笑集序	143
말똥 경단인가 여의주인가 蜋丸集序	147
글 잘 짓는 이는 병법을 안다 騷壇赤幟引	151
글에도 소리와 빛깔이 鍾北小選 自序	155
옛 글을 본받되 새롭게 지어라 楚亭集序	159
까마귀는 검지 않다 菱洋詩集序	164
잊어야만 성취하리 炯言桃筆帖序	168
상말도 알고 보면 고상한 말 愚夫艸序	171
멀리 중국에서 벗을 구하는 까닭 會友錄序	175
두메산골로 들어가는 벗에게 贈白永叔入麒麟峽序	180
놓쳐버린 고승을 그리며 楓嶽堂集序	183
왜 청나라를 배우자고 하는가 北學議序	187
일가 형님의 환갑을 축하하며 族兄都尉公周甲壽序	191
「홍범」은 읽기 어렵지 않다 洪範羽翼序	197
해인사의 모임에서 느낀 것 海印寺唱酬詩序	204

발문

도화동의 꽃구경 桃花洞詩軸跋   207

벗이란 제이第二의 나다 繪聲園集跋   211

어느 감상가의 말로 觀齋所藏淸明上河圖跋   215

기記

자기를 찾아나선 광인 念齋記   217

공空을 보아라 觀齋記   221

이름 좋아하는 이에게 주는 충고 蟬橘堂記   224

여름밤의 음악회 夏夜讌記   229

눈 속의 측백나무 같은 선비 不移堂記   232

마음을 비우고 완상하라 素玩亭記   238

진솔한 나의 모습 酬素玩亭夏夜訪友記   242

금학동 별장의 조촐한 모임 琴鶴洞別墅小集記   248

제 몸을 온전히 보존하는 법 以存堂記   253

머리 기른 중을 찾아서 髮僧菴記   258

만년에 휴식하는 즐거움 晚休堂記   265

취해서 운종교를 거닐다 醉踏雲從橋記   268

통곡하기에 좋은 장소 好哭場   272

한밤중에 고북구를 나서며 夜出古北口記   277

하룻밤에 아홉 번 강을 건너다 一夜九渡河記   282

코끼리에 관한 명상 象記   287

대나무에 미친 사람 竹塢記	293
공작처럼 아름다운 집 孔雀館記	296
연꽃과 대숲이 있는 집 荷風竹露堂記	300
학사루에서 최치원을 그리며 咸陽郡學士樓記	304

서간문

이별을 아쉬워하며 答京之	308
저 살아 있는 새를 보라 答京之 之二	310
사마천司馬遷의 마음 答京之 之三	312
글은 홀로 쓰는 것 答蒼厓	314
도로 눈을 감고 걸어라 答蒼厓 之二	317
『천자문』이 읽기 싫은 이유 答蒼厓 之三	319
애주가의 반성 答冷齋	320
고라니나 파리나 마찬가지 答某	322
교만을 버려라 與楚幘	324
삼년상을 마치고 謝黃允之書	325
긴긴날 소일하는 비결 答南壽	329
참된 벗을 그리며 答洪德保書 第二	332
한 처녀의 의문사에 대한 소견 答巡使論咸陽張水元疑獄書	336
주린 백성을 구호하는 즐거움 答大邱判官李侯 端亨 論賑政書	338
안의 고을로 놀러오시오 與人	343
지기를 잃은 슬픔 與人	347

귀양살이하는 벗에게 答李監司 書九 謫中書　　350

쓸쓸한 고을살이 上金左相書　　354

수수께끼와 속담의 뜻 答應之書　　359

오랑캐로 몰린 사연 答李仲存書　　363

『열하일기』를 위한 변명 答李仲存書　　366

비문碑文

참된 이치는 발 밑에 있다 塵公塔銘　　374

맏누님을 사별하고 伯姊贈貞夫人朴氏墓誌銘　　378

고생만 하신 형수님 伯嫂恭人李氏墓誌銘　　380

벗 홍대용의 죽음 洪德保墓誌銘　　384

위대한 어리석음 瘞庵崔翁墓碣銘　　390

추도문

죽음의 공교로움 李夢直哀辭　　397

산 자가 더 슬프다 兪景集哀辭　　402

장인 어른의 영전에 祭外舅處士遺安齋李公文　　406

술친구를 잃고 祭鄭石癡文　　411

논설

옥새는 요망스런 물건이다 玉璽論　　413

은나라의 인자 다섯 분 伯夷論 下　　417

진품을 알아본 사람 筆洗說　　　　　　　　423

제3부 한시

설날 아침에 거울을 대하고 元朝對鏡　　　　　431
새벽길 曉行　　　　　　　　　　　　　　432
몹시 추운 날 極寒　　　　　　　　　　　433
산길을 가다가 山行　　　　　　　　　　434
강변의 노래 江居謾吟　　　　　　　　　435
작고하신 형님을 그리며 燕巖憶先兄　　　436
농삿집 풍경 田家　　　　　　　　　　　437
필운대의 꽃구경 弼雲臺賞花　　　　　　438
압록강을 돌아보며 渡鴨綠江回望龍灣城　439
계륵 같은 관직 齋居　　　　　　　　　　440
해오라기 한 마리 一鷺　　　　　　　　　441
총석정에서 일출을 보다 叢石亭觀日出　　442
문학을 지망하는 젊은이에게 贈左蘇山人　447
산중에서 동짓날을 맞아 山中至日書示李生　453
해인사 海印寺　　　　　　　　　　　　　456

연암 박지원의 삶과 문학　468
인명 및 사항 해설　505
작품 원제 색인　539

일러두기

1. 박영철 편 『연암집』에서 연암 박지원의 대표작 100편을 엄선하여 국역하였다.

2. 소설, 산문, 한시의 3부로 크게 나누고, 제2부 산문은 다시 서문, 발문, 기記, 서간문, 비문碑文, 추도문, 논설로 나누었다.

3. 작품마다 제목을 새로 붙이고 그 아래에 원제를 병기하였다. 말미에 「작품 원제 색인」을 두어, 원제로도 작품을 쉽게 찾을 수 있고 『연암집』의 원문을 대조하기에도 편리하게 하였다.

4. 주석은 각주로 하되, 간단한 경우에는 간주間註로 하였다. 부록으로 「인명 및 사항 해설」을 두어, 빈번하게 나오거나 주석을 통해 설명하기 힘든 내용을 해설하였다.

5. 이해를 돕기 위해 필요한 경우 한자를 병기했으며, 한시를 비롯한 운문들은 한문 원문을 병기하였다.

6. 책이름은 『 』, 편명이나 작품명은 「 」, 대화나 직접 인용은 " ", 강조나 재인용은 ' '로 표시했으며, 번역문과 뜻은 같지만 음이 다른 한자는 ( )로 묶었다.

지금 조선의 시를 쓰라

제1부

소설

이야기 솜씨 좋던 민 노인

閔翁傳

민옹閔翁이란 이는 경기도 남양南陽 사람이다. 무신난戊申亂에 출정하여 그 공으로 첨사僉使가 되었다. 그 뒤로는 집에서 지내다가 다시는 벼슬을 하지 않았다.

옹은 어려서부터 영리하고 총명했다. 유독 옛사람들의 뛰어난 절개와 위대한 자취를 사모하여 비분강개해 마지않았으며, 그들의 전기를 한 편씩 읽을 적마다 탄식하며 눈물을 흘리지 않은 적이 없었다. 일곱 살 때 벽에다 큰 글씨로,

"항탁項橐은 스승이 되었도다."[1]

라고 썼다. 열두 살 때에는,

"감라甘羅는 승상이 되었도다."[2]

라고 썼다. 열세 살 때에는,

"외황外黃 고을의 아이는 유세를 했도다."[3]

라고 썼다. 나아가 열여덟 살 때에는,

"곽거병霍去病은 기련산祁連山으로 출정했도다."[4]

라고 썼다. 스물네 살 때에는,

"항적項籍(항우項羽)은 강을 건넜도다."[5]

라고 썼다. 마흔 살에 이르렀으나 갈수록 명성을 이룬 것이 없었기에 마침내,

"맹자는 마음이 흔들리지 않았도다."[6]

라고 크게 써 놓았다. 이렇게 해마다 쓰기를 게을리 하지 않아, 벽이 온통 새까맣게 되었다.

일흔 살이 되자, 그의 마누라가 조롱하기를,

"영감, 금년에는 까마귀를 그리시려우?"

1_항탁項橐은 스승이 되었도다 : 『전국책』戰國策에 나오는 이야기다. 항탁이란 사람은 일곱 살에 공자의 스승이 되었다고 하였다.

2_감라甘羅는 승상이 되었도다 : 『전국책』에 나오는 이야기다. 감라는 열두 살에 조趙나라에 가서 사신의 임무를 완수한 공로로 상경上卿이 되었으므로, 그가 열두 살에 승상이 되었다는 설은 잘못이다.

3_외황外黃 …… 했도다 : 『사기』史記에 나오는 이야기다. 항우項羽가 외황이란 고을을 공격했을 때 외황 백성들이 항복하지 않고 버티다 뒤늦게 항복하자, 항우가 노하여 성인 남자들을 모조리 파묻어 죽이려 하였다. 그때 외황 영外黃令의 사인舍人의 열세 살 난 아들이 항우에게 유세하여 외황 백성들의 목숨을 살려냈다고 한다.

4_곽거병霍去病은 …… 출정했도다 : 『사기』에 나오는 이야기다. 곽거병은 열여덟 살에 대장군 위청衛青을 따라 표요교위剽姚校尉가 되어 흉노를 공격하여 공을 세웠다. 그러나 기련산까지 출정하여 공을 세운 것은 그가 표기장군驃騎將軍이 된 스물한 살 때의 일이다.

5_항적項籍은 강을 건넜도다 : 『사기』에 나오는 이야기다. 항우는 스물네 살 때 처음 군대를 일으켜, 진秦나라 군대에 포위당한 조왕趙王을 구하기 위해 오강烏江을 건넜다.

6_맹자는 …… 않았도다 : 『맹자』孟子에서 맹자가 "나는 마흔 살이 되자 마음이 흔들리지 않았다"(我四十不動心)고 하였다.

하니, 옹이 기뻐하며,

"당신은 빨리 먹을 가시오."

하고, 마침내 크게 쓰기를,

"범증范增은 기발한 계책을 좋아했도다."[7]

하였다. 그 마누라가 더욱 화를 내면서,

"계책이 아무리 기발한들 장차 언제 쓰시려우?"

하니, 옹은 웃으면서,

"옛날에 여상呂尙(강태공姜太公)은 여든 살에 매가 날아오르듯이 용맹을 떨쳤으니,[8] 지금 나는 그에 비하면 나이 어린 아우뻘이 아니겠소?"

하였다.

계유년(1753)과 갑술년(1754) 사이, 내 나이 열일고여덟 살 적에 나는 오랜 병으로 몹시 지쳐 있어, 가곡이라든가 글씨와 그림, 옛날 칼과 거문고와 이기彝器 등 여러 잡물에 취미를 붙였다. 나아가 사람들까지 불러들여 우스갯소리나 옛날 이야기로 마음을 달래려고 백방으로 노력해 보았으나, 답답함을 풀지는 못하였다. 그때 누군가가 말하기를, 민옹은 기이한 선비로서 가곡을 잘 부르고 이야기를 잘하는데, 말이 거침없고 기묘하여 듣는 사람치고 속이 후련해하지 않는 사람이 없다고 했다. 나는 그 이야기를 듣고 몹시 반가워서, 그와 함께 와 달라고 청하였다.

옹이 찾아왔을 때 나는 마침 사람들과 풍악을 벌이고 있었다. 옹은 인

7_범증范增은 …… 좋아했도다 : 『사기』에 나오는 이야기다. 범증은 기발한 계책을 좋아하여, 나이 일흔 살 때 항우의 숙부인 항량項梁을 찾아가 진秦나라에 반란을 일으키도록 권하였다.

8_옛날에 …… 떨쳤으니 : 강태공이 무왕武王을 도와 은殷나라를 정벌한 사실을 가리킨다. 『시경』에 "태사太師 상보尙父는 당시 매가 날아오르는 듯하였네"(維師尙父 時維鷹揚)라는 구절이 있다.

사도 하지 않고 물끄러미 피리 부는 자를 보고 있더니, 별안간 그의 따귀를 갈기며 크게 꾸짖기를,

"주인은 즐거워하는데 너는 왜 성을 내느냐?"

하였다. 내가 놀라 그 까닭을 물었더니, 옹이 말하기를,

"그놈이 눈을 부라리고 기를 쓰니, 성낸 것이 아니고 무엇인가?"

하므로, 나는 크게 웃고 말았다. 옹이 말하기를,

"어찌 피리 부는 놈만 성낼 뿐이겠는가. 젓대 부는 놈은 얼굴을 돌리고 울 듯이 하고 있고, 장구 치는 놈은 시름하듯 인상을 찌푸리고 있지, 온 좌중은 입을 다문 채 몹시 두려운 듯이 앉아 있고, 하인들은 마음대로 웃고 떠들지도 못하고 있으니, 이러고서야 음악이 즐거울 리 없지."

하기에, 나는 마침내 당장 풍악을 걷어치우고 옹을 자리에 맞아들였다.

옹은 매우 작은 키에 하얀 눈썹이 눈을 내리덮고 있었다. 그는 자신의 이름은 유신有信이며 나이는 일흔세 살이라고 소개하고는, 이내 나에게 물었다.

"그대는 무슨 병인가? 머리가 아픈가?"

"아닙니다."

"배가 아픈가?"

"아닙니다."

"그렇다면 병이 든 게 아니구먼."

그러고는 드디어 문을 열고 들창을 걷어 올리니, 바람이 솔솔 들어와 마음속이 차츰차츰 후련해지면서 예전과 아주 달라졌다. 그래서 옹에게 말하기를,

"저는 단지 밥을 잘 먹지 못하고 밤에 잠을 잘 못 자는 것이 병입니다."

했더니, 옹이 일어나서 나에게 축하를 하는 것이었다. 나는 깜짝 놀라며,

"옹께서는 어찌하여 제게 축하를 하시는 것입니까?"

하니, 옹이 말하기를,

"그대는 집이 가난한데 다행히도 밥 먹기를 싫어하니 재산이 남아돌 게고, 잠을 못 잔다면 밤까지 겸해 사는 것이니 다행히도 곱절을 사는 셈이야. 재산이 남아돌고 남보다 곱절을 살면 오복五福 중에 수壽와 부富 두 가지를 갖춘 거지."

하였다.

잠시 후 밥상을 들여왔다. 나는 신음 소리를 내며 인상을 찌푸리고 음식을 들지 못한 채 이것저것 집어서 냄새만 맡고 있었다. 그러자 옹이 갑자기 크게 화를 내며 일어나 가려고 하였다. 나는 깜짝 놀라 옹에게 왜 화를 내고 가려고 하는지 물었더니, 옹이 대답하기를,

"그대가 손님을 초대해 놓고는 음식을 차려 내오지 않고 혼자만 먼저 먹으려 드니, 예의가 아닐세."

하였다. 나는 사과하고 옹을 주저앉힌 뒤 빨리 음식을 차려 오게 하였다. 그러자 옹은 조금도 사양하지 않고 팔뚝을 걷어 올린 다음 수저를 시원스레 놀려 먹어 대었다. 그걸 보니 나도 모르게 입에서 군침이 돌고 막혔던 가슴과 코가 트이면서, 마침내 예전과 같이 밥을 먹게 되었다.

밤이 되자 옹은 눈을 내리감고 단정히 앉아 있었다. 내가 얘기 좀 하자고 하였으나, 옹은 더욱 입을 다문 채 말을 하지 않아, 나는 꽤나 무료하였다. 이렇게 한참이 지나자 옹이 갑자기 일어나서 촛불을 돋우면서,

"내가 어릴 적에는 눈길만 한 번 스쳐도 바로 외워 버렸는데 지금은 늙었소그려. 그대와 약속하고 평소에 못 본 글을 각자 두세 번 속으로 읽

어 보고 나서 외우기로 하세. 만약 한 자라도 틀리면 약속대로 벌을 받기로 하세나."

하였다. 나는 그가 늙었음을 업신여겨,

"그렇게 합시다."

하고, 곧바로 서가 위에서 『주례』周禮를 뽑아 들었다. 옹은 그중에서 「고공기」考工記 편을 집어 들었고, 나는 「춘관」春官 편을 집어 들었다. 조금 지나자 옹이,

"나는 벌써 다 외웠네."

하고 외쳤다. 나는 아직 한 번도 다 내리 읽지 못했으므로, 깜짝 놀라 옹더러 잠시만 기다려 달라고 하였다. 하지만 옹이 자꾸 말을 걸어 몹시 피곤하게 만들어, 나는 더욱 외울 수가 없었다. 그러는 사이에 졸리더니 그만 잠이 들고 말았다. 다음날 날이 밝자 옹에게 묻기를,

"어젯밤에 외운 것을 기억하실 수 있겠습니까?"

하니, 옹은 웃으면서,

"나는 처음부터 아예 외우지를 않았다네."

하였다.

언젠가 옹과 함께 밤에 얘기를 나누고 있었는데, 옹이 좌중의 손님들을 조롱하기도 하고 꾸짖기도 하였으나, 아무도 막아 낼 사람이 없었다. 그들 중 한 사람이 옹을 궁지에 몰아넣고자 하여 옹에게 물었다.

"옹께서는 귀신을 보셨소?"

"보았지."

"귀신이 어디 있습디까?"

그러자 옹은 눈을 부릅뜨고 물끄러미 둘러보다가, 손님 한 사람이 등

불 뒤에 앉아 있는 것을 보고는 마침내 크게 외치면서,

"귀신이 저기 있소!"

하였다. 그 손님이 노하여 따지고 들자, 옹이 대꾸하기를,

"밝은 세상에 있으면 사람이요, 어두운 세상에 있으면 귀신인데, 지금 그대는 어두운 데 앉아서 밝은 데를 살펴보고, 제 몸을 감추고 사람들을 엿보고 있으니, 어찌 귀신이 아니겠소?"

하니, 온 좌중이 크게 웃었다.

손님이 또 물었다.

"옹께서는 신선을 보셨소?"

"보았지."

"신선이 어디에 있습디까?"

"가난뱅이가 신선이지. 부자들은 늘 세상에 애착을 가지지만 가난뱅이는 늘 세상을 싫어하거든. 세상을 싫어하는 사람이 신선이 아니겠나?"

"옹께서는 오래 산 사람도 보셨겠지요?"

"보았지. 내가 아침나절에 숲 속으로 갔더니 두꺼비와 토끼가 서로 나이가 많다고 다투고 있더구만. 토끼가 두꺼비에게,

'내가 팽조彭祖와 동갑이니 너는 나보다 늦게 태어났다.'

하니, 두꺼비가 고개를 푹 숙이고 울더군. 토끼가 깜짝 놀라,

'너는 어째서 슬퍼하느냐?'

하고 물으니, 두꺼비가 이렇게 말했지.

'나는 동쪽 이웃집의 어린애와 동갑이야. 그런데 그 애는 다섯 살 먹어서 글을 배우게 되었지. 그 애는 목덕木德을 타고 났으며, 섭제격攝提格

(인년寅年)부터 햇수를 세기 시작했어.⁹⁻ 그 뒤 제왕들이 번갈아 교체되다가, 주周나라의 왕통王統이 끊어짐으로써 역서曆書 한 권이 온전히 이루어졌지.¹⁰⁻ 그리고 나서 진秦나라 때 윤달을 겪고,¹¹⁻ 한漢나라와 당唐나라를 거친 다음, 아침에는 송宋나라, 저녁에는 명明나라를 거쳤지.

그러는 동안에 온갖 일을 다 치르면서, 기뻐하기도 하고 놀라기도 하고, 죽은 이를 조문하기도 하고 장례를 치르기도 하면서 지금까지 지루하게 이어져 왔지. 그렇건만 귀도 밝고 눈도 밝고 치아와 머리털은 날마다 자라니, 나이가 많기로는 이 어린애만한 사람이 없다구. 팽조는 기껏해야 팔백 살 살고 요절했으니, 시대를 겪은 것도 많지 않고 일을 겪은 것도 오래지 않지. 내가 이 때문에 슬퍼한 것이야.'

토끼가 이 말을 듣고는 거듭 절하고 뒷걸음쳐 달아나면서,

'너는 내 할아버지뻘이로구나.'

하였다네. 이로 말미암아 보건대 글을 많이 읽은 사람이 가장 오래 산 사람일세."

"옹께서는 세상에서 제일 맛있는 것도 보셨겠지요?"

9_목덕木德으로 …… 시작했어 : 당시 아동들이 배우던 역사 교과서인 『십팔사략』十八史略을 읽기 시작했다는 뜻이다. 『십팔사략』은 천황씨天皇氏를 중국 최초의 왕으로 기록하고 있는데, 그 책의 첫머리에, "천황씨는 목덕木德으로써 왕이 되고, 해가 섭제攝提로부터 시작되었다"(天皇氏以木德 歲起攝提)고 하였다. 세성歲星(목성)이 섭제攝提(인방寅方)에 나타난 달을 한 해의 시작으로 삼았다는 뜻이다. 섭제는 섭제격攝提格의 준말이다.

10_주周나라의 …… 이루어졌지 : 『춘추』春秋를 읽었다는 뜻이다. 『춘추』는 1년의 첫 달을 "춘춘 왕정월王正月"이라 표기하여 주나라의 왕통을 받들고 있음을 나타냈다. 그래서 『춘추』를 역서曆書에 비겨 말한 것이다.

11_진秦나라 때 윤달을 겪고 : 진나라와 같이 정통으로 인정받지 못한 왕조는 윤달과 같다고 해서 윤통閏統이라고 폄하하였다.

"보았지. 달이 하현이 되어 바닷물이 빠지고 갯벌이 드러나면 그 땅을 갈아 염전을 만들어 염분이 많은 흙을 굽는데, 알갱이가 굵은 것은 수정염水晶鹽이 되고, 가는 것은 소금이 된다네. 온갖 음식의 맛을 내는 데에 소금 없이 되겠는가?"

좌중의 손님들이 모두 말하기를,

"참으로 좋은 말입니다. 그러나 불사약만은 옹께서도 틀림없이 못 보셨을 겁니다."

하니, 옹이 빙그레 웃으며 이렇게 말했다.

"그거야 내가 아침저녁으로 늘 먹는 것인데, 어찌 모를 리가 있겠는가? 깊은 골짜기의 반송盤松에 맺힌 단 이슬이 떨어져 땅에 스며들어가 천 년이 지나면 복령茯苓(버섯의 일종)으로 변하지. 또한 인삼은 경주慶州에서 나는 나삼羅蔘이 최상품인데, 모양이 단아하고 붉은 빛을 띠며 사지를 다 갖추고 어린애처럼 쌍상투를 틀고 있지. 그리고 구기자는 천 년이 되면 사람을 보고 개처럼 짖는다네. 내가 이것들을 먹은 적이 있지.

그런 뒤 아무것도 먹지 않은 채 백 일가량을 지냈더니, 숨이 가쁘면서 곧 죽을 것만 같았네. 이웃집 할미가 와서 살펴보고 한숨을 지으면서 '그대는 영양실조에 걸렸구려. 옛날 신농씨神農氏는 온갖 풀을 맛본 다음에야 비로소 오곡을 파종하였소. 무릇 병을 낫게 하는 것은 약이 되고 영양실조를 고치는 것은 밥이 되니, 그대의 병은 오곡이 아니면 낫지 못하우' 하고는, 마침내 밥을 지어 먹이는 바람에 죽지 않을 수 있었지. 그러니 불사약으로는 밥만 한 것이 없네. 나는 아침에 밥 한 사발, 저녁에 밥 한 사발로 지금껏 칠십여 년이나 살았다네."

옹은 말을 할 때면 장황하게 하면서, 이리저리 둘러대었다. 하지만 어느 것 하나 꼭 들어맞지 않는 것이 없었고 그 속에 풍자를 담고 있었으니, 달변가라 하겠다. 손님이 물을 말이 다하여 더 이상 따질 수 없게 되자 마침내 분이 올라,

"옹께서도 두려운 것을 보셨겠지요?"
하니, 옹이 말없이 한참 있다가 버럭 소리를 질렀다.

"두려워할 것은 나 자신만한 것이 없다네. 내 오른쪽 눈은 용이 되고 왼쪽 눈은 범이 되며,[12] 혀 밑에는 도끼를 감추고 있고 팔을 구부리면 당겨진 활과 같아지지. 차분히 잘 생각하면 갓난아이처럼 순수한 마음을 잃지 않으나,[13] 생각이 조금만 어긋나도 짐승 같은 야만인이 되고 만다네. 스스로 경계하지 않으면, 장차 제 자신을 잡아먹거나 물어뜯고 쳐 죽이거나 베어 버릴 것이야. 이런 까닭에 성인聖人께서도 이기심을 누르고 예의를 따르며, 사악함을 막고 진실된 마음을 보존하면서[14] 스스로 두려워하지 않으신 적이 없었다네."

이처럼 수십 가지 어려운 문제를 물어보아도 모두 메아리처럼 재빨리 대답해 내니, 끝내 아무도 그를 궁지에 몰 수 없었다. 옹은 자신에 대해서는 추어올리고 칭찬하는 반면, 곁에 있는 사람에 대해서는 조롱하고 업신여기곤 하였다. 사람들이 옹의 말을 듣고 배꼽을 잡고 웃어도, 옹은 안색 하나 변하지 않았다.

누군가가 말하기를,

12_내 …… 되며 : 위엄이 있거나 무시무시한 모습을 용정호목龍睛虎目이라 한다.
13_갓난아이처럼 …… 않으나 : 『맹자』에 "대인이란 갓난아이 때의 마음을 잃지 않는 사람이다"(大人者 不失其赤子之心者也)라고 하였다.
14_이기심을 …… 보존하면서 : 원문은 '극기복례 한사존성'克己復禮 閑邪存誠이다. 극기복례克己復禮는 『논어』에 나오는 공자의 말이고, 한사존성閑邪存誠은 『주역』에 나오는 공자의 말이다.

"황해도는 황충蝗蟲이 들끓어 관에서 백성을 독려하여 잡느라 야단들입니다."

하니, 옹이 묻기를,

"황충을 뭐 하려고 잡느냐?"

고 하였다. 그러자 그 사람이 답하기를,

"이 벌레는 크기가 첫잠 잔 누에보다도 작고, 색깔은 알록달록하고 털이 나 있지요. 날아다니는 놈을 '명'螟이라 하고 볏줄기에 기어오른 놈을 '모'蟊라 하는데, 우리의 벼농사에 피해를 주므로 '멸곡'滅穀(멸구)이라고도 부릅니다. 그래서 잡아다가 땅에 파묻을 작정이랍니다."

하니, 옹은 이렇게 말했다.

"이런 작은 벌레들은 근심거리도 못 되네. 내가 보기에 종루鐘樓(서울 종로) 앞길을 가득 메우고 있는 것들이 있는데, 이것들이 모두 황충이라오. 길이는 모두 일곱 자가 넘고, 대가리는 새까맣고 눈알은 반짝거리며 아가리는 커서 주먹이 들락날락할 정도인데, 웅얼웅얼 소리를 내고 꾸부정한 모습으로 줄줄이 몰려다니지. 곡식이란 곡식은 죄다 해치우는 것이 이것들만 한 것이 없더군. 그래서 내가 잡으려고 했지만, 그렇게 큰 바가지가 없어 아쉽게도 잡지를 못했다네."

그랬더니 주위 사람들은 정말로 그런 벌레가 있기나 한 듯이 모두 크게 무서워하였다.

어느 날 옹이 오기에, 나는 멀리서 바라보면서 은어로,

"춘첩자春帖子에 방제尨啼로다."

라고 하였다. 그러자 옹이 웃으면서 말했다.

"춘첩자란 입춘날 문門에 붙이는 글씨文니, 바로 내 성 '민'閔을 가리

키는 것이렷다. 그리고 방(尨)은 늙은 개를 지칭하니, 바로 나를 욕하는 것이구먼. 그 개가 울부짖으면(啼) 듣기가 싫은 법인데, 이는 내 이가 다 빠져 발음이 분명치 않은 것을 비꼰 게로군.

아무리 그렇다 해도 그대가 만약 늙은 개를 무서워한다면, 개를 내쫓는 것이 가장 낫네. 또 울부짖는 소리가 듣기 싫다면, 그 입을 막아 버리게나.[15] 무릇 제(帝)란 조화를 부리는 존재요, 방(尨)은 거대한 물체를 가리키지. 그리고 제(帝) 자와 방(尨) 자를 한데 붙이면 조화를 부려 위대한 존재가 되나니, 그게 바로 용(龖)이라네.[16] 그렇다면 그대는 나에게 모욕을 가하지 못하고, 도리어 나를 몹시 칭송한 셈이 되고 말았구먼."

이듬해에 옹이 죽었다. 옹은 비록 엉뚱하고 거침없이 행동했지만, 천성적으로 강직하고 착한 일 하기를 좋아한 분이었다. 『주역』에도 밝고 노자(老子)의 말을 좋아했으며, 책이란 책은 안 본 것이 없었다고 한다. 두 아들이 다 무과에 급제하였으나 아직 벼슬은 받지 못했다.

금년 가을에 나의 병이 도졌으나, 이제는 더 이상 민옹을 볼 수 없게 되었다. 이에 옹이 나와 함께 주고받은 은어와 우스갯소리, 담론과 풍자를 기록하여 「민옹전」을 지었다. 때는 정축년(1757) 가을이다.

끝으로, 민옹을 추모하여 지은 글을 덧붙인다.

아아! 민옹이시여   嗚呼閔翁

괴상하고 기이하기도 하며   可怪可奇

15_그대가 …… 버리게나 : 개 견(犬) 변을 떼어버리고, 입 구(口) 변을 막아버리라는 뜻이다. 그러면 각각 방(尨) 자와 제(帝) 자가 된다.

16_용(龖)이라네 : '龖' 자는 원래 얼룩덜룩할 '망' 자로 읽으나, '龍' 자 대신으로 쓰기도 한다.

놀랍고 어처구니없기도 하고	可驚可愕
기뻐함직도 하고 성냄직도 하며	可喜可怒
게다가 얄밉기도 하구려	而又可憎
벽에 그린 까마귀	壁上烏
매가 되지 못했듯이	未化鷹
옹은 뜻 있는 선비였으나	翁蓋有志士
늙어 죽도록 포부를 펴지 못했구려	竟老死莫施
내가 그대 위해 전을 지었으니	我爲作傳
아아! 죽어도 죽지 않았구려	嗚呼死未曾

한양 명물이 된
거지 광문

廣文者傳

광문廣文이라는 자는 거지였다. 한때 종루鐘樓(서울 종로)의 저잣거리에서 구걸하고 다닌 적이 있었다. 그때 거지 아이들이 광문을 추대하여 패거리의 우두머리로 삼고, 소굴을 지키게 했다.

　날이 몹시 차고 눈이 내리던 어느 날이었다. 거지 아이들이 함께 구걸하러 나갔으나, 그중 한 아이만 병으로 따라가지 못했다. 조금 있다가 그 아이가 추위에 떨며 거듭 흐느끼는데, 그 소리가 몹시 처량하였다. 광문은 너무나 불쌍해서 몸소 나가 밥을 빌어 왔다. 그런데 병든 아이에게 밥을 먹이려고 보니 그 아이는 벌써 죽어 있었다. 거지 아이들이 돌아와 보고는 광문이 그 아이를 죽였다고 의심하여, 함께 광문을 두들겨 패서 내쫓았다.

광문은 밤에 엉금엉금 기어서 마을의 어느 집으로 들어갔다가, 그만 그 집 개를 놀라게 하고 말았다. 그래서 그 집주인이 광문을 잡아다 꽁꽁 묶으니, 광문은 큰 소리로 외치기를,

"나는 원수를 피해 온 것이지 감히 도적질을 하러 온 것이 아닙니다요. 영감님께서 제 말을 믿지 못하신다면 내일 아침에 저자에 나가 알아보십시오."

하였다. 그 말이 몹시 순박하므로, 집주인은 내심 광문이 도적이 아닌 줄을 알고서 새벽녘에 그를 풀어 주었다.

광문은 고맙다는 인사를 하고는, 떨어진 거적을 달라고 하여 가지고 떠났다. 집주인이 끝내 몹시 이상하게 여겨 그 뒤를 밟아 멀찍이서 바라보았더니, 거지 아이들이 시체 하나를 끌고 수표교水標橋에 와서 다리 밑으로 던져 버렸다. 광문은 다리 속에 숨어 있다가, 떨어진 거적으로 그 시체를 싸서 몰래 짊어지고 갔다. 그러고는 서쪽 교외의 공동묘지에다 묻고 나서, 통곡하기도 하고 무어라고 중얼거리기도 하는 것이었다.

이에 집주인이 광문을 붙들고 캐물으니, 광문은 그제서야 전에 한 일과 어제 그렇게 된 상황을 모조리 아뢰었다. 집주인은 내심 광문을 의롭게 여겨, 그를 데리고 집으로 돌아와 옷을 주며 후히 대우하였다. 그리고 마침내 약국을 운영하는 어느 부자에게 광문을 천거하여 고용인으로 삼게 하였다.

그런 지 한참 지난 어느 날 약국의 부자가 대문을 나서다 말고 자꾸 뒤를 돌아보았다. 그러다가 도로 다시 방으로 들어가서, 자물쇠를 찬찬히 살펴본 다음 대문을 나서 가버렸는데, 마음속으로는 몹시 꺼림칙한 눈치였다. 그런데 돌아와서는 화들짝 놀라며, 광문을 뚫어져라 살펴보면

서 무슨 말을 하려다가, 안색이 달라지면서 그만두었다. 광문은 실로 무슨 영문인지 몰라 날마다 아무 말도 못하고 지냈으며, 또한 감히 그만두고 떠나버리지도 못하였다.

며칠이 지나자, 부자의 처조카가 돈을 가지고 와 부자에게 돌려주며,

"접때 제가 아저씨께 돈을 빌리러 왔다가, 마침 아저씨가 안 계시기에 스스로 방에 들어가 가져갔습니다. 아마 아저씨는 모르셨을 걸요."

하였다. 이에 부자는 광문에게 몹시 부끄러워하며 사과하기를,

"내가 속 좁은 사람이로다. 점잖은 어른의 마음에 상처를 주었으니, 앞으로 자네를 볼 낯이 없네."

하였다. 그러고는 자기가 잘 알고 지내는 여러 사람들과 다른 부자와 큰 장사치들에게 두루 광문을 의로운 사람이라고 칭찬하였다. 뿐만 아니라 여러 종실宗室(임금의 친족)의 문객들과 공경公卿(정승과 판서) 문하의 측근들에게도 지나치리만큼 광문을 칭찬해 대었다. 그러자 공경 문하의 측근들과 종실의 문객들이 모두 이야깃거리로 삼아 자기네가 섬기는 분들이 잠을 청할 적에 들려주곤 하였다. 이리하여 두어 달이 지나는 사이에 사대부들까지도 모두 광문이 옛날의 훌륭한 사람들과 같다는 이야기를 듣게 되었다. 그 당시에 한양 안에서는 모두들 예전에 광문을 후히 대우한 집주인이 현명하고 사람을 볼 줄 안다고 칭찬했으며, 약국의 부자에 대해서는 점잖은 어른이라고 더욱더 칭찬하였다.

당시 돈놀이하는 자들은 대체로 머리꽂이, 옥과 비취, 의복, 가재도구, 가옥과 토지와 노비의 문서 따위를 저당잡는데, 본래 값의 3할 내지 5할을 쳐서 담보를 잡기 마련이었다. 그러나 광문이 빚보증을 서 주는 경우에는, 담보를 묻지 않고 단번에 천 냥도 내주곤 하였다.

광문의 사람됨을 보면 외모가 극히 추악하고, 말솜씨도 남을 감동시킬 만하지 못하며, 입은 커서 두 주먹이 다 들어갈 지경이었다. 그는 만석희曼碩戲를 잘하고 철괴무鐵拐舞를 잘 추었다. 우리나라 아이들이 서로 욕을 할 때면,

"네 형은 달문達文이다."

라고 놀려 댔는데, 달문은 광문의 또 다른 이름이었다.

광문은 길을 가다가 싸우는 사람을 만나게 되면, 저도 역시 웃통을 벗고 싸움판에 뛰어들었다. 그러고는 뭐라고 시부렁대면서 허리를 굽히고 땅에 금을 그어 마치 옳고 그름을 판정하는 듯한 시늉을 하니, 온 저자 사람들이 다 웃어 대고 싸우던 자들도 웃고 말아서, 다들 흩어져 가 버리는 것이었다.

광문은 나이 마흔이 넘어서도 여전히 머리를 땋고 다녔다. 남들이 장가가라고 권하면,

"사람들은 잘생긴 얼굴을 좋아하는 법이요. 하지만 남자들만 그런 것이 아니고, 여자들이라 해도 그렇소. 그러니 나는 못생겨서 스스로 용모를 꾸며 보일 수도 없다오."

하였다. 남들이 집을 마련하라고 권하면,

"나는 부모도 형제도 처자도 없는데, 집을 마련해서 무얼 하겠소? 더구나 나는 아침이면 소리 높여 장타령을 부르며 저자에 들어갔다가, 저물면 부귀한 집 문간에서 자는데, 한양 안에 가구가 자그마치 팔만 호라오. 그러니 내가 날마다 처소를 바꾼다 해도, 내 평생에는 다 못 자게 된다구요."

하고 사양하였다.

한양의 이름난 기생들이 아무리 곱고 아름다워도, 광문이 소문을 내 주지 않으면 그 값이 한 푼도 못 나갔다.

예전에 궁궐을 호위하는 우림아羽林兒와 궁궐 각전各殿의 별감別監, 부마도위駙馬都尉(임금의 사위)의 청지기들이 옷소매를 나란히 하고 함께 운심雲心의 집을 찾아간 적이 있었다. 운심은 유명한 기생이었다. 대청에 술자리를 벌이고 가야금을 타면서 운심더러 춤을 추라고 권하였으나, 운심은 일부러 시간을 끌며 선뜻 추려고 하지 않았다.

광문이 그날 밤에 운심의 집으로 가서 대청 아래에서 어슬렁거리다가, 마침내 술자리에 끼어들어가 스스로 윗자리에 앉았다. 광문은 비록 해진 옷을 입었으나 행동거지는 안하무인으로 의기가 양양하였다. 눈가는 짓무르고 눈곱이 끼었으며, 취한 척 게욱질을 해 대고 곱슬머리에 북상투를 튼 채였다.

온 좌객이 질색하여 광문에게 눈총을 주어 쫓아내려고 하였다. 그럴수록 광문은 다가앉아 무릎을 치며 곡조에 맞춰 높으락나지락 콧노래를 불렀다. 그러자 운심은 즉시 일어나 옷을 바꿔 입고, 광문을 위해 칼춤을 추는 것이었다. 그리하여 온 좌객이 실컷 즐겼을 뿐 아니라, 또한 광문과 벗을 맺고 헤어졌다.

광문의 후일담 書廣文傳後

내 나이 열여덟 살 적에 몹시 병을 앓은 적이 있었다. 그래서 늘 밤이면 예전부터 집에서 부리던 사람들을 불러다가 민간에서 일어난 기이한 일들을 묻곤 했는데, 그러면 대개는 광문의 일을 이야기하는 것이었다. 나도 어렸을 적에 그의 얼굴을 본 적이 있었는데 극히 추악했다. 나는 그때 한창 문장을 배우기에 힘쓰던 터라 「광문자전」을 지어 여러 어른들께 돌려 보였더니, 하루아침에 고전적인 산문(古文辭)을 잘 짓는다고 크게 칭찬받게 되었다.

당시 광문은 호남과 영남의 여러 고을을 돌아다녔던 것으로 짐작되는데, 가는 곳마다 명성을 남겼으며, 더 이상 서울에 올라오지 않은 지가 수십 년이나 되었다.

바닷가에 살던 어떤 거지 아이가 경상도 개령開寧의 수다사水多寺에서 걸식을 한 적이 있었다. 밤에 그 절의 중들이 광문의 일을 한가롭게 이야기하는 것을 들었는데, 모두 광문에 대해 흠모하고 감탄해 마지않으면서, 그의 사람 됨됨이를 상상해 보는 것이었다. 그러자 거지 아이가 흐느껴 우니, 중들이 이상히 여겨 그 까닭을 물었다. 그 거지 아이가 머뭇거리다가 마침내 광문의 아들이라 자칭했으므로, 그 절의 중들이 모두 화들짝 놀라고 말았다. 그전까지 그에게 밥을 줄 때는 쪽박에다 주었는데, 광문의 아들이라는 말을 듣고부터는 깨끗이 씻은 사발에 밥을 수북이 담고 수저에다 나물과 장까지 갖추어서 매번 소반에 차려다 바쳤다.

그 무렵 영남 지방의 요사스런 자 중에 몰래 역모를 꾀한 놈이 있었다.

그자가 거지 아이가 이처럼 융숭한 대우를 받는 것을 보고는, 이를 이용하면 대중을 현혹시킬 수 있을 것으로 기대했다. 그래서 몰래 거지 아이를 달래기를,

"네가 나를 숙부라 부르기만 하면 부귀를 얻을 수 있다."

고 하고는, 마침내 광문의 아우라 자칭하고, 스스로 '광손'廣孫이라 작명하여 광문에게 갖다 붙였다.

어떤 사람이 의심하기를,

"광문은 본래 제 성도 모르고, 평생 형제도 처첩도 없이 독신으로 지냈다. 그런데 지금 어떻게 갑자기 저런 나이 많은 아우와 장성한 아들이 있을 수 있는가?"

하고서 마침내 역모를 고발했으므로, 이들을 모두 추적해서 체포할 수 있었다. 이들과 광문을 대질심문 했더니 제각기 얼굴을 알지 못했다. 이에 그 요사스런 자를 베어 죽이고 거지 아이는 귀양을 보냈다.

광문이 석방되어 나오자, 늙은이며 어린애들까지 모두 가서 구경하는 바람에 한양의 저잣거리가 며칠 동안 텅 비다시피 했다. 광문이 표철주表鐵柱를 가리키며,

"너는 사람 잘 치던 표 망둥이(表望同)가 아니냐? 지금은 늙어서 너도 별 수 없구나."

했다. 아마도 망둥이는 표철주의 별명일 것이다. 그 김에 서로 고생을 위로하고 나서, 광문이 물었다.

"영성군靈城君(박문수朴文秀)과 풍원군豐原君(조현명趙顯命)은 무고들 하신가?"

"모두 이미 세상을 떠나셨다네."

"김군경金君擎은 시방 무슨 벼슬을 하고 있나?"

"용호장龍虎將이 되었다네."

"그 녀석은 미남자였지. 몸은 비록 뚱뚱해도 기생을 끼고 담을 뛰어넘을 수 있었다네. 돈 쓰기를 썩은 흙 버리듯 했는데, 지금은 귀한 몸이 되었으니 만나 볼 수가 없겠군. 분단粉丹이는 어디로 떠났나?"

"벌써 죽었다네."

그러자 광문이 탄식하며 말했다.

"예전에 풍원군께서 밤에 기린각麒麟閣에서 잔치를 벌였는데, 분단이만 잡아 두고서 자고 가게 했지. 새벽에 일어나 대궐에 들어갈 차비를 하는데, 분단이가 불 켜진 초를 잡다가 그만 실수하여 담비 털모자를 그슬리는 바람에 어쩔 줄 몰라 했네. 그러자 풍원군께서는 웃으면서,

'네가 부끄러운 게로구나.'

하고는 즉시 압수전壓羞錢 오천 푼(쉰 냥)을 주셨지.

나는 그때 분단이의 머릿수건과 덧치마를 들고서, 난간 밑에서 기다리며 시커멓게 도깨비처럼 서 있었네. 풍원군께서 방문을 열어젖히고 가래침을 뱉다가, 분단이에게 몸을 기대면서 귓속말로,

'저 시커먼 것이 무엇이냐?'

하니, 분단이가 대답해 올리기를,

'천하에 누가 광문을 모르리까?'

했지. 그러자 풍원군께서는 웃으며,

'바로 네 후배後陪(뒤를 따르는 하인)냐?'

하고는, 나를 불러들여 큰 술잔에 술을 한 잔 부어 주고, 당신도 홍로주紅露酒 일곱 잔을 따라 마시고 초헌軺軒을 타고 나가셨지. 이 모두 다 예전

일이 되어 버렸네그려.

요즈음 한양의 날씬한 기생으로는 누가 가장 유명한가?"

"작은아기라네."

"기둥서방은 누군가?"

"최박만崔撲滿이야."

"아침나절에 상고당尙古堂(김광수金光遂)께서 사람을 보내어 나를 위로하셨다네. 듣자하니 집을 둥그재(圓嶠) 아래로 옮기셨는데, 대청 앞에는 벽오동나무를 심어 놓고 그 아래에서 늘 손수 차를 달이며 철돌鐵突을 시켜 거문고를 타게 한다고 하더군."

"철돌 형제는 한창 이름을 날리고 있지."

"그렇구나. 이 애들은 김정칠金鼎七의 아들일세. 나는 그 애비와 좋은 사이였지."

이렇게 말하고는 다시 서글퍼하며 한참 있다가 말하기를,

"이는 다 내가 서울을 떠난 뒤의 일들이야."

하였다.

광문은 머리털을 짧게 자르기는 했지만 그래도 여전히 쥐꼬리처럼 땋아 내리고 있었다. 이가 빠지고 입이 틀어져 이제는 주먹이 들어갈 수 없다고 한다.

광문이 표철주더러 말하였다.

"너도 이제는 늙었구나. 어떻게 밥벌이해서 먹고 사나?"

"집이 가난하여 집주릅이 되었다네."

"너도 이제는 궁함을 면했구나. 아아! 옛날 네 집 재산이 엄청나게 많았지. 그때에는 너의 별명이 '황금 투구' 였는데, 그 투구는 지금 어디

있나?"
 "지금에야 나도 세상 물정을 알았다네."
 광문이 허허 웃으며 말하였다.
 "네 꼴이 마치 '재주를 다 배우고 나니 눈이 어둡다'는 격이로구나."
 그 뒤로 광문이 어디서 어떻게 죽었는지는 아무도 모른다고 한다.

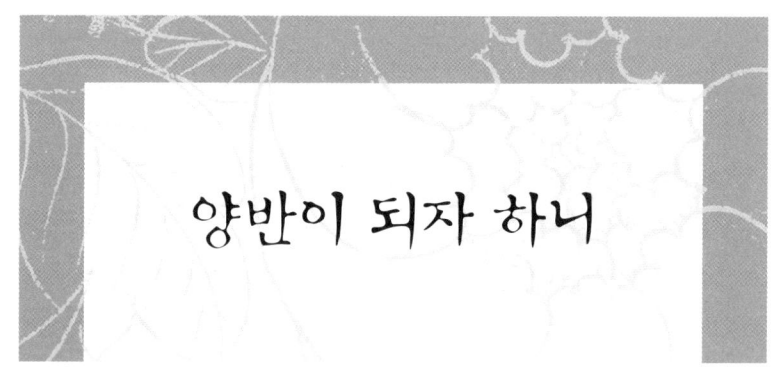

양반이 되자 하니

兩班傳

양반이란 선비 족속을 높여 부르는 말이다. 강원도 정선군旌善郡에 한 양반이 있었는데, 어질고 글 읽기를 좋아하였다. 그래서 매번 군수가 새로 부임하게 되면 반드시 몸소 그의 오두막집에 가서 인사를 차렸다. 하지만 집이 가난하여 해마다 군청의 환곡을 빌려 먹다 보니, 해마다 쌓여서 그 빚이 무려 천 섬에 이르렀다.

관찰사가 여러 군과 읍을 순시하면서 환곡 출납을 조사해 보고는 크게 노하여,

"어떤 놈의 양반이 이렇게 군량미[1]를 축냈단 말인가?"

1_군량미 : 환곡을 가리킨다. 환곡은 원래 비상시에 군량미로 쓰기 위해 예비해 둔 것이다.

하면서 그 양반을 잡아 가두라고 명했다. 군수는 그 양반이 가난해서 갚을 길이 없음을 내심 안타깝게 여겨 차마 가두지는 못하였으나, 그 역시 어쩔 도리가 없었다.

양반이 밤낮으로 울기만 하고 어찌할 바를 모르니, 그의 아내가 꾸짖기를,

"평소에 당신은 그렇게도 글 읽기를 좋아하더니만 현관縣官(정선 군수를 가리킴)에게 환곡을 갚는 데에는 아무 소용이 없구려. 쯧쯧 양반이라니, 한 푼짜리도 못 되는 그놈의 양반!"

이라 했다.

그때 그 마을에 사는 부자가 몰래 가족과 상의하기를,

"양반은 아무리 가난해도 늘 높고 귀하며, 우리는 아무리 잘 살아도 늘 낮고 천하여 감히 말도 타지 못한다. 또한 양반을 보면 움츠러들어 숨도 제대로 못 쉬고, 뜰 아래 엎드려 절해야 하며, 코를 땅에 박고 무릎으로 기어가야 하니, 우리는 늘 이렇게 욕을 보는 신세다. 그런데 지금 저 양반이 가난해서 환곡을 갚을 길이 없어 이만저만 곤욕을 치르고 있지 않으니, 실로 양반 신분을 보존하지 못할 형편이다. 그러니 우리가 그 양반 신분을 사서 가져보자."

하고는, 마침내 양반 집을 찾아가 그 환곡을 갚아 주겠노라고 청했다. 양반은 크게 기뻐하면서 그렇게 하라고 했다.

그리하여 부자는 당장에 환곡을 관청에 바쳤다. 군수가 깜짝 놀라 웬일인가 하면서, 그 양반을 위로하고 아울러 어떻게 환곡을 갚게 되었는지 물을 겸 스스로 양반 집을 찾아갔다. 그런데 양반은 벙거지를 쓰고 잠방이를 입고, 길에 엎드려 스스로 '소인'이라 아뢰면서 감히 쳐다보지도

못하였다. 군수가 깜짝 놀라 내려가 그를 붙들며,

"그대는 왜 이렇게 자신을 낮추어 욕되게 하시오?"

하니까, 양반은 더욱 송구스러워하며 머리를 조아리고 땅에 엎드리면서,

"황송하옵니다. 소인은 감히 스스로 욕되게 하려는 것이 아니옵니다. 이미 스스로 양반 신분을 팔아 환곡을 갚았사오니, 마을의 부자가 바로 양반이올시다. 소인이 또 어찌 감히 예전의 칭호를 함부로 쓰면서 스스로 존귀한 척하오리까?"

했다. 그러자 군수가 탄복하며,

"군자로다, 부자여! 양반이로다, 부자여! 부자이면서도 인색하지 않으니 의롭다 하겠고, 남의 어려움을 서둘러 돌봐주었으니 어질다 하겠으며, 천대받는 것을 싫어하고 존경받기를 바랐으니 지혜롭다 하겠구나. 이 사람이야말로 진짜 양반이로다. 아무리 그렇지만, 제멋대로 거래를 하고 증서도 작성하지 않았으니, 이는 소송의 빌미가 될 것이다. 나와 너는 군민들을 불러모아 그들을 증인으로 세우고, 증서를 작성하여 믿게 하자. 군수인 내가 당연히 손수 서명하겠노라."

하였다.

그리하여 군수는 관청으로 돌아와, 군내의 선비 족속과 농민, 장인匠人, 상인들을 모조리 불러다 관청 뜰 앞에 모이게 했다. 그리고 부자는 향소鄕所의 바른편에 앉게 하고 양반은 공형公兄의 아래에 서게 하고서, 마침내 아래와 같이 증서를 작성했다.

건륭乾隆 10년(1745, 영조 21) 9월 모일 위의 명문明文(증서)은 양반 신분을 값을 쳐서 팔아 관청의 곡식을 갚기 위한 것으로서, 그 값은 천 섬이다.

대저 양반은 명칭이 갖가지라, 글 읽으면 사士라 하고, 벼슬하면 대부大夫라 하고, 덕 있으면 군자라 한다. 무관은 대궐 서쪽에 줄지어 서고, 문관은 동쪽에 줄지어 서니, 그래서 양반이라 부르는데, 그중에서 네 맘대로 따를지니라.

비루한 일은 끊어 버리고, 옛사람을 흠모하여 뜻을 고상하게 가진다. 오경五更(새벽 3시~5시)이면 항상 일어나, 유황에 불붙여 기름등잔을 켜고서, 눈으로 코끝을 바라보고 호흡을 조절하며[2] 발꿈치를 괴고 앉아, 얼음 위에 박 밀듯이 『동래박의』東萊博議를 줄줄 왼다. 주림 참고 추위 견디며, 가난 타령은 아예 하지 않는다. 치아를 마주치고 뒷골을 손가락으로 퉁기며, 침을 머금고 가볍게 양치질하듯 한 뒤 삼킨다.[3]

옷소매로 털가죽 모자를 쓱쓱 닦아, 먼지 털고 털 무늬를 일으킨다. 세수할 땐 주먹 쥐고 싹싹 비비지 않으며, 양치질을 잘하여 입 냄새를 없앤다. 목소리를 길게 늘여 여종을 부르며, 느린 걸음으로 신발을 끌 듯이 걷는다. 『고문진보』古文眞寶와 『당시품휘』唐詩品彙를 깨알같이 베껴 쓰는데 한 줄에 백 자씩 쓴다.

손에 돈을 쥐지 말고, 쌀값도 묻지 말아야 한다. 날 더워도 버선 벗지 말고, 맨상투로 밥상 받지 말아야 한다. 밥보다 국 먼저 먹지 말고, 후루룩 소리 내어 마시지 말아야 한다. 젓가락을 내려놓을 때 방아 찧듯 하

2_눈으로 …… 조절하며 : 양반들이 건강을 위해 행하던 호흡법을 말한다.
3_치아를 …… 삼킨다 : 양반들이 행하던 건강법의 하나다. 가볍게 윗니와 아랫니를 36번 부딪치고, 손바닥으로 귀를 막고 둘째와 셋째 손가락으로 뒷골을 24번 퉁긴다. 입 안에 고이게 한 침을 가볍게 양치질하듯 부걱부걱하기를 36번 하는 것을 수진漱津이라 하는데, 이렇게 하면 침이 맑은 물로 변한다. 이것을 3번에 나누어 꾸르륵 소리를 내며 삼켜서 단전丹田에 이르게 한다.

지 말고, 냄새 나니 생파를 먹지 말아야 한다. 술 마시고 나서 수염을 쪽쪽 빨지 말고, 담배 필 젠 볼이 옴폭 패도록 담뱃대를 빨지 말아야 한다.

분이 나도 마누라를 때리지 말고, 성이 나도 그릇을 차지 말아야 한다. 애들에게 주먹질 말고, 종들에게 뒈져 버리라고 꾸짖지 말아야 한다. 마소를 꾸짖을 때 판 주인까지 싸잡아 욕하지 말아야 한다. 병에 무당 부르지 말고, 제사에 중 불러 재齋를 올리지 말아야 한다. 화로에 곁불 쬐지 말고, 말할 때 입에서 침을 튀기지 말아야 한다. 소를 도살하지 말고 도박도 하지 말아야 한다.

이상의 모든 행실 중에 양반 신분에 어긋난 점이 있으면, 이 문서를 관청에 가지고 와 따져서 바로잡으라.

       성주城主 정선 군수   압押
       증인 좌수座首
        별감別監   서명

그러자 통인通引이 여기저기 어지럽게 도장을 찍는데, 그 소리는 엄고嚴鼓를 치는 것 같았고, 그 모양은 북두칠성과 삼성參星이 종횡으로 늘어선 것 같았다. 호장戶長이 문서를 다 읽고 나자, 부자가 어처구니없어 한참 있다가,

"양반이라는 것이 겨우 이것뿐입니까? 제가 듣기로는 양반은 신선 같다던데, 정말로 이와 같다면 너무도 심하게 횡령 당한 셈이니, 이익이 될 수 있도록 문서를 고쳐 주옵소서."

하였다. 그래서 마침내 증서를 이렇게 고쳐 만들었다.

하늘이 백성 내니, 그 백성은 사농공상士農工商 넷이로세. 네 백성 가운데에서 선비가 가장 귀하도다. 양반으로 불리면 이익이 막대하네. 농사나 장사 아니 해도 문학서와 역사서를 대충 공부하면, 잘 되면 문과文科 급제, 못 되어도 진사進士로세.

문과 급세 홍패紅牌는 두 자 길이가 채 못 되어도, 온갖 물건이 다 갖추어져 있나니, 이게 바로 돈 쓸어 담는 자루로다. 서른 살에야 진사 되어 처음 벼슬을 해도, 이름난 음관蔭官 되고 웅남행雄南行으로 잘 모셔지네. 일산日傘 바람에 귀가 희어지고 설렁줄 소리에 배가 나오며,⁴ 방 안에 떨어진 귀걸이는 놀다 간 어여쁜 기생의 것이요, 뜨락에 흩어져 있는 곡식은 두루미를 기르기 위한 것이라네.

궁한 선비라도 시골에 살면 나름대로 횡포 부릴 수 있지. 이웃집 소로 먼저 제 밭 갈고, 마을 백성 일손 빌려 김을 맨다 한들 누가 감히 나를 업신여기랴. 그런 놈에겐 코에 잿물을 붓고 상투 잡아 도리질치며 귀밑수염 다 뽑아도, 감히 원망하지 못하느니라.

부자가 그 문서 낭독을 중지시키고 혀를 내두르며,

"그만두시우, 그만두시우. 맹랑한 일이군요! 장차 날더러 도적이 되란 말이오?"

하고는, 머리를 절레절레 내두르며 가버렸다. 그리고 죽는 날까지 다시는 양반에 관한 이야기를 입 밖에 내지 않았다.

4_일산日傘 …… 나오며 : 수령은 행차할 때 일산을 받쳐 얼굴에 그늘을 드리우므로 햇볕을 쏘이지 않아 귀가 희어지고, 일을 시킬 때 설렁줄을 당겨 사람을 부르면 되므로 편해서 배에 살만 찐다는 뜻이다.

신선을 찾아서

金神仙傳

김 신선은 이름이 홍기弘基다. 열여섯 살에 장가를 들었는데, 아내와 단 한 번 동침하여 아들을 낳고서는, 더 이상 아내를 가까이하지 않았다. 벽곡辟穀을 하면서 벽을 마주하고 앉았다. 그렇게 하기를 여러 해 만에 몸이 갑자기 가벼워졌다. 국내의 이름난 산들을 두루 구경했는데, 항상 수백 리 길을 걷고서야 바야흐로 때가 얼마나 되었나 해를 살폈다. 오 년마다 신을 한 번 바꿔 신을 뿐이고, 험한 곳을 만나면 걸음이 오히려 더욱 빨라졌다. 그런데도 전에 그는,

"물을 만나 바지를 걷고 건너기도 하고, 배를 타고 건너기도 하느라 이렇게 나의 갈 길이 늦어진 것이다."

라고 말하였다.

밥을 먹지 않기 때문에 사람들은 그가 찾아오는 것을 싫어하지 않았다. 그리고 겨울에도 솜옷을 입지 않고 여름에도 부채질을 하지 않았으므로, 마침내 신선이란 이름을 얻게 되었다.

나는 예전에 우울증을 앓은 적이 있었다. 그때 신선의 술법이 더러 특이한 효험이 있다는 말을 듣고서 더욱 그를 만나고 싶었다. 그래서 윤생尹生과 신생申生[1]을 시켜서 가만히 찾아보게 하였다. 그러나 한양 안을 열흘 동안이나 뒤졌지만, 그를 만나지 못했다. 윤생이 이렇게 말했다.

"홍기의 집이 서학동西學洞에 있다고 들은 적이 있는데, 지금 보니 그게 아니라 그 집은 바로 그 사촌 형제의 집으로, 거기다 처자를 맡겨 두었습니다. 그래서 그 아들에게 물어보니,

'부친은 한 해에 대략 서너 번 오실 뿐입니다. 부친의 친구 분이 체부동體府洞에 사는데 그분은 술을 좋아하고 가곡을 잘 부르는 김 봉사金奉事라 한답니다. 누각동樓閣洞 사는 김 첨지金僉知는 바둑을 좋아하고, 그 뒷집이 만호李萬戶는 거문고를 좋아하고, 삼청동三淸洞 사는 이 만호는 손님을 좋아하지요. 미원동美垣洞 사는 서 초관徐哨官과 모교毛橋 사는 장 첨사張僉使와 사복천司僕川 가에 사는 지 승池丞은 모두 손님을 좋아하고 술 마시기를 좋아합니다. 이문안里門內 사는 조 봉사趙奉事도 부친의 친구 분인데, 그 집엔 이름난 화초가 심겨져 있지요. 계동桂洞 사는 유 판관劉判官은 기이한 책과 옛날 칼을 가지고 있지요. 부친은 늘 그분들 사이에서 놀며 지내고 있으니, 그대가 만나 뵙고 싶거든 그 몇 집을 찾아보시지요.'

1_윤생尹生과 신생申生 : 연암의 집안에서 부리던 사람들로, 각각 윤씨 성과 신씨 성을 가진 젊은이를 가리킨다.

하더군요.

그래서 마침내 그 집들을 찾아다니며 일일이 물어보았으나, 어느 집에도 있지 않았습니다. 저물녘에 한 집에 들렀더니, 주인은 거문고를 타고 있고 두 손님은 모두 조용히 듣고 있었는데, 허연 머리에 갓도 쓰지 않은 채였습니다. 저는 이제야 김홍기를 만났구나 생각하고 한참 동안 서서 기다렸습니다. 거문고 가락이 끝나자 자리에 나아가,

'어느 분이 김 장인金丈人(장인은 노인에 대한 경칭)이신지 감히 여쭙습니다.'
했더니, 주인이 거문고를 밀쳐놓고 대답하더군요.

'좌중에 김씨 성 가진 사람이 없는데. 그대는 어째서 묻는가?'

'저는 목욕재계하고서 감히 찾아와 뵙는 것이오니, 노인께서는 숨기지 마소서.'

그러자 주인이 웃으며 말했습니다.

'그대는 아마 김홍기를 찾는가 보오. 홍기는 오지 않았소.'

'어느 때나 오시는지 감히 여쭙습니다.'

'그 사람은 묵어도 일정한 거처가 없고 놀아도 일정한 곳이 없소. 와도 온다고 예고하지 않고 가도 다시 오겠다는 약속을 하지 않으며, 하루에 두세 번 올 때도 있는가 하면 안 올 때는 해가 지나도 오지 않소. 듣자하니 김씨는 창동倉洞이나 회현방會賢坊(지금의 회현동)에 자주 머물고, 또 동관董關·배오개·구리개·자수교慈壽橋·사동社洞·장동壯洞·대릉大陵·소릉小陵 사이에도 오락가락하며 놀고 자곤 한 적이 있다는데, 그 주인의 이름은 다 모르겠고, 오직 창동만 알고 있소. 그대는 그리로 가서 물어보시오.'

마침내 걸어서 그 집을 찾아가 물었더니, 주인이 대답하기를,

'그 사람이 오지 않은 지가 벌써 두어 달 되었소. 내 들으니 장창교長暢

橋 사는 임 동지林同知가 술 마시기를 좋아해서 날마다 김씨와 술 실력을 겨룬다던데, 지금 임씨한테 있지 않을까?'

했습니다. 드디어 그 집을 찾아갔더니, 임 동지는 여든 살이 넘어 몹시 귀가 먹었는데, 그가 하는 말이,

'쯧쯧, 어젯밤에 술을 잔뜩 마시고 오늘 아침에 술기운이 남은 채로 강릉江陵으로 들어갔소.'

하는 것이었습니다. 너무 어처구니가 없어 한참 있다가 물어보았지요.

'김씨에게 특이한 점이 있습니까?'

'그저 평범한 사람으로, 단지 밥 먹는 것을 못 보았소.'

'생김생김은 어떠합니까?'

'키는 칠 척이 넘고, 몸집은 여위고 수염이 좋으며, 눈동자는 파랗고, 귀는 길고 누렇지요.'

'술은 얼마나 마십니까?'

'한 잔만 마셔도 취하지. 그러나 한 말을 마셔도 더 취하지는 않소. 예전에 취하여 길바닥에 누워버린 적이 있었는데, 포리捕吏가 잡아다가 이레 동안 구속했으나 술이 깨지 않아 마침내 놓아주었다오.'

'말할 때에는 어떻습니까?'

'여러 사람들이 모여 이야기를 하면 그때마다 앉아서 꾸벅꾸벅 졸다가, 이야기가 그치면 즉시로 웃음소리를 그치지 않는다오.'

'몸가짐은 어떻습니까?'

'차분하기가 참선하는 중 같고, 꾸밀 줄 모르는 것이 수절하는 과부 같소.'"

나는 한때 윤생이 힘들여 찾지 않았나 의심을 했다. 그러나 신생 역시

수십 집을 찾아다녔어도 다 못 만났고, 그의 말도 윤생과 마찬가지였다.

어떤 이는 말하기를,

"홍기는 나이가 백 살이 넘었고, 그와 교유하는 사람들도 모두 노인이다."

하고, 어떤 이는 말하기를,

"그렇지 않다. 홍기는 열아홉 살에 장가들어 곧바로 아들을 얻었는데, 지금 그 아들이 겨우 스무 살이니, 홍기의 나이는 지금 쉰 살 남짓쯤 될 것이다."

하였다. 또 어떤 이는 말하기를,

"김 신선이 지리산으로 약초를 캐러 갔다가 벼랑에서 떨어져서 돌아오지 못한 지 지금 하마 수십 년이 되었다."

하고, 어떤 이는 말하기를,

"지금도 컴컴한 바위굴에 번쩍번쩍하는 무언가가 있다."

하고, 어떤 이는 말하기를,

"이게 바로 그 노인의 눈빛이다. 산골짜기에서 이따금 하품을 늘어지게 하는 소리가 들린다."

하였다.

그런데 지금 홍기는 단지 술을 잘 마실 따름이요, 술법이 있는 것도 아니고 오직 신선의 이름을 빌려서 행세할 뿐이라고 하였다. 하지만 나는 또 아이종 복이에게 가서 그를 찾아보라 했으나, 끝내 만나 보지 못하고 말았다. 때는 계미년(1763, 영조 39)이었다.

그 이듬해 가을에 나는 동으로 바닷가를 여행하다가 저녁 나절 단발령斷髮嶺에 올라가 금강산을 멀리 바라보았다. 그 봉우리가 만이천 개나 된다고 하는데 흰빛을 띠고 있었다. 산에 들어가 보니 단풍나무가 많아서 한창 타오르는 듯이 붉었다. 싸리나무·가시나무·녹나무·예장豫章나무는 다 서리를 맞아 노랗고, 삼나무·노송나무는 더욱 푸르러 보였으며, 사철나무가 특히나 많았다. 산중의 온갖 기이한 나무들은 다 잎이 노랗고 붉게 물들어 있어, 사방을 둘러보며 단풍을 즐겼다.

나를 가마에 태워 메고 가는 중들에게 물었다.

"이 산중에 도술을 터득하여 함께 교유할 만한 기이한 중이 있느냐?"

"없습니다. 들자오니 선암船菴에 벽곡하는 사람이 있다는데, 누구는 말하기를 영남 선비라고 합디다. 그러나 사실인지 알 수는 없습니다. 선암은 길이 험하여 도달하는 사람이 없습니다."

내가 밤에 장안사長安寺에 앉아서 여러 중들에게 물었더니, 모두 처음에 중들이 한 이야기와 같았다. 벽곡하는 사람은 백 일을 채우면 으레 떠나는데, 지금 거의 구십여 일쯤 되었다고 하였다. 나는 몹시 기뻐하면서, 속으로 '아마 그 사람이 신선인가 보다' 했다. 그 날 밤중에라도 당장 가고 싶었으나, 그 이튿날 아침 진주담眞珠潭 아래에 앉아 함께 여행하는 벗들을 기다렸다. 거기서 한참 동안 주위를 돌아보았으나, 그들은 모두 약속을 어기고 오지 않았다. 게다가 관찰사가 군과 읍을 순행하다가 산에 들어와 이 절 저 절에 머물고 있었다. 각 고을의 수령들이 모두 모여들어, 잔치를 벌이고 음식과 거마車馬를 제공했다. 관찰사 일행이 구경 나갈 때마다 따라다니는 중이 백여 명이나 되었다.

선암은 길이 끊기고 험준하여 도저히 혼자 도달할 수는 없었으므로, 영원靈源과 백탑白塔 사이를 스스로 오가며 애만 태웠다. 그 후로 여러 날 비가 내려, 산중에 엿새 동안을 묵고서야 선암에 도달할 수 있었다. 선암은 수미봉須彌峯 아래에 있었다. 내원통內圓通을 따라 이십 리 남짓 가면 큰 바위가 깎은 듯이 천 길이나 높이 서 있어, 길이 끊어질 때마다 쇠줄을 부여잡고 공중에 매달려서 가야 했다.

선암에 당도해 보니, 뜨락은 텅 비어 있고 새 한 마리 울지 않았다. 평상 위에 조그만 구리 부처가 놓여 있고, 신 두 짝이 남아 있을 뿐이었다.[2] 나는 그만 어처구니가 없어 이리저리 서성이다 우두커니 서서 바라보던 끝에, 암벽 아래에다 이름을 써 놓고 탄식하며 떠나왔다. 그곳에는 늘 구름 기운이 감돌고, 바람이 쓸쓸하게 불었다.

어떤 이는,

"선仙이란 산에 사는 사람(山人)이다."

라고 하고, 또 어떤 이는,

"'산에 들어가는 것'(入山)을 선仚이라 한다."

고 하기도 한다. 또한 선僊이란 너울너울(僊僊) 가볍게 날아오른다는 뜻이기도 하다.[3] 그렇다면 벽곡하는 사람이 꼭 신선이라고 할 수는 없다. 그는 뜻을 얻지 못해 울적하게 살다 간 사람일 것이다.

2_ 신 …… 뿐이었다 : 신선이 되면 하늘로 날아서 올라가고, 신 두 짝만 남긴다고 한다. 신라 시대의 저명한 문인 최치원崔致遠에게도 그와 같은 전설이 있다.

3_ 어떤 …… 하다 : 한자 사전류의 책에서 신선 '선'仙 자의 뜻을 풀이한 문장을 인용한 것이다. '선'仚과 '선'僊은 모두 '선'仙 자와 같은 뜻으로도 쓰인다.

말 거간꾼의 술책

馬駔傳

말 거간꾼이나 집주릅은 손바닥을 마주치거나 해를 가리켜 보이고,[1] 관중管仲이나 소진蘇秦은 닭·개·말·소 따위의 피를 입가에 발랐으니,[2] 믿음직스럽도다. 헤어지려 한다는 말이 어렴풋이 들리기만 해도 가락지를 내던지고 수건을 찢어 버리며, 등잔불을 등지고 벽을 향해 앉아 고개 떨구고 울먹거리니, 믿음직한 첩이로다. 제 속을 다 내보이면서 손을 잡고 진심을 증명해 보이니, 믿음직한 벗이로다.

1_손바닥을 ······ 보이고 : 민간에서 맹세할 때 손바닥을 마주쳐 신용을 나타내 보이는 것을 '격장위서' 擊掌爲誓라 하고, 해를 가리켜 보이며 진심을 맹세하는 것을 '지일서심' 指日誓心이라 한다.
2_닭 ······ 발랐으니 : 고대 중국에서 동맹을 맺을 때 천자는 입가에 말이나 소의 피를 바르고, 제후는 개나 돼지의 피를 바르고, 대부大夫 이하는 닭의 피를 바르고 맹세했다.

하지만 콧잔등까지 부채로 가리고 좌우로 눈짓을 하는 것이야말로 거간꾼이나 주릅의 술책이다. 위협적인 말로 상대의 마음을 뒤흔들고 상대가 꺼리는 곳을 건드려 속을 떠보며, 강자는 협박하고 약자는 짓눌러서 동맹국들을 해산시키거나 대립하는 나라들을 합치게 하는 것이야말로 춘추 전국 시대의 패자覇者나 유세가游說家들이 이간질하고 농락하던 권모술수이다.

예전에 심장병을 앓던 어떤 사람이 마누라를 시켜 약을 달이게 했더니, 약의 양이 알맞지 않았다. 화가 나서 첩을 시켰더니, 약의 양이 늘 알맞았다. 첩이 아주 마음에 들어 창에 구멍을 뚫고 엿보았더니만, 양이 많으면 땅에 버리고 양이 적으면 물을 더 붓는 것이었다. 이것이 바로 그 첩이 약의 양을 알맞게 맞추는 방도였다. 그러니 귀에 대고 소근거리는 것은 지당한 말이 아니요, 남에게 누설하지 말라고 신신당부하는 것은 깊은 사귐이 아니요, 우정이 얼마나 깊은지를 드러내는 것은 두터운 벗이 아니다.

송욱宋旭과 조탑타趙闒拖와 장덕홍張德弘이 광통교廣通橋 위에서 벗을 사귀는 문제에 대해 이야기를 나누었다.

탑타가 말하기를,

"내가 아침에 일어나 쪽박을 두드리며 구걸을 다니다가 포목전에 들어갔더니, 베를 사려고 가게로 올라온 사람이 있었지요. 그 사람은 베를 골라 혀로 핥아 보기도 하고 공중에 비쳐 보기도 하다가, 값을 부르려고 입을 달막거리면서도 주인에게 먼저 불러보라고 양보하더군요. 그러더니 이윽고 둘 다 베는 잊어버린 채, 포목전 주인은 갑자기 먼 산을 바라보며 구름이 나왔다고 흥얼대고,[3] 사러 온 사람은 뒷짐을 지고 서성대며 벽에 걸린 그림만 보고 있습디다.[4]"

하니, 송욱이 말하기를,

"너는 사귀는 태도만 알았지, 사귀는 도리는 아직 모르는구나."

하였다. 덕홍이 말하기를,

"꼭두각시놀음을 할 때 장막을 치는 건 그 뒤에서 줄을 당기기 위해서지요."

하니, 송욱이 말하기를,

"너도 사귀는 겉모습만 알았지, 사귀는 도리는 아직 모르는구나. 무릇 군자의 사귐은 세 가지요, 사귐에 임하는 방법은 다섯 가지인데, 나는 한 가지도 제대로 할 줄 모른다. 그래서 나이 서른이 되었어도 벗이 한 사람도 없다. 비록 그렇지만, 그 도리만은 내 예전에 삼가 들었노라. 팔이 안으로만 굽는 것은 술잔을 잡았기 때문이란다."

하였다. 덕홍이 말하기를,

"그렇습니다. 『시경』詩經에 본래 그런 말이 있지요.

두루미가 그늘에서 우니	鳴鶴在陰
그 새끼가 화답하네	其子和之

---

[3] _구름이 나왔다고 흥얼대고 : 무심한 체하는 모양을 표현한 것이다. 도잠陶潛의 「귀거래사」歸去來辭에 "구름은 무심하게 산굴에서 나오고"(雲無心以出岫)라는 구절이 있다.

[4] _벽에 …… 있습디다 : 원문은 '벽상관화'壁上觀畵인데, 『사기』史記에 항우項羽의 군대가 거록鉅鹿에서 진秦나라 군대를 공격할 때 다른 제후의 장수들이 성벽 위에서 관망하고만 있었던 이야기에서 나온 '벽상관전'壁上觀戰이란 고사성어의 패러디이다. 역시 무심한 체하는 모양을 표현한 것이다.

내게 좋은 작록爵祿 있으니 　　　　　　　　　　我有好爵
내 너와 나누어 가지리⁵⁻ 　　　　　　　　　　吾與爾靡之

이는 아마 그런 경우를 두고 한 말이겠지요?"
하니, 송욱이 이렇게 말하였다.

"너라면 벗에 대해 함께 이야기할 수 있겠다. 내가 아까 그중 한 가지를 알려 주었더니, 너는 두 가지를 아는구나. 온 세상 사람들이 붙좇는 것은 권세요, 다 함께 도모하는 것은 명성과 이익이지. 술잔이 입과 모의하지 않았건만 팔이 절로 안으로 굽는다는 것은, 권세로 인해 당연히 그럴 수밖에 없다는 뜻을 말한 것이야. 그리고 두루미와 그 새끼가 울음으로써 서로 화답한다는 것은 명성을 구한다는 뜻이 아니겠느냐? 게다가 좋은 작록이란 이익이 되는 법이다.

하지만 붙좇는 사람이 많아지면 권세를 나누어야 하고, 도모하는 사람이 여럿이다 보면 제 몫의 명성과 이익이 없어진다. 그러므로 군자는 이 세 가지에 대해 말하기를 꺼려한 지가 오래다. 내가 그래서 은어로 네게 알려 주었는데, 네가 이를 알아차렸구나.

너는 누군가와 사귈 적에 그 사람에게 잘했다고 칭송하지 말아라. 이미 잘한 일에 대해 칭송해 보았자, 그 사람은 염증을 느껴 아무런 효과도 없을 것이다. 또한 그 사람이 미처 생각하지 못한 바를 깨우쳐 주지도 말아라. 장차 제가 행해 보고 거기에 생각이 미치게 되면, 그 사람은 크게

5_두루미가 …… 가지리 : 『시경』의 시가 아니라, 실은 『주역』周易 「중부괘」中孚卦 구이九二의 효사爻辭이다. 연암은 이를 『시경』의 일시逸詩로 간주한 듯하다.

낙심하여 허탈해 할 것이다. 그리고 사람들이 많이 모인 자리에서 누군가를 제일이라고 칭찬하지 말아라. '제일'이란 그보다 더 나은 사람이 없다는 말이니, 온 좌중이 썰렁해지면서 풀이 죽게 될 것이다.

그러므로 사귐에 임하는 데에도 술책이 있다. 누군가를 칭송하고 싶거든 겉으로는 책망하는 척하는 편이 가장 낫다. 누군가에게 환심을 보이고 싶거든 노여움을 일으켜 의중을 분명히 드러내라. 누군가하고 친해지고 싶거든 꼼짝하지 않고 그 사람을 주목하고 있다가 부끄러운 듯이 몸을 돌려라. 누군가로 하여금 나를 믿도록 하고 싶거든 먼저 의심하게 만들어 놓고 기다려라. 열사烈士는 슬픔이 많고, 미인은 눈물이 많은 법이다. 따라서 영웅이 잘 우는 건 사람을 감동시키려고 그러는 것이다. 무릇 이 다섯 가지 술책은 군자가 은밀히 사용하는 권모술수이긴 하지만, 처세할 때 어디서나 통하는 도리란다."

탑타가 덕홍에게 묻기를,

"송 선생님의 말씀은 그 뜻을 알쏭달쏭하게 표현하여 수수께끼 같구나. 난 무슨 말인지 모르겠다."

하니, 덕홍이 이렇게 대꾸하였다.

"네까짓 게 어찌 알 수 있겠느냐? 잘한 일을 가지고 성토하여 책망하면 그보다 더한 칭송이 없지. 사랑하는 마음에서 노여움이 생기는 것이요, 꾸짖다 보면 정이 붙는 것이니, 가족에 대해서는 이따금 호되게 다루어도 싫어하지 않는 법이야.[6] 이미 친한 사이인데도 더욱 거리를 둔다

---

[6] _가족에 …… 법이야 : 『주역』 「가인괘」家人卦 구삼九三의 효사에 "가족을 호되게 다루었으나, 엄격함을 뉘우치면 길하니라"(家人嗃嗃 悔厲 吉)라고 하였다.

면, 그보다 더 친한 사이가 어디 있겠느냐? 이미 믿는 사이인데도 오히려 의심을 품게 만든다면, 그보다 더 친밀한 사이가 어디 있겠느냐?

 술이 거나해지고 밤이 깊어 다른 사람들은 모두 졸고 있을 때, 서로 말없이 바라보다가 남은 술기운을 빌려 상대방의 슬픈 심사를 자극하면, 누구든 서글퍼하며 공감하지 않는 이가 없지. 그러므로 사람을 사귀는 데에는 서로 알아주는 것이 가장 중요하고, 즐겁기로는 서로 공감하는 것보다 더한 것이 없지. 그리고 속 좁은 사람의 불만을 풀어 주고 시기심 많은 이의 원망을 진정시켜 주는 데에는 우는 것보다 더 빠른 게 없어. 나는 남들과 사귀면서 울고 싶지 않은 적이 없었지만, 울어도 눈물이 나오지 않더라구. 그 때문에 서른한 해 동안 온 나라를 돌아다녔어도 벗 한 사람 사귀지 못한 것이야.”

 탑타가 말하기를,

 “그렇다면 충성으로써 사귐에 임하고, 도의로써 벗을 구하면 어떻겠나?”

하니, 덕홍이 얼굴에 침을 뱉으며 꾸짖었다.

 “네 말이 참으로 비루하구나! 그것도 말이라고 하느냐? 들어보아라. 가난한 사람이란 바라는 게 너무 많기 때문에 한없이 도의를 사모하는 법이지. 왜냐하면 저 아득한 하늘만 봐도 곡식을 비처럼 내려 주지 않나 기대하고, 누군가의 기침 소리만 들려도 무엇을 가져오지 않았나 고개를 석 자나 빼고 바라기 때문이야. 반면에 재물을 쌓아 놓은 사람은 인색하다는 소문을 부끄러워하지 않는 법이지. 남들이 자기에게 바라는 것을 끊어 버리기 위해서야.

 또한 천한 사람은 아낄 것이 없기 때문에 충성을 다하여 어려운 일도

마다하지 않는 법이지. 왜냐하면 물을 건널 때 바짓가랑이를 걷어올리지 않는 것은 해진 바지를 입었기 때문이야. 반면에 수레를 타고 다니는 사람이 갖신에다 덧신을 껴 신는 것은 그래도 진흙이 묻을까 염려해서지. 신 바닥도 아끼거늘, 하물며 제 몸일까 보냐? 그러므로 충성이니 도의니 하는 건 가난하고 천한 사람한테는 당연한 일이지만, 부귀한 사람에게는 관심 밖의 일인 것이야."

그러자 탑타가 발끈하여 정색하면서 말하기를,

"내 차라리 세상에 벗 한 사람 없을지언정, 군자의 사귐을 할 수는 없다."

하였다. 이에 세 사람은 양반식 옷차림을 갈기갈기 찢어 버린 뒤, 때가 덕지덕지 낀 얼굴과 텁수룩하게 흐트러진 머리를 하고, 새끼줄을 허리에 질끈 동여매고는 저자에서 장타령을 불러 재꼈다.

골계선생滑稽先生은 「우정론」友情論에서 이렇게 말하였다.[7]

내가 알기로 나무를 붙이자면 생선 부레풀로 붙이고, 쇠붙이를 붙이자면 붕사硼砂로 붙이면 된다. 그리고 사슴이나 말의 가죽을 붙이자면 찹쌀밥으로 풀을 쒀서 붙이는 것보다 더 단단한 것이 없다. 하지만 사람 사이의 사귐에는 분명히 틈이 있는 법이다. 북쪽 연燕나라와 남쪽 월越나라처럼 멀리 떨어져 있어야만 틈이 있는 것이 아니요, 산천이 가로막

---

[7]_골계선생은 …… 말했다 : 전傳의 말미에 작가가 붙이는 논평에 해당한다. 골계선생은 작가의 의견을 대변하기 위해 설정한 가상 인물이고, 「우정론」 역시 실제로는 작가가 지은 글이다. 골계란 풍자나 궤변을 잘한다는 뜻이다.

고 있어야만 틈이 있는 것도 아니다. 또 무릎을 맞대고 함께 앉아 있다고 해서 반드시 밀접한 사이가 아니요, 어깨를 치고 소매를 붙잡는 사이라 해서 반드시 마음이 합치하는 것도 아니다. 그런 사이에도 틈은 있게 마련이다.

위앙衛鞅(상앙商鞅)이 장황하게 말을 늘어놓자 진秦나라 군주 효공孝公은 꾸벅꾸벅 졸았고,[8] 응후應侯(범저范雎)가 화를 내지 않았더라면 채택蔡澤은 아무 말도 하지 못했을 터이다.[9] 그러므로 밖으로 나와서 상앙을 꾸짖어 준 사람이 반드시 있었으며, 채택의 말을 퍼뜨려 범저가 화를 내도록 만든 사람이 반드시 있었다. 조趙나라의 공자公子(제후의 자제) 조승趙勝(평원군平原君)이 그를 위해 소개했던 것이다.[10] 반면에 성안후成安侯(진여陳餘)와 상산왕常山王(장이張耳)은 그 사귐에 전혀 틈이 없었다. 따라서 한번 틈이 생기자 누구도 그들을 위해 사이에 끼어들 수가 없었다.

그러니 중히 여길 것은 틈이 아니겠으며, 두려워할 것도 틈이 아니겠

8_ 위앙衛鞅이 …… 졸았고 : 『사기』에 나오는 이야기다. 상앙이 진나라 효공의 총신寵臣인 경감景監을 통해 효공을 만났는데, 첫 번째 만남에서 제도帝道에 대해 말했더니 효공이 꾸벅꾸벅 졸았다. 이에 경감이 밖으로 나와서 상앙을 꾸짖자, 상앙은 다음 만남에서는 왕도王道에 대해 말하였다. 그러나 효공은 이 말 또한 듣지 않았다. 그 다음에 상앙이 패도霸道에 대해 말하자 효공이 비로소 관심을 보이기 시작하였다. 마지막으로 강국强國에 대해 말하자, 효공이 매우 좋아하였다고 한다.

9_ 응후應侯가 …… 터이다 : 역시 『사기』에 나오는 이야기다. 채택蔡澤이 진나라에 들어가 왕을 만날 목적으로 먼저 사람을 시켜서, 당시 진나라 승상인 범저에게 자신이 왕을 만나 승상 자리를 빼앗겠노라는 말을 전하여 범저를 화나게 만들었다. 그 결과 범저와 만나 자신의 존재를 알릴 수 있었으며, 그를 통해 왕도 만날 수 있었다고 한다.

10_ 조趙나라의 …… 것이다 : 역시 『사기』에 나오는 이야기다. 진나라 군대가 조나라 수도를 포위하자 노중련魯仲連이 위魏나라 장수 신원연新垣衍을 설득하여 조나라를 돕도록 하겠노라고 자청했으므로, 평원군平原君이 노중련을 신원연에게 소개하였다. 일개 선비였던 노중련이 위나라 장수 신원연을 상대로 유세할 수 있었던 것은 이와 같이 평원군이 소개한 덕분이었다는 뜻으로 짐작되나, 앞에 글이 빠졌는지 문맥이 잘 통하지 않는다.

는가? 아첨도 그 틈을 파고들어가 영합하는 것이요, 참소도 그 틈을 파고들어가 이간질하는 것이다. 따라서 사람을 잘 사귀는 이는 먼저 그 틈을 잘 이용하고, 사람을 잘 사귈 줄 모르는 이는 틈을 이용할 줄 모른다. 성격이 곧은 사람은 외골수인 법이다. 자신을 굽히고 남에게 나아가지도 않고, 우회적으로 말을 하지도 않는다. 한번 말을 꺼냈다가 의견이 합치하지 않으면, 남이 이간질하지 않아도 제풀에 막히고 만다. 그래서 속담에 "찍고 또 찍어라. 열 번 찍어 안 넘어가는 나무 없다"고 한 것이다. 『논어』論語에 "아랫목에 잘 보이기보다는 아궁이에 잘 보여라"라고 한 것도 이를 두고 한 말이 아니겠는가?

그러므로 아첨을 전하는 데에도 술책이 있다. 몸가짐을 단정히 하고 낯빛을 가다듬으며 말을 얌전스레 하고, 명성과 이익에 담담하여 사귀려는 마음이 없는 척함으로써, 저절로 잘 보이게 된다. 이것이 상급의 아첨이다. 그 다음으로, 바른말을 간곡히 하여 자신의 애정을 드러내 보이고, 그 틈을 잘 이용하여 자신의 호의를 전달한다. 이것이 중급의 아첨이다.

말발굽이 닳도록 문안을 드리고 돗자리가 다 떨어지도록 뭉개고 앉아 상대의 입술만 쳐다보고 낯빛을 살피면서, 그 사람이 하는 말마다 다 좋다 하고 그 사람이 행하는 일마다 다 찬미한다. 그러면 처음 들을 때에야 기뻐하겠지만, 오래 듣다 보면 도리어 염증이 난다. 염증이 나면 아첨하는 사람을 비루하게 여기게 되고, 마침내는 자기를 가지고 노는 게 아닌가 의심하게 된다. 이것은 하급의 아첨이다.

관중管仲은 제齊나라를 중심으로 제후들이 여러 차례 뭉치게 했고, 소진蘇秦은 여섯 나라가 진秦나라에 맞서 동맹을 맺도록 만들었으니, '천하의 대단한 사귐'이라 이를 만하다. 하지만 송욱과 탑타는 길에서 걸식을 하고 덕홍은 저자에서 제멋대로 장타령을 불러도 오히려 말 거간꾼의 술책을 부리지 않았거늘, 군자로서 글을 읽는 사람이야 더 말할 나위가 있겠는가?

똥을 치며 사는 은자

穢德先生傳

선귤자蟬橘子(이덕무李德懋)에게는 '예덕선생'穢德先生이라 부르는 벗이 있었다. 그는 종본탑宗本塔 동쪽에 살면서 날마다 마을 안의 똥을 치는 일을 생업으로 삼았다. 마을 사람들은 모두 그를 엄 행수嚴行首라고 불렀다. '행수'란 막일꾼 중 나이가 많은 이에 대한 칭호요, '엄'은 그의 성이었다.

자목子牧(이정구李鼎九)이 선귤자에게 따져 물었다.

"예전에 제가 선생님께 벗에 관해 들었는데,

'벗이란 함께 살지 않는 아내요, 핏줄을 같이하지 않은 형제다.'

라고 하셨습니다. 벗이란 이처럼 소중한 것입니다. 세상의 이름난 사대부들 중에는 선생님을 추종하면서 그 아랫자리에서 놀기를 원하는 사람들이 많건만, 선생님께서는 아무도 받아들이지 않으셨습니다.

그런데 저 엄 행수라는 자는 마을의 비천한 막일꾼으로, 가장 열악한 곳에 살면서 남들이 치욕스럽게 여기는 일을 하고 있습니다. 하지만 선생님께서는 자주 그의 덕을 칭송하여 '선생'이라 부르는 동시에, 장차 그와 사귐을 맺고 벗이 되기를 청할 듯이 하십니다. 제자로서 심히 부끄럽사오니, 선생님의 문하에서 떠나기를 청합니다."

이에 선귤자가 웃으면서 답하였다.

"앉거라. 내가 너에게 벗에 관해 이야기해 주마. 속담에 '의원이 제 병 못 고치고 무당이 제 굿 못 한다' 했다. 사람들은 모두 제가 잘한다고 자부하는 것이 있는데 남들이 몰라주면, 안타까워하면서 자신의 허물에 관해 듣고 싶은 체 하지. 그럴 때 예찬만 늘어놓으면 아첨에 가까워서 아무 흥미가 없고, 단점만 지적하면 잘못을 들추어 내는 것 같아 비정하게 보인다. 그래서 그 사람이 잘하지 못하는 것에 대해 겉돌면서 변죽만 울리는 말을 해준다. 그러면 제아무리 크게 책망해도 화를 내지는 않으니, 이는 상대가 꺼리는 곳을 건드리지는 않았기 때문이지.

그러다가 물건을 늘어놓고 그릇을 덮어 숨긴 다음 알아맞히는 놀이를 하듯이, 상대가 잘한다고 자부하는 것을 은근슬쩍 언급하는 거야. 그러면 가려운 데를 긁어 준 것처럼 진심으로 감동하지. 가려운 데를 긁어 주는 것에도 방법이 있느니라. 등을 토닥일 때에는 겨드랑이에 가까이 가지 말고, 가슴을 어루만질 때에는 목을 건드리지 마라. 뜬구름 같은 이야기를 지어내어 저절로 칭찬이 되게 만들면, '나를 제대로 아는구나!'라고 뛸 듯이 기뻐하지. 이렇게 벗을 사귀면 되겠느냐?"

그러자 자목이 귀를 막고 뒷걸음질 치며,

"이는 선생님께서 시정잡배나 하인 놈들이 하는 짓거리를 가지고 저를 가르치시는 겁니다!"

하니, 선귤자가 이렇게 말하였다.

"그렇다면 네가 부끄럽게 여기는 것은 과연 후자이지 전자는 아니로구나.[1] 저자에서는 이익으로써 사귀고, 면전에서는 아첨으로써 사귀는 법이다. 따라서 아무리 서로 좋아하는 사이라도 세 번 손을 내밀면 누구나 멀어지게 되고, 아무리 묵은 원한이 있다 해도 세 번 도와주면 누구나 친해지기 마련이야. 그러므로 이익으로써 사귀면 지속되기 어렵고, 아첨으로써 사귀면 오래갈 수가 없지.

대단한 사귐은 얼굴을 마주 대하지 않아도 되고, 두터운 벗은 서로 가까이 지내지 않아도 된다네. 다만 마음과 마음으로 사귀고, 그 사람의 덕을 보고 벗을 삼으면 되는 것이야. 이것이 바로 도의로써 사귄다는 것일세. 위로 천 년 전의 옛사람과 벗을 해도 사이가 먼 것이 아니요, 만 리나 떨어져 지내는 사람과 사귀어도 사이가 먼 것이 아니라네.

저 엄 행수란 사람은 나에게 알아주기를 바란 적이 없었건만, 나는 늘 그를 예찬하고 싶어 하여 그를 예찬하는 데 싫증을 느끼지 않네. 그는 밥을 먹을 때에는 든든히 먹고, 길을 걸을 때에는 조심조심 걷고, 졸음이 오면 쿨쿨 자고, 웃을 때에는 껄껄 웃고, 평소 지낼 때에는 바보처럼 보인다네. 흙벽을 쌓고 풀로 덮은 움막에 조그만 구멍을 냈는데, 들어갈 때에는 새우등을 하고, 잘 때에는 개잠을 자지.

아침이 되면 기쁘게 일어나 삼태기를 지고 마을로 들어가 뒷간을 청

---

[1] 후자이지 전자는 아니로구나 : 전자는 엄 행수와 같이 비천한 사람과 사귐을 말하고, 후자는 시정잡배나 하인 놈들이 하듯이 교묘하게 아부하는 사귐을 말한다.

소하는데, 해마다 구월이면 서리가 내리고, 시월이면 살얼음이 얼지. 그때 뒷간에 말라붙은 사람 똥, 마구간의 말똥, 외양간의 소똥, 홰 아래 떨어진 닭똥이며 개똥과 거위 똥, 그리고 돼지 똥, 비둘기 똥, 토끼 똥, 참새 똥 따위를 주옥인 양 소중히 긁어 가도 조금도 염치에 손상될 것이 없지. 그 이익을 제 혼자 차지해도 도의에 해가 되지 않으며, 욕심을 부려 많이 차지하려고 해도 남들이 양보할 줄 모른다고 비난하지도 않는다네.

그는 손바닥에 침을 뱉고 가래를 휘두르면서, 새가 모이를 쪼아 먹듯 꾸부정히 허리를 구부려 일에 열중할 뿐이야. 아무리 화려한 미관이라도 마음에 끌리는 법이 없고, 아무리 좋은 풍악이라도 관심을 두는 법이 없지. 부귀란 사람이면 누구나 원하는 것이지만, 바란다고 해서 얻을 수 있는 것이 아니기에 부러워하지 않는 것이지. 따라서 그에 대해 예찬한다고 해서 영광이 더해지는 것도 아니고, 헐뜯는다고 해서 모욕이 더해지는 것도 아니라네.

왕십리의 무와 살곶이의 순무, 석교石郊의 가지·오이·수박·호박이며, 연희궁延禧宮의 고추·마늘·부추·파·염교며, 청파靑坡의 미나리와 이태인利泰仁의 토란은 최상급의 토지에 심는데, 모두 엄씨의 똥을 가져다 쓰지. 그래서 땅이 비옥하고 수확이 많아, 해마다 수입이 육천 푼(육십 냥)이나 된다네.

하지만 그는 아침에 밥 한 사발이면 의기가 흡족해지고, 저녁이 되어서야 다시 밥 한 사발을 먹을 뿐이지. 남들이 고기 좀 먹으라고 권하면,

'목구멍을 넘어가면 채소나 고기나 배부르기는 마찬가지인데, 맛을 따져 무얼 하오.'

하며 사양한다네. 또 남들이 옷 좀 제대로 입으라고 권하면,

'소매 넓은 옷을 입으면 몸에 익숙지 않고, 새 옷을 입으면 더러운 흙을 짊어질 수가 없소.'

하며 사양한다네. 해마다 설날 아침이 되어야 비로소 갓과 허리띠와 옷과 신발을 갖추어 착용하고, 이웃 마을을 두루 찾아다니며 세배를 하지. 세배를 마치고 돌아오면 곧바로 헌 옷으로 갈아입고, 다시 삼태기를 메고 마을 안으로 들어간다네. 그러니 엄 행수와 같은 이는 이른바 '자신의 덕을 더러움으로 감추고 세속에 숨어 사는 위대한 은자'가 아니겠는가?

『중용』中庸에 이르기를 '부귀를 타고나면 부귀하게 지내고, 빈천을 타고나면 빈천하게 지낸다' 하였으니, 타고난다는 것은 이미 정해져 있음을 말한다네. 『시경』에도 이런 구절이 있네.

이른 새벽부터 밤늦도록 공소公所에 있으니	夙夜在公
진실로 명이 똑같지 않기 때문이라	寔命不同

그러니 명이란 그 사람의 분수를 말하는 것이네. 하늘이 만백성을 낼 때 정해진 분수가 있으니, 명을 타고난 이상 무슨 원망할 것이 있겠는가?

그런데 새우젓을 먹게 되면 달걀이 먹고 싶고, 갈포 옷을 입게 되면 모시옷이 입고 싶어지게 마련이지. 천하가 이로부터 크게 어지러워져 백성들이 들고일어나 농토가 황폐해 지는 것이야. 진승陳勝과 오광吳廣이나 항적項籍의 무리는 그들의 뜻이 어찌 농사일에 안주하는 데 있는 자들이었겠나? 『주역』에 '짐을 짊어져야 할 사람이 수레를 탔으니, 도적을 불러들일 것이다'라고 한 것도 이를 두고 말한 것이네.

그러므로 도의에 맞지 않으면 엄청나게 많은 녹봉을 준다 해도 불결한 것이요, 아무런 노력 없이 재물을 모으면 어마어마한 부자 못지않게 부를 이루었다 해도 그 이름에서 썩은 내가 나게 될 걸세. 따라서 사람이 죽었을 때 입속에 구슬을 넣어 주는 것은, 그 사람이 깨끗하게 살았음을 나타내 주기 위해서야.

저 엄 행수는 지저분한 똥을 나르는 것으로 먹고살고 있으니, 지극히 불결하다 하겠지. 하지만 그가 먹고사는 방법은 지극히 향기롭네. 또한 그의 처신은 지극히 지저분하다 하겠지만, 도의를 지키는 점에서는 지극히 고상하지. 그의 뜻을 미루어 보면, 설령 엄청나게 많은 녹봉을 준다 해도 그가 어떻게 처신할지는 알 만하다네. 이로 말미암아 보면, 깨끗하다는 것에도 깨끗하지 않은 것이 있고, 더럽다는 것도 더럽지 않은 법이야.

그러므로 나는 먹고사는 일에 아주 견디기 힘든 경우를 당하면 언제나 나보다 못한 사람을 생각하며 견디는데, 엄 행수를 생각하기만 하면 견디지 못할 일이 없었지. 진실로 그 마음속에 좀도둑질할 뜻이 없는 사람이라면, 엄 행수를 생각하지 않은 적이 없을 것이야. 그런 마음을 확대해 나간다면 성인聖人의 경지에도 이를 수 있을 걸세.

그러니 선비로서 곤궁하게 산다고 해서 얼굴에까지 그 티가 드러나는 것도 부끄러운 일이요, 출세했다 하여 몸짓에까지 그 티를 드러내는 것도 부끄러운 일이네. 엄 행수와 비교했을 때 부끄럽지 않을 사람은 거의 드물 걸세. 그래서 나는 엄 행수에 대하여 스승으로 모시겠노라고 한 것이지. 어찌 감히 벗으로 삼겠노라고 하겠는가? 때문에 나는 엄 행수의 이름을 감히 부르지 못하고, '예덕선생'이라 부르는 걸세."

요절한 천재 시인
우상

虞裳傳

일본에 관백關白이 새로 들어섰다.¹ 그러자 널리 재정을 비축하고 행궁과 별관을 수리하고 선박을 정비했다. 또한 속국²의 여러 섬들에서 남다른 재주를 갖춘 검객과 기이한 기예를 갖춘 사람과 서화나 문학에 재능이 있는 인사를 샅샅이 찾아내어, 도읍에 모아놓고 수년 동안 충분히 훈련을 시켰다. 이렇게 한 뒤에 마치 과거 시험 출제를 기다리듯이, 우리나

1_일본에 …… 들어섰다 : 제10대 쇼군將軍인 도쿠가와 이에하루德川家治가 1761년(영조 37) 정식으로 관백에 즉위한 사실을 말한다.
2_속국 : 당시 일본은 기내畿內 5국國, 동해도東海道 15국, 동산도東山道 8국, 북륙도北陸道 7국, 산음도山陰道 8국, 산양도山陽道 8국, 남해도南海道 6국, 서해도西海道 9국 등의 소국들로 이루어져 있었다.

라에 감히 사신을 보내 달라고 요청해 왔다.

우리 조정에서는 삼품三品 이하의 문신文臣을 엄선하여 삼사三使를 갖추어 보냈다.³⁻ 사신을 보좌하는 이들도 모두 문장이 뛰어나고 식견이 많은 사람들이었다. 천문·지리·산수·점술·의술·관상·무예에 뛰어난 사람들로부터, 관악기와 현악기 연주, 해학과 만담, 음주와 가무, 장기와 바둑, 말 타기와 활쏘기에 이르기까지 한 가지 재주로 나라 안에서 이름난 사람들을 모두 딸려 보냈다.

하지만 일본인들은 시문詩文과 서화를 가장 중히 여겼다. 조선인이 쓴 글을 한 자라도 얻으면, 길 양식을 지니지 않고도 천 리 길을 갈 수 있을 정도였다.

사신들이 거처하는 건물에는 모두 비취색 구리 기와를 얹었고, 섬돌로는 무늬가 아로새겨진 돌을 썼으며, 기둥과 난간에는 붉은 옻칠을 했다. 휘장은 화제火齊, 말갈靺鞨, 슬슬瑟瑟 같은 보석으로 치장하고, 식기는 모두 금과 은으로 도금하여 사치스럽고 화려하였다. 천 리 길을 가는 동안 곳곳에 기묘한 볼거리를 차려 놓았을 뿐 아니라, 심지어 백정이나 역졸驛卒⁴⁻까지도 평상에 걸터앉아 비자榧子나무로 만든 통에 발을 담그게 하고서, 꽃무늬 적삼 입은 왜놈 아이종을 시켜 씻겨 주었다.

이처럼 그들은 겉으로는 순종하는 척하며 존경하고 흠모하는 뜻을 보였다. 하지만 우리나라의 통역관들이 호랑이 가죽, 표범 가죽, 담비 가

3_ 삼사三使를 갖추어 보냈다 : 영조 39년(1763) 정사正使 조엄趙曮, 부사副使 이인배李仁培, 종사관從事官 김상익金相翊을 통신사通信使의 삼사로 임명하여 파견하였다.

4_ 백정이나 역졸驛卒 : 통신사의 일행 중 소를 잡는 도우장屠牛匠과 말을 관리하는 이마理馬를 가리킨다.

죽, 인삼 등 금지된 물건들을 가져다 보석이나 보검과 몰래 바꾸는 바람에, 그곳의 거간꾼들이 이익을 노리고 재물에 목숨 걸기를 마치 말이 치달리듯 하였다. 그 이후로는 일본인들이 겉으로만 공경하는 척할 뿐, 더 이상 문명인으로서 흠모하지는 않았다.

우상虞裳(이언진李彦瑱)은 중국어 통역관으로서 사신을 수행했는데, 홀로 문장 실력으로써 일본에 크게 명성을 떨쳤다. 일본의 이름난 중이나 귀한 신분의 사람들이 모두, '운아雲我 선생은 나라에 둘도 없는 뛰어난 인물이다'라고 그를 칭찬하였다.

오사카大阪 동쪽 지역에는 중들이 기생처럼 재주를 자랑하고 절들이 여관처럼 시끄러웠다. 중들은 도박에 돈을 걸듯이 시문을 지어 보이라고 독촉하였다. 화려한 채색 종이와 두루마리를 평상과 탁자에 그득 쌓아놓고, 대개는 시로 짓기 힘든 제목과 각운脚韻을 맞추기 힘든 운자韻字를 내어 궁지에 몰려고 했다. 하지만 우상은 매번 창졸간에 즉석에서 읊어 대기를, 마치 진작에 지어 놓은 것을 외우듯이 하였다. 각운을 맞추는 것도 평탄하고 여유가 있었다. 자리가 파할 때까지 피로한 기색이 없었고, 나약한 시어도 없었다.

그가 지은 「해상 유람」(海覽篇)은 이러하다.

대지에 자리 잡은 만국들은	坤輿內萬國
바둑돌처럼 별처럼 줄지어 놓였네[5]	碁置而星列
몽치 같은 상투 쫓는 우월于越도 있고	于越之魋結

---

[5] 대지에 …… 놓였네 : 마테오리치가 제작한 세계지도인 「곤여만국전도」坤輿萬國全圖를 두고 노래한 것이다.

머리를 박박 깎는 인도도 있네	竺乾之祝髮
소매 너른 옷 입는 제로齊魯도 있고⁶⁻	齊魯之縫腋
모포를 뒤집어쓰는 호맥胡貊도 있네	胡貊之氈毼
문명하여 위의를 갖춘 나라도 있고	或文明魚雅
미개하여 음악 소리 요란한 나라도 있네	或兜離侏休
무리로 나뉘고 끼리끼리 모여서	群分而類聚
온 땅에 모두 이처럼 사람들이 사네	遍土皆是物
일본이란 나라를 말하자면	日本之爲邦
큰 파도 넘실대는 섬나라라네	波壑所蕩潏
숲 속에 부목搏木이 울창하여	其藪則搏木
그곳에서 해돋이를 볼 수 있네	其次則賓日
여인네 하는 일은 비단에 수놓기	女紅則文繡
토산품은 등자와 귤이라네	土宜則橙橘
괴이한 물고기로 낙지가 있고	魚之怪章擧
기이한 나무로는 소철이 있네	木之奇蘇鐵
진산鎭山과 방전芳甸(방초 무성한 들판)은	其鎭山芳甸
구진성句陳星처럼 차례로 늘어서 있네	句陳配厥秩
남북으로 계절이 다르고	南北春秋異
동서로 밤낮이 다르네	東西晝夜別
중앙은 그릇을 엎어 놓은 듯한데	中央類覆敦

6_소매 …… 있고 : 제로齊魯는 제나라와 노나라로, 공자와 맹자가 태어난 문명국이다. 공자는 노나라에서 성장하여 소매 너른 옷을 입었다고 한다.

산꼭대기에 태곳적 눈이 영롱하네[7]	嵌空龍漢雪
그늘이 소 떼를 뒤덮는 큰 나무[8]와	蔽牛之鉅材
까치 잡는 데 쓰는 옥돌[9]과	抵鵲之美質
단사나 금이나 주석이	與丹砂金錫
모두 산에서 흔히 난다네	皆往往山出
오사카는 대도시라	大坂大都會
보물이 용궁의 창고를 다 털어낸 듯이 많네	環寶海藏竭
기이한 향은 용연향龍涎香을 사른 것이요	奇香爇龍涎
보석은 아골석雅鶻石을 쌓아 놓았네	寶石堆雅骨
코끼리 아가리에서 뽑은 어금니며	牙象口中脫
물소 대가리에서 잘라낸 뿔도 있네	角犀頭上截
페르시아 상인들도 눈이 부셔하고	波斯胡目眩
절강성浙江省의 시장들도 빛이 바랬네	浙江市色奪
온 섬이 지중해를 이루어	寰海地中海
오만 가지 산 것들이 구물거리네	中涵萬象活
후어鱟魚는 등에 돛을 펼치고	鱟背帆幔張
해추海鰌는 꼬리에 깃발 달아매었네	鰌尾旌旗綴
다닥다닥 붙은 굴은 벌집 같은데	堆壘蠣粘房
굴 더미 등에 진 거북은 소굴에서 쉬네	屭贔龜次窟

7_ 중앙은 …… 영롱하네: 후지산(富士山)을 가리킨다.
8_ 그늘이 …… 나무: 『장자』莊子에 장석匠石이 제齊나라에 가서 신비한 나무를 보았는데, 그 크기가 수천 마리의 소를 그늘로 가릴 정도나 되었다고 하였다.
9_ 까치 …… 옥돌: 곤륜산崑崙山 부근에는 옥돌이 흔해 그걸로 까치를 잡는다고 하였다. 귀하게 여기는 물건이 아주 흔하게 있는 경우를 말할 때 비유로 쓰인다.

산호 바다로 문득 변하니	忽變珊瑚海
번쩍번쩍 음화陰火가 타오르네	煜耀陰火烈
검푸른 바다로 문득 변하니	忽變紺碧海
노을 비치어 갖가지 빛깔이로세	霞雲衆色設
수은 바다로 문득 변하니	忽變水銀海
수만 개의 별들이 그 위에 뿌려졌네	星宿萬顆撒
커다란 염색 가게로 문득 변하니	忽變大染局
천 필의 능라 비단 찬란도 하네	綾羅爛千匹
커다란 용광로로 문득 변하니	忽變大鎔鑄
오금五金의 빛이 터져 퍼지네	五金光迸發
용이 하늘 가르며 힘차게 나니	龍子劈天飛
수천 벼락 수만 번개가 치네	千霆萬電戛
발선髮鱓과 마갑주馬甲柱는	髮鱓馬甲柱
신비하고 기괴해 마구 얼을 빼네	秘怪恣怳惚
백성들은 알몸에다 갓을 썼는데	其民裸而冠
독하게 쏘아 대니 속이 전갈 같네	外螯中則蝎
일 만나면 죽 끓듯 요란 떨고	遇事則糜沸
남을 모략할 땐 쥐처럼 교활하네	謀人則鼠黠
이익을 탐낼 땐 물여우가 몰래 쏘듯	苟利則蜮射
조금만 거슬려도 멧돼지처럼 덤벼드네	小拂則豕突
계집들은 남자에게 농지거리 잘하고	婦女事戲謔
아이놈들은 잔꾀를 잘 부리네	童子設機括
조상은 등지면서 귀신에 혹하고	背先而淫鬼

살생을 즐기면서 부처에 아첨하네	嗜殺而佞佛
글자는 제비 꼬락서니 못 면하고[10]-	書未離鳥觚
말은 때까치 울음소리[11]- 못 면했네	語未離鴃舌
남녀 간은 사슴처럼 문란하고[12]-	牝牡類麀鹿
또래끼린 물고기처럼 몰려다니네	友朋同魚鱉
씨불대는 소린 새 지저귀듯	言語之鳥嚶
통역관들도 미처 다 알지 못한다네	象譯亦未悉
진귀한 초목들 하도 많아	草木之瓌奇
나함羅含도 자기 책을 불살랐겠네	羅含焚其帙
물길들 수없이 뻗어 있으니	百泉之源滙
역도원酈道元도 항아리 속 진디등에[13]-일세	酈生瓮底蠛
요사스러운 수족들 하도 많아	水族之弗若
사급思及(알레니)도 부끄러워 도설을 감추었겠네	思及閟圖說
도검에 새겨진 꽃무늬며 글자를 보니	刀劍之款識
도홍경陶弘景이 속편을 다시 지어야겠네	貞白續再筆
지구가 둥글다는 설에 관한 시비와	地毬之同異
오대주五大洲설에 대한 갑론을박은	海島之甲乙
서태西泰 이마두(마테오리치)가	西泰利瑪竇

10_ 글자는 …… 면하고 : 한자漢字의 초서체草書體에서 만들어진 일본의 히라카나(平假名)가 제비 모양과 같다고 풍자한 것이다.
11_ 때까치 울음소리 : 다른 나라의 잘 알아들을 수 없는 언어를 '격설'鴃舌이라고 한다.
12_ 남녀 간은 사슴처럼 문란하고 : 『예기』禮記에 짐승은 예의를 모르므로, 사슴 부자父子는 암컷을 공유한다고 하였다.
13_ 항아리 속 진디등에 : '우물 안 개구리'와 비슷한 말로 식견이 좁다는 뜻이다.

치밀하고 명쾌하게 밝혀 놓았네	線織而刃割
변변찮은 내가 이 시를 지어 바치노니	鄙夫陳此詩
말은 촌스러워도 뜻은 몹시 진실하네	辭俚意甚實
이웃 나라와 잘 지내는 큰 계략 있나니	善隣有大謨
잘 구슬려서 화평을 잃지 말아야 하네	羈縻和勿失

 이 시로 볼 때 우상 같은 이는 이른바 '문장으로 나라를 빛냈다는 칭송'을 받을 만하지 않겠는가.
 신종神宗 만력萬曆 임진년(1592, 선조 25)에 왜적 평수길平秀吉(도요토미 히데요시)이 군사를 몰래 출동시켜 우리나라를 습격하여, 우리의 삼도三都(경주·한양·평양)를 짓밟고 우리의 노약자들을 코 베어 욕보였으며, 왜철쭉과 동백을 우리나라 각지에 심었다. 우리 소경대왕昭敬大王(선조宣祖)이 의주로 피난 가서 천자께 글로 아뢰자, 천자가 크게 놀라 중국의 군사를 동원하여 동으로 원군을 보냈다.
 당시에 대장군大將軍 이여송李如松, 제독提督 진린陳璘·마귀麻貴·유정劉綎·양원楊元은 모두 다 옛날 명장의 기풍이 있었으며, 어사御史 양호楊鎬·만세덕萬世德·형개邢玠는 재주가 문무를 겸하고 지략이 귀신을 놀래킬 만하였다. 그들의 병력도 모두 진봉秦鳳·섬서陝西·절강浙江·운남雲南·등주登州·귀주貴州·내주萊州의 날랜 기병과 활 잘 쏘는 군사들이며, 대장군의 가동家僮 천 명과 유계幽薊의 검객들이었다. 그런데도 끝내 왜적과 화평을 맺고, 겨우 나라 밖으로 몰아내는 데에 그치고 말았다.
 수백 년 동안 사신의 행차가 자주 에도江戶를 내왕하였다. 그러나 사신으로서 체통을 지키고 임무를 엄중히 수행하느라, 그 나라의 민요와 인물, 험한 요새와 군사력에 관해서는 끝내 털끝만큼도 실상을 파악하지 못한 채 그저 왔다갔다 하기만 했다. 우상은 힘으로는 붓 한 자루도 들지 못할 정도였다. 하지만 그 나라의 알짜를 붓끝으로 남김없이 빨아들여, 만리나 떨어진 섬나라의 수도로 하여금 산천초목이 다 마르게 하였으니, '붓 한 자루로 그 나라 강산을 무너뜨렸다'고 해도 무방할 것이다.

우상의 이름은 상조湘藻[14]다. 일찍이 손수 제 초상화에 이렇게 적었다.

공봉供奉 이백李白과 업후鄴侯 이필李泌이	供奉白鄴侯泌
이철괴李鐵拐와 합쳐 창기가 되었네	合鐵拐爲滄起
옛 시인과 옛 선인	古詩人古仙人
옛 산인이 모두 다 이씨라네	古山人皆姓李

이씨는 그의 성이요, 창기滄起는 그의 또 다른 호다.

선비란 자신을 알아주는 이 앞에서는 재능을 펴고, 자신을 몰라주는 이 앞에서는 재능을 펴지 못하는 법이다. 해오라기나 비오리는 새 중에서도 보잘것없는 놈이다. 하지만 그래도 제 깃털을 사랑하여, 물에 비추어 보고 서 있다가 다시 하늘을 맴돌다 내려앉는다. 사람이 지닌 문장을 어찌 고작 이런 새 깃털의 아름다움에 비하겠는가.

옛날에 경경慶卿이 밤에 검술을 논하자 합섭蓋聶이 성을 내며 눈총을 주어, 자리를 박차고 나가게 만들었다. 그 뒤 고점리高漸離가 축筑을 연주하자 형가荊軻가 화답하여 노래하더니, 이윽고 주위를 아랑곳하지 않고 서

14_상조湘藻 : 이언진이 스스로 지은 또 하나의 이름이다.

로 붙들고 운 일이 있었다.[15] 그때의 즐거움 역시 극에 달했을 터이다. 그런데 또 뒤미처 울기까지 한 것은 무엇 때문일까? 마음이 복받쳐서 엉겁결에 슬퍼진 것이다. 비록 당사자에게 물어본들, 그 역시 무슨 심정으로 그랬는지 알지 못할 것이다. 사람이 문장으로써 서로 우열을 가리는 것이 어찌 검객들이 하찮은 기량을 겨루는 데에 비하겠는가.

우상은 아마도 알아주는 사람을 제대로 만나지 못한 사람일까? 그의 말에 어쩌면 그리도 슬픔이 많단 말인가? 그에게 이런 시가 있다.

닭은 머리 위의 벼슬이 두건처럼 높고	鷄戴勝高似幘
소는 늘어진 멱미레가 자루만큼 크네	牛垂胡大如袋
집에서 흔히 보는 이런 건 하나도 기이할 것 없지만	家常物百不奇
크게 놀랍고 괴이한 건 등이 솟은 낙타로세	大驚怪橐駝背

이로써 보면, 우상은 늘 자신을 남다르게 여겼던 것이다. 병이 위독하여 죽게 되자, 그동안 써 놓은 원고들을 모조리 불태우면서,

"누가 다시 알아주겠는가?"

하였으니, 그 뜻이 어찌 슬프지 아니하랴!

『논어』에서 공자가 말하기를 "재주 나기가 어렵다는 말은 참으로 맞는 말이 아니겠는가" 하였다. 그리고 또 "관중管仲은 그릇이 작다" 하였다. 제자 자공子貢이 묻기를 "저는 무슨 그릇입니까?" 하니, 공자가 말하

15_옛날에 …… 있었다 : 『사기』에 나오는 이야기다. 형가荊軻는 전국 시대 위衛나라 사람으로, 위나라에서는 경경慶卿으로 불렸다.

기를 "너는 종묘 제사에서 곡식 담는 그릇이다" 하였다. 이는 자공의 재주를 칭찬하면서도 작게 여긴 것이다.

그러므로 덕은 그릇에 비유되고, 재주는 그 속에 담기는 물건에 비유된다.『시경』에도 이런 구절이 있다.

깨끗하고 고운 저 옥 술잔이여 瑟彼玉瓚
황금빛 울창주가 그 속에 담겼도다 黃流在中

『주역』에도 "솥이 발이 부러지니, 임금이 드실 음식이 엎어졌도다"[16]고 하였다. 덕만 있고 재주가 없으면 그 덕이 빈 그릇이 되고, 재주만 있고 덕이 없으면 그 재주가 담길 곳이 없으며, 그 그릇이 얕으면 넘치기가 쉽다.

인간은 천지天地와 나란히 서니, 바로 천지인天地人 삼재三才에 속한다. 그러므로 귀신이란 재才에 속하며,[17] 천지란 큰 그릇이 아니겠는가? 깔끔을 떠는 자에게는 복이 붙을 데가 없고, 남의 속사정을 잘 꿰뚫어 보는 자에게는 사람들이 붙지 않는 법이다. 문장이란 천하의 지극한 보배이다. 오묘한 근원에서 핵심을 들추어내고, 형적이 없는 데서 숨은 이치를 찾아내어 천지 음양의 비밀을 누설하니, 귀신이 성내고 원망할 것은 뻔한 일이다. 재목(木) 중에 좋은 감(才)이 있으면 사람들이 베어 갈 생각을

16_『주역』에도 …… 엎어졌도다 :『주역』「정괘」鼎卦 구사九四의 효사爻辭이다. 소인小人이 대신大臣의 중책을 감당하지 못해 국사를 그르친다는 뜻이다.
17_ 귀신이란 재才에 속하며 :『예기』에 "사람은 천지天地의 덕德이며, 음과 양이 서로 교류하고, 귀와 신이 서로 만난 것이다"라고 하였다. 여기서 귀鬼는 육신, 신神은 영혼을 뜻한다.

하고, 재물(貝) 중에 좋은 감(才)이 있으면 사람들이 빼앗아 갈 생각을 한다. 그러므로 좋은 감을 지키기 위해, 재목 재材 자와 재물 재財 자에 속한 '재' 才 자는 마지막 획을 안으로 삐치지, 밖으로 삐치지 않는 것이다.

　우상은 일개 통역관이었다. 그래서 나라 안에 있을 때는 명성이 제 마을 밖을 벗어나지 못하였고, 사대부들은 그의 얼굴도 몰랐다. 그런데 하루아침에 명성이 바다 너머 만 리 밖의 나라를 뒤흔들고, 몸소 곤어鯤魚와 고래와 용과 악어의 소굴까지 다 뒤졌다. 햇빛과 달빛으로 씻은 듯 윤택하게 만드는 솜씨를 발휘했고, 무지개와 신기루에 닿을 듯이 기개를 떨치었다. 그러므로『주역』에 "재물을 허술하게 보관하는 것은 훔쳐 가라고 가르쳐 주는 것이나 다름없다"고 한 것이며, 『장자』莊子에 "물고기란 못을 떠날 수 없는 법이니, 예리한 무기를 남에게 보여 주면 안 된다"고 한 것이다. 어찌 경계하지 않을 수 있겠는가.

　우상이 승본해勝本海를 통과하며 지은 시는 이러하다.

왜놈은 맨발에다 몰골조차 괴상한데	蠻奴赤足貌鯶鮂
새파란 윗도리는 등에 별과 달을 그렸네	鴨色袍背繪星月
꽃무늬 적삼 입은 왜년 문밖으로 달려 나오느라	花衫蠻女走出門
머리도 채 못 빗고 머리털을 동여 맸네	頭梳未竟鬘其髮
어린애가 칭얼대며 어미 젖을 빨아 대다	小兒號嗄乳母乳
어미가 등을 토닥이자 울음소리 잦아드네	母手拍背鳴嗚咽
이윽고 북 울리며 우리 사신이 들어오니	須臾撝鼓官人來
수많은 눈들이 둘러싸고 활불인 양 여기네	萬目圍繞如活佛
왜놈 관리 무릎 꿇고 절하며 보물 바치는데	蠻官膜拜獻厥琛

산호랑 대패大貝를 소반 받쳐 내오네	珊瑚大貝擎盤出
주인과 손님이 늘어섰으나 실로 벙어리인 양	眞如啞者設賓主
눈짓으로 말 통하고 붓끝으로 얘기하네	眉睫能言筆有舌
왜놈의 관청에도 정원 풍취 풍부하여	蠻府亦耀林園趣
종려나무 푸른 귤이 뜨락에 가득 찼네	栟櫚青橘配庭實

배 안에서 치질을 앓고 누워 매남梅南(이용휴李用休) 스승님의 말씀을 생각하며 지은 시는 이러하다.

공자의 유교와 석가의 불교는	宣尼之道麻尼教
각각 현세주의와 내세주의요, 해와 달이로세	經世出世日而月
서양 선비 일찍이 오인도五印度[18]-에 가 봤지만	西士嘗至五印度
과거에도 현재에도 부처 전혀 없었다네	過去現在無箇佛
유가에도 이따위 장사꾼들이 있어	儒家有此粺販徒
붓과 혀를 놀려 괴이한 학설 퍼뜨리네	簸弄筆舌神怪說
산발하고 뿔이 난 채 지옥에 떨어진다니	披毛戴角墜地犴
생시에 남 속인 죄 받아 마땅하네	當受生日欺人律
해독의 불길이 중국 동쪽 일본까지 미쳐 와서	毒焰亦及震旦東
화려하고 큰 절들이 도시와 시골에 널렸네	精藍大衍都鄙列
섬 백성 흘겨보며 화복으로 겁을 주니	睢盱島衆怵禍福
분향과 공양미 시주 끊일 때가 없네	炷香施米無時缺

18_서양 …… 봤지만 : 예수회 선교사들이 16세기에 인도에 진출한 사실을 가리킨다.

비하자면 제 자식이 남의 자식 죽여 놓고	譬如人子戕人子
들어와 봉양하면 어느 부모 좋아하리	入養父母必不說
육경六經이 중천에서 밝은 빛 비추는데	六經中天揚文明
이 나라 사람들은 눈에 옻칠한 듯 캄캄하네	此邦之人眼如漆
해 뜨는 곳이나 해 지는 곳이나 이치가 둘이겠나	暘谷昧谷無二理
따르면 성인 되고 등지면 악인 되네	順之則聖背檣杌
우리 스승 나더러 대중에게 고하라기에	吾師詔吾詔介衆
목탁 치며 선포하는 대신 이 시를 지었네	以詩爲金口木舌

이와 같은 우상의 시들은 모두 후세에 전할 만하다. 일본에서 돌아오는 길에 전에 머물렀던 곳을 다시 들렀더니, 그새 그의 시들이 모두 책으로 간행되었다고 한다.

나와 우상은 생전에 상면한 적이 없었다. 하지만 우상은 자주 사람을 시켜 나에게 시를 보여 주며,

"아마도 이분만은 나를 알아줄 것이다."

하였다. 내가 그 사람더러 농담 삼아,

"이것은 오농吳儂의 간드러진 말투[19]이니, 자질구레해서 진귀하게 여길 게 못 되네."

했더니, 그 말을 전해 들은 우상은 성을 내며,

"창부儈夫가 남의 약을 올리는군!"[20]

19_오농吳儂의 간드러진 말투 : 오농은 화려하고 세련됨을 추구한 중국 강남江南 지방 사람들을 가리키는 말이다. 삼국 시대 때 오나라 땅이었던 이 지방 사람들의 말투가 간드러진 느낌을 주었으므로 '오농연어'吳儂軟語니 '오농교어'吳儂嬌語니 하였다.

하였다. 그러고는 한참 있다가 탄식하며,

"내가 세상에 오래살 수 있겠는가."

하고 나서, 두어 줄기 눈물을 쏟았다고 한다. 나도 그 말을 전해 듣고 슬퍼했다.

얼마 후 우상이 죽으니, 그의 나이 스물일곱 살이었다. 그의 집안사람이 꿈에서, 신선이 술에 취해 푸른 고래를 타고 가고 검은 구름이 드리웠는데 우상이 산발을 한 채 뒤따라가는 모습을 보았다고 한다. 그런 지 얼마 후에 우상이 죽었다. 어떤 이는 말하기를,

"우상이 신선이 되어 떠나갔다."

고 하였다.

아! 나는 전에 속으로 그의 재능을 남달리 아꼈다. 하지만 유독 그의 기를 억눌렀던 것은, 우상이 아직 연소하니 머리를 숙이고 문장의 도道에 나아간다면, 글을 지어 후세에 남길 수 있으리라고 여겼기 때문이다. 그런데 지금 생각해 보니, 우상은 필시 내가 서로 호감을 가질 만한 사람이 못 된다고 여겼을 것이다.

어떤 이가 우상의 죽음을 애도하는 노래를 지었다.[21]

오색을 두루 갖춘 비범한 새가　　　　　　　　　　　　　　五色非常鳥

20_창부倡夫가 남의 약을 올리는군 : 창부는 시골뜨기라는 뜻으로, 중국의 강남 지방 사람들이 북쪽 중원中原 사람들을 비하하여 부른 말이다. 오나라 출신인 육기陸機가 그의 문학적 경쟁자로서 중원 출신인 좌사左思를 '창부'라 비웃은 적이 있다. 여기서 이언진은 자신과 연암의 관계를 육기와 좌사의 관계에 비겨 말한 것이다.

21_어떤 …… 지었다 : 아래의 시들은 이용휴李用休가 지은 「만이우상」挽李虞裳이라는 시 10수 중에서 5수를 차례로 소개한 것이다.

우연히 지붕 꼭대기에 날아 앉았네   偶集屋之脊
뭇사람들 다투어 달려가 보니   衆人爭來看
놀라 일어나 홀연 자취를 감추었네   驚起忽無跡

두 번째 노래는 이러하다.

까닭 없이 천금을 얻고 나면   無故得千金
그 집엔 재앙이 따르는 법   其家必有災
더구나 이처럼 세상에 드문 보배를   矧此稀世寶
어찌 오래도록 빌릴 수 있으리요   焉能久假哉

세 번째 노래는 이러하다.

조그만 일개 필부였건만   渺然一匹夫
죽고 나니 사람 수가 준 걸 알겠네   死覺人數減
어찌 세상 도의와 무관한 일이겠나   豈非關世道
사람들은 빗방울처럼 많다마는   人多如雨點

네 번째 노래는 이러하다.

그 사람은 간담이 박마냥 컸고   其人膽如瓠
그 사람은 안광이 달처럼 밝았네   其人眼如月
그 사람은 손목에 귀신 붙었고   其人腕有鬼

| 그 사람은 붓끝에 혀가 달렸네 | 其人筆有舌 |

다섯 번째 노래는 이러하다.

남들은 아들로써 대를 잇지만	他人以子傳
우상은 그렇게 하지 않았네	虞裳不以子
혈기야 때로는 끊어지지만	血氣有時盡
명성은 다할 날이 없다네	聲名無窮已

나는 우상을 만나보지 못하고 만 것이 늘 한스러웠다. 게다가 그의 문장까지 불태워 버려서 남은 것이 없다 하니, 세상에 그를 알 사람이 더욱 없게 되었다. 그래서 상자 속에 오래 전에 간수했던 원고들을 뒤져 그가 예전에 보여 준 시들을 찾았는데, 겨우 몇 편뿐이었다. 이에 모조리 다 기록하여, 우상의 전기를 지었다.[22]

22_이에 …… 지었다 : 그 다음에 "우상에게 아우가 있는데, 그도 능히…"라는 문장이 더 있으나, 여기서 글이 중단되었다.

범이 선비를 꾸짖다

虎叱

범은 지극히 현명하시고 문무를 다 갖추셨으며, 자애롭고 효성스럽고 슬기롭고 인자하시며, 웅장하시고 용맹하시매,[1] 천하에 대적할 자가 없다. 그러나 비위狒胃는 범을 잡아먹고, 죽우竹牛는 범을 잡아먹고, 박駮은 범을 잡아먹는다. 오색五色 사자는 거대한 나무가 있는 산속 동굴에서 범을 잡아먹는다.[2] 현백玆白은 범을 잡아먹고, 표견豹犬은 공중을 날아서 범과 표범을 잡아먹고, 황요黃要는 범과 표범의 염통을 골라 먹는다. 활猾은 뼈가 없어서, 범과 표범이 삼키면 그 뱃속에서 범과 표범의 간을 먹는다.

1_지극히 …… 용맹하시매 : 원문은 '예성문무 자효지인 웅용장맹'叡聖文武慈孝智仁雄勇壯猛인데, 12자로 된 제왕의 존호尊號 형식을 취한 것이다.
2_거대한 …… 잡아먹는다 : 산속 동굴에 사는 범을 수호岫虎라고 한다.

추이獬豸는 범을 만나면 짓찢어서 씹어 먹는다. 범은 맹용猛鏞을 만나면 눈을 감고 감히 쳐다보지 못한다. 그런데 사람은 맹용을 무서워하지 않고 범을 무서워하니, 범의 위엄이야말로 대단하다고 하겠다.

범이 개를 잡아먹으면 술에 취한 것처럼 되고,[3] 사람을 잡아먹으면 신령스럽게 된다. 범이 사람을 처음 잡아먹으면, 그 창귀倀鬼는 굴각屈閣이 된다. 굴각은 범의 겨드랑이에 있는데, 범을 인도하여 부엌에 들어가서는 혀로 솥귀를 핥게 한다. 그러면 그 집 주인이 시장기를 느껴, 마누라를 시켜서 밤중에 밥을 짓도록 한다.

범이 사람을 두 번째 잡아먹으면, 그 창귀는 이올彝兀이 된다. 이올은 범의 광대뼈에 있는데, 높은 곳에 올라가 사냥터 관리원이 있나 살핀다. 만약 골짜기에 함정을 파고 쇠뇌를 설치해 놓았으면, 제가 먼저 가서 쇠뇌를 못쓰게 만들어 버린다.

범이 사람을 세 번째 잡아먹으면, 그 창귀는 육혼鬻渾이 된다. 육혼은 범의 턱에 있는데, 제가 알고 있는 친구들의 이름을 허다히 일러바친다.

범이 창귀들을 소집해서는,

"날이 저물어 가는데 어디서 먹을 것을 구할꼬?"

하니, 굴각이 말하기를,

"제가 예전에 점쳐 두었습니다. 뿔 달린 것도 아니고 날개 달린 것도 아니요 대가리가 새까만 동물인데, 눈 속에 발자국이 나기를 가다 서다 한듯 듬성듬성 났고, 꼬리를 살펴보았더니 머리에 있어서[4] 꽁무니를 가

3_범이 …… 되고 : 중국의 속설에 범은 개를 먹으면 취한다고 하여, 개는 범에게 술이 된다고 하였다.
4_꼬리를 …… 있어서 : 청淸나라 사람의 변발辮髮이나 조선 사람의 총각머리를 가리키는 듯하다.

리지도 못했더군요."

하였다. 이올이 말하기를,

"동쪽 성문 부근에 먹을 것이 있는데, 그 이름은 '의'醫(의원)입니다. 입으로 온갖 약초를 맛보아 살갗이 몹시 향기롭지요. 서쪽 성문 부근에 먹을 것이 있는데, 그 이름은 '무'巫(무당)입니다. 온갖 귀신들에게 아양을 부리느라 날마다 깨끗이 목욕재계하지요. 이 두 가지 중에서 고기를 선택하십시오."

하니, 범은 수염을 떨치며 화가 난 낯빛으로 이렇게 말하였다.

"의醫란 의疑(의심)다.[5] 의심스러운 의술을 사람들에게 시험하여, 해마다 늘 수만 명을 죽게 만들지. 무巫란 무誣(속임)다. 귀신을 속이고 백성을 홀려서, 해마다 늘 수만 명을 죽게 만들지. 그래서 수많은 사람들의 분노가 그 놈들의 뼛속에 스며 금잠金蠶으로 변했으니, 독해서 먹지 못하느니라."

육혼이 말하기를,

"어떤 고기가 산림에 있는데[6] 간담肝膽이 인의仁義로 충만하여, 성실하고 결백한 마음을 품고 예악禮樂을 착실히 받들어 실천하며, 입으로는 제자백가의 학설을 줄줄 외우고 마음으로는 만물의 이치에 통달하였으니, 이름하여 '덕이 높은 선비'라 합니다. 등은 동이처럼 불룩하고 몸은 살이 쪘으며,[7] 오미五味를 다 갖추었습니다."

---

[5]_의醫란 의疑다 : 이와 같이 어떤 글자에 대해 그것과 발음이 같거나 비슷한 글자를 끌어와 뜻을 풀이하는 방법을 중국의 전통적 문자학에서 성훈聲訓이라고 한다.

[6]_어떤 …… 있는데 : 재야의 선비를 '산림처사'山林處士라고 한다. 또 선비 집단을 '사림'士林이나 '유림'儒林이라고 한다.

하니, 범은 눈썹을 치켜뜨고 침을 흘리며, 고개 젖히고 웃음을 터뜨리면서,

"짐朕도 이름은 들었다만, 그는 어떤 자인가?"[8]

하였다. 이에 창귀들이 일제히 범에게 천거하기를,

"한 번은 음이 되고 한 번은 양이 되는 것을 도道라고 하는데 선비는 그 도를 관철하며,[9] 오행五行은 서로 생성하고 육기六氣는 서로 조화를 이루는데[10] 선비는 그렇게 되도록 앞장서니, 맛있는 음식으로 이보다 더한 것이 없습니다."

하였다.

그러자 범은 발끈하여 낯빛이 변하더니, 정색을 하고 불쾌해 하면서 이렇게 말하였다.

"음과 양이란 하나의 기가 성했다 쇠했다 하는 것일 뿐이다. 그런데 이 기를 둘로 나누어 놓았으니, 그 고기는 잡스러우니라. 오행은 제자리

7_등은 …… 쪘으며 : 원문은 '배앙체반'背盎體胖인데, 『맹자』와 『대학』에서 문장을 따서 만든 패러디이다. 『맹자』에 군자는 인의예지가 마음에 뿌리박힌지라 그로부터 우러난 광채가 "등에도 흘러 넘친다"(盎於背)고 했다. 원래 '앙'盎 자는 가운데가 불룩한 동이라는 뜻이다. 『대학』에 "마음이 넓어지매 몸도 편안해진다"(心廣體胖)고 했다. '반'胖 자는 원래 살이 찐다는 뜻이다.

8_짐朕도 …… 어떤 자인가 : 원문은 '짐문여하'朕聞如何인데, 『상서』尚書에서 요堯임금이 왕위를 물려줄 사람을 찾자 신하들이 순舜을 후계자로 천거하니, 요임금이 "그렇구나. 나도 이름은 들었다만, 그는 어떤 사람인가?"(俞 予聞 如何)하고 물었던 말을 모방한 표현이다.

9_한 번은 …… 관철하며 : 『주역』과 『논어』에서 따온 말이다. 『주역』에 "한 번은 음이 되고 한 번은 양이 되는 것을 도라고 한다"(一陰一陽之謂道) 하였고, 『논어』에서 공자는 "나의 도는 하나로써 관철되어 있다"(吾道一以貫之)고 하였다.

10_오행五行은 …… 이루는데 : 오행五行이 서로 생성한다는 것은, 금金은 수水를 낳고 수水는 목木을 낳고 목木은 화火를 낳고 화火는 토土를 낳고 토土는 금金을 낳는다고 보는 오행상생설을 말한다. 육기六氣는 하늘에 있는 음陰·양陽·풍風·우雨·회晦·명明의 여섯 가지 기를 말하는데, 이 중에 어느 하나가 지나쳐 육기의 조화가 흐트러지면 병이 생긴다고 한다.

가 정해져 있어 애초에 서로 생성하지 않았는데도, 이제 억지로 자모子母 관계로 만들고 짠맛·신맛 등을 배당해 놓았으니,[11] 그 맛이 순수하지 못하니라. 육기는 스스로 운행하므로 조정할 필요가 없는데도, 이제 천지의 도의를 조절·보완한다[12]고 함부로 말하면서 제멋대로 자신의 공로를 과시하니, 그것을 잡아먹었다가는 너무 딱딱해서 체하거나 토하게 되지, 순조롭게 소화가 되겠느냐?"

정鄭나라의 도읍에 벼슬을 하찮게 여기는 선비가 있었는데 '북곽선생'北郭先生이라고 하였다. 나이는 마흔 살로, 손수 교열한 책이 일만 권이며, 유교의 아홉 가지 주요 경전의 뜻을 해설하여 다시 일만오천 권의 책을 저술하였다. 천자는 그의 절의를 가상하게 여겼으며, 정나라 제후는 그의 명성을 흠모하였다.

또한 도읍 동쪽에 아름다운 젊은 과부가 있었는데 '동리자'東里子라고 하였다. 천자는 그녀의 절개를 가상하게 여겼으며, 정나라 제후는 그녀의 현숙함을 흠모하여 도읍 주변 사오 리의 땅을 하사하고는 '동리東里의 과부가 사는 마을의 문'이라는 정려문을 세워 표창하였다.

동리자는 과부로서 정절을 잘 지켰다. 하지만 아들 다섯을 두었으며, 그들은 제각기 다른 성을 지녔다. 하루는 다섯 아들들이 서로 말을 주고

11_오행은 …… 놓았으니 : 오행설에서 금金이 수水를 낳으므로, 수는 금의 자子가 되고 금은 수의 모母가 된다. 또한 오행설에서는 오미五味를 오행에 각각 배당하여, 신맛(酸)은 목에, 쓴맛(苦)은 화에, 단맛(甘)은 토에, 매운맛(辛)은 금에, 짠맛(鹹)은 수에 각각 배당하였다.

12_천지의 …… 보완한다 : 원문은 '재상'財相인데, 『주역』「태괘」泰卦에 나오는 '재성'財成과 '보상' 輔相을 합쳐서 줄인 말이다. "하늘과 땅이 조화하는 것이 태괘이니, 군주는 이로써 천지의 도를 조절하고 천지의 의를 보완하여 백성을 돕는다"(天地交泰 后以財成天地之道 輔相天地之宜 以左右民)고 하였다.

받기를,

"강 북쪽에선 닭이 울고, 강 남쪽에선 샛별이 빛나는데, 방안에서 무슨 소리가 나네. 어쩌면 그리도 북곽선생과 목소리가 닮았을까!"

하고는, 오 형제가 번갈아 문틈으로 엿보았다.

동리자가 북곽선생에게 청하기를,

"선생님의 덕을 오랫동안 흠모하였습니다. 오늘밤 선생님께서 글 읽는 소리를 듣고 싶사옵니다."

하니, 북곽선생이 옷깃을 가다듬고 무릎을 꿇고 앉아서 『시경』을 읊었다.

원앙새는 병풍에 그려져 있고	鴛鴦在屛
반짝반짝 반딧불 날아다니는데	耿耿流螢
크고 작은 이 가마솥들은	維鬻維錡
어느 것을 모형 삼아 만들었나?[13]	云誰之型

그리고 나서

"이는 흥興이로다."[14]

하였다.

다섯 아들들이 서로 말을 주고받기를,

---

[13] 원앙새는 …… 만들었나 : 이 시는 『시경』을 모방한 패러디다. '크고 작은 이 가마솥들'은 아비가 각기 다른 다섯 형제들을 암시한다.

[14] 이는 흥興이로다 : 예전에 『시경』에 대해 주석한 책들에는 시의 각 장章에 대해 처음에 반드시 '부다'(賦也), '비다'(比也), '흥이다'(興也)라고 그 표현 수법을 분별하여 밝혀 놓았다. 흥興이란 본래의 사연을 노래하기 전에 그와 관련이 있는 다른 사물을 먼저 노래함으로써 분위기를 돋구는 수법을 말한다.

"『예기』禮記에 과부의 집 문안에는 들어가지 않는 법[15]이라고 했는데, 북곽선생은 현자가 아니신가."

"정나라 도읍의 성문이 허물어진 곳에 여우가 굴을 파고 산다더라."

"여우가 천년을 묵으면 요술을 부려 사람으로 둔갑할 수 있다더라. 그러니 이는 여우가 북곽선생으로 둔갑한 게 아닐까?"

하고는, 서로 함께 모의하기를,

"여우가 쓰던 모자를 얻은 사람은 그 집에 천금의 부富가 굴러들어오고, 여우가 신던 신발을 얻은 사람은 대낮에도 종적을 감출 수가 있으며, 여우의 꼬리를 얻은 사람은 홀리기를 잘하여 사람들이 반하게 된다더라. 그러니 어찌 이 여우를 죽여서 나누어 갖지 않으랴!"

하였다.

이에 다섯 아들들이 함께 에워싸고 공격하니, 북곽선생은 몹시 놀라 뺑소니를 치면서도 남들이 자기를 알아볼까 두려워하였다. 그래서 다리를 들어 목에 걸치고는 귀신처럼 춤추고 귀신처럼 웃더니,[16] 대문을 나서자 줄달음치다가 그만 들판의 구덩이에 빠져 버렸다. 그 속에는 똥이 가득 차 있었다. 구덩이에서 기어 올라와 고개를 내놓고 바라보았더니, 범이 길을 막고 있었다.

범은 얼굴을 찌푸리며 구역질을 하고, 코를 막고 고개를 왼쪽으로 돌리며 숨을 내쉬고는,

15_『예기』禮記에 …… 법 : 『예기』 「방기」坊記에 과부의 아들을 벗으로 사귈 때에는 그 아들이 집에 없거든, 큰 변고가 없는 한 그 집 문안에 들어가지 않는 법이라고 하였다.

16_다리를 …… 웃더니 : 연희하는 묘기를 부린 것이다. 참고로 당唐나라 때 손으로 다리를 들어 목에 걸치는 묘기를 부리는 진면회瞋面戱라는 궁중 연희가 있었다.

"선비는 구린내가 심하구나!"
하였다.

북곽선생이 머리를 조아리고 기어 와서, 세 번 절하고 무릎을 꿇은 채 고개를 들고는,

"범의 덕이야말로 지극하다 하겠사옵니다. 대인大人(군자)은 그 가죽 무늬가 찬란하게 변하는 것을 본받고,[17] 제왕은 그 걸음걸이를 배우며, 사람의 자식은 그 효성을 본받고, 장수는 그 위엄을 취하지요. 명성이 신령스러운 용과 나란히 드높아, 하나는 바람을 일으키고 하나는 구름을 일으키니,[18] 하계에 사는 이 천한 신하는 감히 그 아랫자리에서 모시고자 하옵니다."

하였다. 그러자 범은 이렇게 꾸짖었다.

"가까이 오지 말라! 예전에 듣기를 유儒(선비)는 유諛(아첨)라더니, 과연 그렇구나. 너는 평소에 천하의 못된 이름을 다 모아 함부로 나에게 갖다 붙이다가, 이제 급하니까 면전에서 아첨을 하니, 장차 누가 너를 신뢰하겠느냐?

무릇 천하의 이치란 한가지다. 범이 실로 악하다면, 사람의 본성도 악할 것이다. 사람의 본성이 선하다면, 범의 본성도 선할 것이다.

네가 하는 수천 수만 마디의 말들은 오륜에서 벗어나지 않고, 네가 훈계하거나 권고하는 것도 항상 사강四綱(예禮·의義·염廉·치恥)에서 벗어나지

---

[17] 대인大人은 …… 본받고 : 『주역』 「혁괘」革卦에 나오는 말이다. "대인이 범의 가죽 무늬처럼 찬란하게 천하를 변혁한다"(大人虎變)는 점사占辭가 있다.

[18] 명성이 …… 일으키니 : 『주역』 「건괘」乾卦에 나오는 말이다. "구름은 용을 따라 일어나고, 바람은 범을 따라 일어난다"(雲從龍 風從虎)고 하였다.

않는다. 그런데도 도읍 일대에 형벌을 받아 코가 베였거나 발이 잘렸거나 얼굴에 자자刺字한 채 다니는 자들은 모두 오륜을 따르지 않은 사람들이다. 죄인을 묶는 굵은 동앗줄과 처형할 때 쓰는 도끼나 톱을 날마다 쉴 새없이 제공해도 저들의 악을 막을 수 없으나, 범의 집안에는 본래 이런 형벌이 없느니라. 이로써 보자면 범의 본성이 어찌 사람보다 낫지 않겠느냐?

범은 나무나 풀을 먹지 않고 벌레나 물고기를 먹지 않는다. 누룩으로 빚은 술과 같이 풍기를 문란하게 하는 것을 즐기지 않으며, 새끼를 배거나 알을 품은 하찮은 생물들에게 잔인하게 굴지도 않는다. 산에 들어가면 노루나 사슴을 사냥하고 들판에서는 말이나 소를 사냥하되, 한번도 먹고 사는 데 급급하거나 음식 때문에 남과 다툰 적이 없다. 그러니 범의 도의야말로 어찌 광명정대하지 아니한가!

범이 노루나 사슴을 잡아먹으면 너희들은 범을 미워하지 않지만, 범이 말이나 소를 잡아먹으면 사람들은 범을 '원수'라고 부른다. 이 어찌 노루나 사슴은 사람들에게 아무런 은혜가 없으나 말이나 소는 너희들에게 공로가 있기 때문이 아니겠느냐?

하지만 만약 말이나 소에게 수레를 끄는 노고와 주인을 사모하며 충성을 다하는 정성이 없으면, 날마다 도살하여 부엌을 가득 채우면서 쇠뿔이나 말의 갈기조차 남기지 않는다. 그런데도 마침내 또 나의 노루나 사슴까지 침탈하여, 내가 산에서도 먹을 것이 모자라고 들에서도 먹을 것이 없도록 만드니, 만약 하늘이 세상을 공평하게 다스리기로 한다면, 너를 잡아먹어야 되겠느냐, 아니면 놓아주어야 되겠느냐?

무릇 제 것이 아닌데도 가지는 것을 '도盜'라 부르고, 생물을 잔인하게 해치는 것을 '적'賊이라 부른다. 너희들이 하는 짓이란 밤낮으로 허겁지겁하면서 팔을 휘두르고 눈을 부릅뜬 채 남의 것을 낚아채고도 부끄러워하지 않는 것이다. 심지어는 돈을 '형님'이라 부르거나, 아내를 죽이고 장수 자리를 얻으니,[19] 인류 도덕을 다시 논할 수가 없을 지경이다. 그런데다 또 황충蝗蟲에게서 먹을 것을 빼앗고, 누에한테서 옷을 빼앗으며, 벌을 물리치고 꿀을 빼앗는다. 심지어는 개미 알로 젓을 담아 조상에게 제사 음식으로 바치니,[20] 잔인하고 야박하기로 누가 너희들보다 심하겠느냐?

너는 이理를 이야기하고 성性을 논하면서 걸핏하면 하늘을 들먹인다.[21] 그런데 하늘이 부여한 본성으로 보자면 범이나 사람이나 만물의 하나일 뿐이요, 만물을 낳고 기르는 하늘과 땅의 인자함으로 논하자면, 범이나 황충이나 누에나 벌이나 개미는 사람과 똑같이 길러지니, 서로 어그러져서는 안 되는 법이다.[22] 선악으로써 판별하자면, 벌집이나 개미집을 공공연히 겁탈하는 자야말로 어찌 천지의 거도巨盜가 아니겠으

19_돈을 …… 얻으니 : 각각 진晉나라 때 노포魯褒가 지은 「전신론」錢神論과 『사기』에 나오는 고사를 인용한 말이다. 노포의 「전신론」에 돈은 가운데에 네모 구멍이 나서 자字를 '공방'孔方이라 한다고 했으며, 사람들이 형님처럼 친애한다고 하여 돈을 '가형'家兄이라고 지칭했다. 그래서 후대에 돈을 공방형孔方兄이라고 불렀다. 『사기』에 전국 시대의 유명한 병법가인 오기吳起가 노魯나라에서 벼슬하고 있을 때 제齊나라가 노나라를 공격하자 노나라에서는 오기를 장수로 기용하고 싶었지만 그의 아내가 제나라 여자여서 주저했더니, 오기는 공명을 이루고 싶은 욕심에 제 아내를 죽이고 장수 자리를 구하였다고 한다.

20_개미 …… 바치니 : 『예기』「내칙」內則에 나오는 지해蚳醢 즉 개미 알젓이 그것이다.

21_이理를 …… 들먹인다 : 성리학性理學을 가리킨다. 성리학에서는 인간의 본성인 성性은 하늘이 부여한 것으로서, 하늘의 질서인 천리天理가 마음속에 보존된 것이라고 주장하였다.

22_범이나 …… 법이다 : 『중용』中庸에 "만물이 똑같이 길러지니 서로 해치지 않으며, 도道가 똑같이 행해지니 서로 어그러지지 않는다"고 하였다.

며, 황충이나 누에의 재물을 마구 훔치는 자야말로 어찌 인의仁義를 해치는 대적大賊이 아니겠느냐?

범은 한번도 표범을 잡아먹은 적이 없다. 이는 진실로 같은 무리에게 차마 하지 못할 짓이 되기 때문이다. 그런데 범이 노루나 사슴을 잡아먹은 것을 헤아려 보아도, 사람들이 노루나 사슴을 잡아먹은 것처럼 많지는 않다. 범이 말이나 소를 잡아먹은 것을 헤아려 보아도, 사람들이 서로 잡아먹은 것처럼 많지는 않다.

작년에 관중關中(중국 섬서성)에 심한 가뭄이 들어 백성들이 서로 잡아먹은 것이 수만 명이었으며, 왕년에 산동山東(중국 산동성)에 홍수가 나서 백성들이 서로 잡아먹은 것이 수만 명이었다. 아무리 그렇다 해도, 서로 잡아먹은 것이 많기로는 또한 어찌 춘추 시대만 하겠느냐? 춘추 시대에 은덕을 베푼다는 명분으로 일으킨 전쟁이 열일곱 번이요, 원수를 갚는다는 명분으로 일으킨 전쟁이 서른 번이나 되어, 핏물이 천 리나 흐르고 쓰러진 시체들이 백만에 달하였다. 그런데 범의 집안에서는 가뭄도 홍수도 알지 못하므로 하늘을 원망할 일이 없으며, 원수도 은덕도 모두 잊고 지내므로 다른 동물들을 미워할 일도 없느니라.

범은 천명을 알고 그에 순응하므로 간사한 무당이나 의원에게 홀리지 않으며, 몸을 바르게 지켜 나가고[23] 제 본성을 다 발현하므로 세속의 이익에 대해 걱정하지 않는다. 이것이 곧 범이 지극히 현명한 까닭이다. 가죽 무늬의 반점斑點 하나만 슬쩍 보여주어도 천하에 문文을 과시하기에

23_몸을 바르게 지켜 나가고 : 원문은 '천형'踐形인데 『맹자』孟子에 나오는 말이다. 『맹자』에 "형체와 안색은 하늘이 부여한 본성이지만, 오직 성인이라야 자신의 형체를 바르게 지켜 나갈 수 있다"(形色天性也 惟聖人然後 可以踐形)고 하였다.

충분하며,²⁴⁻ 아무리 작은 무기라도 빌리지 않고 자신의 날카로운 발톱과 이빨에만 의지하여 무武를 천하에 과시한다.

  그리고 종묘 제사에서 술 담는 그릇들에 효성스러운 짐승으로 알려진 원숭이와 범의 형상을 그려 놓은 것은 천하에 효도를 널리 장려하기 위해서이다. 하루에 한 차례만 사냥하러 출동하며, 먹다 남은 것을 까마귀나 솔개, 땅강아지나 개미 따위가 함께 나누어 먹게 하니, 범의 인자함은 이루 다 쓸 수가 없을 정도이다. 남을 헐뜯는 자를 잡아먹지 않으며,²⁵⁻ 몹쓸 병으로 불구가 된 자도 잡아먹지 않고, 상주도 잡아먹지 않으니, 범의 의로움은 이루 다 쓸 수가 없을 정도이다.

  그런데 인자하지 못하도다, 너희 인간들이 먹을 것을 취하는 것이야말로! 덫을 설치한 함정으로도 부족하여, 새 잡는 그물, 짐승 잡는 그물, 물고기 잡는 큰 그물, 개울에서 물고기 잡는 삼태그물, 수레의 끌채 사이에 설치해서 새나 짐승 잡는 그물, 잔고기 잡는 작은 그물 따위를 만들었으니, 처음으로 그물을 얽어 만든 자야말로 이 세상에 누구보다 먼저 두드러지게²⁶⁻ 재앙을 끼친 셈이다.

  게다가 양날의 작은 칼, 삼지창, 팔모 죽창, 도끼, 세모창, 기병이 쓰는 긴 창, 긴 날이 달린 창,²⁷⁻ 짧은 창,²⁸⁻ 보병이 쓰는 긴 창 따위도 있다. 또

24_가죽 …… 충분하며 : 부분만 보고 전체를 추측하는 것을 일반규표一斑窺豹라 한다. 대롱의 구멍을 통해 표범을 엿보아 가죽 무늬의 반점 하나를 보았다는 뜻이다. '문'文 자는 아름다운 무늬나 문채라는 뜻과 아울러, 무武와 상대가 되는 학문이나 문학이라는 뜻을 가지고 있다.

25_남을 …… 않으며 : 『시경』의 「항백」巷伯이란 시에 "남을 헐뜯는 저 사람, 잡아다 승냥이나 범에게 던져 주어라. 승냥이나 범이 잡아먹지 않거든, 북쪽 변방에 던져 버려라"고 하였다.

26_두드러지게 : 원문의 '유연' 戛然은 곧 '유연' 褎然으로, 출중한 모습을 가리키는 말이다. 출중하여 수석을 차지한 것을 유연거수褎然擧首라 한다.

한 대포가 있어 발사했다 하면 포성은 화악華嶽(섬서성에 있는 중국 5대 명산의 하나)을 무너뜨릴 만하고 불길은 음양의 노기怒氣를 쏟아내니, 이는 천둥 번개보다 사납다."[29]

이래도 오히려 사나움을 마음껏 부리기에 부족하다 싶으면, 곧 부드러운 털을 입으로 빤 다음 아교를 섞어 끝을 뾰족하게 만든다. 그 모양은 대추씨 같고 길이는 한 치가 채 되지 않는데, 그것을 오징어의 먹물[30]에 적셨다가 거침없이 칼처럼 찔러댄다. 구부러진 것은 끝이 꼬부라진 긴 창 같고, 날카로운 것은 외날의 칼 같고, 예리한 것은 양날의 칼 같고, 끝이 갈라진 것은 갈래창 같고, 꼿꼿한 것은 화살 같고, 힘껏 당겨진 것은 활과 같다. 이 무기가 한번 움직였다 하면 온갖 귀신들이 한밤에 통곡하니, 잔혹하게 서로 잡아먹기로는 누가 너희들보다 심하겠느냐?"

북곽선생은 경의를 표하기 위해 앉은 자리에서 일어났다가 넙죽 엎드리고, 물러나면서 두 번 절하고 머리를 거듭 조아리면서,

"『맹자』에 아무리 추악하게 생긴 사람이라도 목욕재계하면 하느님께 제사 드릴 수 있다' 는 말이 있사옵니다. 그러니 하계에 사는 이 천한 신하는 감히 그 아랫자리에서 모시고자 하옵니다."

27_ 긴 날이 달린 창 : 원문은 '하'鍜인데, 이는 목을 보호하는 두구를 말하므로 무기라고 하기 어렵다. 『열하일기』의 한 이본에는 '쇄'鎩 자로 되어 있어 이에 따라 번역하였다.

28_ 짧은 창 : 원문은 '작' 鈼인데, 이는 가마솥이나 시루를 뜻하므로 무기가 아니다. 아마도 무기를 뜻하는 다른 글자를 잘못 적은 듯하다. 유사한 글자로서 짧은 창을 뜻하는 '사' 鎈 자로 대체하여 번역하였다.

29_ 불길은 …… 사납다 : 주자朱子는 『주역』의 「준괘」 屯卦에 대해 풀이하면서, 음양이 교감하여 천둥이 치고 비가 내리는데 천둥은 음양의 노기를 쏟아낸 것이라고 하였다.

30_ 오징어의 먹물 : 오징어가 몸속의 먹물주머니에서 분비하는 검은 액체를 먹물 대신 쓰기도 했는데, 이를 오즉묵烏鰂墨이라 불렀다.

라고 하였다.

    이어서 숨을 죽이고 살며시 귀를 기울이고 있었지만, 한참 지나도 아무런 명령이 없었다. 실로 황공해 하며 두 손 맞잡고 머리가 땅에 닿도록 절하고 나서 고개를 쳐들고 살펴보았더니, 동쪽이 훤히 밝았고 범은 이미 가버리고 없었다.

    아침에 밭을 갈던 어떤 농부가,

    "선생님은 어째서 새벽부터 들에서 경배를 드리고 계십니까?"
하고 물었더니, 북곽선생이 이렇게 말하였다.

    "내 들었노라,

하늘이 어찌 높지 않으냐 하지만	謂天蓋高
감히 몸을 굽히지 않을 수 없고	不敢不局
땅이 어찌 두텁지 않으냐 하지만	謂地蓋厚
감히 조심스레 걷지 않을 수 없네[31]-	不敢不蹐

라고 말이다."

---

[31]_하늘이 …… 없네: 『시경』의 「정월」正月이란 시에 나오는 구절을 아전인수로 인용한 것이다. 이 구절은 원래 난세를 만났으니 언행을 극히 조심해야 한다는 뜻이다.

남산골의 숨은 선비 허생

許生傳

허생은 먹적골에 살았다. 남산 아래까지 곧장 이르면 우물가에 오래된 살구나무가 있고, 그의 집 사립문이 살구나무를 향해 열려 있었다. 두어 칸 초가집은 비바람도 가리지 못할 지경이었다. 하지만 허생은 글 읽기만 좋아했으므로, 그의 아내가 남의 바느질을 해서 겨우 입에 풀칠을 하였다.

하루는 그의 아내가 몹시 굶주린 끝에 울면서,

"당신은 여태껏 과거를 보지 않으면서, 글은 읽어 무얼 하우?"

했더니, 허생이 웃으면서 말하였다.

"나는 글 읽기에 아직 능숙하지 못하오."

"그럼 장인匠人 노릇은 못하우?"

"장인 노릇은 평소에 배우지 못했으니 어찌하오?"

"그럼 장사질은 못하우?"

"장사는 밑천이 없는데 어찌하오?"

그러자 그의 아내가 성을 내며 꾸짖기를,

"밤낮으로 글을 읽으면서 겨우 '어찌하오?'만 배웠구려! 장인 노릇도 못한다, 장사질도 못한다, 그럼 어찌 도적질이라도 하지 않수?"

하니, 허생은 책을 덮고 일어서면서,

"아깝다! 내가 본래 십 년을 기약하고 글을 읽어 이제 칠 년이 되었건만."

하고는, 집을 나와 버렸다.

그런데 아는 사람이 하나도 없어, 곧장 운종가雲從街(지금의 서울 종로 상가)로 가서 시장 사람들에게,

"한양 안에서 누가 가장 부자요?"

하고 물었더니, 어떤 이가 '변씨卞氏'¹라고 말해주어 마침내 그 집을 찾아갔다.

허생이 크게 읍揖을 하면서,

"나의 집이 가난하여, 조금 시험해 보고 싶은 게 있어 그대에게 만 냥을 빌리고 싶소."

하니, 변씨는,

"그러시지요."

하고, 즉시 만 냥을 빌려 주었다. 그러자 그 손님은 끝내 감사하다는 말

1_변씨卞氏 : 당시 국내 최고 부자였던 역관譯官 변승업卞承業의 선조를 가리킨다.

도 하지 않고 가버렸다. 변씨의 자제와 문객門客들이 허생을 살펴보니, 영락없는 거지였다. 실을 꼬아 만든 허리띠는 실밥이 다 빠지고 가죽신은 뒤축이 꺾였으며, 갓은 찌그러지고 도포는 시커멓게 때가 탔다. 코에서는 멀건 콧물이 줄줄 흘렀다. 그 손님이 가버리고 나자, 모두들 몹시 놀라 말했다.

"어르신께서는 그 손님을 아십니까?"

"알지 못하네."

"이제 하루아침에 평소 누군지 알지도 못하던 사람에게 무턱대고 만 냥을 던져 주고는 그 사람의 성명도 묻지 않으셨으니, 어째서 그러셨습니까?"

그러자 변씨가 이렇게 말하였다.

"이는 너희가 알 바 아니다. 무릇 남에게 구할 게 있는 사람은 반드시 자신의 포부를 부풀리고 제 신의를 먼저 자랑하는 법이지. 하지만 부끄러워하며 굴복하는 낯빛을 하고, 말을 자꾸 중언부언하지. 그런데 저 손님은 옷과 신은 비록 다 떨어졌지만 말이 간략하고 눈매가 오만하며 얼굴에 부끄러워하는 빛이 없으니, 제 몸 이외의 것에는 아무런 기대를 하지 않고 제 스스로 만족해 하는 사람이야. 저 사람이 시험해 보려는 일이 작지 아니 하고, 나도 역시 저 손님에 대해 시험해 볼 게 있네. 주지 않으면 그만이지, 기왕 만 냥을 준 바에야 성명은 물어 뭐 하겠나?"

이리하여 허생은 만 냥을 얻고 나서, 다시는 집에 돌아가지 않았다. 안성安城은 경기도와 충청도가 만나는 곳이요 삼남三南(충청도·전라도·경상도)으로 모두 통하는 길목이라 생각하고, 마침내 그곳에 머물러 살았다. 그리고 대추·밤·감·배·감자柑子(홍귤나무의 열매)·석류·귤·유자 등을 모두

두 배의 값으로 사재기하였다. 이와 같이 허생이 과일을 몽땅 매수하니, 국내에서는 잔치나 제사를 치를 길이 없었다. 오래지 않아 허생에게서 두 배의 값을 받았던 장사치들이 도리어 그에게 열 배의 값을 바쳤다. 허생이 길게 한숨 쉬며 탄식하기를,

"만 냥이면 기울게 할 수 있으니, 국력이 어느 정도인지 알겠구나!"

하였다. 그리고 칼·호미·베·비단·솜을 가지고 제주도로 들어가서, 말총을 모조리 사모으면서,

"몇 년 지나면 국민들이 머리를 싸매지 못할 것이다."

라고 하였다. 오래지 않아 망건 값이 열 배가 되었다.

허생이 늙은 뱃사공에게 물었다.

"해외에 사람이 살 만한 무인도가 혹시 있지 않느냐?"

"있습지요. 일찍이 풍랑으로 표류하여 곧장 서쪽으로 사흘 밤낮을 갔다가 한 무인도에 정박한 적이 있사온대, 그 섬은 어림잡아 사문沙門과 장기長崎(일본의 나가사키) 사이에 있었습니다. 그곳에는 화초와 나무들이 저절로 피고 나무 열매 풀 열매가 저절로 익으며, 고라니와 사슴이 무리를 이루고 물속에서 노니는 고기들은 사람이 다가가도 놀라서 숨지 않지요."

그러자 허생이 몹시 기뻐하면서,

"네가 그곳으로 나를 인도할 수만 있다면 부귀를 함께 누리게 될 것이다."

하니, 뱃사공이 그 말을 따랐다.

마침내 바람을 타고 동남쪽으로 그 섬에 들어갔다. 허생이 높은 곳에 올라가 바라보더니 서글퍼하면서,

"지역이 천 리도 못 되니, 어찌 큰일을 이룰 수 있으랴. 땅은 기름지고 샘물 맛이 좋으니, 기껏해야 부잣집 영감이나 될 수 있겠구나."

하였다. 뱃사공이 말하기를,

"섬이 비어 사람이 없는데 또한 누구와 함께 사신다는 말씀입니까?"

하니, 허생은,

"덕이 있으면 사람들이 귀의하는 법이지. 그러니 오히려 자신이 부덕한가 두려워해야지, 어찌 사람이 없을까 근심하리오?"

라고 하였다.

당시 변산邊山에 도적들이 수천 명이나 되었다.[2] 관할 고을에서 포졸을 풀어 뒤쫓아 잡으려 했지만 잡지 못하였다. 그러나 도적들 역시 감히 나다니며 약탈하지는 못하여 한창 굶주리며 고생하고 있었다. 허생은 도적 소굴에 들어가서 그 두목을 설득하였다.

"천 명이 천 냥을 약탈하여 몫을 나누면 얼마가 되겠나?"

"한 사람에 한 냥이 될 뿐이오."

허생은 도적들에게 말했다.

"너희에게 아내가 있느냐?"

"없소."

"너희에게 전답이 있느냐?"

그러자 도적들이 비웃으며 말했다.

"전답이 있고 아내가 있으면 어찌 고생스럽게 도적질을 하겠수?"

---

[2] _당시 …… 되었다 : 『영조실록』英祖實錄에 의하면 영조 즉위 초에 유랑 농민들이 전라도 부안의 변산에 결집하여 도적떼를 이루고 관군도 체포할 수 없을 정도로 세력을 떨치고 있었다고 한다. 이러한 변산의 도적들은 1728년(영조 4) 이인좌李麟佐의 난에도 관여했다는 설이 있다.

"과연 그렇다면, 어찌하여 아내를 얻고 집을 지으며 소를 사서 밭을 갈아 도적이란 오명 없이 살면서 부부 생활의 즐거움을 누리며 지내고, 쫓기어 붙잡힐 걱정 없이 나다니면서 풍족한 의복과 음식을 길이 누리지 않느냐?"

"어찌 그렇게 되기를 바라지 않겠수? 다만 돈이 없을 뿐이라오."

그러자 허생이 비웃으며 말하였다.

"너희가 도적질을 한다면서 어찌 돈이 없는 것을 근심하느냐? 내가 너희를 위해 돈을 마련할 수 있다. 내일 바닷가를 살펴보면, 붉은 풍기風旗를 단 배가 모두 돈을 실은 배다. 너희들 마음껏 돈을 가져 가거라!"

허생이 도적들과 약속하고 가버리자, 도적들은 모두 그를 미친 놈이라고 비웃었다.

다음날이 되어 도적들이 바닷가에 갔더니, 허생이 돈 삼십만 냥을 실어다 놓았다. 모두들 몹시 놀라고는, 죽 늘어서서 절하며,

"장군님 명령대로 따르겠사옵니다."

하니, 허생은,

"힘껏 돈을 짊어지고 가거라!"

고 하였다. 그리하여 도적들이 다투어 돈을 짊어졌으나, 한 사람 당 백 냥에 불과하였다. 허생이 말하기를,

"너희들은 백 냥을 들기에도 힘이 부족하거늘, 어찌 도적질이나 잘 할 수 있겠느냐? 이제 너희들은 평민이 되고 싶어도 이름이 도적 명부에 올라 있으니 갈 만한 곳이 없을 게다. 내가 이곳에서 너희를 기다리겠으니, 각자 백 냥을 가지고 가서 한 사람 당 부인 한 명과 소 한 마리를 데려 오너라!"

하니, 도적들이,

"예이."

하고, 모두 흩어져 떠났다. 허생은 스스로 이천 명의 일 년치 식량을 마련하고 그들을 기다렸다. 급기야 도적들이 도착했는데 뒤떨어진 자가 아무도 없었다. 드디어 도적들을 모두 싣고 그 무인도로 들어갔다. 이와 같이 허생이 도적들을 몽땅 매수하니 국내에는 위급한 상황이 사라졌다.

그리하여 그 무인도에서 나무를 베어 집을 짓고 대나무를 엮어 울타리를 만들었다. 땅기운이 온전하여 온갖 곡식들이 잘 자라니, 땅을 일구고 김을 매지 않아도 한 줄기에 이삭이 아홉씩이나 달렸다. 삼 년 동안의 비축 식량을 남기고 나머지는 모조리 배에 실어, 장기도長崎島에 가서 팔았다. 장기도는 일본에 속한 고을로 호구가 31만이나 되었는데, 한창 기근이 심하였다. 마침내 그들을 구제하고, 은銀 백만 냥을 손에 넣게 되었다. 허생은 탄식하면서,

"이제 내가 조금 시험해 보았구나!"

하였다.

그리하여 허생은 섬에 사는 남녀 이천 명을 모두 소집하고 그들에게 명령하기를,

"나는 처음에 너희들과 함께 이 섬에 들어왔을 때, 먼저 부유하게 만들고, 그런 다음에 문자를 따로 만들고 의관衣冠 제도를 새로 만들려고 했다. 하지만 땅이 좁고 나의 덕이 부족하니,³⁻ 나는 이제 떠나노라. 아이

3_나의 덕이 부족하니 : 『주역』「계사전」繫辭傳에 공자가 말하기를 "덕이 부족한데도 지위가 높으면 …… 화가 미치지 않는 일이 드물다"고 하였다.

가 생장하여 숟가락을 쥐게 되면 오른손을 쓰도록 가르치고,[4] 단 하루라도 먼저 태어난 사람에게 먼저 식사하도록 양보하여라."
라고 하였다. 그리고 다른 배들을 모조리 불태우면서,

"나가는 자가 없으면 들어오는 자도 없으리라."
하였다. 또한 은 오십만 냥을 바닷속에 던지면서,

"바닷물이 마르면 얻을 자 있으리라. 백만 냥은 국내에서도 용납되지 못하는데 하물며 이 작은 섬에서리오!"
하였다. 그리고 글자를 읽을 줄 아는 자들을 배에 태워 함께 섬에서 나오면서,

"이 섬에 화근을 끊기 위해서다."
라고 하였다.

그리하여 허생은 국내를 두루 다니며 가난하고 호소할 데 없는 자들을 구제하였다. 그렇게 하고도 은이 십만 냥이나 남았다. 허생은,

"이걸로 변씨에게 진 빚을 갚을 수 있겠구나."
하고는, 변씨를 만나러 가서,

"그대는 나를 기억하겠소?"
하였다. 그러자 변씨가 깜짝 놀라며,

"당신의 얼굴빛이 조금도 나아지지 않았으니, 혹시 만 냥을 거덜내지 않았소?"
하였더니, 허생은 비웃으면서,

4_아이가 ...... 가르치고 : 『예기』 「내칙」內則에 "아이가 밥을 먹을 수 있게 되면 오른손을 쓰도록 가르쳐라"고 하였다.

"재물로 인해 얼굴이 번지르르해지는 것은 당신네들에게나 해당하는 일이오. 만 냥이 어찌 도덕적으로 나를 살찌게 하겠소?"[5]
하였다. 그리고 은 십만 냥을 변씨에게 넘겨주며,

"내가 한때의 굶주림을 참지 못해 글 읽기를 마치지 못했으니, 그대한테 만 냥을 빌린 것이 부끄럽소."
하니, 변씨가 몹시 놀라 자리에서 일어나 절하고 사양하면서, 십분의 일의 이자만 받고자 하였다. 그러자 허생은 몹시 화를 내며,

"그대는 어찌 나를 장사치로 보는 것이오?"
하고는, 옷을 떨치고 가버렸다.

변씨가 몰래 뒤를 밟아 멀리서 바라보았더니, 그 손님은 남산 아래로 향하다가 조그만 집으로 들어갔다. 어떤 노파가 우물가에서 빨래를 하고 있길래, 변씨가 그 노파에게 물었다.

"저 조그만 집은 뉘 집이오?"

"허 생원댁입니다. 가난하지만 글 읽기를 좋아했는데, 하루아침에 집을 나가더니 돌아오지 않은 지가 벌써 오 년째지요. 그의 아내가 홀로 남아서 그가 집을 나간 날에 제사를 지낸답니다."

변씨는 그제서야 그 손님의 성이 허씨라는 것을 알고는, 탄식하며 돌아왔다.

다음날 변씨가 그 은을 모두 가지고 가서 주었다. 허생은 사양하면서,

---

[5] _재물로 …… 하겠소_: 『맹자』와 『대학』에 나오는 말을 이용한 풍자이다. 『맹자』에 군자는 인의예지가 마음에 뿌리박힌지라 그 광채가 "얼굴에 맑고 윤택하게 드러난다"(睟然見於面)고 하였다. 또한 『대학』에 "부는 집을 윤택하게 하고 덕은 몸을 윤택하게 하나니, 마음이 넓어지매 몸도 살찌게 된다"(富潤屋 德潤身 心廣體胖)고 하였다.

"내가 부자가 되고자 했으면 백만 냥을 버리고 십만 냥만 가졌겠소? 나는 이제부터 그대의 힘을 빌려 생활하겠소. 그대가 가끔 나의 형편을 살펴보아서, 식구 숫자만큼 식량을 보내주고 몸의 치수만큼 베를 주시오. 평생을 이와 같이만 하면 충분하오. 누군들 재물 때문에 근심하기를 좋아하리오?"

라고 하였다. 변씨는 허생을 온갖 방법으로 설득했으나, 끝내 어쩔 수가 없었다. 그래서 변씨는 이때부터 허생이 궁핍한 듯싶으면 곧 몸소 필요한 재물들을 가져다 주었으며, 허생은 이를 흔쾌히 받았다. 그런데 변씨가 어쩌다 필요 이상으로 주면, 허생은 좋아하지 않으면서,

"그대는 어째서 내게 재앙을 끼치려 하오?"

하였다. 하지만 변씨가 술을 가지고 찾아가면 더욱 몹시 기뻐하여, 취할 때까지 서로 술잔을 주고 받았다.

그런 지 수년이 되자 두 사람의 정분이 날로 두터워졌다. 어느날 변씨가 조용히 물은 적이 있었다.

"오 년 동안에 무슨 수로 백만 냥을 벌었소?"

"그건 알기 쉽소. 우리 조선은 외국과 배가 통하지 않고 국내에 수레가 다니지 않지요. 그러므로 온갖 물건이 국내에서 생산되고 국내에서 소비되고 마오. 무릇 천 냥은 적은 돈이라, 한 가지 물종을 모조리 사들이기에는 부족하오. 하지만 이 돈을 열로 쪼개면, 백 냥이 열이 되니 그래도 열 가지 물종을 사기에는 충분하오. 물건 값이 싸면 쉽게 매매가 이루어지지요. 그러므로 한 가지 상품이 비록 잘 팔리지 않더라도, 나머지 아홉 가지 상품은 잘 팔리는 법이오. 이렇게 하는 것은 일정한 이익을 남기는 방법으로, 소상인들의 장사술이오.

무릇 만 냥이면 한 가지 물종을 모조리 사들이기에 충분하지요. 그러므로 수레에 있는 거라면 그것을 통째로 사 버리고, 배에 있는 거라면 그것을 통째로 사 버리고, 한 고을에 있는 거라면 그것을 통째로 사 버리는 거요. 마치 그물에 코가 있어서 걸리는 것들을 촘촘하게 싸잡아버리듯이 말이오. 뭍에서 나는 수만 가지 물산 중에 한 가지만 몰래 유통을 정지시키고, 물에서 나는 수만 가지 어족 중에 한 가지만 몰래 유통을 정지시키고, 수만 가지 약재 중에 한 가지만 몰래 유통을 정지시키는 거요. 이처럼 한 가지 상품만 몰래 사재기해 두면, 온갖 거래가 끊겨 버리지요. 이렇게 하는 것은 백성을 해치는 방법이오. 후세에 관리 중에 만약 이러한 나의 방법을 쓰는 자가 있다면, 반드시 그 나라를 병들게 할 것이오."

"처음에 당신은 내가 만 냥을 내놓을 줄을 무슨 수로 알고 나에게 와서 달라고 했소?"

"하필 그대만 나한테 줄 것은 없었소. 만 냥을 소유한 자라면 누구라도 나한테 줄 수밖에 없었지요. 나는 내 재주로 백만 냥은 충분히 벌 거라고 스스로 짐작하고 있었소. 그러나 운명은 하늘에 달린 것이니, 난들 그것까지야 어찌 알 수 있었겠소? 그러므로 나를 활용할 수 있는 사람은 복을 타고난 사람이오. 반드시 그의 부가 더욱더 늘어나도록 하늘이 명해 놓았는데, 나한테 어찌 만 냥을 주지 않을 수 있겠소? 나는 만 냥을 얻고 나서 그 사람의 복에 의지하여 행했기 때문에 하는 일마다 성공했지요. 만약 내가 사사로이 행했더라면, 그 성패 역시 알 수 없었을 것이오."

"바야흐로 지금 사대부들이 병자호란 때 남한산성南漢山城에서 청나라에 항복한 치욕을 씻고자 하니, 지사志士들이 분노하여 팔을 걷어붙이고 지략을 발휘할 때입니다. 그대의 재능으로 어찌 고생을 사서 하면서 자취를 감추고 은거하다가 일생을 마친단 말이오?"

"옛부터 자취를 감추고 은거한 사람이 어디 한둘이오? 졸수재拙修齋 조성기趙聖期는 적국에 사신으로 갈 만한 인물이었으나 재야의 가난한 선비로 늙어 죽었고, 반계거사磻溪居士 유형원柳馨遠은 전시에 군량을 조달할 능력을 갖추었으나 바닷가 한구석에서 한가롭게 세월을 보내다 말았소. 지금 국정을 도모하는 자들을 그만하면 알조지요. 나는 유능한 장사꾼이오. 내가 벌어들인 그 은이면 구왕九王의 머리를 베어오도록 사주하기에도 충분하였지요. 그러나 그것을 바닷속에 던져 버리고 온 것은 단지 쓸 만한 데가 없었기 때문이오."

그러자 변씨는 길게 큰 한숨을 내쉬고는 갔다.

변씨는 본래 정승 이완李浣과 친하였다. 이공李公(이완)은 당시 어영대장御營大將이 되었다. 한번은 그가 변씨와 함께 이야기하다가,

"서민들이 사는 동네에도 큰일을 함께 할 만한 특출한 인재가 있을까?"

하기에, 변씨는 허생에 관해 이야기해 주었다. 그러자 이공은 몹시 놀라면서 말하였다.

"특출하구려! 정말 그런 사람이 있는가? 그의 이름은 뭐라고 하는가?"

"소인은 그와 함께 지낸 지가 삼 년이 되었으나, 끝내 그의 이름을 알지 못했사옵니다."

"그 사람은 이인異人(비범한 재주를 지닌 사람)일세. 자네와 함께 가 보세나."

밤에 이공은 추도騶徒를 물리치고 홀로 변씨와 함께 걸어서 허생의 집에 이르렀다. 변씨가 이공을 문밖에 세워두고 혼자 먼저 들어가 허생을

만나서, 이공이 찾아온 까닭을 상세히 말하였다. 그러나 허생은 못 들은 척하면서,

"그대가 차고 온 술병을 얼른 풀어 놓으시오!"

하고는 서로 즐겁게 술을 마셨다. 변씨는 이공을 오랫동안 노천에 서 있게 하는 것이 민망하여 자꾸 말을 했건만, 허생은 대꾸도 하지 않았다. 밤이 깊어지고 나서야 허생은,

"손님을 불러도 되겠소."

하였다. 이공이 들어오자, 허생은 편안히 앉은 채 일어나지 않았다. 이공은 몸둘 바를 몰라 하다가, 마침내 나라에서 어진 이를 구하는 의도를 설명하였다. 그러자 허생은 손을 내저으며 말하였다.

"밤은 짧은데 말이 길어 듣기에 몹시 지루하도다. 자네는 지금 무슨 벼슬을 하고 있는가?"

"대장입니다."

"그렇다면 자네는 곧 나라의 믿음직한 신하로군. 내가 와룡 선생臥龍先生(제갈량)과 같은 인재를 천거할 터이니, 자네는 임금께 청하여 삼고초려三顧草廬하시게 할 수 있겠는가?"

이공이 고개를 푹 숙이고 한참 있다가 말하였다.

"어렵겠습니다. 그 다음 계책을 알고 싶사옵니다."

"나는 제이의第二義(차선책)는 배우지 않았네."

그래도 이공이 굳이 묻자, 허생은 말하기를,

"명나라의 장병들은 조선에 대해 예전에 은혜를 베풀었다고 여겨서, 그 자손들이 우리나라로 많이 탈출했으나 의지할 데 없는 외로운 신세로 유랑하고 있네. 자네는 임금께 청하여 종실宗室의 딸들을 차출해서 그

들에게 두루 시집보내고, 훈척勳戚과 권귀權貴⁷의 저택을 빼앗아 그들이 거처하게 할 수 있겠는가?"

하였다. 이공이 고개를 푹 숙이고 한참 있다가 말하였다.

"어렵겠습니다."

"이것도 어렵다, 저것도 어렵다 하면, 무슨 일을 할 수 있다는 건가? 가장 쉬운 계책이 있는데, 자네가 할 수 있겠는가?"

"말씀을 듣고 싶사옵니다."

"무릇 천하에 의거를 일으키고자 하면서 먼저 천하의 호걸들과 교제를 맺지 않은 자는 없었네. 또한 남의 나라를 정벌하고자 하면서 먼저 간첩을 쓰지 않고서 성공할 수 있었던 자는 없었네.

지금 만주족이 졸지에 천하의 주인이 되었는데, 제 스스로 중국인과는 친하지 않다고 여기지만 조선은 다른 나라보다 앞장서서 먼저 복종한 까닭에 저들이 신임하는 바이네. 당나라나 원나라의 선례처럼 우리 자제들을 보내 유학하게 하고 벼슬을 하게 하며 상인들의 출입을 금하지 말아 달라고 요청할 수만 있다면, 저들은 필시 우리가 친하게 지내려는 뜻을 드러낸 것을 기뻐하면서 이를 허락할 걸세.

그러면 국내의 자제들을 잘 골라 뽑아서 머리를 깎고 오랑캐 옷을 입

6_ 명나라의 …… 여겨서 : 임진왜란 때 일본의 침략을 막아준 사실을 말한다. 조선에서는 그 덕분에 거의 망할 뻔한 나라를 재건할 수 있었다고 하여, 명나라로부터 '재조지은再造之恩'을 입었다고 감사해 하였다.

7_ 훈척勳戚과 권귀權貴 : 훈척은 나라에 큰 공로를 세워 임금의 인척이 된 자를 말하고, 권귀는 벼슬이 높고 권세가 있는 자를 말한다. 『열하일기』의 몇몇 이본에는 "이귀와 김류"(李貴金瑬) 또는 "김류와 장유"(金瑬張維)라고 되어 있다. 이귀와 김류와 장유는 모두 인조반정仁祖反正의 공신으로, 호란 때 화의和議를 주장한 인물들이다.

게 한 다음,[8]‑ 그중 양반 출신은 빈공과賓貢科에 응시하고 평민 출신은 멀리 강남江南 지방[9]‑에서 장사하면서 그 내부 사정을 엿보고 호걸들과 결탁하게 한다면, 천하 대사를 도모할 수가 있고 우리나라의 치욕도 씻을 수 있네. 만약 주씨朱氏를 찾아내는 데 성공하지 못하거든 천하의 제후들을 인솔하고서 하늘에 사람을 천거한다면,[10]‑ 잘되면 대국大國의 스승이 될 수 있고 못되도 백구伯舅의 나라는 될 걸세."[11]‑

그러자 이공이 실망을 드러내면서,

"사대부들이 모두 예법을 엄수하고 있는 터에 누가 기꺼이 머리를 깎고 오랑캐 옷을 입으려 하겠습니까?"

하니, 허생은 크게 꾸짖었다.

"소위 사대부란 어떤 자들이냐? 동이東夷 예맥濊貊의 땅에서 태어났으면서도 사대부라 자칭하니, 어찌 어리석지 않으랴! 바지저고리는 순전

8_머리를 …… 다음 : 청나라는 모든 중국인들에게 앞머리를 깎고 뒷머리만 남겨 머리를 땋는 변발辮髮을 하게 하고, 마제수마袖라는 말굽 모양의 좁은 소매로 된 만주족의 옷을 입도록 강제하였다.

9_강남江南 지방 : 중국 양자강 이남 지역을 말한다. 상업이 번창했을 뿐만 아니라, 만주족의 침략과 지배에 대한 저항이 가장 심했던 곳이다.

10_주씨朱氏를 …… 천거한다면 : 주씨는 명나라 황족의 성씨이다. 명나라 황실의 후예를 찾아내어 명나라를 다시 세우고 새 황제로 추대하려는 계획이 좌절될 경우의 대책을 말한 것이다. 또한 『맹자』에, 순舜임금에게 천하를 준 것은 요堯임금이 아니라 하늘이라고 하면서, "천자가 사람을 하늘에 천거할 수는 있어도, 하늘이 그 사람에게 천하를 주도록 시킬 수는 없다"고 하였다.

11_잘되면 …… 걸세 : 여기서 대국은 중국 한족漢族의 천자가 다스리는 나라를 가리킨다. 『맹자』에, 등滕나라와 같은 소국도 인정仁政을 행한다면, 장차 왕자王者(왕도로써 천하를 다스리는 이상적인 군주)가 출현했을 때 왕자의 스승이 될 수 있다고 하였다. 『맹자』의 이 구절에 근거해서, 당시 조선에서는 청이 망하고 한족 천자가 다스리는 대국이 다시 일어서면 그동안 명나라의 문물을 잘 보존해 온 우리나라는 대국의 스승이 될 수 있을 것이라고 주장하기도 했다. 또한 『의례儀禮에 의하면, 천자의 친족인 제후로서 대국을 다스릴 경우 '백부'伯父라 하고, 천자의 친족이 아닌 제후로서 대국을 다스릴 경우 '백구'伯舅라고 한다.

히 흰색이니 이는 초상났을 때 입는 옷이요, 머리털을 한데 모아 송곳처럼 쫓는 상투는 바로 몽치처럼 머리털을 묶은 남만南蠻(중국 남방의 소수 민족)의 머리 모양인데, 어찌 그것을 예법이라 부르는가?

번오기樊於期는 개인적 원수를 갚고자 제 머리를 베어 아낌없이 바쳤으며, 무령왕武靈王은 제 나라를 강국으로 만들고자 오랑캐 옷 입기를 부끄러워 하지 않았네. 그런데 이제 대명大明(명나라를 높여 부른 칭호)을 위해 복수하고자 하면서 도리어 머리털 한 올도 아까워하고, 이제 장차 말을 치달리고 칼로 치며 창으로 찌르고 활시위를 울리며[12] 돌을 던져야 할 터인데도, 그 헐렁한 옷소매를 고수하면서 스스로 예법을 행한다고 여긴단 말인가?

내가 비로소 세 가지를 말했는데, 자네는 그중 한 가지도 할 수 있는 게 없군. 그러고도 믿음직한 신하로 자처하다니, 믿음직한 신하가 어찌 이와 같은가?

이런 자는 베어죽여야 한다!"

이어서 좌우를 둘러보며 칼을 찾아서 그를 찌르고자 하니, 이공은 몹시 놀라 일어나서 뒷쪽 들창을 뛰어넘어 제 집으로 줄달음을 놓았다.

이공이 다음날 다시 갔으나, 허생은 이미 집을 텅 비우고 떠나버렸다.

12_활시위를 울리며 : 원문은 '평궁抨弓'인데 이는 활을 쏘는 척 시위를 당겨 소리만 울리는 것을 뜻한다.

진정한 열녀란

烈女咸陽朴氏傳 幷序

제齊나라의 어떤 사람이 한 말에 "열녀는 지아비를 두 번 얻지 않는다"[1] 고 하였다. 『시경』의 「백주」柏舟와 같은 시는 바로 이런 주제를 노래한 것이다.[2] 하지만 『경국대전』經國大典에 개가한 여자의 자손은 정직正職에는 임용하지 못한다고 한 것이[3] 어찌 일반 백성과 평민들을 위해 만든 법조문이랴.

1_ 열녀는 …… 않는다 : 『사기』 「전단전」田單傳에 나오는 말이다. 제齊나라의 현자 왕촉王蠋은 제나라를 침략한 연燕나라가 자신을 장수로 기용하겠다고 제의하자 이를 거절하면서, "충신은 두 임금을 섬기지 않고 정숙한 여자는 지아비를 두 번 얻지 않는다"(忠臣不事二君 貞女不更二夫)는 말을 남기고 자결했다.
2_ 『시경』의 … 것이다 : 위衛나라의 세자 공백共伯이 일찍 죽자 그의 아내인 공강共姜이 절개를 지키려 하였으나 친정 부모가 재가를 강요하므로, 죽음을 각오하고 재가를 거부하는 자신의 굳은 의지를 노래한 시가 바로 『시경』 용풍鄘風의 「백주」柏舟이다.

그런데도 우리 왕조 사백 년 이래 백성들이 오랫동안 임금의 교화에 젖었으므로, 여자라면 귀하든 천하든 간에, 또 그 일족이 미천하거나 출세했거나 간에 과부로 수절하지 않는 이가 없었다. 그리하여 마침내 이로써 풍속을 이루게 되었으니, 옛날에 칭송해 마지않았던 열녀는 바로 오늘날 도처에 있는 과부들인 셈이다.

심지어 촌구석의 어린 아낙이나 여염의 새파란 과부와 같은 경우는 친정 부모가 과부의 속을 헤아리지 못하고 개가하라며 핍박하는 일도 있지 아니하고, 자손이 정직에 임용되지 못하는 수치를 당하는 것도 아니건만, 한갓 과부로 지내는 것만으로는 절개가 되기에 부족하다 여긴다. 그리하여 왕왕 한낮의 촛불처럼 무의미한 여생을 스스로 끝내 버리고 남편을 따라 죽기를 빌며, 물에 빠져 죽거나 불에 뛰어들어 죽거나 약을 먹고 죽거나 목매달아 죽기를 마치 낙토를 밟듯이 한다. 열녀는 열녀지만 어찌 지나치지 않은가!

예전에 이름난 벼슬아치 형제가 있었다. 장차 남의 청환清宦의 길을 막으려 하면서 어머니 앞에서 이를 의논하자, 어머니는,

"그 사람에게 무슨 허물이 있기에 막으려 하느냐?"

하고 물었다. 아들들이 대답하기를,

"그 윗대에 과부된 이가 있는데 그에 대한 여론이 자못 시끄럽기 때문이옵니다."

하였다. 어머니가 깜짝 놀라며,

3_『경국대전』經國大典에 …… 것이 : 정직正職은 문반과 무반의 정식 벼슬을 가리킨다. 『경국대전』이전吏典 경관직京官職 조에 "실행失行한 부녀와 재가再嫁한 여자의 소생은 동반東班과 서반西班의 관직에 임용하지 못한다"고 하였다.

"그 일은 규방에서 있었던 일인데 어떻게 알았단 말이냐?"
하자, 아들들이 대답하기를,
"풍문으로 들었습니다."
하였다. 그랬더니 어머니가 말하기를,
"바람이란 소리는 있으되 형체가 없다. 눈으로 보자 해도 보이는 것이 없고, 손으로 잡아 봐도 잡히는 것이 없으며, 허공에서 일어나서 능히 만물을 들뜨게 하는 것이다. 어찌하여 형체가 없는 일을 가지고 들뜬 가운데서 사람을 논하려 드느냐? 더구나 너희는 과부의 자식이다. 과부의 자식이 오히려 과부를 논할 수 있단 말이냐? 앉거라! 내가 너희에게 보여 줄 게 있다."
하고는, 품 안에서 엽전 한 닢을 꺼내며 말하였다.
"이것에 테두리가 있느냐?"
"없사옵니다."
"이것에 글자가 있느냐?"
"없사옵니다."
그러자 어머니는 눈물을 흘리면서 말하였다.
"이것은 네 어미가 죽음을 참아 낸 부적이다. 십 년을 손으로 만져서 다 닳아 없어진 것이다. 무릇 사람의 혈기는 음양에 뿌리를 두고, 정욕은 혈기에 모이며, 그리운 생각은 고독한 데서 생겨나고, 슬픔은 그리운 생각에 기인하는 것이다. 과부란 고독한 처지에 놓여 슬픔이 지극한 사람이다. 혈기가 때로 왕성해지면 어찌 혹 과부라고 해서 감정이 없을 수 있겠느냐?

가물거리는 등잔불에 제 그림자 위로하며* 홀로 지내는 밤은 지새기도 어렵더라. 또 처마 끝에서 빗물이 똑똑 떨어지거나 창에 비친 달빛이 하얗게 흘러들며, 잎새 하나가 뚝 떨어져 뜰에 날리거나 외기러기 하늘에서 울며 날아가고, 멀리서 닭 울음 소리도 들리지 않고 어린 종년은 세상 모르고 코를 골면, 이런저런 근심으로 잠 못 이루니 이 고충을 누구에게 호소하랴.

그럴 때면 나는 이 엽전을 꺼내 굴려서 온 방을 더듬고 다니는데, 둥근 것이라 잘 달아나다가도 턱진 데를 만나면 주저앉는다. 그러면 내가 찾아서 또 굴리곤 한다. 밤마다 늘상 대여섯 번을 굴리면 먼동이 트더구나. 십 년 사이에 해마다 그 횟수가 점차 줄어서, 십 년이 지난 이후에는 때로는 닷새 밤에 한 번 굴리고, 때로는 열흘 밤에 한 번 굴렸는데, 혈기가 쇠해진 뒤로는 더 이상 이 엽전을 굴리지 않게 되었다. 그런데도 내가 이것을 열 겹이나 싸서 이십 년 넘게 간직해 온 것은, 엽전의 공로를 잊지 않으며 이따금 자신을 경계하기 위해서란다."

말을 마치자 모자는 서로 붙들고 울었다.

식자들은 이 이야기를 듣고서,

"이야말로 열녀라고 이를 만하다."

고 했다.

아! 그 모진 절개와 맑은 행실이 이와 같은데도, 당시 세상에 알려지지 않고 이름이 묻혀 후세에 전해지지 않은 것은 무엇 때문인가? 과부가 부부의 의리를 지켜 개가하지 않는 것이 마침내 온 나라의 당연한 법도

4_제 그림자 위로하며 : 원문은 '조영'弔影인데, 아무도 없고 자신의 몸과 그림자만이 서로를 위로한다는 뜻이다. 의지할 데 없는 외톨이 신세를 '형영상조'形影相弔라 한다.

가 되었으므로, 한번 목숨을 끊지 않으면 과부의 집안에서 남다른 절개를 나타내 보일 길이 없기 때문이다.[5]

　내가 경상도 안의安義에서 현감으로서 정사를 돌보던 이듬해 계축년(1793, 정조 17) 모월 모일의 일이다. 밤이 거의 샐 무렵 내가 잠에서 살짝 깼을 때, 대청 앞에서 몇 사람이 낮은 목소리로 소곤거리다가 또 탄식하고 슬퍼하는 소리가 들렸다. 무슨 급히 알릴 일이 있는 모양이었으나, 나의 잠을 깨울까봐 두려워하는 듯하였다. 그래서 내가 목청을 높여,
　"닭이 울었느냐?"
하고 물었더니, 측근들이,
　"이미 서너 번 울었습니다."
하고 대답했다.
　"밖에 무슨 일이 있느냐?"
　"통인通引 박상효朴相孝의 조카딸로서 함양咸陽으로 출가하여 일찍 홀로 된 이가 그 남편의 삼년상을 마치고 약을 먹어 숨이 끊어지려 하니, 와서 구환해 달라고 급히 연락이 왔사옵니다. 그런데 상효가 마침 숙직 당번이라 황공하여 감히 사사로이 가지 못하고 있습니다."
　나는 빨리 가 보라고 명했다.
　저녁이 되었을 때 내가,
　"함양의 과부가 소생했다드냐?"
하고 물었더니, 측근들이,

---

[5]_제齊나라의 …… 때문이다 : 글의 첫머리부터 여기까지가 「열녀 함양 박씨전」의 서문이다.

"이미 죽었다고 들었습니다."
하는 것이었다. 나는 길게 탄식하며,
"열녀로다, 그 사람이여!"
라고 하고 나서, 아전들을 불러 놓고 물었다.
"함양에 열녀가 났다는데, 본래 안의 출신이다. 그 여자의 나이가 시방 몇 살이나 되고, 함양의 뉘 집에 시집 갔으며 어려서부터 심지와 행실은 어떠했는지, 너희들 중에 아는 사람이 있느냐?"
그러자 아전들이 한숨지으며 나아와 아뢰었다.
"박씨녀의 집안은 대대로 이 고을의 아전입니다. 그 아비 이름은 상일相一이온대, 일찍 죽고 이 외동딸만 남겼습니다. 어미 역시 일찍 죽어서, 어려서부터 그 조부모에게서 자랐사온대, 조부모에게 자식된 도리를 다하였습니다.
열아홉 살이 되자 출가하여 함양 사람 임술중林述曾의 처가 되었는데, 그 집안 역시 대대로 그 고을의 아전입니다. 술중이 본디 약하여 한번 초례醮禮를 치르고 돌아간 지 반 년이 채 못 되어 죽었습니다. 박씨녀는 지 아비 상을 치르면서 상례를 극진히 하였고, 시부모를 섬기는 데도 며느리 된 도리를 다해, 두 고을의 친척과 이웃들이 그 어짊을 칭찬하지 않는 이가 없었습니다. 그런데 오늘 이러한 일이 있고 보니, 과연 그 말이 맞았습니다."
어느 늙은 아전이 감개하여 말하였다.
"박씨녀가 시집 가기 몇 달 전에 '술중은 병이 이미 골수에 들어 부부 관계를 맺을 가망이 만무한데, 어찌 혼인 약속을 물리지 않느냐'는 말이 있었습니다. 그 조부모가 넌지시 박씨녀에게 그 말을 일러 주었으나, 박씨녀는 잠자코 대답하지 않았습니다.

　혼인 날짜가 임박하자 여자의 집에서 사람을 시켜 술중의 상태를 엿보게 하였더니, 술중이 비록 용모는 아름다우나 폐결핵에 걸려 기침을 콜록거리며, 버섯이 힘없이 서 있는 듯하고 그림자가 소리 없이 걸어다니는 듯했습니다. 여자의 집에서는 크게 두려워하여 다른 중매쟁이를 부르려고 하였습니다.

　그러자 박씨녀가 정색을 하며, '전날 재봉한 옷들은 누구의 몸에 맞춘 것이며, 누구의 옷이라 불렀던 것입니까? 저는 처음 지은 옷을 지키기를 원하옵니다' 하는지라, 집안에서는 그 뜻을 알고 마침내 정한 기일대로 사위를 맞이했습니다. 비록 명색은 혼례식을 치렀다 하나, 사실은 끝내 입혀 보지 못한 옷만 지켰다고 합니다."

　얼마 후 함양 군수 윤광석尹光碩 사또가 밤에 이상한 꿈을 꾸고 감동하여 박씨녀를 위해 열녀전을 지었고, 산청山淸 현감 이면제李勉齊 사또 역시 그녀를 위해 열녀전을 지었다. 거창居昌 사는 신돈항愼敦恒은 후세에 훌륭한 글을 남기고자 하는 선비였는데, 박씨녀를 위해 그 절의의 전말을 글로 엮었다.

　박씨녀는 마음속으로 "새파랗게 젊은 과부가 오래 세상에 남아 있으면 길이 친척들이 불쌍히 여기는 신세나 되고, 이웃 마을 사람들이 함부로 억측하는 대상이 됨을 면치 못할 터이니, 속히 이 몸이 없어지는 것만 못할 것이다"라고 생각하지 않았을까?

　아! 박씨녀가 성복成服을 하고도 죽음을 참은 것은 장사 지낼 일이 남았기 때문이요, 장사를 지내고도 죽음을 참은 것은 소상小祥이 남았기 때문이요, 소상을 지내고도 죽음을 참은 것은 대상大祥이 남았기 때문이었다. 대상이 끝났으니 삼년상이 다한지라, 남편이 죽은 한날 한시에 따라 죽어, 마침내 애초에 마음 먹은 뜻을 완수하였다. 어찌 열녀가 아니겠는가!

제2부

산문

서문

지금 조선의 시를 쓰라

嬰處稿序

자패子珮(유연柳璉)가 말했다.

"비루하도다, 무관懋官(이덕무)이 시를 지은 것이야말로! 옛사람을 본받았다는데도 그와 비슷한 점을 보지 못하겠구나. 털끝만큼도 닮은 적이 없는데 어찌 목소리인들 비슷하겠는가? 저속한 촌티를 편안히 여기고 자질구레한 요즘 풍속을 즐기니, 이는 지금의 시이지 옛날의 시는 아니다."

나는 이 말을 듣고 매우 기뻐하며 말했다.

"이것이야말로 그의 시에서 살펴볼 만한 점이다.[1] 옛날을 기준으로 지금을 본다면 지금은 참으로 비속하다. 하지만 옛사람도 자신을 보면서, 반드시 스스로를 옛사람으로 여기지는 않았을 터이다. 당시에 그 시를 살펴보던 사람 역시 일개 '지금 사람'이었을 뿐이다.

그러므로 세월이 도도히 흘러감에 따라 민요도 누차 변하는 법이다. 아침에 술을 마시던 사람들도 저녁이면 그 자리를 떠나고 없으니, 그때부터는 그 순간이 천년 만년토록 옛날이 되고 마는 것이다. 그렇다면 '지금'이라는 것은 '옛날'과 대비하여 일컫는 이름이요, '비슷하다'는 것은 그 상대인 '저것'과 비교할 때 쓰는 말이다.

무릇 '비슷하다'고 하는 것은 비슷하기만 한 것이니, 저것은 저것일 뿐이요, 서로 비교하는 이상 이것은 저것이 아니다. 나는 이것이 바로 저것이 되는 경우를 본 적이 없다. 종이가 희다고 해서 먹도 따라서 희게 될 수는 없으며, 초상화가 아무리 실물과 닮았다 해도 그림이 말을 할 수는 없는 것이다.

우사단雩祀壇 아래 도저동桃渚洞에는 푸른 기와를 이은 사당이 있다. 그 안에 얼굴이 불콰하고 수염이 좋은 이가 모셔져 있는데, 영락없는 관우關羽님의 모습이다. 그분을 모신 평상 밑에 남자든 여자든 학질 앓는 사람을 밀어넣으면 놀라고 넋이 나가 덜덜 떠는 증세가 달아나고 만다. 하지만 어린애들은 조금도 무서움을 타지 않아 위엄스러운 그분에게 무례한 짓을 하는데, 그 눈동자를 긁어 봐도 눈 한 번 깜짝하지 않고, 코를 건드려도 재채기 한 번 하지 않는다. 그저 덩그렇게 놓인 소상塑像일 뿐이다.

이를 통해 보건대, 수박을 겉만 핥고 후추를 통째로 삼키는 사람과는

1_이것이야말로 …… 점이다: 『논어』에서 공자는 『시경』의 시를 통해 춘추 시대 제후국들의 풍속을 "살펴볼 수 있다"(可以觀)고 하였다.

맛에 관해 이야기할 수 없고, 이웃 사람의 담비 털옷이 부럽다고 한여름에 빌려 입는 사람과는 계절에 관해 이야기할 수 없다. 가짜 형상에다 옷 입히고 관을 씌운들 진솔한 어린애들을 속일 수는 없는 것이다.

시대와 풍속을 걱정하고 가슴 아파하기로는 굴원屈原보다 더한 사람이 없다. 하지만 그도 초楚나라의 풍속이 귀신을 숭상했기 때문에 귀신을 노래한 구가九歌를 지었다. 또한 한漢나라는 진秦나라의 옛 문물에 의거했으니, 진나라의 영토에서 황제가 되고 진나라의 도읍을 제 도읍으로 삼고 진나라의 백성을 제 백성으로 삼았다. 하지만 약법삼장約法三章만큼은 진나라의 법률을 답습하지 않았다.

지금 무관懋官은 조선 사람이다. 조선은 산천이며 기후가 중국 지역과 다르고, 그 언어나 풍속도 한나라, 당나라 시대와 다르다. 그런데도 글 짓는 법을 중국에서 본뜨고 문체를 한나라, 당나라에서 답습한다면, 나는 그 글 짓는 법이 고상하면 할수록 내용이 실로 비루해지고, 그 문체가 비슷하면 할수록 표현이 더욱 거짓이 됨을 볼 따름이다.

우리나라가 비록 천하의 동쪽 구석에 자리잡고 있으나, 천승지국千乘之國(제후가 다스리는 나라)에 속한다. 신라와 고려 시대 이래로 비록 검박儉薄하긴 했어도 민간에 아름다운 풍속이 많았다. 따라서 우리말을 한자로 적고 우리 민요를 한시로 표현하기만 하면, 저절로 문장이 이루어지고 그 속에 오묘한 이치가 드러나게 될 것이다. 답습을 일삼지 않고 남의 것을 빌려 오지도 않으며, 차분히 현재에 임하고 눈앞의 삼라만상과 마주 대하니, 오직 무관의 이 시들이 바로 그러하다.

아!『시경』에 있는 삼백여 편의 시들은 새와 짐승과 초목들의 이름을 노래하지 않은 것이 없으며, 서민 남녀들이 주고받은 말을 기록한 데에 지나지 않는다.[2] 패邶나라와 회檜나라 간에는 지리적으로 풍토가 같지 않고, 양자강과 한수漢水(양자강의 지류) 유역에는 백성들이 풍속을 각기 달리했다. 그러므로 옛적에 관리들이 각 지역의 민요를 채집하여 춘추 시대 제후국들의 국풍國風(그 나라의 민요)으로 삼았으며, 이를 통해 그 지역 백성들의 심성을 살펴보고 그 풍속을 파악했던 것이다.

그렇다면 무관의 이 시들이 예스럽지 않은 점에 대해 무얼 또 의아해 하겠는가. 가령 성인聖人이 중국에 다시 나타나 제후국들에서 풍속을 살펴보고자 한다면, 무관의 시집인 『영처고』嬰處稿를 살펴봄으로써 우리나라의 새와 짐승과 초목들의 이름을 많이 알게 될 것이고, 강원도 사내나 제주도 아낙의 심성도 살펴볼 수 있을 것이다. 그러니 그의 시를 '조선의 국풍'이라고까지 불러도 무방하리라."

2_『시경』에 …… 않는다 : 『논어』에서 공자는 『시경』의 시를 공부하면 "새와 짐승과 초목들의 이름을 많이 알 수 있다"고 하였다. 그리고 주자朱子는 『시집전』詩集傳의 서문에서 『시경』의 국풍國風은 서민들의 가요에서 나온 것이 많으며, 남녀가 함께 노래하면서 각자의 감정을 토로한 것이라고 하였다.

서문

비슷한 것은 참이 아니다

綠天館集序

 옛글을 모방하여 글을 짓기를 마치 거울이 형체를 비추듯이 하면 '비슷하다'고 하겠는가? 왼쪽과 오른쪽이 서로 반대로 되는데 어찌 비슷할 수 있겠는가. 그럼 물이 형체를 비추듯이 하면 '비슷하다'고 하겠는가? 아래 위가 거꾸로 보이는데 어찌 비슷할 수 있겠는가. 그럼 그림자가 형체를 따르듯이 하면 '비슷하다'고 하겠는가? 한낮이 되면 난쟁이 소인이 되고 석양이 지면 키다리 거인이 되는데 어찌 비슷할 수 있겠는가. 그럼 그림이 형체를 묘사하듯이 하면 '비슷하다'고 하겠는가? 걸어가는 사람이 움직이지 않고 말하는 사람이 소리가 없는데 어찌 비슷할 수 있겠는가.

 그렇다면 옛글과 끝내 비슷할 수 없단 말인가? 어째서 비슷하기를 추구하는가. 비슷하기를 추구하는 것은 참이 아님을 자인하는 셈이다. 이 세상에서 이른바 서로 같은 것을 말할 때 '몹시 닮았다'고 일컫고, 분별하기 어려운 것을 말할 때 '참에 아주 가깝다'(逼眞)고 말한다. '참에 가깝다'고 말하거나 '닮았다'고 말할 때에는 그 말 속에 '거짓되다'나 '다르다'는 뜻이 이미 내재되어 있는 것이다. 그러므로 이 세상에는 이해하기 어렵지만 배울 수 있는 것이 있고, 전혀 다르면서도 서로 비슷한 것이 있다. 언어가 달라도 통역을 통해 의사를 소통할 수 있고, 한자漢字의 어느 서체로 쓰든 모두 문장을 지을 수 있다. 왜냐하면 외형은 서로 다르지만 내심은 서로 같기 때문이다. 이로 말미암아 보건대, '심사'心似란 내면의 정신이 비슷한 것이요, '형사'形似란 피상적인 겉모습만 비슷한 것이라 하겠다.[1]

이씨의 자제인 낙서洛瑞(이서구李書九)는 나이가 열여섯 살이다. 나를 따라 글을 배운 지 이미 여러 해가 되었는데, 머리가 일찍부터 영리하게 트여 슬기로운 식견이 주옥과 같았다.

낙서가 자신의 문집인 『녹천관집』綠天館集을 가지고 와서 나에게 질문을 한 적이 있었다.

"아아! 제가 글을 지은 지가 겨우 몇 해밖에 되지 않으나, 남들의 노여움을 산 적이 많습니다. 한 마디 말이라도 조금 새롭다던가 한 글자라도 남다른 글자를 쓰면, 그때마다 사람들은 '옛글에도 이런 것이 있느냐?'고 따져 묻곤 합니다. 아니라고 답하면, 발끈 화를 내며 '그런데 어찌 감

---

[1] 심사心似란 …… 하겠다 : '심사'心似는 '신사'神似와 같은 말이다. 형사形似와 신사神似는 전통적인 화론畵論이나 시론詩論의 주요한 미학적 개념이다. 동양화나 한시에서는 형식이나 외관만 흡사한 형사에 비해 내면의 정신까지 흡사한 신사를 더욱 높이 평가하였다.

히 이렇게 하느냐!'고 합니다. 아! 옛글에 이런 것이 있었다면 제가 어찌 다시 쓸 필요가 있겠습니까. 부디 선생님께서 판정해 주십시오."

나는 그 말을 듣고는 두 손 모아 이마에 대고, 세 번 절한 다음 꿇어앉아 이렇게 말하였다.

"그 말이 참으로 올바르도다! 끊어진 학문을 다시 일으킬 만하구나.[2] 창힐蒼頡이 글자를 처음 만들 때 그 어떤 옛것에서 모방하였던가? 또한 안연顏淵(안회顏回)이 배우기를 좋아했건만 유독 그는 저서를 남기지 못했다. 만약 옛것을 좋아하는 사람이 창힐이 글자를 처음 만들 때를 생각하고, 안연이 미처 글로 표현하지 못한 취지를 저술한다면 그 문장이 비로소 올바르게 될 것이다. 자네는 아직 나이가 어리니, 남들의 노여움을 사게 되면 공경한 태도로 '널리 배우지 못하여 옛글을 미처 상고해 보지 못했습니다'라고 사과하게나. 그래도 상대의 힐문이 그치지 않고 노여움이 풀리지 않거든, 조심스런 태도로 '『서경』과 『시경』도 하夏, 은殷, 주周 세 나라 왕조에서 유행하던 문장이요, 승상 이사李斯와 우군右軍 왕희지王羲之의 글씨도 각각 진秦나라와 진晉나라 때의 통속적인 글씨였답니다'라고 대답하게나."

2_끊어진 …… 만하구나 : 예전에는 문학도 문장학文章學이라 하여 학문의 하나로 간주하였다. 오랫동안 끊어졌던 참다운 문학의 전통을 부흥할 만하다고 칭찬한 말이다.

서문

오직 참을 그릴 뿐

孔雀館文稿 自序

    글이란 뜻을 그려 내는 데 그칠 뿐이다. 글제를 앞에 놓고 붓을 쥐고서는 갑자기 고대의 어휘를 생각하거나, 억지로 유교 경전의 뜻을 찾아내어 일부러 근엄한 척하고 글자마다 장중하게 하는 사람은, 비유하자면 화공畫工을 불러서 초상을 그리게 할 적에 용모를 가다듬고 그 앞에 나서는 사람과 같다. 시선을 움직이지 않고 옷은 주름살 하나 없이 펴서 평상시의 태도를 잃어버린다면, 아무리 훌륭한 화공이라도 그 참을 그려 내기 어려울 것이다. 글 짓는 사람도 어찌 이와 다를 것이 있겠는가.

    말이란 거창할 필요가 없으며, 도道는 털끝만한 차이로 판가름이 나는 법이다. 말로써 도를 표현할 수만 있다면 부서진 기와나 벽돌인들 어찌 버리겠는가.[1] 그러므로 도올檮杌은 사악한 짐승이지만 초楚나라의 국사

國史는 그 이름을 취하였고, 몽둥이로 사람을 때려죽이고 암매장하는 자는 극악한 도적이지만 사마천司馬遷과 반고班固는 이에 대한 기록을 남겼다.[2] 글 짓는 사람은 오직 그 참을 그릴 뿐이다.

이로써 보자면 글이 잘되고 못 되고는 내게 달려 있고, 비방과 칭찬은 남에게 달려 있는 것이다. 비유하자면 귀울이증을 앓거나 코를 고는 것과 같다. 한 아이가 뜰에서 놀다가 제 귀가 갑자기 울자, 입을 다물지 못한 채 기뻐하며 가만히 이웃집 아이더러 말하기를,

"너 이 소리 좀 들어 봐라. 내 귀에서 앵앵 하며 피리 불고 생황 부는 듯한 소리가 나는데 별처럼 동글동글하다!"[3]

하였다. 이웃집 아이가 귀를 기울여 대어 보았으나 끝내 아무 소리도 듣지 못하자, 그 아이는 안타까워 소리치며 남이 몰라주는 것을 한스럽게 여겼다.

전에 어떤 촌사람과 동숙한 적이 있는데, 그 사람의 코 고는 소리가 우람하였다. 마치 토하는 것도 같고, 휘파람 부는 것도 같고, 한탄하는 것도 같고, 숨을 크게 내쉬는 것도 같고, 후후 불을 부는 것도 같고, 솥의

1_말로써 …… 버리겠는가 : 『장자』莊子에서 장자는 도는 어디든 없는 데가 없다고 하면서, 부서진 기와나 벽돌에도 있다고 하였다. 또한 『노자』老子에 "도를 말로써 표현할 수 있다면 영원한 도가 아니다"(道可道 非常道)라고 하였다.

2_몽둥이로 …… 남겼다 : 한漢나라 무제武帝 때 왕온서王溫舒라는 혹리酷吏가 젊은 시절에 사람을 죽이고 암매장하는 악행을 자행했던 고사를 인용한 것이다. 『사기』와 『한서』漢書에 그의 전기가 실려 있다.

3_내 귀에서 …… 동글동글하다 : 이와 비슷한 말이 이덕무의 『이목구심서』耳目口心書에 나온다. 이덕무의 어린 동생이 제 귀가 갑자기 운다고 하면서, "그 소리가 별처럼 동글동글해서 빤히 보고 주울 수 있을 듯해요"라고 말했다고 한다. 이에 대해 이덕무는 "형상을 가지고 소리를 비유하다니, 이는 어린애가 무언 중에 타고난 지혜다"라고 평하였다.

물이 끓는 것도 같고, 빈 수레가 덜커덩거리며 구르는 것 같기도 했다. 숨을 들이쉴 때는 톱질하는 소리가 나고, 내쉴 때는 돼지처럼 씩씩대었다. 그러다가 남이 일깨워 주자, 발끈 성을 내며 "난 그런 일이 없소" 하였다.

아아! 자기만이 홀로 아는 사람은 남이 몰라줄까봐 항상 근심하고, 자기가 깨닫지 못한 사람은 남이 먼저 깨닫는 것을 싫어한다. 어찌 코나 귀에만 이런 병이 있겠는가. 문장에도 있는데 더욱 심할 따름이다. 귀가 우는 것은 병인데도 남이 몰라줄까봐 걱정하는데, 하물며 병이 아닌 경우야 말해 무엇 하겠는가. 코 고는 것은 병이 아닌데도 남이 일깨워 주면 성내는데, 하물며 병이야 말해 무엇 하겠는가.

그러므로 나의 이 『공작관문고』孔雀館文稿를 보는 사람들이 여기에 실린 글들을 부서진 기와나 벽돌처럼 여기고 버리지만 않는다면, 화공이 선염법渲染法으로 극악한 도적의 험상궂은 구레나룻까지 있는 그대로 그려낸 것을 볼 수 있으리라. 그리고 남의 귀울이를 들으려 하지 말고 제 자신의 코 고는 소리를 깨닫는다면, 거의 지은이의 의도에 부합할 것이다.

서문
아름답고도
내실 있는 글

旬稗序

소천암小川菴은 우리나라의 민요와 민속, 우리말과 민간의 기예 따위를 이것저것 기록하였다. 심지어는 종이연에도 계보를 만들고, 어린애들의 수수께끼에도 해설을 붙여 두었다. 서민들이 사는 동네 골목의 실정에 아주 익숙하여, 문에 기댄 기생이 어깨를 움츠리고 아양 떠는 모습이나, 칼을 두드리는 백정이 손바닥을 마주 치며 맹세하는 모습까지 어느 것 하나 수집해 실어 놓지 않은 것이 없었으며, 각각의 내용들을 조목별로 잘 엮어 놓았다.

입으로 표현하기 힘든 것들까지도 붓으로 잘 묘사했으며, 전혀 생각지 않았던 내용들까지도 책을 펼쳐 보면 곧바로 나와 있다. 무릇 닭이 울고 개가 짖어 대는 소리나 벌레가 몸을 일으키고 굼벵이가 꿈틀거리는 모습 따위가 모조리 실제의 모습과 소리대로 표현되어 있다. 그리하여 이런 내용들을 십간十干의 순서에 따라 배열하고는, 책 이름을 『순패』旬稗라 지었다.

하루는 소천암이 이 책을 소매에 넣어 가지고 와서 나에게 보여 주며 말했다.

"이 책은 내가 어린 시절에 손장난 삼아 지어 본 걸세. 그대는 음식 중에 중배끼(유밀과의 일종)를 보지 못했나? 찹쌀을 가루로 만들어 술에 적셨다가 누에 크기만큼 잘라서 더운 구들장에 말린 다음 기름에다 튀기면, 그 모양이 누에고치 모양으로 부푼다네. 보기에 깨끗하고 아름답기는 하지만, 그 속이 텅텅 비어 아무리 먹어도 배가 부르지 않지. 또한 잘 부스러지는 성질이 있어 입으로 훅 불기만 해도 눈발 날리듯 한다네. 따라서 물건 가운데 겉만 번지르르하고 속이 빈 것을 '중배끼'라고 하지.

그런데 개암이나 밤, 벼 따위는 사람들이 하찮게 여기는 것들이지만, 진실로 아름다우면서도 참으로 배 부르게 만들지. 따라서 이것들로 하느님께 제사를 드릴 수도 있고, 귀한 손님께 예물로 드릴 수도 있네. 무릇 문장을 짓는 방법도 이와 마찬가지일세. 그런데도 사람들은 개암이나 밤, 벼 따위를 별것 아닌 것으로 시시하게 여기니, 그대가 나를 위해 시비를 가려 주지 않겠는가."

나는 이 책을 다 읽고 난 뒤 그에게 이렇게 대답하였다.

"장주莊周가 꿈에 나비가 되었다는 말은 부득불 믿게 되지만, 이광李廣이 화살로 바위를 쏘았다는 이야기¹는 끝내 의문의 여지를 남긴다네. 왜냐하면 꿈이라는 것은 눈으로 보기 어려운 것이지만, 실제로 눈앞에 일어난 일은 검증해 보기 쉽기 때문이지.

그런데 지금 자네는 비근한 일상생활에서 일어나는 이야기를 살펴보고, 서민 사회의 구석진 곳에서 일어나는 일을 수집하였지. 이는 평범한 남녀들의 가벼운 웃음거리와 진부한 일상사로서, 어느 것 하나 눈앞에 실제로 일어난 일이 아닌 것이 없네. 눈이 시도록 보고 귀로 실컷 들어서, 성 쌓는 노역을 하는 무식한 죄수라도 당연하다고 여기는 것들이야. 비록 그렇기는 하지만, 묵은 장醬이라도 그릇을 바꾸어 담으면 입맛이 새로워지고, 익숙히 보던 것들도 주위 환경이 달라지면 마음과 눈길을 모두 끄는 법이지.

 이 책을 보는 사람들은 굳이 소천암이 어떤 사람인지, 민요가 어느 지방의 노래인지 물어볼 필요도 없고, 이 책만 보면 바로 알 수가 있네. 그러니 이 책의 내용을 한시로 엮어서 읽는다면 백성들의 심성을 논할 수도 있고, 계보에 따라 그림을 그린다면 대상 인물의 수염과 눈썹까지도 검증할 수 있을 걸세.

 재래도인聹睞道人[2]이 일찍이 논하기를 '석양 아래 작은 돛단배가 갈대숲에 살짝 가려지니, 사공이나 어부가 모두 텁수룩한 수염에 구레나룻이 험상궂은 자들이라 해도, 저 건너 물가에서 바라보면 그들이 바로 고사高士 육노망陸魯望(육귀몽陸龜蒙) 선생이 아니신가 의심하게 된다' 하였네.

 아아! 이 도인이 나보다 먼저 깨우쳤네그려. 그러니 그대는 이 도인을

1_이광李廣이 …… 이야기 : 『사기』에 나오는 이야기다. 한漢나라 때의 명장인 이광이 사냥을 나갔다가 풀 속에 있는 바위를 호랑이인 줄 알고 힘껏 쏘았더니 화살이 바위를 뚫고 들어갔다고 한다.
2_재래도인聹睞道人 : 귀머거리에다 사팔뜨기를 겸한 도인이란 뜻으로, 이덕무의 호의 하나이다. 재래도인이 한 말은 이덕무의 『선귤당농소』蟬橘堂濃笑에 나온다.

스승으로 섬겨야 하겠네. 찾아가서 검증해 보도록 하게나."

서문
참된 문학은 어디에

自笑集序

아아! 예법이 도읍에서 사라지면 초야에서 찾는다더니,[1] 그 말이 틀림없지 않은가. 지금 중국의 모든 사람들이 머리 깎고 오랑캐 옷을 입었으니, 저 한漢나라 때부터 내려오던 관리들의 위엄 있는 차림새를 알지 못한 지가 벌써 백 년이 넘었다. 그런데 유독 연극 마당에서만 검정색 관모와 옷깃이 둥근 관복, 옥 허리띠와 상아 홀을 본떠서, 장난과 웃음거리로 삼고 있다. 아아! 중원中原의 유로遺老[2]들은 다 세상을 떠났지만, 그래도 혹시 낯을 가리고 차마 그 꼴을 보지 못할 사람이 있겠는가? 아니면 혹

1_예법이 …… 찾는다더니: 『한서』漢書「예문지」藝文志에 인용된 공자의 말이다. 예실구야禮失求野라는 성어가 있다.

시 연극 마당에서 이를 즐겁게 구경하면서 예로부터 전해 온 제도를 상상하는 사람이라도 있겠는가?

새해 문안차 조공을 바치러 가는 사신이 북경에 들어갔을 때, 오吳 지방 사람과 이야기를 나눈 적이 있었다. 그 사람이 말하기를,

"우리 고장에 머리 깎는 가게가 있는데, '성세낙사'盛世樂事(태평성세의 즐거운 일)라고 써 붙여 놓았더랍니다."

하므로, 서로 보며 한바탕 웃다가 그만 눈물을 흘릴 뻔했다고 한다.

나는 그 이야기를 듣고 서글퍼하며 이렇게 말하였다.

"습관이 오래되면 천성이 되는 법이다. 민간에서 습속이 되었으니, 어찌 변화시킬 수 있겠는가. 우리나라 부인네의 의복이 바로 이 일과 매우 비슷하다. 옛 제도에는 허리띠가 있었으며, 모든 옷이 소매가 넓고 치마 길이가 길었다. 그런데 고려 말에 이르러 원元나라 공주에게 장가드는 임금들이 많아지면서, 궁중의 머리 모양이나 옷차림새가 모두 몽골의 오랑캐 제도를 따르게 되었다. 그러자 당시 사대부들이 다투어 궁중의 양식을 숭모하는 바람에, 마침내 풍속이 되고 말았다.

그리하여 삼사백 년이 지난 지금까지도 그 제도가 변하지 않고 있다. 저고리 길이는 겨우 어깨를 덮을 정도이고 소매는 졸라맨 듯이 좁아서, 경망스럽고 단정치 못한 모습이 너무도 한심스럽다. 그런 반면 여러 고을의 기생들의 의복은 도리어 우아한 옛 제도를 간직하여, 비녀를 꽂아 쪽을 찌고 원삼圓衫에 선을 둘렀다. 지금 그 옷의 넓은 소매가 여유 있고

2_중원中原의 유로遺老 : 한족漢族 왕조인 망한 명明나라에 대해 여전히 신민臣民으로서 충성을 다하는 노인 세대를 가리킨다.

긴 띠가 죽 드리워진 것을 보면 유달리 멋져서 만족스럽다.

그런데 지금 비록 예법을 제대로 아는 집안이 있어서 그 경망스러운 습관을 고쳐 옛 제도를 회복하고자 해도, 민간의 습속이 오래되어 넓은 소매와 긴 띠를 기생의 의복과 비슷하다고 여긴다. 그러니 그 옷을 찢어 버리고 제 남편을 꾸짖지 않을 여자가 있겠는가."

이홍재李弘載 군은 스무 살 때부터 나에게 배웠다. 하지만 장성해서는 중국어 통역을 익혔으니, 그의 집안이 대대로 역관이기 때문이다. 그래서 나는 그에게 다시 문학을 권하지 않았다. 이군이 중국어 통역을 익히고 나서, 관복을 갖추고 사역원司譯院에 출근하게 되었다. 나 역시 속으로 '이군이 전에 글을 읽을 적에 자못 총명하여 문장의 도를 능히 알았는데, 지금은 거의 다 잊어버렸을 터이니, 재주가 사라지고 말 것이 한탄스럽다'고 생각하였다.

하루는 이군이 자기가 지은 글들이라고 말하면서, '자소집'自笑集이라 이름을 붙이고는 나에게 보여 주었다. 논論, 변辨, 서序, 기記, 서書, 설說 등 각종 문체의 글 백여 편이었다. 모두 해박한 내용에다 웅변을 토하고 있어, 특색 있는 저작을 이루고 있었다.

내가 처음에 의아해하며,

"자신의 본업을 버리고 이런 쓸데없는 일에 종사한 것은 무엇 때문인가?"

하고 물었더니, 이군이 미안해 하면서,

"이것이 바로 본업이며, 과연 쓸데가 있습니다. 대개 중국 및 일본과의 외교에서는 외교 문서를 잘 짓고 근거가 되는 선례에 밝은 것보다 더 중요한 일이 없습니다. 그래서 사역원의 관리들이 밤낮으로 익히는 것은 모두 고전적인 산문(古文辭)이며, 글제를 주고 재주를 시험하는 것도 다 여기에서 취합니다."

하였다.

이에 나는 낯빛을 고치고 탄식하면서 이렇게 말했다.

"사대부들은 태어나 어렸을 적에는 제법 글을 읽네. 하지만 성장해서는 과거 시험 문장을 배우고, 화려하게 꾸미는 변려체(騈儷體)의 글을 익숙하게 짓지. 과거에 합격하고 나면 이를 더 이상 쓸데없는 것으로 여기고, 합격하지 못하면 머리가 허옇게 되도록 이에 매달리네. 그러니 어찌 다시 이른바 고전적인 산문이 있음을 알겠는가."

역관이란 직업은 사대부들이 얕잡아 보는 바이다. 하지만 나는, 오랜 세월이 흐르는 사이에 책을 저술해서 후세에 훌륭한 글을 남기는 참된 학문을 도리어 서리들의 하찮은 기예로 간주하게 될까 두렵다. 그렇게 되면 그것을 연극 마당의 검정색 관모나 고을 기생들의 긴 치마처럼 여기지 않을 사람이 거의 드물 것이다. 나는 그러므로 이렇게 될 것이 두려워, 이 문집에 대해 특필하고 나서 다음과 같이 서문을 붙인다.

"아아! 예법이 도읍에서 사라지면 초야에서 찾는 법이다. 예로부터 전해 온 중국 고유의 제도를 보려면 마땅히 배우들에게서 찾아야 할 것이요, 예스럽고 우아한 부인네 의복을 찾으려면 마땅히 고을 기생들에게서 보아야 할 것이다. 훌륭한 문장을 알고 싶다고 한다면, 나는 실로 미천한 관리인 역관들에게 부끄러울 지경이다."

서문

말똥 경단인가
여의주인가

蜋丸集序

자무子務(이덕무)와 자혜子惠(유득공)가 밖에 나가 노닐다가 비단옷을 입은 소경을 보았다. 자혜가 서글피 한숨지으며,

"아아! 제 몸에 지니고 있으면서도 제 눈으로 보지를 못하는구나."

하자, 자무가,

"비단옷 입고 밤길을 걷는 자[1]와 비교하면 어느 편이 낫겠는가?"

하였다. 그래서 마침내 청허선생聽虛先生에게 함께 가서 물어보았다. 선생은 손을 내저으며,

1_비단옷 …… 자 : 『사기』에 나오는 말이다. 항우項羽가 진시황의 아방궁을 함락하고 나서 "부귀한 뒤에 고향에 돌아가지 않는 것은 비단옷 입고 밤길을 걷는 것과 같으니, 누가 알아줄 것인가"라고 말했다고 한다.

"나도 모르겠네, 나도 몰라."
하였다.
　옛날에 황희黃喜 정승이 공무를 마치고 돌아오자, 그 딸이 맞이하며 물었다.
　"아버님께서는 이(蝨)를 아십니까? 이는 어디서 생기는 것입니까? 옷에서 생기지요?"
　"그렇단다."
　딸이 웃으며,
　"내가 확실히 이겼다."
하였다. 그러자 며느리가 물었다.
　"이는 살에서 생기는 게 아닙니까?"
　"그렇고 말고."
　며느리가 웃으며,
　"아버님이 나를 옳다 하시네요."
하였다. 이를 보던 부인이 화가 나서 말하기를,
　"누가 대감더러 슬기롭다고 하겠소. 송사訟事하는 마당에 두 쪽을 다 옳다 하시니."
하자, 정승이 빙그레 웃으며 말했다.
　"딸아이와 며느리 둘 다 이리 오너라. 이라는 벌레는 살이 아니면 생기지 않고, 옷이 아니면 붙어 있지 못하는 법이다. 그래서 두 말이 다 옳은 것이니라. 하지만 장롱 속에 있는 옷에도 이가 있고, 설령 너희들이 옷을 벗고 있다 해도 오히려 가려울 때가 있을 것이다. 땀 기운이 무럭무럭 나고 옷에 먹인 풀 기운이 푹푹 찌는 가운데, 떨어져 있지도 않고 붙어 있지도 않은, 옷과 살의 중간에서 이가 생기느니라."

　백호白湖 임제林悌가 말을 타려고 하자, 종놈이 나서며 말하기를,

　"나으리께서 취하셨군요. 한쪽 발에는 가죽신을 신으시고, 다른 한쪽 발에는 짚신을 신으셨으니."

했더니, 백호가 꾸짖으며 말했다.

　"길 오른쪽으로 지나가는 사람들은 나를 보고 가죽신을 신었다 할 것이고, 길 왼쪽으로 지나가는 사람들은 나를 보고 짚신을 신었다 할 것이니, 내가 뭘 걱정하겠느냐."

　이로 말미암아 논할 것 같으면, 이 세상에서 가장 쉽게 볼 수 있는 것으로 발만 한 것이 없는데도, 보는 방향이 다르면 그 사람이 가죽신을 신었는지 짚신을 신었는지 분간하기가 어렵다.

　그러므로 참되고 올바른 식견은 본래 옳다고 여기는 것과 그르다고 여기는 것의 중간에 있는 것이다. 예를 들어 땀에서 이가 생기는 것은 지극히 은미하여 살피기 어렵지만, 옷과 살의 중간에는 스스로 빈틈이 있는 것이다. 떨어져 있지도 않고 붙어 있지도 않으며, 오른쪽도 아니고 왼쪽도 아니라 할 것이니, 누가 그 '중간'을 알 수 있겠는가.

　말똥구리는 제가 빚은 말똥 경단을 아껴 흑룡이 턱 밑에 품고 있는 여의주를 부러워하지 않으며, 흑룡 역시 자신에게 여의주가 있다 해서 말똥구리의 말똥 경단을 비웃지 않는 법이다.

　자패子珮(유언)가 이 말을 듣고 기뻐하며,

　"이것으로 내 시집의 이름을 붙일 만하다."

하고는, 말똥구리가 말똥으로 빚은 경단이란 뜻의 '낭환집'蜋丸集이라고 그 시집의 이름을 붙이고 나에게 서문을 지어 달라고 부탁하였다.

이에 내가 자패에게 말하였다.

"옛날에 정령위丁令威가 두루미가 되어 돌아왔으나 아무도 그가 정령위인지 알아보지 못하였다. 이것이야말로 비단옷 입고 밤길을 걷는 격이 아니겠는가. 그리고 『태현경』太玄經이 후세에 크게 유행했어도 이 책을 지은 자운子雲(양웅揚雄)은 정작 이를 보지 못하였다. 이것이야말로 소경이 비단옷을 입은 격이 아니겠는가.

이 시집을 보고서 한편에서 흑룡의 여의주라 여긴다면 이는 그대의 짚신을 본 셈이요, 한편에서 말똥 경단이라 여긴다면 이는 그대의 가죽신을 본 셈이리라. 남들이 그대의 시를 알아보지 못한다면 이는 마치 정령위가 두루미가 된 격이요, 그대의 시가 크게 유행할 날을 스스로 보지 못한다면 이는 자운이 『태현경』을 지은 격이리라. 흑룡의 여의주가 나은지 말똥구리의 말똥 경단이 나은지는 오직 청허선생만이 알고 계실 터이니, 내가 뭐라 말하겠는가."

서문
글 잘 짓는 이는
병법을 안다

騷壇赤幟引

글을 잘 짓는 사람은 아마 병법을 알 것이다. 비유하자면 글자는 군사요, 글 뜻은 장수다. 제목이란 적국이요, 고사故事의 인용이란 전장의 진지를 구축하는 것이다. 글자를 묶어서 구句를 만들고 구를 모아서 장章을 이루는 것은 대오를 이루어 행군하는 것과 같다. 운韻에 맞추어 읊고 멋진 표현으로 빛을 내는 것은 징과 북을 울리고 깃발을 휘날리는 것과 같다. 앞뒤의 조응照應이란 봉화를 올리는 것이요, 비유란 기병騎兵이 기습 공격하는 것이다. 억양반복抑揚反復이란 맞붙어 싸워 서로 죽이는 것이요, 파제破題한 다음 마무리하는 것은 먼저 성벽에 올라가 적을 사로잡는 것이다. 함축을 귀하게 여기는 것은 반백의 늙은이를 사로잡지 않는 것이요,[1] 여운을 남기는 것은 군대를 정돈하여 개선하는 것이다.

저 장평長平의 병졸들은 그 용맹이 옛적과 다르지 않고 활과 창칼의 예리함이 전날과 변함이 없었다. 하지만 염파廉頗가 거느리면 충분히 승리할 수 있었고, 조괄趙括이 거느리면 자멸하기에 족하였다. 그러므로 용병을 잘하는 사람에게는 버릴 병졸이 없고, 글을 잘 짓는 사람에게는 따로 가려 쓸 글자가 없다. 진실로 좋은 장수를 만나면 호미자루나 창자루를 들더라도 굳세고 사나운 병졸이 되고, 헝겊을 찢어 장대 끝에 매달더라도 사뭇 정채를 띤 깃발이 된다. 만약 이치에 맞다면, 집에서 늘 쓰는 말도 학교에서 가르치는 말이 될 수 있고, 동요나 속담도 『이아』爾雅에 속할 수 있을 것이다. 그러므로 글이 정교하지 못한 것은 글자 탓이 아니다.

자구字句가 우아한지 속된지나 평하고 편장篇章의 우열이나 논하는 자들은 모두 임기응변의 계략과 승리를 위한 임시방편을 모르는 자들이다. 비유하자면 용맹하지 못한 장수가 마음속에 미리 정해 놓은 계책이 없는 것과 같다. 갑자기 글제에 부딪치면 우뚝하기가 마치 견고한 성을 마주한 것과 같아서, 눈앞의 붓과 먹이 산 위의 초목을 보고 먼저 기가 질려 버리고, 마음속에 기억하고 외웠던 것들이 모래밭의 원숭이와 두루미로 변해 버리고 만다.[2]

그러므로 글 짓는 사람은 항상 스스로 갈 길을 잃고 요령을 얻지 못할

1_반백의 …… 것이요: 『좌전』左傳에 나오는 이야기다. 희공僖公 22년에 송宋나라 군주가 적이 불리한 처지에 있을 때 공격하는 것을 의롭지 못하다고 여겨 머뭇거리다가 패전한 뒤에, "군자는 부상자를 거듭 상해하지 않고 반백의 늙은이를 사로잡지 않는다"고 변명했다고 한다.

2_눈앞의 …… 만다: 『진서』晉書에 대군을 이끌고 동진東晉을 침공한 전진前秦의 부견苻堅이 팔공산八公山 위를 바라보다가, 초목들이 마치 동진의 군사로 보여 크게 겁을 먹었다고 한다. 또한 『포박자』抱朴子에 주周나라의 목왕穆王이 남쪽으로 정벌을 떠났는데 전군이 몰살하여 군자는 원숭이와 두루미가 되고, 소인은 벌레와 모래가 되었다고 한다. 여기서는 아무것도 기억에 남은 것이 없이 다 잊어버린 것을 두고 한 말이다.

까 걱정한다. 무릇 갈 길에 밝지 못하면 한 글자도 붓을 대기가 어려워져서, 항상 막히고 껄끄러움을 고민하게 된다. 또한 요령을 얻지 못하면 두루 얽어매기를 아무리 치밀하게 해도 허술하여 빠져나갈까 걱정하게 된다. 비유하자면 음릉陰陵에서 길을 잃자 오추마烏騅馬가 달리지 못하고, 강거剛車가 겹겹이 포위했건만 육라六騾가 도망쳐 버린 것[3]과 마찬가지이다. 만약 한 마디 말로 정곡을 찌르기를 눈 오는 밤에 채주蔡州에 쳐들어가듯이 하고, 한 마디 말로 핵심을 뽑아내기를 세 차례 북을 울려 관문을 빼앗듯이[4] 할 수 있다면, 글을 짓는 방도가 지극하다 할 것이다.

　나의 벗 이중존李仲存(이재성李在誠)이 우리나라 사람들이 지은 고금의 과거 시험 문체를 모아서 열 권으로 만들고, 그 이름을 '소단적치'騷壇赤幟[5]라고 지었다. 아아! 이는 모두 승리를 얻은 병졸이요, 수백 번의 싸움을 치른 산물이다. 비록 그 격식이 동일하지 않고 정교한 것과 거친 것이

3_ 음릉陰陵에서 …… 버린 것 : 『사기』에 항우項羽가 유방劉邦의 군사에게 쫓겨 음릉에 이르러 그만 길을 잃게 되자 그곳에서 최후의 일전을 벌였다. 그때 자신을 맞이하러 온 오강烏江의 정장亭長에게 타고 다니던 오추마烏騅馬를 주고 스스로 목숨을 끊었다. 또한 항우는 사면초가四面楚歌에 처했을 때 지은 시에서 "시운이 불리하니 오추마도 달리지 않도다"(時不利兮 騅不逝)라고 하였다. 한나라 무제武帝 때 대장군 위청衛靑이 무강거武剛車라는 전차로 진영을 만들고 흉노를 포위하였으나, 흉노의 선우單于가 여섯 마리의 노새가 끄는 육라六騾를 타고 포위망을 뚫고 달아났다고 한다.

4_ 눈 오는 …… 빼앗듯이 : 당나라 헌종憲宗 때 오원제吳元濟가 반란을 일으키자 장수 이소李愬가 눈 오는 밤에 방비가 소홀한 틈을 타 반란군의 근거지인 채주蔡州를 불의에 습격하여 오원제를 사로잡았다. 또한 『좌전』左傳에 노魯나라 장공莊公 10년 제齊나라가 노나라를 침범하자 조귀曹劌가 이에 맞서 싸웠는데, 제나라에서 북을 세 번 울릴 때까지 기다렸다가 적의 힘이 빠진 다음에 공격하여 승리를 거두었다고 한다.

5_ 소단적치騷壇赤幟 : 소단騷壇은 원래 문단이란 뜻인데, 여기서는 문예를 겨루는 과거 시험장을 가리킨다. 적치赤幟는 한漢나라의 한신韓信이 조趙나라와 싸울 때 계략을 써서 조나라 성의 깃발을 뽑고 거기에 한나라를 상징하는 붉은 깃발을 세우게 하여 적의 사기를 꺾어 승리한 고사에서 나온 말로, 전범典範이나 영수領袖의 비유로 쓰인다. 그러므로 '소단적치'란 과거에서 승리를 거둔 명문장들을 모은 책이란 뜻이다.

뒤섞여 들어갔지만, 각자 승리할 계책을 가지고 있어 아무리 견고한 성이라도 무너뜨릴 수가 있다. 그 예리한 창끝과 칼날이 삼엄하기가 무기고와 같고, 때에 맞춰 적을 제압하는 것이 번번이 용병의 계략과 들어맞는다.

앞으로 글을 짓는 사람들이 이 길을 따라간다면, 정원후定遠侯(반초班超)의 비식飛食이나 연연산燕然山에 명銘을 새긴 것[6]과 같은 큰 성공이 아마도 여기에 있을진저, 여기에 있을진저. 그렇기는 하지만, 방관房琯의 거전車戰은 앞사람의 자취를 본받았으되 실패하였고, 우후虞詡의 증조增竈는 옛 법을 역이용했으되 승리하였다.[7] 그러니 변통하는 방편은 역시 때에 달려 있는 것이지, 법에 달려 있는 것은 아니다.

6_ 정원후定遠侯의 …… 것: 『후한서』後漢書에 반초班超가 무명 시절에 관상쟁이를 찾아갔더니 그 관상쟁이가 하는 말이 "제비의 턱에 호랑이의 목을 지니고 있어 멀리 날아가서 고기를 먹을 것이니(飛而食肉) 만리후萬里侯가 될 관상이다"라고 했다. 그 후 과연 반초는 장수가 되어 멀리 서역西域의 흉노를 정벌한 공으로 정원후定遠侯에 봉해졌다고 한다. 또한 거기장군車騎將軍 두헌竇憲이 정벌에 나서 흉노를 대파하고는 연연산燕然山에 올라가 공적비를 세우고, 반고班固로 하여금 「봉연연산명」封燕然山銘을 짓게 했다고 한다.

7_ 방관房琯의 …… 승리하였다: 당唐나라 안녹산安祿山의 난 때 숙종肅宗이 즉위하여 장수 방관에게 장안長安을 수복하도록 명하였다. 그러자 방관은 춘추 시대의 거전법車戰法을 흉내내어 소가 끄는 수레 이천 대와 보병으로 진을 쳐서 적과 대치했는데, 적들이 바람을 이용해 소리를 지르면서 불을 놓아 공격하여 대패하고 말았다고 한다. 또한 옛날 손빈孫臏은 제齊나라의 군사를 거느리고 위魏나라와 싸우게 되자 처음에는 취사하는 아궁이를 많이 만들었다가 날마다 그 수를 줄여 군사들이 겁먹고 도망친 것처럼 보이는 계략으로 적을 유인하여 대승을 거두었다. 그런데 후한後漢의 장수 우후虞詡는 북방 오랑캐와 싸울 때 취사하는 아궁이의 수를 매일 늘려 군사가 계속 늘어나는 것처럼 보이게 하였다. 어떤 이가 손빈의 계략과 정반대로 하는 이유를 묻자, "손빈은 허약한 척하느라고 아궁이 수를 줄인 것이고 나는 반대로 강하게 보이려고 아궁이 수를 늘린 것이니, 이는 형세가 같지 않기 때문이다"라고 답했다고 한다.

서문

글에도 소리와 빛깔이

鍾北小選 自序

아아! 포희씨庖犧氏가 죽은 뒤로 문장이 흩어져 없어진 지 오래다.[1] 그러나 벌레의 촉수觸鬚와 꽃술, 석록石綠과 물총새의 깃털에 이르기까지 문장의 정신은 변하지 않고 남아 있고, 솥 발과 병 허리, 해 고리와 달 시울에도 글자의 체는 여전히 온전하게 남아 있다.[2] 바람과 구름과 천둥과 번개, 비와 눈과 서리와 이슬, 그리고 새와 물고기와 짐승과 곤충 따위가

1_포희씨庖犧氏가 …… 오래다 : 『주역』「계사전」繫辭傳에 포희가 천지를 관찰하여 팔괘로 된 최초의 『역』易을 만들었다고 하였다. '문장이 흩어져 없어진 지 오래다'라는 것은, 포희가 팔괘와 각 효爻를 풀이한 문장(繫辭)이 후세에 전해지지 않았다는 뜻이다.

2_솥 발과 …… 있다 : 솥 정鼎 자는 솥의 세 발을 상형화象形化한 것이고, 병 호壺 자는 병의 허리 부분을 상형화한 것이고, 해 일日 자는 해의 둥근 고리 모양을 상형화한 것이고, 달 월月 자는 달의 흰 가장자리인 시울을 상형화한 것이라는 뜻이다.

웃고 울고 지저귀는 데에도 소리(聲)와 빛깔(色)과 감정(情)과 풍경(境)이 지금까지 그대로 남아 있다.

그러므로 『주역』을 읽지 않으면 그림을 알지 못하고, 그림을 알지 못하면 글을 알지 못한다. 왜냐하면 포희씨가 『주역』을 만들 적에 위로 하늘을 살피고 아래로 땅을 관찰하여 홀수인 양효陽爻와 짝수인 음효陰爻를 배가한 것에 불과하였으나, 이것이 발전하여 그림이 되었기 때문이다. 창힐씨蒼頡氏가 문자를 처음 만들 적에도 사물의 정情과 형形을 곡진히 살펴서 상象과 의義를 전차轉借한 것에 불과하였으나,[3] 이것이 발전하여 글이 되었기 때문이다.

그렇다면 글에도 소리가 있는가? 이윤伊尹이 대신大臣으로서 한 말과 주공周公이 숙부로서 한 말[4]을 내가 직접 듣지는 못했다. 하지만 글을 통해 그 목소리를 상상해 보면 아주 정성스러웠을 것이다. 아비에게 버림받은 백기伯奇의 모습과 기량杞梁의 홀로된 아내의 모습[5]을 내가 직접 보지는 못했다. 하지만 글을 통해 그 목소리를 상상해 보면 아주 간절하였을 것이다.

3_ 사물의 …… 불과하였으나 : 한자漢字의 조자造字 방법인 '육서'六書를 말한 것이다. 사물의 정情과 형形을 곡진히 살펴서 글자를 만든 것은 지사指事 및 회의會意와 상형象形에, 상象과 의義를 전차한 것은 형성形聲 및 전주轉注와 가차假借에 해당한다고 볼 수 있다.

4_ 이윤伊尹이 …… 말 : 은殷나라 탕湯임금이 죽고 그의 아들 태갑太甲이 임금이 되자 이윤伊尹은 어린 왕을 훈도하는 글을 올렸다. 『서경』書經「이훈」伊訓 등은 이를 기록한 것이다. 또한 주周나라 성왕成王이 즉위하자 성왕의 숙부인 주공周公은 어린 왕에게 안일함을 경계하는 글을 올려 훈계하였다. 『서경』「무일」無逸은 이를 기록한 것이다.

5_ 백기伯奇의 …… 모습 : 주나라 선왕宣王의 신하인 윤길보尹吉甫의 아들 백기伯奇가 계모의 모함을 받아 쫓겨나게 되자 「이상조」履霜操라는 노래를 지어 자신의 처지를 한탄하였다. 또한 춘추 시대 제齊나라 대부인 기량杞梁이 전사하자 그의 아내가 목놓아 통곡한 뒤 강에 몸을 던져 죽었는데, 그 여동생이 언니의 죽음을 애도하여 「기량처」杞梁妻라는 노래를 지었다.

글에도 빛깔이 있는가? 『시경』에 본래 그런 예가 있다.

비단 저고리를 입으면 엷은 덧저고리를 입고	衣錦褧衣
비단 치마를 입으면 엷은 덧치마를 입는다네[6]-	裳錦褧裳

검은 머리 구름 같으니	鬒髮如雲
달비도 필요 없네[7]-	不屑髢也

라고.

어떤 것을 글의 감정이라 하는가? "새가 울고 꽃이 피며, 물도 푸르고 산도 푸르다"[8]-는 것이다.

어떤 것을 글의 풍경이라 하는가? 멀리 있는 물은 물결이 없고, 멀리 있는 산은 나무가 없고, 멀리 있는 사람은 눈이 없다.[9]- 손가락으로 가리키는 사람은 말하는 사람이요 두 손을 공손히 맞잡고 있는 사람은 듣고 있는 사람이다.

그러므로 늙은 신하가 어린 임금에게 고할 때의 심정과, 버림받은 아들과 홀로된 여인의 사모하는 마음을 알지 못하는 사람과는 함께 글의

6_비단 저고리를 …… 입는다네 : 『시경』 정풍鄭風 「봉」丰에 나오는 구절이다.
7_검은 머리 …… 없네 : 『시경』 용풍鄘風 「군자해로」君子偕老에 나오는 구절이다.
8_새가 …… 푸르다 : 「양태진외전」楊太眞外傳에 나오는 말이다. 당나라 현종玄宗이 양귀비楊貴妃와 사별한 뒤에, "새가 울고 꽃이 지며, 물도 푸르고 산도 푸르니"(鳥啼花落 水綠山靑) 더욱 슬프다고 탄식했다 한다.
9_멀리 …… 없다 : 산수화에서 원경遠景을 간략하게 그리는 수법을 말한 것이다. 당나라의 시인이자 화가인 왕유王維는 「산수론」山水論에서 원경을 세부적으로 묘사하기보다는 원의遠意(고원한 맛)를 표현할 것을 강조하였다.

소리를 논할 수 없다. 글에 시상詩想이 없다면 함께 『시경』 국풍國風의 빛깔을 이해할 수 없다. 누군가와 이별한 적도 없고 그림에 고원한 맛도 없는 사람과는 문장의 감정과 풍경을 함께 논할 수 없다. 또한 촉수와 꽃술에 별 관심을 두지 않는 사람의 글에는 문장의 정신이 결여되어 있을 것이요, 기물器物의 형상을 음미할 줄 모르는 사람은 글자 한 자 모르는 무식꾼이라 해도 무방할 것이다.

서문
옛 글을 본받되
새롭게 지어라

楚亭集序

문장을 어떻게 지어야 할 것인가? 어떤 논자는 "반드시 옛것을 본받아야 한다"고 말한다. 그래서 마침내 세상에는 옛것을 흉내내고 본뜨면서도 이를 부끄러워하지 않는 자가 생기게 되었다. 이는 왕망王莽이 『주관』周官으로 충분히 예악禮樂을 제정할 수 있고, 양화陽貨가 공자와 얼굴이 닮았다 해서 만세의 스승이 될 수 있다는 격이다.[1] 옛것을 본받기만 해서야 어찌 되겠는가.

1_왕망王莽이 …… 격이다 : 『주관』周官은 곧 『주례』周禮를 말한다. 한漢나라 황제의 자리를 찬탈하고 신新나라를 세운 왕망王莽은 주공周公의 선례를 들어 집권을 정당화하면서, 주공이 지었다는 『주례』에 근거하여 각종 개혁을 시도했으나, 시대착오적인 개혁으로 혼란을 초래하여 민심을 잃고 농민 반란군에게 피살되었다. 또한 양화陽貨는 춘추 시대 노魯나라 계씨季氏의 가신家臣이었다. 공자가 그와 얼굴이 비슷한 탓에 진陳나라로 가던 도중 광匡 땅에서 양화로 오인되어 곤욕을 당한 일이 있다.

그렇다면 새롭게 지어내면 되지 않겠는가? 그래서 마침내 세상에는 괴벽하고 허황되게 문장을 지으면서도 두려워할 줄 모르는 자가 생기게 되었다. 이는 세 장丈 되는 장대가 나라에서 정한 도량형기度量衡器보다 낫고, 이연년李延年의 신성新聲을 종묘 제사에서 부를 수 있다는 격이다.[2] 새롭게 지어내기만 해서 어찌 되겠는가.

그렇다면 어떻게 해야 된단 말인가? 나는 장차 어떻게 해야 하나? 아니면 문장 짓기를 그만두어야 할 것인가? 아! 옛것을 본받는다는 자는 옛 표현에만 얽매이는 것이 병통이고, 새롭게 지어낸다는 자는 법도에서 벗어나는 게 걱정거리이다. 진실로 옛것을 본받으면서도 변통할 줄 알고, 새롭게 지어내면서도 법도에 맞을 수 있다면, 지금의 글이 바로 옛글인 것이다.

옛사람 중에 글을 잘 읽은 이가 있었으니 공명선公明宣이 바로 그요, 옛사람 중에 글을 잘 짓는 이가 있었으니 회음후淮陰侯(한신韓信)가 바로 그다. 이는 무슨 말인가?

공명선이 증자曾子에게 배울 때 삼 년 동안이나 글을 읽지 않았다. 증자가 그 까닭을 물었더니 이렇게 답하였다.

"제가 선생님께서 집에 계실 때나 손님을 응접하실 때나 조정에 계실 때를 보면서, 그 처신을 배우려고 하였으나 아직 제대로 배우지 못했습

---

[2]_세 장丈 …… 격이다 : 『사기』에 진秦나라 효공孝公 때 상앙商鞅이 법령을 공포하기에 앞서 백성들이 이를 믿지 않을까 염려하여 도성 남문에 세 장 되는 장대를 세워 놓고, 이것을 북문에 옮겨 놓는 자에게는 상금을 주겠다고 하여 이를 옮겨 놓은 자에게 약속대로 상금을 주었다고 한다. 또한 이연년李延年은 한나라 무제武帝가 총애한 이 부인李夫人의 오빠로, 노래를 매우 잘했으며, 신성新聲 즉 신작 가곡을 지었다. 그 덕분에 협률도위協律都尉까지 되었으나 이 부인이 죽자 그에 대한 황제의 총애도 식어 결국에는 죄에 연좌되어 죽었다.

니다. 제가 어찌 감히 아무것도 배우지 않으면서 선생님 문하에 머물러 있겠습니까."

물을 등지고 진을 치는 배수진은 병법에 보이지 않으니, 여러 장수들이 불복한 것은 당연한 일이다. 그런데 회음후는 이렇게 말했다.

"이것은 병법에 나와 있다. 단지 제군들이 제대로 살피지 못한 것뿐이다. 병법에 '죽을 땅에 놓인 뒤라야 살아난다'고 하지 않았던가?"

그러므로 무턱대고 따라 배우지 않는 것을 잘 배우는 것으로 여긴 것은 혼자 살던 노魯나라의 남자요, 아궁이 수를 늘림으로써 아궁이 수를 줄인 계략을 이어받은 것은 변통할 줄 안 우승경虞升卿(우후虞詡)[3]이었다.

이로 말미암아 보건대, 하늘과 땅이 아무리 오래되었어도 끊임없이 생명을 낳고, 해와 달이 아무리 오래되었어도 그 빛은 날마다 새롭다. 서적이 아무리 많다지만 거기에 담긴 뜻은 제각기 다르다. 그러므로 새와 물고기와 짐승과 곤충에는 아직 이름이 알려지지 않은 것이 있고, 산천과 초목 중에는 반드시 신비스러운 영물靈物이 있다. 썩은 흙에서 버섯이 무럭무럭 자라고, 썩은 풀이 반딧불로 변하기도 한다. 또 예법에 대해서도 시비가 분분하고, 음악에 대해서도 논란이 있다. 문자는 말을 다 표현하지 못하고, 그림은 뜻을 다 표현하지 못한다. 어진 이는 도道를 보고

---

[3]_무턱대고 …… 우승경虞升卿이었다 : 『공자가어』孔子家語에 노魯나라에 어떤 남자가 혼자 살고 있었는데, 이웃의 과부가 밤중에 폭풍우로 집이 무너지자 그를 찾아와 하룻밤 재워 줄 것을 청했으나 문을 열어 주지 않았다. 과부가 "당신은 어찌하여 유하혜柳下惠처럼 하지 않소? 그는 성문이 닫힐 때 미처 들어오지 못한 여자를 몸으로 따뜻하게 녹여 주었으나, 국민들이 그를 음란하다고 하지 않았다오" 하자, 그는 "유하혜는 그래도 되지만 나는 안 되오. 나는 장차 내가 해서는 안 되는 행동으로써 유하혜라면 해도 되는 행동을 배우려고 하오"라고 답했다고 한다. 승경升卿은 후한後漢 때의 장수 우후虞詡의 자이다. 우후에 대해서는 「글 잘 짓는 이는 병법을 안다」의 주 7) 참조.

'인'仁이라고 이르고, 슬기로운 이는 도를 보고 '지'智라 이른다.⁴

그러므로 백세百世 뒤에 성인聖人이 나온다 해도 의혹되지 않을 것이라고 한 것은 앞선 성인의 뜻이요, 순舜임금과 우禹임금이 다시 태어난다 해도 나의 말을 바꾸지 않으리라고 한 것은 뒷 현인이 성인의 뜻을 계승한 말씀이다.⁵ 우임금과 후직后稷과 안회顔回가 그 법도는 한가지요, 편협함과 공손치 못함은 군자가 따르지 않는 법이다.⁶

박씨의 자제 제운齊雲(박제가朴齊家의 초명)은 나이가 스물세 살이다. 문장에 능하며, 호를 초정楚亭이라 한다. 나를 따라 공부한 지 여러 해가 되었다. 그는 문장을 지을 때 진秦나라 이전과 양한兩漢 시대의 작품을 흠모하면서도, 옛 표현에 얽매이지는 않는다. 하지만 진부한 말을 없애려고 애쓰다 보니 근거 없는 표현을 쓰는 실수를 범하기도 하고, 내세운 주장이 지나치게 고원하다 보니 법도에서 벗어나기도 한다.

바로 이래서, 명나라 때의 작가들이 '옛것을 본받아야 한다'느니 '새롭게 지어내야 한다'느니 하며 서로 비방하다가, 모두 바른길을 얻지 못

4_ 문자는 …… 이른다: 『주역』「계사전」에 공자가 말하기를 "문자는 말을 다 표현하지 못하고 말은 뜻을 다 표현하지 못한다"(書不盡言 言不盡意)고 하였다. "어진 이는 도道를 보고 '인'仁이라고 이르고, 슬기로운 이는 도를 보고 '지'智라 이른다"는 말 역시 『주역』「계사전」에 나오는 구절이다. 각자의 본성으로 인해 도道를 완전히 이해하지 못한다는 뜻이다.

5_ 백세百世 …… 말씀이다: 『중용』中庸에 군자의 도는 "백세 뒤에 성인이 나온다 하더라도 의혹되지 않을 것이다"라고 하였다. 앞선 성인은 공자孔子를 가리킨다. 또한 『맹자』에 "성인이 다시 태어난다 하더라도 내 말을 바꾸지 않으리라" 하였다. 뒷 현인은 맹자를 가리킨다.

6_ 우임금과 …… 법이다: 『맹자』에 우임금과 후직은 나랏일을 돌보느라 자신의 집을 지나치고도 들르지 않았고, 안회는 가난 속에서도 자신의 즐거움을 변치 않았으므로, "우임금과 후직과 안회는 그 도가 같다"고 하였다. 또한 『맹자』에 자신의 깨끗함을 지키기 위해 지나칠 정도로 타협하지 않은 백이伯夷와 더러운 세태에 아랑곳 않고 그 속에서 자신을 지켜 간 유하혜柳下惠를 예로 들면서, "백이는 편협하고 유하혜는 공손하지 못하니, 편협함과 공손치 못함은 군자가 따르지 않는다"고 하였다.

한 채 다 같이 말세의 자질구레한 폐단에 떨어졌던 것이다.[7] 그리하여 유교 도덕을 옹호하는 데는 아무런 보탬도 없고, 한갓 풍속을 병들게 하고 교화를 해치는 결과를 낳고 말았다. 나는 이렇게 되지나 않을까 두렵다. 그러니 새롭게 지어낸답시고 재주 부리기보다는 차라리 옛것을 본받다가 고루해지는 편이 낫다고 생각한다.

나는 이제 『초정집』楚亭集을 읽고서, 아울러 공명선과 노나라 남자의 독실한 배움을 논하고, 저 회음후와 우후虞詡의 기이한 계략이 모두 다 옛 법을 배워서 잘 변통한 것이라는 견해를 표명했다. 밤에 초정과 함께 이런 이야기를 나누고는, 마침내 그 책머리에 써서 그에게 권면하는 바이다.

---

[7]_명나라 …… 것이다 : 명나라 때 이반룡李攀龍·왕세정王世貞 등은 "산문은 반드시 진秦나라 이전과 양한兩漢 시대를 본받고 시는 반드시 성당을 본받아야 한다"(文必秦漢 詩必盛唐)고 주장했다. 반면 원굉도袁宏道 등은 "성령을 독자적으로 표현하고 상투적 표현에 얽매이지 말아야 한다"(獨抒性靈 不拘格套)고 주장하였다.

서문
까마귀는 검지 않다

菱洋詩集序

달관한 사람에게는 괴이한 것이 없으나, 속인들에게는 의심스러운 것이 많다. 이른바 '본 것이 적으면 괴이하게 여기는 것이 많다'는 것이다. 그러나 어찌 달관한 사람이라 해서 사물들을 일일이 찾아 눈으로 직접 보았겠는가. 한 가지를 들으면 열 가지를 눈앞에 그려 보고, 열 가지를 보면 백 가지를 마음속으로 상상해 보았을 뿐이다. 천만 가지 괴기한 현상이란 도리어 사물에 잠시 붙은 것이고, 제 자신과는 아무런 상관이 없는 것이다. 따라서 마음이 한가롭게 여유가 있으며, 사물에 응수함이 무궁무진하다.

반면 본 것이 적은 자는 해오라기를 기준으로 까마귀가 검다고 비웃고, 오리를 기준으로 두루미가 다리가 길다고 위태롭게 여긴다. 그 사물

자체는 본디 괴이할 것이 없는데 저 혼자 화를 내고, 한 가지 일이라도 제 생각과 같지 않으면 만물을 모조리 모함하려 든다.

아! 저 까마귀를 보라. 그 깃털보다 더 검은 것이 없건만, 홀연 유금乳金색이 번지기도 하고 다시 석록石綠색을 발하기도 한다. 해가 비치면 자주색이 튀어 올라, 눈에 어른거리다가 비취색으로 바뀐다. 그렇다면 내가 그 새를 '푸른 까마귀'라 불러도 될 것이고, '붉은 까마귀'라 불러도 될 것이다. 그 새에게는 본래 일정한 색이 없는데도, 내가 눈으로 먼저 그 색깔을 정한 것이다. 어찌 단지 눈으로만 정했으리오. 보지도 않고서 먼저 마음속으로 정해 버린 것이다.

아! 까마귀를 검은색에 가두어 두는 것만으로도 충분하거늘, 다시 까마귀를 기준으로 이 세상의 모든 색을 가두어 두려는구나. 까마귀가 과연 검기는 하지만, 앞서 말한 푸른색과 붉은색이 까마귀의 검은색 중에 들어 있는 빛인 줄 누가 또 알겠는가. 검은색을 일러 '어둡다'고 하는 것은 비단 까마귀만 알지 못하는 것이 아니라 검은색이 무엇인지조차도 모르는 것이다. 왜냐하면 물은 검기 때문에 사물을 비출 수가 있고, 옻칠도 검기 때문에 거울처럼 비추어 볼 수 있다. 이런 까닭에 색이 있는 것치고 빛이 있지 않은 것이 없으며, 형체가 있는 것치고 맵시가 있지 않은 것이 없다.

미인을 살펴보면 시詩를 이해할 수 있다. 그녀가 고개를 나직이 숙이고 있는 것은 부끄러워하고 있음을 보이는 것이고, 턱을 고이고 있는 것은 한스러워하고 있음을 보이는 것이다. 홀로 서 있는 것은 누군가 그리워하고 있음을 보이는 것이고, 눈썹을 찌푸리고 있는 것은 시름에 잠겨 있음을 보이는 것이다. 무언가 기다리는 것이 있으면 난간 아래 서 있는 모습을 보이고, 무언가 바라는 것이 있으면 파초 아래 서 있는 모습을 보인다.

만약 또 그녀에게 재계齋戒하듯이 단정히 서 있지 않는다거나, 소상塑像처럼 꼼짝하지 않고 앉아 있지 않는다고 나무란다면, 이는 양 귀비楊貴妃더러 치통을 앓는다고 꾸짖거나 번희樊姬더러 쪽을 감싸 쥐지 말라고 금하는 것과 마찬가지이다.[1] 또한 사뿐대는 걸음걸이(蓮步)를 요염하다고 조롱하거나, 손바닥춤(掌舞)을 경쾌하다고 꾸짖는 격이다.[2]

나의 조카 종선宗善은 자字가 계지繼之인데, 시를 잘 지었다. 한 가지 법에 얽매이지 않고 온갖 형식을 두루 갖추어, 우뚝이 우리나라의 대가가 되었다. 성당盛唐의 시풍인가 하면, 어느새 한漢나라, 위魏나라 때의 시풍이 되고, 또 어느새 송宋나라, 명明나라 때의 시풍이 된다. 그래서 '송나라, 명나라 때의 시풍이로군' 하고 말하기가 무섭게, 다시 성당의 시풍을 띠고 있다.

아아! 세상 사람들이 까마귀를 비웃고 두루미를 위태롭게 여기는 것이 너무도 심하건만, 계지의 정원에 있는 까마귀는 홀연 푸르렀다 홀연

---

[1]_양 귀비楊貴妃더러 …… 마찬가지이다 : 당나라 현종玄宗의 애첩인 양 귀비가 평소 치통을 앓았는데 그 모습 또한 아름다웠다고 한다. 이를 그린 「양귀비병치도」楊貴妃病齒圖란 그림이 있다. 번희는 후한後漢 때 사람으로 영현伶玄의 애첩이었던 번통덕樊通德을 가리킨다. 영현이 번희에게 조비연趙飛燕의 고사를 이야기하자, 번희가 손으로 쪽을 감싸 쥐고 서글피 울었다고 한다. 이를 소재로 한 「번희옹계」樊姬擁髻라는 희곡이 있다.

[2]_사뿐대는 …… 격이다 : 제齊나라 폐제廢帝 동혼후東昏侯가 금으로 연꽃을 만들어 땅에 깔아 놓고 애첩인 반비潘妃로 하여금 그 위를 걸어가게 한 후 사뿐대는 걸음걸이를 보고 걸음마다 연꽃이 피어난다고 하였다고 한다. 장무掌舞(손바닥춤)는 장상무掌上舞 또는 장중무掌中舞라고도 한다. 한나라 때 유행한 춤으로 춤사위가 유연하고 경쾌하였다. 한나라 성제成帝의 황후가 된 조비연趙飛燕이 잘 추었다고 한다.

붉었다 한다. 세상 사람들은 미인을 재계하듯이 서 있거나 소상처럼 앉아 있게 만들려고 하지만, 손바닥춤이나 사뿐대는 걸음걸이는 날이 갈수록 경쾌하고 요염해진다. 쪽을 감싸 쥐거나 치통을 앓는 모습도 각기 맵시를 갖추고 있다. 그러니 세상 사람들이 날이 갈수록 화를 내는 것은 이상할 것이 없다.

세상에는 달관한 사람은 적고 속인들만 많으니, 입을 다물고 말하지 않는 것이 좋을 것이다. 그럼에도 쉬지 않고 말을 하게 되는 것은 무엇 때문일까? 아!

연암노인燕巖老人이 연상각烟湘閣에서 쓰다.

서문
잊어야만 성취하리

炯言桃筆帖序

아무리 하찮은 기예라 해도 다른 것들을 잊어버려야만 성취할 수 있는데, 하물며 큰 도道야 말할 나위가 있겠는가.

최흥효崔興孝는 온 나라에서 글씨를 제일 잘 쓰는 사람이었다. 과거에 응시할 적에 시험 답안지를 쓰다가 글씨 한 자가 왕희지王羲之의 글씨체와 꼭 닮게 써졌다. 그래서 종일토록 들여다보고 앉았다가, 차마 그 글씨 한 자를 버릴 수가 없어 시험 답안지를 가슴에 품고 돌아와 버렸다. 이쯤 되면 '이해득실 따위를 마음속에 두지 않는다'고 이를 만하다.

이징李澄이 어릴 때 다락에 올라가 그림을 익히고 있었다. 집안에서는 그가 있는 곳을 모르다가 사흘 만에야 찾아냈다. 부친이 노하여 종아리를 쳤더니, 울면서도 떨어진 눈물을 끌어다 새를 그려냈다. 이쯤 되면

'그림에 빠져서 영욕榮辱 따위는 잊어버렸다'고 이를 만하다.

학산수鶴山守는 온 나라에서 노래를 제일 잘 부르는 사람이었다. 그는 산속에 들어가 노래를 익혔다. 노래 한 곡을 마칠 때마다 모래를 주워 나막신에 던져서, 그 모래가 나막신에 가득 차야만 돌아왔다. 그러던 중 도적을 만나 죽게 생겼는데, 바람결에 따라 그가 가곡을 부르자 도적들이 모두 감격하여 눈물을 흘리지 않는 자가 없었다. 이쯤 되면 '사생死生 따위를 마음속에 두지 않는다'고 이를 만하다.

나는 처음에 그 이야기를 듣고서 이렇게 탄식하였다.

"큰 도道가 흩어져 없어진 지 오래되어, 어진 이를 좋아하기를 여색 좋아하듯이 하는 사람을 나는 아직 보지 못했다.[1] 그런데 저 사람들은 기예를 위해서라면 자신의 목숨마저도 바꿀 수 있다고 여겼다. 아! '아침에 도를 들으면 저녁에 죽어도 좋다'[2]는 것이로구나."

도은桃隱이 모두 열세 조목으로 된 『형암총언炯菴叢言』을 글씨로 써서 한 권의 책자로 만들고, 나에게 서문을 써 달라고 부탁하였다.

도은과 형암炯菴(이덕무) 이 두 사람은 내적인 면에 오로지 마음을 쓰는 사람인가? 이 두 사람은 육예六藝에서 노는 사람인가?[3] 그게 아니면서 이 두 사람이 사생과 영욕의 분별을 잊어버리고 이와 같이 정교한 경지에 이르렀다면, 어찌 지나친 일이 아니겠는가. 만약 이 두 사람이 무언가

1_어진 이를 …… 못했다: 『논어』에 나오는 공자의 말이다.
2_아침에 …… 좋다: 『논어』에 나오는 공자의 말이다.
3_도은과 …… 사람인가: 육예는 예禮·악樂·사射·어馭·서書·수數를 말한다. 『논어』에서 공자는 "도에 뜻을 두고, 덕에 의거하며, 인에 의지하며, 육예에서 논다"(志於道 據於德 依於仁 遊於藝) 하였다. 앞의 세 항목이 내적인 면에 마음을 쓰는 것이라면, 육예에서 논다는 것은 외적인 면, 즉 일상적인 행동을 통해 수양에 힘쓰는 것을 뜻한다.

를 위해 다른 것들을 잊어버릴 수 있다면, 부디 도道와 덕德에서 서로를 잊고 지내기 바란다.⁴⁻

4_도道와 …… 바란다 : 오로지 도에 뜻을 두고 덕에 의지하면서 수양에 힘쓰라는 말이다. 『장자』莊子에서 공자는 "물고기는 강호에서 서로를 잊고 지내며, 사람은 도술에서 서로를 잊고 지낸다"(魚相忘乎江湖 人相忘乎道術)고 하였다.

서문
상말도 알고 보면 고상한 말

愚夫艸序

상말도 알고 보면 모두 고상한 말이다. 예를 들어 지금 민간에서는 부스럼을 가리켜 '곤데'(麗)라 하고[1] 식초를 '단것'(甘)이라고 한다. 어떤 계집아이가 마을의 할멈이 단것을 판다는 말을 듣고는 그것이 꿀이라 생각했다. 그래서 제 어미 어깨에 기대어 손가락으로 찍어 맛을 보았다가 눈쌀을 찌푸리며 "에이, 시다. 어째서 단것이라고 하는 거야?" 하니, 그 어미가 아무런 대답을 하지 못하였다고 한다.
　이 이야기를 듣고 나는 근신하며 말하였다.

1_부스럼을 …… 하고 : 홍기문(洪起文)은 서울 사투리에서 부스럼을 '곤데'라고 한 것은 곱다는 뜻의 '고운 데'가 아니라, 곪았다는 뜻인 '곪은 데'에서 생겨난 말일 것으로 보았다.

"이것이 바로 예의라는 것이다. 예의란 인정人情을 따르는 법이다. 사람들은 매실梅實이란 말만 들어도 입에 침이 고인다. 그러므로 매실 식초를 음식에 타기 전에는 여전히 그것이 시다고 말하기를 꺼린다. 하물며 사람들이 더러운 부스럼보다 훨씬 더 싫어하는 것에 대해서는 말할 나위가 있겠는가."

이에 『사소전』士小典[2]을 지어 스스로를 경계하였다.

무릇 귀가 몹시 먹어 들리지 않는 사람을 가리켜 '귀머거리다'라고 하지 않고 '소곤대며 헐뜯기를 좋아하지 않는다'고 말한다.[3] 눈이 흐려 보이지 않는 사람을 가리켜 '장님이다'라고 하지 않고 '남의 흠집을 살펴보지 않는다'고 말한다. 혀가 굳고 목소리가 막혀 말을 하지 못하는 사람을 가리켜 '벙어리다'라고 하지 않고 '남 비평하기를 좋아하지 않는다'고 말한다.

또한 등이 굽고 가슴이 튀어나온 곱사등이를 가리켜 '아첨하기를 좋아하지 않는다'고 말하고, 혹이 주렁주렁 달린 혹부리를 가리켜 '중후함을 잃지 않는다'고 말한다. 심지어 발가락이 넷인 사람이나 육손이, 절름발이나 앉은뱅이처럼 비록 몸은 병신이지만 덕德에는 아무런 손상이 없

2_『사소전』士小典 : 이덕무의 『사소절』士小節과 마찬가지로, 선비의 일상적인 예의범절에 관해 쓴 책으로 짐작된다.

3_귀가 …… 말한다 : 한漢나라 가의賈誼의 「치안책」治安策에 의하면, 옛날에는 대신大臣의 지위를 존중하여 그에게 분명히 허물이 있어도 대놓고 말하지 않고 완곡하게 말하는 법이었다. 예컨대 대신이 뇌물을 먹은 죄로 파직이 되어도 '염치를 모른다'고 말하지 않고 '밥 그릇을 잘 단속하지 못했다'(簠簋不飭)고 말하고, 음란죄를 범해도 '더러운 짓을 했다'고 하지 않고 '침실의 장막을 잘 정돈하지 못했다'(帷薄不修)고 말하는 식인데, 이 글에서는 그러한 네 자로 된 완곡어법을 모방하여 재미있게 말을 지어낸 것이다. '소곤대며 헐뜯기를 좋아하지 않는다'의 원문은 '불락섭첩'不樂囁嚛 네 자로 되어 있다.

는 사람에 대해서도, 오히려 둘러대어 말할 것을 생각하고 곧바로 지적하여 말하기를 꺼린다.

하물며 이른바 '어리석음'이란 소인배의 덕성이자 절대로 고칠 수 없는 성품이 아니던가. 이 세상에 '어리석다'는 것보다 더 치욕스러운 말은 없을 것이다. 그런데도 여경汝京(유언호兪彦鎬)과 같이 총명과 슬기를 갖춘 사람이 어리석음을 자처하면서, 자신의 호를 어리석은 사람이라는 뜻의 '우부'愚夫라고 짓기를 부끄러워하지 않음은 웬일인가?

그의 문집인 『연석』燕石[4]을 읽어 보았더니, 사람들이 꺼리고 피하는 일을 언급하거나 혐오하고 분노하는 일을 건드린 게 많았다. 온갖 유파의 장점을 포용하고 만물을 다 감싸 안아서, 그 정상情狀을 파악한 것이 마치 무소뿔에 불을 붙여 비추어 보고 구정九鼎에 그림을 그려 넣은 것과 같았다.[5] 또한 그의 글이 미묘한 상태에서 변화를 일으킨 점은 마치 알에서 털이 돋기 시작하고 매미의 날개가 돋아나려는 것과 같았다. 안개나 돌고드름까지도 직접 손대어 볼 수 있을 듯하고, 벌레의 촉수와 꽃술까지도 하나하나 셀 수 있을 듯하였다.

그러니 직설적으로 지적하여 말한 것이 어찌 '귀머거리다', '장님이다', '벙어리다'라고 말한 데 그쳤겠는가. 사람들의 원망과 노여움을 사게 된 것이 또한 어찌 신맛 나는 식초 따위에 그쳤겠는가. 사람들의 노여

4_『연석』燕石 : 원래는 『우부초』愚夫艸라는 이름의 문집이었던 듯하다.
5_마치 …… 같았다 : 진晉나라 사람인 온교溫嶠가 무소뿔을 태워 물속을 비추어 보았더니 괴물들이 모조리 정체를 드러냈다는 전설이 있다. 또 하夏나라 때에는 구정九鼎에다 온갖 사물들을 그려 넣음으로써 백성들이 괴물들을 익히 알아 피해를 당하지 않도록 했다고 한다. 두 가지 비유 모두 사물에 대한 통찰이 비범한 경우를 뜻한다.

움을 범하는 것도 오히려 피해야 하거늘, 하물며 조물주가 꺼리는 바이겠는가.

　무릇 이러한 일들을 두려워한다면, 총명과 슬기와는 반대로 행동하여 스스로 이를 회피하기에 겨를이 없어야 할 것이다. 또한 세상 사람들에게도 손가락으로 찍어 맛을 보게 한다거나 입에 침이 고이게 해서는 안 될 것이다. 아!

서문

멀리 중국에서 벗을 구하는 까닭

會友錄序

우리나라 역대 서른여섯 도읍들이 자리한 지역을 두루 돌아보면, 동쪽으로는 큰 바다에 임하여 바닷물이 하늘과 더불어 끝이 없고, 이름난 산과 거대한 산들이 그 중앙에 서려 있다. 그래서 들판은 백 리가 트여 있는 곳이 드물고, 고을은 천 호가 모여 있는 곳이 없으니, 지역 자체가 벌써 협애하다 하겠다.

우리나라에는 옛날의 이른바 양楊·묵墨·노老·불佛이 아닌데도 의론의 유파가 넷이나 있고, 옛날의 이른바 사士·농農·공工·상商이 아닌데도 명분의 유파가 넷이나 있다.[1] 이는 단지 서로 숭상하는 인물이 같지 않을 뿐인데도, 의론이 서로 부딪치다 보니 북쪽 진秦나라와 남쪽 월越나라의 거리보다 더 멀어진 것이다. 그리고 단지 서로 놓인 처지가 차이날 뿐인데도, 비교하고 따지는 사이에 명분이 중화中華와 오랑캐의 구분보다 더 엄하게 된 것이다.

그리하여 자취가 드러날까 꺼려서 서로 소문은 들으면서도 알고 지내지 못하며, 신분상의 위엄에 구애되어 서로 교류는 하면서도 감히 벗하지 못하였다. 마을도 같고 종족도 같고 언어와 옷차림도 나와 다른 점이 극히 적은데, 서로 알고 지내지 않으니 혼인이 이루어지겠으며, 감히 벗하지도 못하는데 함께 도道를 도모하겠는가?² 이와 같은 여러 유파들이 아득한 수백 년 동안 서로를 진나라와 월나라, 중화와 오랑캐처럼 대하면서도 집을 나란히 하고 담을 잇대어 살아 왔으니, 그 습속이 또 어찌 그리 협애한가.

홍덕보洪德保(홍대용) 군이 어느 날 갑자기 한 필 말을 타고 사신을 따라 중국에 간 적이 있었다.³ 북경의 시가를 이리저리 돌아다니고 누추한 뒷골목을 기웃거리다가, 마침내 항주杭州에서 놀러온 세 선비를 만나게 되었다. 그래서 틈을 엿보아 그들이 묵고 있는 여관에 걸음하여, 옛 친구를 만난 것처럼 즐겁게 이야기를 나누었다. 천인天人과 성명性命의 근원⁴이

1_옛날의 …… 있다 : 양양楊·묵墨·노老·불佛은 양주楊朱와 묵적墨翟의 학파, 노자老子의 도가道家와 불타佛陀의 불교를 말한다. 유교에서 모두 이단異端으로 간주하는 네 가지 유파다. '의론의 유파'에 대해 김택영金澤榮은 노론老論·소론小論·남인南人·북인北人의 사색당파를 가리키는 것으로 보았다. 또한 김택영은 '명분의 유파'에 대해 사당인四黨人·비사당인非四黨人·중인中人·서족庶族을 가리키는 것으로 보았다. 문무 양반과 중인, 서족을 가리키기도 한다.

2_함께 도道를 도모하겠는가 : 『논어』에서 공자는 "군자는 도道를 도모하지, 먹고 사는 문제를 도모하지 않는다"고 하였고, "도가 같지 않으면, 그 사람과는 도를 도모하지 않는다"고 하였다.

3_홍덕보洪德保 …… 있었다 : 홍대용은 1765년(영조 41) 동지사의 서장관인 숙부 홍억洪檍을 따라 북경에 갔다가 항주杭州 출신의 선비 엄성嚴誠·반정균潘庭筠·육비陸飛와 교분을 맺고 정양문正陽門 밖 간정동乾淨衕에 있는 그들의 숙소에서 필담筆談을 나누었다. 귀국한 뒤에 그 필담과 이들을 만나게 된 시말 및 왕복 편지를 3권의 책으로 편찬한 것이 곧 『간정동회우록』乾淨衕會友錄이다.

며, 주자학朱子學과 육왕학陸王學의 차이며, 진퇴進退와 소장消長의 시기며, 출처出處와 영욕榮辱의 분별[5] 등에 관해 한껏 토론하였다. 이를 고증하고 증명함에 있어 의견이 합치하지 않은 적이 없었고, 서로 충고하고 이끌어 주는 말들이 모두 지극한 정성과 살뜰한 염려에서 우러나왔다. 그래서 처음에는 서로 마음 맞는 벗으로 받아들였다가 마침내는 결의하여 형제가 되었다. 서로 그리워하고 좋아하기를 여색을 탐하듯이 하고, 서로 저버리지 말자 다짐하기를 마치 동맹을 맺기로 서약하듯이 하니, 그들의 의리가 사람들을 감동시켜 눈물겹게 하기에 충분하였다.

아아! 우리나라는 중국의 오吳 지방과 거리가 수만 리이니, 홍군이 이 세 선비와 또다시 만날 수는 없을 터이다. 그런데 전에 제 나라에 있을 때는 한마을에서 살면서도 서로 알고 지내지 않더니 지금은 만 리나 먼 나라 사람과 사귀며, 전에 제 나라에 있을 때는 같은 종족이면서도 서로 사귀려 하지 않더니 지금은 다시는 만나지 못할 사람과 벗을 하였다. 또 전에 제 나라에 있을 때는 언어와 옷차림이 똑같아도 서로 벗하려 하지 않더니 이제 와서 느닷없이 말이 다르고 복색이 다른 속인과 서로 마음 맞는 벗으로 받아들인 것은 웬일인가?

홍군은 우수 어린 표정을 지으며 한참 있다가 이렇게 말했다.

"내 감히 국내에 그럴 만한 사람이 없어서 벗하지 못한다는 것이 아니

4_천인天人과 성명性命의 근원 : 천인은 천도天道와 인사人事, 성명은 인성人性과 천명天命을 가리킨다. 이들의 상호 관계를 근본적으로 탐구하는 것을 말한다.

5_진퇴進退와 …… 분별 : 진퇴進退는 군자와 소인의 교체, 소장消長은 음양陰陽의 변화를 가리킨다. 군자가 물러나고 소인이 진출하는 것은 음이 성하고 양이 쇠하는 시기이며, 군자가 진출하고 소인이 물러나는 것은 음이 쇠하고 양이 성하는 시기이다. 출처出處는 벼슬길에 나서는 것과 물러나 은거하는 것을 가리킨다. 벼슬할 때와 은거할 때를 잘 분별해야 영예를 누리고 치욕을 면할 수 있다.

오. 실로 처지에 제한을 받고 습속에 구속되어 그런 것이니, 마음속이 답답하지 않을 수가 없소. 내 어찌 지금의 중국이 옛날 중국이 아니며, 지금의 중국 사람들이 선왕先王의 법복法服[6]을 따라 입지 않음을 모르겠소. 비록 그렇기는 하지만, 그 사람들이 살고 있는 땅이 어찌 요堯, 순舜, 우禹, 탕湯, 문왕文王, 무왕武王, 주공周公, 공자孔子가 밟던 땅이 아니겠소. 그 사람들이 사귀는 선비들이 어찌 제齊, 노魯, 연燕, 조趙, 오吳, 초楚, 민閩, 촉蜀 지방의 널리 보고 멀리 노닌 선비들이 아니겠소. 그리고 그 사람들이 읽는 글들이 어찌 저 하夏, 은殷, 주周 세 나라 왕조 이래 사해 만국의 극히 많은 서적들이 아니겠소. 제도는 비록 변했으나 도의는 달라지지 않았소. 이른바 옛날 중국이 아닌 지금의 중국에도 그 나라의 백성이 되기는 했을망정 그 나라의 신하 노릇을 하지는 않는 사람이 어찌 없겠소.

그렇다면 저 세 사람이 나를 볼 때에도, 중화가 아니라 오랑캐라고 차별하며, 자취가 드러나고 신분의 위엄이 손상될까 꺼리는 마음이 어찌 없으리오. 하지만 저 세 사람은 번거로운 예의를 타파하고 까다로운 범절도 제거하고서, 진정을 다 드러내고 속마음을 다 털어놓았소. 이와 같이 통이 매우 큰 점으로 볼 때[7] 저 세 사람이 어찌 명성과 권세와 이익을 좇느라 쩨쩨하고 악착스러워진 자들이리오."

그러고는 세 선비와 필담한 것을 모아 세 권으로 만든 책을 꺼내어 내

6_선왕先王의 법복法服 : 고대의 성왕聖王이 예법에 맞게 차등을 두어 제정했다는 옷을 말한다. 천자 이하 다섯 등급으로 나눈 오복五服 제도가 있었다고 한다. 『효경』孝經에 경卿과 대부大夫는 "선왕의 법복이 아니면 감히 입지 않는다"고 하였다. 청나라는 동화정책同化政策의 일환으로 한족에게 만주족의 옷을 입도록 강제하였다.

7_통이 …… 때 : 홍대용은 그의 연행록燕行錄인 『연기』燕記에서 청나라 문물의 특장特長으로 '대규모大規模 세심법細心法' 즉 통이 매우 크면서도 마음 씀씀이가 세밀한 점을 들었다.

게 보여 주면서 "그대가 서문을 써 주시오" 하였다.

   나는 다 읽고 나서 이렇게 감탄하였다.

   "홍군은 벗을 사귀는 데 통달했도다! 내 이제야 벗 사귀는 도리를 알았노라. 그가 누구를 벗하는지 살펴보고, 누구의 벗이 되는지 살펴보며, 또한 누구와 벗하지 않는지를 살펴보는 것이 바로 내가 벗을 사귀는 방법이다."

서문
두메산골로 들어가는 벗에게

贈白永叔入麒麟峽序

영숙永叔(백동수白東修)은 장수 집안의 자손이다. 그의 조상 중에 충성을 다하여 나라에 목숨 바친 분이 있어서 이제까지도 사대부들이 이를 슬프게 여긴다.[1]

  영숙은 전서篆書와 예서隸書를 잘 썼으며, 역대 문물과 제도에도 밝았다. 젊은 나이에 말 타기와 활 쏘기를 잘 해서 무과에 급제하였다. 비록 시운을 타지 못해 나라의 녹을 먹지는 못했으나, 임금께 충성하고 나라

1_그의 …… 여긴다 : 백동수의 증조 백시구白時耉가 신임사화辛壬士禍에 연루되어 옥사한 사실을 말한다. 소론이 집권하자 백시구는 평안도 병마절도사로 있을 때 기로소耆老所에 은銀을 대여해 준 일로 문초를 받으면서 노론 대신大臣 김창집金昌集의 죄를 실토하라는 것을 거부했다가 고문을 당한 끝에 죽었다.

를 위해 죽을 뜻만큼은 조상의 빛나는 공적을 계승하기에 충분하여, 사대부들에게 부끄럽지 않았다.

아아! 이런 영숙이 무엇 때문에 온 식구를 거느리고 강원도 두메산골로 들어가는 것인가?

영숙은 전에 나를 위해 금천金川의 연암燕巖 골짜기에 집터를 잡아 준 적이 있었다.² 그곳은 산이 깊고 길이 험해서 하루 종일 걸어가도 사람 하나 만나지 못할 정도였다. 갈대숲 속에 함께 말을 세우고 나서, 그는 채찍을 들어 저 높은 언덕을 구분하며,

"저기는 울을 쳐 뽕나무를 심을 만하고, 갈대에 불을 질러 밭을 일구면 해마다 좁쌀 천 섬은 거둘 수 있겠군."

하였다. 그리고 시험삼아 부시를 쳐서 바람 따라 불을 놓으니, 꿩이 깍깍 울며 놀라서 날아가고, 노루 새끼가 바로 앞에서 달아났다. 영숙은 팔뚝을 부르걷고 노루 새끼를 쫓아가다가 시내에 가로막혀 돌아와서는, 나를 쳐다보고 껄껄 웃으며 말했다.

"인생이 길어야 백 년도 못 되는데, 어찌 답답하게 깊은 산중의 나무와 돌 사이에 거처하며 좁쌀 농사나 짓고 꿩·토끼나 사냥해 먹고 살 수 있겠소?"

그러던 영숙이 이제 기린麒麟(지금의 인제군 기린면)의 산골짜기에서 살 작정이란다. 송아지를 등에 지고 들어가 그놈을 키워 밭을 갈고, 먹을 된장도 없으니 아가위를 담가서 장을 만들어 먹겠다고 한다. 그곳의 험하고

2_ 영숙은 …… 있었다 : 연암은 1771년(영조 47) 과거를 폐한 뒤 백동수와 함께 개성開城을 유람하다가 그 근처인 황해도 금천군의 연암 골짜기를 답사한 뒤 장차 그곳에 은거할 뜻을 굳혔다고 한다.

궁벽진 정도를 어찌 연암 골짜기에 비교하여 똑같이 여길 수 있으랴. 그런데도 나 자신은 여전히 갈림길에서 방황하며 선뜻 거취를 정하지 못하고 있으니, 하물며 영숙의 떠남을 감히 말릴 수 있겠는가. 나는 그의 뜻을 장하게 여길 망정 그의 곤궁함을 슬프게 여기지 않으리라.

서문
놓쳐버린 고승을 그리며

楓嶽堂集序

 옛날에 승려가 된 사람들은 대부분 총명하고 영특하고 출중한 인물들이었다. 한번이라도 임금이 그의 계행戒行을 존경하고 불전佛典에 마음을 두어, 그에게 호號를 내리며 예를 달리하여 빈객으로 대우하고 스승으로 맞아들이는 일이 있으면, 당시의 사대부들 역시 모두가 그와 함께 어울리기를 즐겨하였다. 그래서 그들이 고행을 하며 숨어 지내고 조용히 있어도, 도리어 부귀와 영화가 뒤따랐다. 이것이 원래 불문佛門의 본분은 아니지만 불교를 권장할 만한 계기가 되었으며, 그들의 언어와 문장은 찬란하여 볼 만하였다.
 우리 왕조에 들어와 유교를 전적으로 숭상하고 사대부들은 이단異端을 배척하는 데 엄격했다. 이로 말미암아 세상에는 독자적으로 행동하고 제 힘으로 깨우치는 선비가 없어졌을 뿐만 아니라, 아울러 이른바 이단의 학설마저 볼 수가 없게 되었다. 지금 저 황폐해진 사찰에는 거처하는 승려들이 여전히 끊이지 않고 있으나, 모두 궁핍한 백성과 굶주린 종들로서, 군역軍役을 도피하여 머리 깎고 검은 장삼을 입은 자들이다. 비록 이름은 승려라 하지만 어리석고 몽매하여 글자 하나 읽지 못하는 형편이니, 불교를 금지하지 않아도 그 도道가 거의 사라질 지경이 되었다.

나는 항상 이름난 산들을 유람하기를 좋아하여 그 태반을 둘러보았다. 예전에 특이한 스님을 만나 방외方外의 교유¹⁻를 해 보려고 생각한 적이 있었으나, 산에 오르고 물가에 임할 적마다 그런 스님을 만나지 못해 쓸쓸히 배회하곤 하였다. 일찍이 벗 신원발申元發(신광온申光蘊)·유사경兪士京(유언호兪彦鎬)과 어울려 백화암白華菴에서 함께 잔 적이 있었다.²⁻ 그때 준俊이란 중이 깊은 밤에 홀로 앉아 있었다. 불등佛燈이 밝게 빛나고 선탑禪榻은 깔끔하게 정리되어 있었으며, 책상 위에는 『반야경』般若經과 『법화경』法華經 같은 불경들이 놓여 있었다. 그래서 준에게,

"네가 불경을 좀 아느냐?"

하고 물었더니,

"모릅니다."

하고 사과하기에, 또

"네가 시를 이해하고 지을 줄 아느냐?"

하고 물었더니,

1_방외方外의 교유 : 세속의 예법에서 벗어나 승려나 도인, 은자隱者들과 사귀는 것을 말한다.
2_일찍이 …… 있었다 : 연암은 1765년(영조 41) 가을에 신광온, 유언호와 함께 금강산 일대를 유람하였다.

"못합니다."

하고 또 사과하였다. 그래서 또 묻기를,

"이 산중에 더불어 교유할 만한 특이한 스님이 있느냐?"

했더니, 대답이,

"없습니다."

하였다.

그 이튿날 진주담眞珠潭 아래에 앉아서 일행끼리 말하기를,

"준공俊公은 얼굴이 몹시 해맑으니, 만약 문자를 조금만 알았더라면, 시를 꼭 잘 짓지는 못하더라도 시를 적는 두루마리에 함께 적을 정도는 되었을 것이요, 담론이 반드시 심오하지는 못하더라도 회포를 풀기에는 충분했을 터이니, 어찌 우리의 풍류를 돋우어 주지 않았겠는가."

하면서 서로 돌아보며 탄식하고 일어섰다.

이번에 풍악대사楓嶽大師 보인普印의 시와 산문을 보다가, 미처 다 보기도 전에 탄식하기를,

"내가 지난번에 특이한 스님을 만나서 방외의 교유를 해 보고자 했으면서도, 인공印公을 놓친 것인가?"

하였다. 대체로 그는 내원통內圓通에서 참선했는데, 그 시기는 바로 내가 강원도 지방을 유람하던 때였던 것이다.

그의 문집을 보았더니 준과 더불어 주고받은 시들이 있었다. 그렇다면 준은 확실히 그의 벗이었던 모양이다. 그런데 왜 보인이라는 특이한 스님이 있다고 나의 물음에 답하지 않았던가? 준이 아마도 나를 속인 것이리라. 나는 이 시들을 보고, 보인이 본래 고승이었으며, 준이 과연 그래서 나에게 숨겼음을 더욱 깨닫게 되었다.

이로 말미암아 보건대, 준은 과연 시도 잘 지었으며, 과연 불경의 담론에도 능하였다. 준도 역시 고승이었던 것이다. 나는 함께 놀았던 준도 알아보지 못하고 놓쳤는데, 하물며 직접 만나보지도 못한 인공에 대해서야 말할 것이 있겠는가. 불교를 권장할 수 없는 환경에서도 저들은 이와 같이 그 도道를 믿고 스스로 수행하였다. 그렇다면 인공처럼 내가 직접 만나보지 못한 고승이 얼마나 많겠는가.

내가 아직 가 보지 못한 산으로 북쪽에는 장백산長白山, 남쪽에는 지리산, 서쪽에는 구월산九月山이 있다. 앞으로 두루 유람하여 혹시 그런 스님을 한번이라도 만나게 된다면, 준공에게서 그랬던 것처럼 업신여김을 당하지 않기를 바랄 뿐이다. 그래서 우선 이 시집에다 서문을 적는 바이다.

서문

왜 청나라를 배우자고 하는가

北學議序

학문의 길은 다른 길이 없다. 모르는 게 있으면 길가는 사람이라도 붙들고 물어야 한다. 심지어 하인이 나보다 글자 한 자라도 많이 안다면 우선 그에게 배워야 한다. 자기가 남보다 못하다고 부끄러이 여겨 자기보다 나은 사람에게 묻지 않는다면, 평생토록 고루하고 어찌할 바 모르는 지경에 스스로 갇혀 지내게 된다.

옛적에 순舜은 농사짓고 질그릇 굽고 고기 잡는 일부터 임금 노릇을 하는 일에 이르기까지 남에게 배우지 않은 것이 없었다. 『논어』에서 공자가 말하기를,

"나는 젊었을 적에 미천했기 때문에 막일에 능한 것이 많다."

고 하였다. 여기에서 말하는 막일 역시 농사짓고 질그릇 굽고 고기 잡는

일 따위였을 것이다. 순임금과 공자같이 성스럽고 재능 있는 분조차도 눈앞의 사물을 대하여 기교를 생각해 내고 일에 닥쳐서 도구를 만들어 내자면, 시일도 부족하고 지혜도 막히는 경우가 있었을 것이다. 그러므로 순임금과 공자가 성인이 된 것은 남에게 잘 묻고 잘 배운 데에 지나지 않는다.

우리나라 선비들은 천하의 한쪽 구석진 땅에서 편협한 기질을 타고나, 발로 중국 땅을 밟아 보지 못하고 눈으로 중국 사람을 보지 못하고, 태어나서 늙고 병들어 죽을 때까지 제 강토를 떠나 본 적이 없다. 그래서 두루미가 다리가 길고 까마귀가 검듯이 각자 타고난 천성을 지키며 살아 왔고, 우물 안 개구리나 땅속 두더지마냥 제가 사는 곳을 제일로 믿고 살아 왔다. 예법은 차라리 촌스러운 것이 낫다고 생각하고, 누추한 것을 검소하다고 여기며 살아 왔다. 이른바 사士·농農·공工·상商이라는 것도 겨우 명목만 남아 있고, 이용利用과 후생厚生[1]의 도구로 말하면 날이 갈수록 곤궁해졌다. 이는 다름이 아니라, 배우고 물을 줄을 모르는 과오 때문이다.

장차 배우고 묻기로 한다면 중국을 놓아 두고 어디로 가겠는가. 하지만 우리나라 사람들은 말하기를,

"지금 중국을 차지하고 있는 자들은 오랑캐들이다."

하면서 배우기를 부끄러워하여, 중국의 옛 법마저 싸잡아 비루하게 여긴다. 저 중국 사람들이 변발辮髮을 하고 오랑캐 옷을 입고 있는 것은 사

1_이용利用과 후생厚生 : 『서경』에 정덕正德과 함께 나오는 말로, 나라를 다스리는 데 중요한 세 가지 일을 말한다. 정덕은 백성들의 도덕을 바르게 하는 것, 이용은 백성들이 일상생활에서 기구나 재화를 편리하게 사용하는 것, 후생은 옷과 음식 등으로 백성들의 복지를 돌보는 것을 뜻한다.

실이다. 하지만 저들이 의지하여 살고 있는 땅은 어찌 삼대三代(하夏, 은殷, 주周) 이래 한漢, 당唐, 송宋, 명明의 중국 땅이 아니겠는가. 또한 그 땅 안에 살고 있는 사람들은 어찌 삼대 이래 한, 당, 송, 명의 예전 백성들이 아니 겠는가. 진실로 그 법이 훌륭하고 제도가 아름답다면 장차 오랑캐에게 라도 나아가 배워야 하는 법이다. 하물며 그 통이 매우 크고 마음 씀씀이 가 정밀하며,[2] 문물 제도가 원대하고 문장이 찬란한 점으로 말하면, 여 전히 삼대 이래 한, 당, 송, 명의 고유한 옛 법을 보존하고 있음에랴.

우리를 저들과 비교해 본다면 진실로 한 치의 나은 점도 없다. 그럼에 도 단지 한 줌의 상투를 가지고 스스로 천하에서 제일 낫다고 여기며,

"지금의 중국은 옛날의 중국이 아니다."

라고 말한다. 그 산천은 비린내 노린내가 난다고 탓하고, 그 백성은 개나 양이라고 욕하고, 그 언어는 오랑캐 말이라고 모함하면서, 중국 고유의 훌륭한 법과 아름다운 제도마저 배척해 버리고 만다. 그렇다면 장차 어 디에서 본받아 행하겠는가?

내가 북경에서 돌아오니[3] 재선在先(박제가)이 그가 지은 『북학의』北學議 의 내편內編과 외편外編을 보여 주었다. 재선은 나보다 먼저 북경에 갔던 사람이다.[4]

그는 농사와 양잠, 목축, 성곽, 가옥, 선박, 수레부터 기와, 대자리, 붓,

2_통이 …… 정밀하며 : 홍대용의 『연기』와 연암의 『열하일기』에서 청나라 문물의 특장으로 지적했던 점이다. 「멀리 중국에서 벗을 구하는 까닭」의 주 7) 참조.
3_내가 북경에서 돌아오니 : 연암은 정조 4년(1780) 5월부터 10월까지 진하 겸 사은사進賀兼謝恩使의 일원으로 북경을 다녀왔다.
4_재선은 …… 사람이다 : 박제가는 정조 2년(1778) 사은 겸 진주사謝恩兼陳奏使의 일원으로 이덕무와 함께 북경을 다녀온 뒤 『북학의』를 저술하였다.

자(尺) 등의 제작에 이르기까지, 눈으로 헤아리고 마음속으로 비교해 보지 않은 것이 없었다. 눈으로 미처 보지 못한 것이 있으면 반드시 물어보았고, 마음속으로 미처 이해하지 못한 것이 있으면 반드시 배웠다. 시험 삼아 책을 한 번 펼쳐 보니, 나의 일록日錄(『열하일기』)과 조금도 어긋나는 것이 없어, 마치 한사람의 손에서 나온 것 같았다. 이 때문에 그가 진실로 즐거운 마음으로 나에게 보여 준 것이요, 나도 흐뭇이 여겨 사흘 동안이나 읽어도 싫증이 나지 않았던 것이다.

  아! 이것이 어찌 다만 우리 두 사람이 직접 눈으로 보고 나서 그렇게 된 것이겠는가. 진실로 예전에 비 뿌리고 눈 날리는 날에 집에서 연구하고, 술이 거나하고 등잔불이 꺼질 때까지 흥겹게 이야기했던 것인데, 마침내 눈으로 한번 확인해 본 것일 뿐이다. 요컨대 이를 남에게 말할 수가 없으니, 남들은 물론 믿지 않을 것이요, 믿지 못하니 당연히 우리에게 화를 낼 터이다. 화를 내는 성품은 편협한 기질을 타고난 때문이요, 우리의 말을 불신하는 것은 중국 산천을 비린내 노린내가 난다고 탓하는 데 기인한다.

서문
일가 형님의 환갑을 축하하며

族兄都尉公周甲壽序

금상今上(지금 임금) 9년 을사년(1785) 10월 21일 아침에 임금께서 전교하시기를,

"금성도위錦城都尉(박명원朴明源)는 곧 선왕先王(영조)의 의빈儀賓(임금의 사위)으로서 선왕의 은총을 가장 많이 받았으므로 나 역시 마음을 다해 공경하고 예우해 왔다. 오늘은 바로 그의 환갑이니, 호조는 의복과 음식을 실어 보내고, 사관史官은 문안하고 오라."

하셨다. 이에 공이 마중을 나가 머리를 조아리며,

"천신賤臣이 전하의 각별한 은혜에 감격하여 무어라 아뢸 바를 모르겠습니다."

하였다.

정오가 채 못 되어, 임금께서 사알司謁을 보내 비단과 담비 털모자를 더 내리시고, 그 밖에 산해진미도 이루 헤아릴 수 없이 내리셨다. 날이 저물어 갈 때 사알이 또다시 와서 임금의 편지와 임금께서 지으신 칠언시七言詩 한 수를 선사했다. 임금께서 칭찬하고 위로하시는 특전은 여러 대를 두고도 한 번 얻기 어려운 법인데, 공은 하루 동안에 아침부터 저물 때까지 무릇 세 번이나 이런 특전을 입은 것이다.

친척과 손님들이 다투어 분주히 달려와서 공에게 하례하니, 공이 그때마다 눈물을 흘리며 일일이 임금님의 은혜를 되뇌었다. 그리고 밤새 감히 잠을 이루지 못하더니, 날이 새자마자 전문箋文을 받들고 간소하게 풍악을 잡히고 궐내에 들어가 은혜에 감사를 표하고 돌아왔다. 이에 온 장안이 공의 환갑을 영화로이 여기고 그가 받은 예우를 경하하지 않는 이가 없었다.

아! 옛날에 일컬은 세 가지 달존達尊¹⁻이 마침내 공의 한 몸에 갖추어졌다 하겠으니, 어찌 훌륭하다 아니하랴.

지원趾源은 사대부들이 공에 대해서 이야기하는 것을 넌지시 들은 적이 있다.

"대궐에 드나든 지 오십 년에 조정의 의론이라곤 입에 올린 적이 없고, 조정 벼슬아치 집에는 발을 들인 적이 없다오. 열네 살 때부터 부귀의 몸이 되었으나, 풍류나 미색을 좋아한다든가 옷치레나 말(馬) 치장을 한다는 소리를 듣지 못했소. 평소에 방 하나에서 기거하면서 자기 앉을

1_세 가지 달존達尊:『맹자』에 나오는 말이다. 세상 사람들이 공통적으로 존중하는 세 가지 것으로, 벼슬과 나이와 덕망을 가리킨다.

자리 외에는 다른 자리를 만들지 않고² '방이란 제 무릎을 들일 만하면 족하니라' 하였다지요. 등 뒤에는 민병풍 하나, 눈앞에는 묵은 벼루 하나, 창 아래는 책 두어 질, 머리맡엔 술 반 병으로, 그 속에서 나날을 보내니 고요하고 한적하기가 규방과 같습디다."

"이거야 무엇이 족히 어질다 하겠소. 공의 조카³가 판서로서 십여 년 동안이나 번갈아 이조와 병조의 우두머리로 있었으되, 공은 한 번도 사사로운 일로 청탁한 적이 없었지요. 집안이 엄숙하기가 조정과 같았으니, 판서 역시도 공의 뜻을 공경히 받들어 몸가짐이 담박하고 검약하여, 종신토록 세간에서 비난받는 일이 없었소. 이는 실로 공의 집안 법도가 엄하였기 때문이오."

"공이 명거命車(임금이 하사한 수레)를 타지 않는 데에는 까닭이 있었구려! 지위는 높되 사람들이 우러러보는 정승의 직분이 아니고, 녹봉은 후하되 아무 하는 일 없이 받아먹는다는 질책이 없었으니, 마음속으로 '나는 한낱 임금의 사위이다. 어찌 정승과 나란히 말을 달려 국민들을 현혹하게 한단 말인가'라고 생각한 것이 아니겠소. 그렇기 때문에 행차할 때 벽제辟除(길 비키라는 소리)도 하지 않고 길을 걸어도 한복판으로 가는 일이 없어서, 국민들로 하여금 자신의 존재를 모르게 하였다오."

"그거야 무어 칭찬할 만하겠소. 선왕께서 늘그막에 오래도록 병석에

2_자기 …… 않고 : 자신의 좌석만 남기고 내객을 맞을 좌석은 두지 않는 것을 측석側席이라 한다. 청탁차 찾아오는 손님들을 물리치기 위한 방편으로 그런 것이다.

3_공의 조카 : 박명원의 맏형 박홍원朴興源의 아들인 박종덕朴宗德(1724~1779)을 가리킨다. 그는 이조와 병조의 판서를 번갈아 맡기 십수 년이요, 이조 판서를 무릇 열여덟 차례나 지냈으나 한결같이 인선人選에 공평했다고 한다.

계실 적에 공이 날마다 달려가 측근의 신하들과 함께 병환을 보살핀 것이 어떠하였던가요? 그들은 공과 지체가 비슷하고 같은 반열班列에 속하니, 가까이하기도 멀리하기도 어려운데다가, 주고 받는 눈짓에 이해利害가 달려 있었고 담소하는 가운데 원한을 감추고 있었다오. 하지만 공은 무릎을 마주하고 앉은 자리에서도 소원한 자세를 유지할 수 있었고, 곁눈질로 눈치를 살펴야 하는 마당에서도 초연한 자세를 유지할 수 있었소.[4] 진실로 그 슬기가 족히 제 몸을 지킬 만하고, 화와 복을 다 잊어버리지 않고서야 이럴 수 있었겠소."

"세간에는 공을 업신여기는 자들도 있다오. 종놈들 중에 젠 체하고 크게 침을 내뱉는 놈은 내쫓고, 눈을 치뜨고 활갯짓하는 놈도 내쫓고, 눈가가 짓무르고 눈곱이 끼어 있는 놈, 쭈뼛거리며 히죽히죽 웃는 놈, 콧물이 수염까지 질질 흘러내리는 놈만 남겨 두어 옷이며 밥을 주었다오. 그러므로 시정배들이 연약한 자를 서로 욕하거나 놀려 댈 때면 으레 아무 궁방宮房의 종놈 같다고 일컫는다지요."

"세간에는 공을 원망하는 자들도 있다오. 공은 일찍이 세 번이나 왕명을 받들고 사신으로 나갔지요. 그때 몸이 이역만리 머나먼 곳에 있으면서도 새벽이고 밤이고 조심조심하기를 마치 임금님 앞에 있는 듯이 하니, 여러 역관들이 서로 원망하기를,

'젠장, 공께선 왜 당신 몸 좀 편안케 쉬지 않으신담? 그래야 우리도 좀 쉬련만. 우리네가 공을 모시고 고생스런 사신 길을 나선 지도 여러 번

4_그들은 …… 있었소: 영조가 위독하자 세손世孫인 정조의 왕위 계승을 지지하는 세력과 이를 극력 저지하려는 세력 간에 치열한 암투가 벌어진 상황에서 박명원이 전자의 편에 확고히 섰던 사실을 말한 것이다.

일세. 하지만 사신 일만 끝나면 늘 우리들에게 공의 댁 대문 앞에 얼씬도 못하게 거절하실 건 또 뭐람? 사신 일 마치고 돌아오실 때에도 실 한 오라기도 몸에 지니고 오질 않으시니, 누가 감히 수입 금지된 물건을 숨겨 가지고 와서 돈벌이를 하겠는가.'
했다지요."

무릇 이와 같은 언행은 진실로 탁월하여 아무나 행하기 어려운 일로 여기지만, 공에게는 집안의 내림으로 몸에 밴 것에 불과하였다. 우리 선조 문정공文貞公(박미朴瀰)께서는 목릉穆陵(선조宣祖)의 의빈이 되셨는데, 검약을 드러냄으로써 복을 아끼고, 예법을 돈독히 함으로써 자손들에게 충분한 모범을 보이셨다. 어수룩하게 행동하는 것으로써 몸을 온전히 지키는 방도로 삼고, 권세를 멀리하는 것으로써 집안을 보전하는 법으로 삼았다.

공의 풍류와 문장이 비록 그러한 선조에게 미치지는 못하지만, 신분이 고귀해져서도 선비의 바탕을 잃지 않고, 살림이 부유해져서도 본분을 잊지 아니하며, 뜻은 높이 가지되 겸손하고 억제할 줄 알며, 기세를 낮추어 남을 이기려고 하는 마음을 부끄럽게 여기는 점에서는 선조에 능히 미치고도 남음이 있다. 그러므로 예전에 공을 칭송하던 사람들은 당연히 공이 세 조정으로부터 받은 예우[5]에 대해서만 이야기하나, 스스로 자처하는 바에 따르면 공은 그저 굶지 않고 추위에 떨지 않는 한 늙은 유생일 뿐이다.

---

[5] 세 조정으로부터 받은 예우 : 박명원은 실제로는 영조와 정조의 양 조정에서 각별한 예우를 받았지만, 영조의 아들이자 정조의 생부인 사도세자를 측근에서 보필하여 사도세자로부터도 지우知遇를 입었으므로, 이와 같이 표현한 듯하다.

아! 세상 사람들이 유생을 비웃고 선비를 천하게 여긴 지 오래되었다. 그런데도 공은 마음속으로 '남들이 나를 유생이라 간주하면 어찌 감히 당키나 하겠는가. 나는 선비처럼 뜻을 고상하게 가지려고 애써도 아직 잘 되지 않는다'고 생각했으므로, 한 번도 유생이나 선비의 티를 안색에 나타내거나 말에 드러낸 적이 없었다.

하지만 공은 높은 지위와 임금의 은총 속에서도 교만한 모습을 보이지 않고, 오랜 명망과 훌륭한 평판 속에서도 그 지조를 변치 않았다. 자질구레한 일에 신중하고 결백한 점은 남들이 대수롭지 않게 여기는 바일지라도, 공은 이를 착실하게 지키면서 육십 년을 하루같이 지내 왔다. 이는 대개 공의 지조와 행동이 단정하여 저절로 법도에 가까워진 것이요, 곰곰이 생각하고 묵묵히 실천한 것이 저절로 옛 법도에 합치된 것일 뿐이다. 그러니 '비록 배우지 않았다고 하더라도 나는 반드시 그가 배웠다고 하리라'[6] 고 한 것은 아마도 공과 같은 경우를 두고 한 말일 것이다.

이상은 지원이 공을 편들어 하는 말이 아니라 나라 사람들이 하는 말을 그대로 되읊은 것이다. 이것으로써 공의 회갑에 축수祝壽하는 말로 삼는 바이다.

6_비록 …… 하리라 : 『논어』에서 자하子夏가 말하기를 "어진 이를 좋아하기를 여색을 좋아하듯이 하며, 부모를 섬기되 능히 그 힘을 다하며, 임금을 섬기되 능히 그 몸을 바치며, 붕우와 사귀되 말에 신의가 있으면 비록 배우지 않았다고 하더라도 나는 반드시 그가 배웠다고 하리라" 하였다.

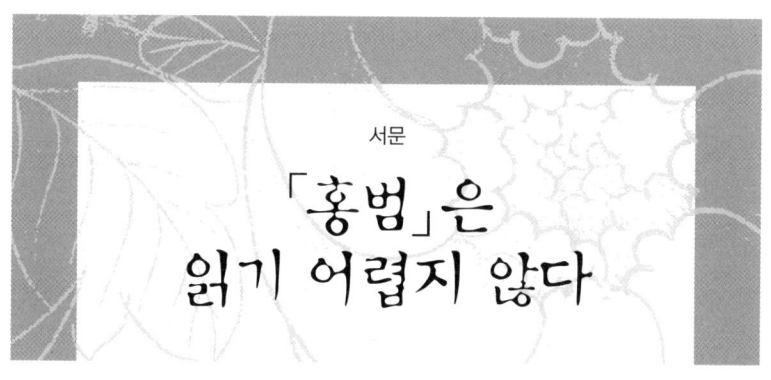

서문
「홍범」은
읽기 어렵지 않다

洪範羽翼序

나는 스무 살 무렵에 마을 글방에서 『서경』을 배웠다. 그중 「홍범」洪範 편이 읽기 어려워서 고생하다가 글방 선생께 여쭈었더니, 선생은 이렇게 말씀하셨다.

"이는 읽기 어려운 글이 아니다. 읽기 어렵게 된 까닭이 있기는 하지. 그건 속된 선비들이 어지럽혀 놓았기 때문이다. 무릇 쇠·물·나무·불·흙의 오행五行이란 하늘이 부여한 것이요 땅에 쌓인 것으로, 사람들은 이에 힘입어 살아 나간다. 『서경』「홍범」편에서 우禹임금이 순서를 정한 홍범구주洪範九疇와, 무왕武王과 기자箕子가 문답한 내용을 보면, 오행이 하는 일은 정덕正德, 이용利用, 후생厚生[1]의 도구에 지나지 않으며, 오행의 작용은 중화위육中和位育[2]의 효과를 거두는 데에서 벗어나지 않는다.

한漢나라 때 선비들이 길흉화복을 독실히 믿어, 마침내 어떤 일에는 반드시 그에 상응하는 어떤 징조가 나타난다고 여기고,[3] 만사를 오행에다 배당하고 확대 적용하여 허황되고 망녕된 주장을 하기를 즐겼다. 그리하여 이것이 잘못 흘러 음양학과 점술로 되었고, 이것이 둔갑하여 천문 역수와 미래 예언의 책으로 되어, 마침내 우임금과 무왕과 기자, 이 세 성인의 본래 취지와 크게 어긋났을 뿐더러, 오행상생설에 이르러서는 그 오류가 극에 달하고 말았다.

만물치고 흙에서 나지 않는 것이 없는데 어찌 유독 쇠만이 흙을 어미로 삼는다 하겠는가. 쇠란 딱딱한 물질이니, 불을 만나 녹아내리는 것은 쇠의 본성이 아니다. 대지를 적시는 강과 바다, 황하와 한수漢水(양자강의 지류)를 보라. 이것이 다 쇠에서 불어났단 말인가?

돌에서 젖이 나오고, 쇠에서도 즙이 배어난다.[4] 만물에 끈끈한 액체가 없으면 모두 말라 버리거늘, 어찌 유독 나무에만 물이 배었겠는가?

만물이 결국은 흙으로 돌아가지만, 그렇다고 땅이 더 두터워지지도 않는다. 하늘과 땅이 짝을 이루어 만물을 육성하거늘, 어찌 한 아궁이의 불붙은 땔나무가 대지를 살지게 할 수 있겠는가?

쇠와 돌이 서로 부딪치거나 기름과 물이 함께 끓을 때는 모두 불을 일

1_ 정덕正德, 이용利用, 후생厚生 : 「왜 청나라를 배우자고 하는가」의 주1) 참조.
2_ 중화위육中和位育 : 조화로운 삶을 통하여 모든 일이 제대로 되어 간다는 뜻이다. 『중용』에 "중中이란 천하의 위대한 근본이요 화和란 천하에 두루 통하는 도리이다. 중과 화를 완전히 실현하면 하늘과 땅이 제자리를 잡게 되고 만물이 제대로 성장한다"고 하였다.
3_ 한漢나라 …… 여기고 : 한나라 때 동중서董仲舒는 하늘의 뜻과 인간의 행위가 서로 감응하므로 인간의 행위에 따라 하늘이 재앙이나 상서를 내린다는 천인감응론天人感應論을 주장했다.
4_ 돌에서 …… 배어난다 : 지하수에 녹아 있던 석회분이 고드름처럼 결정結晶을 이룬 종유석鍾乳石과, 쇠 부스러기를 물에 오래 담궈 산화酸化시켜 우려낸 철장鐵漿을 예로 든 것이다.

으킬 수 있고, 벼락이 치면 불타고 황충蝗蟲을 묻어 두면 불꽃이 일어나니, 불이 오로지 나무에서만 일어나지 않는다는 것도 분명하지 않은가. 그러므로 상생한다는 것은 오행이 서로 자식이 되고 어미가 된다는 것이 아니라, 서로 힘입어서 살아간다는 것이다.

옛적에 하우씨夏禹氏(우임금)는 오행을 잘 활용하였다. 하우씨가 산을 따라 나무를 베어 낸 것은 굽게 할 수도 있고 곧게 할 수도 있는 나무의 작용을 터득한 것이요, 토목공사를 크게 벌인 것은 곡식을 심고 거두는 농사의 방법을 터득한 것이다. 금·은·동 세 가지를 공물로 받은 것은 모양을 마음대로 변형할 수 있는 쇠의 성질을 터득한 것이요, 산을 태우고 늪을 태운 것은 위로 타오르는 불의 덕을 터득한 것이요, 하류를 터서 물을 끌어들인 것은 적시고 내려가는 물의 공을 터득한 것이다.[5] 백성과 만물이 살 수 있도록 서로 도움을 받는 것이 이와 같이 막대하다.

어느 것이고 물질이 아닌 것이 없지만, 유독 나무·불·흙·쇠·물만을 오행이라고 말한 것은 이 다섯 가지로 만물을 포괄하면서 그것들의 덕행을 칭송한 것이다. 그런데 후세에 물을 이용하는 사람들은 성城을 침수시키는 수공水攻에 이를 남용하였고, 불을 이용하는 사람들은 화공火攻 작전에 이를 남용하였다. 쇠를 이용하는 사람들은 뇌물을 주는 데에 이를 남용하였고, 나무를 이용하는 사람들은 궁실을 짓는 데에 이를 남용하였으며, 흙을 이용하는 사람들은 논밭을 만드는 데에 이를 남용하였

5_하우씨가 …… 것이다 : '산을 따라 나무를 베어냄', '토목공사를 크게 벌임', '금·은·동 세 가지를 공물로 받음', '산을 태우고 늪을 태움', '하류를 터서 물을 끌어들임'은 『서경』「익직」益稷, 「우공」禹貢 등에 기록된 하우씨의 공적을 말한 것이다. 단 '산을 태우고 늪을 태움'은 『맹자』에 하우씨가 아니라 익益의 공적으로 기록되어 있다. '굽게 할 수도 있고 곧게 할 수도 있음', '곡식을 심고 거둠', '모양을 마음대로 변형함', '위로 타오름', '적시고 내려감'은 「홍범」洪範에서 규정한 오행五行의 성질이다.

다. 이로부터 세상에 홍범구주에 관한 학문이 단절되고 만 것이다."

그래서 내가 묻기를,

"우리나라는 기자가 와서 다스린 나라이고 「홍범」은 그에게서 나왔으니 마땅히 가가호호 깨우치고 외우게 하였을 터인데, 아득한 수천 년 동안 「홍범」에 관한 학문으로 세상에 이름난 이가 없었던 것은 무슨 까닭입니까?"

하니, 글방 선생은 또 이렇게 말씀하셨다.

"아아! 이는 네가 알 수 있는 바가 아니다. 대저 '황극皇極을 세운다'[6]는 것은 당연히 이르러야 할 곳에 반드시 이르며 이치에 맞기를 기약한다는 뜻이다. 그런데 후세의 학자들은 그렇게 해석하지 않았다. 그들은 명백하고 알기 쉬운 인륜 도덕과 나라 다스리는 일은 도외시한 채, 어렴풋하고 고원한 도상圖像[7]에만 치중하여 논설하거나 시비를 다투었다. 이처럼 견강부회하면서 먼저 스스로 오행의 순서를 어지럽혀 놓았다. 바로 이 때문에 그 학설이 정교해질수록 더욱 빗나가게 된 것이다.

이제 내가 오행의 작용에 대해 먼저 말해 보겠다. 그러면 홍범구주의 이치는 쉽게 파악할 수 있을 것이다. 왜냐하면 '이용'을 한 뒤라야 '후

---

[6] 황극皇極을 세운다 : 『서경』 「홍범」에 홍범구주의 다섯째로 '황극'을 들면서, 이는 '임금이 만민의 준칙이 되는 인륜 질서를 세우는 것'(皇建其有極)이라 하였다.

[7] 어렴풋하고 고원한 도상圖像 : 한나라 때 유학자들은 "황하에서 그림이 나오고, 낙수洛水에서 글이 나오니, 성인聖人이 이를 본받았다"는 『주역』의 구절에 근거해서, 낙수에서 거북이가 등에 지고 나온 낙서洛書에 의거하여 우임금이 홍범구주를 지었다고 주장했다. 송宋나라 때 유학자들은 이 같은 주장을 더욱 발전시켜 낙서의 도형과 숫자로써 홍범구주의 의미를 확대 해석하고자 하였다. 『서집전書集傳에 수록된 하도낙서도河圖洛書圖 등의 여러 도상들이 그 대표적인 예이다. 그러나 이와 같이 도상을 통해 『서경』 「홍범」의 의미를 천착한 것은 미신적인 술수학術數學에 떨어진 것이라는 비판을 받았다.

생'을 할 수 있고, '후생'을 한 뒤라야 '정덕'을 할 수 있기 때문이다.

지금 물을 제때에 모으고 빼고 하여, 가문 해를 맞으면 수차를 이용해 논밭에 물 대고, 갑문을 이용해 짐 실어 나르는 배들이 통하게 한다면, 물을 이루 다 쓸 수 없을 터이다. 그런데 지금 자네에게 물이 있어도 쓸 줄을 모르면, 이는 물이 없는 것이나 마찬가지이다.

지금 불은 사계절에 따라 화후火候가 다르고[8] 강약의 정도에 따라 그 효과가 다르니, 질그릇, 쇠그릇, 쟁기, 괭이를 만드는 데에 각기 적절하게 맞추면 불을 이루 다 쓸 수 없을 터이다. 그런데 지금 자네에게 불이 있어도 쓸 줄을 모르면, 이는 불이 없는 것이나 마찬가지이다.

우리나라로 말하면 백 리 되는 고을이 삼백육십 군데이지만 고산준령이 열에 일고여덟을 차지하니, 명색만 백 리이지 실제 평야는 삼십 리를 넘지 못한다. 이 때문에 백성들이 가난할 수밖에 없다. 하지만 저 우뚝하니 높고 큰 산들을 사방으로 나무를 잘라내면 평야보다 몇 배나 더 많은 땅을 얻을 수 있으며, 그 속에서 금·은·동·철이 흔히 나온다. 만일 채광採鑛의 방법과 제련의 기술이 있다면 우리나라의 부가 천하에서 으뜸갈 수도 있을 것이다.

나무의 경우도 마찬가지이다. 궁실, 관곽棺槨, 수레, 쟁기는 그 재료가 각기 다르니, 산림을 다스리는 관리가 다시 돋은 나뭇가지들을 제때에 잘 가꾼다면 나라 안에서 쓰는 분량은 충분할 것이다.

아! 오토五土는 거름 주는 법이 다르고 오곡은 파종하는 법이 다르거

8_불은 …… 다르고 : 고대에는 나무를 마찰시켜 불을 얻었는데 계절에 따라 부시로 사용하는 나무의 종류를 바꾸어 불씨를 얻었다. 이처럼 계절에 따라 부시 나무의 재료가 달라짐에 따라, 화후 즉 불의 세기와 연소하는 시간도 달라진다는 뜻이다.

늘, 영농의 지혜를 어리석은 백성들에게만 맡겨서 토지를 이용하는 것이 무엇인지도 모르고 있으니, 백성들이 어찌 굶주리지 않으리오. 그러므로「홍범」에 '부유하게 살아야 착하게 행동한다'(旣富方穀) 하였다. 우선 날마다 사용하고 항상 행하는 일들에 대해 밝아야 백성들이 부유하고도 착하게 되나니, 홍범구주의 이치가 여기에서 벗어나지 않는다. 그러니『서경』「홍범」편을 읽기 어려운 점이 무엇이 있겠느냐."

나는 화림花林(안의安義의 옛 지명)의 수령이 되자 제일 먼저 고을의 문헌들을 찾아보았다. 누가 말하기를, 속수涑水 우공禹公이「홍범」에 조예가 깊어 저술로『홍범우익』洪範羽翼 42편과『홍범연의』洪範衍義 8권을 남겼다고 하였다. 그래서 급히 가져다 읽어 보니「홍범」의 내용이 정연하게 구분되고 조리 있게 분류되어 있었다.「홍범」의 대체大體를 말한 내용은 나라를 다스리는 이가 반드시 채택해야 할 바요,「홍범」의 소소한 대목을 말한 내용은 경서 공부하는 서생이 과거 답안 작성 연습 때 반드시 참고로 삼아야 할 바이다. 이 책들을 읽어 보면「홍범」이 읽기 어렵지 않다는 글방 선생의 말씀을 새삼 믿게 된다.

지금 우리 임금께서 오랫동안 백성들을 교화하고 백성들에게 중정中正의 도를 세워 보이셨으며, 숨은 이를 찾아내고 묻힌 이를 드러내어 등용하셨다. 그러니 나는 언제고 이 책이 빛을 볼 날이 있을 줄 안다. 우선 이 서문을 써놓음으로써 임금의 사신이 내려와 수집해 가기를 기다리는 바이다.

공의 이름은 여무汝楙요, 자는 아무(某)이니, 단양丹陽 사람이다. 인조仁祖 갑술년(1634, 인조 12)에 문과에 급제하여, 벼슬이 하동河東 현감에 이르렀다. 황극의 본래 취지를 자세히 설명하여 조정에 상소한 적이 있는데, 임

금께서 특별히 비답批答을 내리시어 '교훈이 될 만한 말이요, 지당한 언론이다'라고 칭찬했다고 한다.[9]

9_공의 …… 한다 : 우여무의 자는 대백大伯이고, 호는 속천涑川이다. 조정에 올린 상소란 1650년(효종 1)에 『서경』 「요전」堯典과 「순전」舜典에서 취한 열두 조목의 상소를 올린 사실을 두고 말한 것이다. 그때 『홍범우익』, 『홍범연의』, 『기범』箕範을 진상하여 임금이 직접 열람했다고 한다.

서문

해인사의 모임에서 느낀 것

海印寺唱酬詩序

경상도 관찰사 겸 순찰사 이공 태영李公泰永 사앙士昂(이태영의 자字)이 관하를 순시하다가 가야산으로 접어들어 해인사에 묵게 되었다.

그러자 선산 부사善山府使 이채李采 계량季良(이채의 자), 거창 현령居昌縣令 김유金鍒 맹강孟剛(김유의 자)과 지원趾源이 마중하기 위하여 절 아래 모이니, 모두가 이공의 한동네 친구였다.

이들이 차례로 나아가 뵙자, 공은 각각 소관 고을의 농사 작황과 백성들의 어려움을 물었다. 그런 뒤에 일어나 관복을 평복으로 갈아입었다. 이어서 촛불을 돋우고 술을 내오라 하여, 예의 절차를 차리지 않고 반가이 지난날을 이야기하였다. 공은 커다란 군대 깃발들을 높이 세우고 경상도 일흔두 고을을 다스리는 높은 지위에 있는 몸임을 전혀 내세우지 않았고, 자리를 같이 한 이들 역시 제 몸이 대령大嶺(문경 새재) 너머 천 리 밖에 있다는 것을 깨닫지 못한 채 예전에 나막신을 신고 평계平溪와 반지盤池 사이에서 서로 오가며 놀 듯이 하였으니, 몹시도 성대한 일이었다.

다음 날 공이 운자를 정해 각기 율시 두 수씩 짓게 하고 지원에게 서문을 지으라 명했으므로, 지원은 공에게 이렇게 아뢰었다.

"예전에 조남명曺南冥(조식曺植)이 지리산으로 돌아가는 길에 보은報恩에 사는 성대곡成大谷(성운成運)을 방문하였습니다. 이때 그 고을 원이던 성동주成東洲(성제원成悌元)가 자리를 함께 하였는데 남명과는 초면이었습니다. 남명이 그를 놀리며 '형은 내구관耐久官[1] 이시군요' 하였습니다. 그랬더니 동주는 대곡을 가리키며 웃으면서 사과하기를 '바로 이 늙은이가 붙들어서 그렇게 되었다오. 그렇기는 하나 금년 팔월 보름에 해인사에서 달이 뜨기를 기다릴 테니 형은 오실 수 있겠소?' 하기에, 남명은 그러마고 했습니다.

기약한 날이 되자 남명은 소를 타고 약속한 대로 가다가, 중도에 큰비를 만나 간신히 앞개울을 건너 절 문에 들어서니, 동주는 벌써 누각에 올라 막 도롱이를 벗고 있었습니다. 아! 남명은 처사였고, 동주는 이때 이미 관직을 떠난 처지였으나, 밤새도록 이야기한 것이 민생 문제를 떠나지 않았습니다. 그래서 이 절의 중들은 지금까지도 그 일을 서로 전해 산중의 고사가 되었습니다."

지원이 해마다 감사의 행차를 맞아 이 절에 들었는데, 벌써 세 번이나 감사가 바뀌었으니, 나 역시 내구관이라 이를 만하다. 달이 뜨기를 기다

1_내구관耐久官 : 벼슬을 무던히도 오래 하는 관리를 비꼬아 말한 것이다.

려 만나자는 약속이 있는 것도 아니건만 모진 바람, 심한 비를 감히 피하지 아니하였다. 그리하여 매번 절 문을 들어서면, 약속하지 않고도 모인 수령이 늘 일고여덟은 되었다.

절간은 여관처럼 즐비하고 승려는 관기官妓처럼 많으며, 모임 자리에서 시를 지으라고 재촉하기를 마치 도박에 돈을 걸라고 독촉하듯 하였다. 차일과 다담상은 구름 같고, 퉁소소리와 북소리가 요란하였다. 비록 단풍과 국화가 어울려 비치고 산수가 절경을 자랑하지만, 민생 문제에 무슨 보탬이 되겠는가. 매양 누각에 오를 적마다 시름없는 낯빛으로 옛날 어진 이의 비 맞은 도롱이를 아스라이 상상하지 않은 적이 없었다. 아울러 이와 같은 이야기를 기록하여 해인사의 고사를 전하는 자료로 삼게 하는 바이다.

을묘년(1795, 정조 19) 9월 20일 안의 현감安義縣監 박지원 중미仲美(연암의 자)가 서문을 쓰다.

발문

도화동의 꽃구경

桃花洞詩軸跋

무릇 꽃이 피고 지는 것은 모두 비바람에서 연유한다. 그렇다면 비바람은 바로 꽃의 조맹趙孟이라 할 것이다.¹⁻ 필운동弼雲洞에서 살구꽃을 구경할 때는 어찌 이 도화동桃花洞 골짜기의 복사꽃이 열흘이 지나지 않아서 필 줄을 알았겠는가. 필운동에서 놀던 사람들이 모조리 이 골짜기로 왔으니, 비유하자면 위기후魏其侯의 문객들이 무안후武安侯를 섬기자고 떠나 버린 것과 같다.²⁻ 그러니 살구꽃이 어찌 태어나면서부터 고귀한 대접을 받는 복사꽃에 대해 원한을 품지 않을 수 있겠는가. 유몽득劉夢得의 현도

1_비바람은 …… 것이다 : 조맹趙孟은 춘추 시대 진晉나라 권신權臣인 조돈趙盾과 그 직계 후손들을 말한다. 『맹자』에 "조맹이 귀하게 해 준 것은 조맹이 천하게 할 수 있다"고 하였다. 여기서는 비바람이 꽃을 피게 할 수도 있고 떨어지게 할 수도 있음을 비유한 것이다.

관玄都觀도 응당 이렇게 살펴보아야 할 것이니라.³⁻

희로애락의 감정이 겉으로 드러나지 않은 상태를 '중'中이라 이르고, 겉으로 드러나되 모두 절도에 들어맞는 상태를 '화'和라 이른다.⁴⁻ '화'란 하늘과 땅 사이에 충만하고 자욱하며 성대하게 유행하여, 온 누리가 따스한 햇볕을 머금어 숨 한 번 끊어지지 않고 틈이 생길 만한 한 번의 부족함도 없는 상태를 말하는 것이다. 지금 이 골짜기에 와 보니 충만하고 성대하여 중화中和의 기운이 무성하다. 한 나무도 복사나무 아닌 것이 없고 한 가지도 복사꽃이 피지 않은 것이 없어, 온후하면서도 빼어나게 환해서 나도 모르는 새 마음이 가라앉고 기운이 평온해진다. 평소의 편벽된 성품이 어찌 이에 이르러 누그러지지 않을 수 있겠는가. 고경일高景逸의 우정郵亭(역참驛站의 숙소)⁵⁻도 응당 이렇게 살펴보아야 할 것이니라.

저 언덕 위에서 사람들이 무리지어 노래하고 떼지어 웃고 즐기고 있는데, 갑자기 술 취한 사람이 통곡하며 말끝마다 제 어미를 불러 대고 있었다. 구경꾼들이 담장을 두르듯 모여들었으나, 얼굴에는 부끄러운 빛

2_위기후魏其侯의 …… 같다 : 『사기』에 나오는 이야기다. 한漢나라 무제武帝 때 위기후魏其侯 두영竇嬰의 권세가 약해지고 무안후武安侯 전분田蚡의 권세가 강해지자 권세를 좇는 사람들이 모두 무안후에게 가서 붙었다. 여기서 위기후는 살구꽃에 해당하고, 무안후는 복사꽃에 해당한다.
3_유몽득劉夢得의 …… 것이니라 : 몽득은 당唐나라의 시인 유우석劉禹錫의 자字이고, 현도관은 장안長安에 있던 도교 사원(道觀)이다. 「재유현도관절구」再遊玄都觀絶句의 서문에서 유우석은 지방관으로 나간 지 십여 년 만에 복귀하여 현도관에 다시 놀러갔더니, 한때 무성했던 복사나무들이 자취도 없이 사라졌더라고 하여, 현도관의 복사꽃을 신흥 세도가에 비기고 권력의 무상함을 은근히 풍자했다. 또한 "응당 이렇게 살펴보아야 할 것이니라"는 불경의 어법을 모방한 것이다. 『금강경』金剛經에 "일체 유위법有爲法은 꿈과 같고 환상과 같고 물거품과 같고 그림자와 같고, 또한 아침 이슬이나 번갯불과 같으니, 응당 이렇게 살펴보아야 할 것이니라(應作如是觀)"라고 하였다.
4_희로애락의 …… 이른다 : 『중용』에 나오는 말이다.
5_고경일高景逸의 우정郵亭 : 경일은 명명나라의 학자요 정치가였던 고반룡高攀龍(1562~1626)의 호이다. 아마도 우정郵亭의 복사꽃을 노래한 그의 시가 있는 듯하다.

하나 없고 거듭 흐느끼는 소리의 억양이 모두 다 박자에 들어맞았다. 이는 그의 마음이 우는 데 전념하여 자연히 음률에 들어맞은 것이다. 만약 취한 사람이 복사꽃을 보고 어머니 생각이 나서 그런다 해도 사실이 아닐 것이요, 또 이는 계절과 사물에 감촉되어 저절로 슬픔이 일어났다 해도 사실이 아닐 것이요, 또 효자가 어머니를 생각하여 어디를 가도 그렇게 된다고 해도 역시 사실이 아닐 것이다. 이는 곧 구경꾼들의 억측일 뿐이요 취한 사람의 진정은 아니니, 모름지기 취한 사람에게 무슨 일로 통곡하고 있는지 물어보아야 할 것이다. 아난阿難이 오묘한 이치를 깨닫고 미소를 지은 것[6]도 응당 이렇게 살펴보아야 할 것이니라.

이날 경부敬夫가 특히나 많이 취하여 사언士彦의 나귀를 거꾸로 타고 소나무 사이로 어지러이 달렸다. 그러자 일여逸如(김사희金思義)의 무리는 좌우에서 소리치고 둘러싸서 웃고 즐겼으며, 무관懋官(이덕무)과 혜보惠甫(유득공) 역시 크게 취하여 너털웃음을 그칠 줄을 몰랐다. 가위 '실컷 마시고 크게 취했다'고 하겠으니, 즐거움 또한 극에 달하였다. 그러나 해가 저물자 서로 손에 손을 잡고 사람마다 돌아갈 길을 재촉하고, 한 사람도 질탕하게 복사꽃 밑에 머물러 자는 이가 없다. 아아, 슬프도다! 어부가 나루터를 찾지 못한 것[7]도 응당 이렇게 살펴보아야 할 것이니라.

이에 관도도인觀桃道人[8]이 마침내 게어偈語를 짓노라.

---

[6]_아난阿難이 …… 것 : 석가모니가 대중에게 연꽃 한 송이를 집어들어 보이자 제자 가섭迦葉만이 그 뜻을 깨닫고 홀로 미소지었다는 고사와 혼동한 것이 아닌가 한다.

[7]_어부가 …… 것 : 도잠陶潛의 「도화원기」桃花源記에 전하는 이야기이다. 진晉나라 때 무릉武陵 출신의 한 어부가 복숭아나무 숲을 지나 물길이 다하는 곳에 있는 어느 산속의 동굴로 들어갔다가, 진秦나라 때 피난 왔다는 사람들의 후손이 모여 사는 별세상을 만났으나, 일단 그곳을 나온 뒤에는 다시는 그리로 들어가는 나루터를 찾을 수 없었다고 한다.

복사꽃 빛깔을 내 처음 보니	我見桃花色
발끈 성낸 모습 생동하는 듯	勃然如有神
복사꽃도 역시 향기가 있어	亦有桃花香
바람 불면 사람 향해 뿜어 대네	臨風噴射人
꽃망울은 팥알만 한 불상 같고	菩蕾如豆佛
뒤집힌 잎사귀는 느슨해진 활 같네	反葉學弨弓
향기 빛깔 모두 형체에 덧붙은 거고	香色皆附質
생명력도 공空 따라 도로 사라지네	生意還從空
— 2행 빠짐 —	
질투도 앙탈도 하지 않으면	不妬亦不嗔
정이 뭔지 결코 모르고말고	定不識情字

8_관도도인觀桃道人 : 복사꽃을 살펴보고 깨우친 도인이란 뜻으로, 연암 자신을 가리킨다.

발문

벗이란 제이第二의 나다

繪聲園集跋

옛날에 붕우朋友에 관해 말한 사람들은 붕우를 '제이第二의 나'라 일컫기도 하고, '주선인'周旋人이라 일컫기도 했다.[1] 이 때문에 한자를 만드는 자가 날개 우羽 자를 빌려 벗 붕朋 자를 만들었고, 손 수手 자를 겹쳐서 벗 우友 자를 만들었다.[2] 붕우란 마치 새에게 두 날개가 있고 사람에게 두 손이 있는 것과 같음을 말한 것이다.

1_ 붕우를 …… 했다 : 마테오리치의 『교우론』交友論의 첫머리에 "나의 벗은 타인이 아니라 곧 나의 반쪽이요 바로 제이의 나이다"라고 하였다. 주선인周旋人은 시중드는 사람이나 문객門客을 뜻하는데, 당唐나라 이전에는 붕우의 뜻으로 쓰이기도 했다.
2_ 날개 우羽 …… 만들었다 : 역시 마테오리치의 설을 취한 것이다. 『교우론』의 원주原註에 "우友 자는 전서篆書로는 'ナナ'로 쓰니 이는 곧 두 손으로서, 꼭 있어야지 없어서는 안 되는 것이다. 붕朋 자는 전서로는 '羽'로 쓰니 이는 곧 양 날개로서, 새가 이를 갖추어야 바야흐로 날 수 있는 것이다"라고 하였다.

그런데도 "천년 전의 옛사람을 벗 삼는다"(尙友千古)고 주장하는 사람들이 있으니, 이것은 너무도 답답한 말이다. 천년 전의 옛사람은 이미 휘날리는 먼지와 싸늘한 바람으로 변해 버렸는데, 누가 장차 '제이의 나'가 될 것이며, 누가 나를 위해 '주선인'이 되겠는가?

양자운揚子雲(양웅)은 당대에서 마음 맞는 벗을 얻지 못하자, 개탄하면서 천년 뒤의 자운子雲을 기다리려고 했다.³⁻ 우리나라 사람 조보여趙寶汝(조귀명趙龜命)가 이를 비웃으며 말하였다.

"내가 지은 『태현경』太玄經을 내가 읽으면서 눈으로 그 책을 보면 눈이 자운이 되고, 귀로 들으면 귀가 자운이 되고, 손으로 춤추고 발로 구르면 각각 하나의 자운이 되는데, 어찌 굳이 천년의 먼 세월을 기다릴 게 있겠는가?"⁴⁻

나는 이런 말에 또다시 답답해져서, 곧바로 미칠 것만 같아 이렇게 말하였다.

"눈도 때로는 못 볼 수가 있고 귀도 때로는 못 들을 수가 있다. 그러니 이른바 춤추고 발 구르는 자운을 장차 누구로 하여금 듣게 하고 누구로 하여금 보게 한단 말인가. 아아! 귀와 눈과 손과 발은 나면서부터 한 몸에 함께 붙어 있으니, 나에게는 이보다 더 가까운 것이 없다. 그런데도

3_양자운揚子雲은 …… 했다 : 한유韓愈의 「여풍숙논문서」與馮宿論文書에 나오는 말이다. 자운子雲은 양웅揚雄의 자이다. 자신이 저술한 『태현경』에 대해 사람들이 모두 비웃자, 양웅은 "세상 사람들이 나를 알아주지 않아도 상관없다. 후세에 다시 양자운이 나와 반드시 이 저술을 애호할 것이다"라고 했다고 한다.

4_내가 …… 있겠는가 : 조귀명의 『동계집』東谿集 「조성언시집서」趙聖言詩集敍에 "나로 말하자면 세상에 나를 알아줄 자운이 없는 사람이다. 자운이 없으니 나의 글을 스스로 보면서 나의 눈으로 하나의 자운을 삼고, 스스로 읊으면서 나의 귀로 하나의 자운을 삼고, 스스로 춤추고 발을 구르면서 나의 손과 발로 각각 하나의 자운을 삼는다"고 하였다.

이처럼 믿을 수 없는데, 누가 답답하게 천년이나 앞 시대로 거슬러 올라가며, 어리석게도 천년이나 뒤 시대를 굼뜨게 기다릴 수 있겠는가?"

이로 말미암아 본다면, 벗이란 반드시 지금 이 세상에서 구해야 하는 것이 분명하다.

아아! 나는 『회성원집』繪聲園集[5]을 읽고서 저도 모르게 속이 뜨겁게 달아올라, 눈물을 마구 흘리면서 속으로 이렇게 자문자답했다.

"나와 봉규封圭(곽집환郭執桓) 씨는 이미 이 세상에 같이 태어났다. 이른바 나이도 서로 같고 도道도 서로 비슷하다[6] 하겠는데, 어찌 서로 벗이 될 수 없단 말인가. 기필코 장차 서로 벗을 삼고자 하면서, 어찌 서로 만나볼 수 없단 말인가. 두 지역의 거리가 만 리인즉, 지역이 멀어서 그런 것인가?

그렇지는 않다. 아아, 슬프다! 이미 서로 만나 볼 수 없는 처지라면, 그래도 벗이라 부를 수 있을 것인가? 나는 봉규 씨의 키가 몇 자인지, 수염과 눈썹이 어떻게 생겼는지 알지 못한다. 이처럼 용모도 알 수 없으니, 한세상에 같이 사는 사람이라 한들 무슨 소용이 있겠는가. 그렇다면 나는 장차 어찌해야 할 것인가? 나는 장차 천년 전의 옛사람을 벗 삼는 식으로 그와 벗을 삼을 것인가?"

봉규의 시는 훌륭하도다! 장편 시는 소호韶護 풍악이 일어나듯 하고,

5_『회성원집』繪聲園集 : 청나라 사람 곽집환郭執桓의 시집이다. 홍대용이 1766년 북경에서 돌아오는 길에 교분을 맺게 된 그의 친구 등사민鄧師閔을 통해, 곽집환이 자신의 시집에 대한 조선의 명사들의 글을 요청해 왔으므로, 연암이 그 서문을 지어주게 된 것이다.

6_나이도 …… 비슷하다 : 한유의 「사설」師說에 나오는 말이다. 이 글에서 한유는 당시 사대부들이 사제師弟 관계를 맺고 있는 사람들에 대해 "저 사람과 저 사람은 나이가 서로 같고 도道도 서로 비슷하다"는 이유로 비웃는 세태를 개탄하였다.

짧은 시들은 옥이 부딪치듯 맑게 울린다. 시가 차분하고 기품이 있으며 따뜻하고 우아함은 낙수洛水의 놀란 기러기[7]를 보는 것 같고, 깊이 있고 쓸쓸함은 동정호洞庭湖의 낙엽 지는 소리[8]를 듣는 듯하다. 그러니 나는 또 이 시를 지은 이가 자운子雲인지 읽는 이가 자운인지 모르겠다.

  아아! 언어는 비록 다르나 문자는 똑같으니, 그가 시에서 즐거워하고 웃고 슬퍼하고 우는 것은 통역을 안 해도 바로 통한다. 왜냐하면 감정을 겉으로 꾸미지 않고, 소리가 충심에서 우러나왔기 때문이다. 나는 장차 봉규 씨와 함께 한편으로는 후세의 자운을 기다리는 이를 비웃고, 한편으로는 천년 전의 옛사람을 벗 삼는 이를 위문하련다.

---

[7] 낙수洛水의 놀란 기러기 : 낙수는 지금의 중국 하남성河南省 낙하洛河를 말한다. 삼국 시대 위魏나라 조식曹植의 「낙신부」洛神賦에 하수河水의 여신女神을 묘사하기를 "경쾌한 모습이 마치 놀라서 날아오르는 기러기 같다"고 하였다.

[8] 동정호洞庭湖의 낙엽 지는 소리 : 굴원屈原의 「구가」九歌 중 「상부인」湘夫人에 "동정호에 파도 일고 낙엽이 지네"라고 하였다.

발문

어느 감상가의 말로

觀齋所藏淸明上河圖跋

 이 두루마리 그림(「청명상하도」淸明上河圖)은 상고당尙古堂 김씨金氏(김광수金光遂)의 소장품으로서, 구십주仇十洲(구영仇英)의 진품이라 여기어 훗날 자신이 죽으면 무덤에 같이 묻히기로 다짐했던 것이다. 하지만 김씨가 병이 들고 말자 다시 관재觀齋 서씨徐氏(서상수徐常修)의 소장품이 되었다.
 이는 당연히 절묘한 작품에 속한다. 아무리 세심한 사람이 열 번 이상 완상했더라도, 매양 다시 그림을 펼쳐 볼 때마다 문득 빠뜨린 것을 보게 된다. 절대로 오래 완상해서는 안 된다. 눈을 버리게 될까 자못 두려워서다.
 김씨는 골동품과 서화의 감상에 정밀하여, 절묘한 물건을 만나면 보는 즉시 집안에 있는 자금을 다 털고, 논밭과 집까지도 팔아서 보태었다.

이 때문에 국내의 진귀한 물건들은 모조리 김씨에게로 돌아갔다.

그러자니 집안은 날로 더욱 가난해졌다. 늙고 나서 하는 말이,

"나는 이제 눈이 어두워졌으니, 평생 눈에 갖다 바쳤던 것을 입에 갖다 바칠 수밖에 없다."

하였다. 하지만 내놓은 물건들이 팔리는 값이란 산 값의 십분의 이삼도 되지 않았다. 게다가 치아도 다 빠져 버려서, 이른바 '입에 갖다 바치는 것'이라곤 모두 국물이나 가루음식뿐이었다. 참으로 안타깝기 짝이 없도다!

기記

자기를 찾아나선 광인

念齋記

송욱宋旭이 술에 취해 자다가 아침나절이 되어서야 깨어났다. 누워서 들으니, 솔개가 울고 까치가 지저귀며 수레와 말들이 오가는 소리가 시끄러웠다. 울 밑에서 절구 찧는 소리가 들리고 부엌에서 그릇 씻는 소리가 들렸다. 늙은이가 부르고 어린애가 웃는 소리, 남종 여종들이 꾸짖고 기침하는 소리도 들렸다. 이처럼 방문 밖에서 일어나는 모든 일들을 분별하지 못할 것이 없는데, 유독 제 목소리만 들리지 않았다. 이에 몽롱한 가운데 중얼거리기를,

"집안 식구들은 모두 다 있는데, 나만 어째서 없나?"

하며, 눈을 들어 사방을 살펴보았다. 저고리와 바지는 다 횃대에 있고, 갓은 벽에 걸려 있고 띠는 횃대 끝에 걸려 있었다. 책들은 책상 위에 놓

여 있고, 거문고는 뉘어져 있고 가야금은 세워져 있었다. 거미줄은 들보에 얽혀 있고, 쇠파리는 들창에 붙어 있었다. 무릇 방 안의 물건들치고 하나도 없는 것이 없는데, 유독 제 몸만 보이지 않았다.

급히 일어나 서서 제가 자던 곳을 살펴보았다. 베개를 남쪽으로 하여 요가 깔려 있는데, 이불이 그 속을 훤히 드러내고 있었다. 그러자 그는 '송욱이 미쳐서 알몸으로 집을 나갔구나!'라고 생각하고는, 매우 슬퍼하고 불쌍히 여겼다. 한편으로 송욱을 나무라기도 하고 한편으로 비웃기도 하다가, 마침내 옷과 갓을 안고서 그에게 옷을 입혀 주려고 나갔다. 온 길을 다 찾아다녔으나, 송욱은 보이지 않았다.

그래서 마침내 동쪽 성곽 부근에 사는 장님에게 가서 점을 쳐 보았다. 장님이 점을 치며 말하기를,

"서산대사西山大師가 갓끈이 끊겨 염주가 흩어졌도다. 저 부엉이를 불러다가 셈을 하게 하자꾸나."[1]

하고는, 둥근 엽전을 던지자 잘도 굴러가 문지방에 부딪쳐서야 멈추었다. 장님이 엽전을 주머니에 도로 집어넣고는 축하하기를,

"주인이 여행하러 나갔는데, 나그네에게 여장旅裝이 없도다. 아홉을 잃고 하나만 남았으니, 이레가 지나면 돌아오리라. 이 점괘가 크게 길하니 마땅히 과거에 장원 급제할 것이다."

하니, 송욱이 몹시 기뻐하였다.

매양 과거를 실시하여 선비들의 실력을 시험할 때면, 송욱은 반드시

1_부엉이를 …… 하자꾸나 : 속담에 계산에 몹시 어두운 사람이 셈하는 경우를 '부엉이 셈 치기'라고 한다.

유건儒巾을 쓰고 과거를 보러 가서, 그때마다 제 답안지에다 스스로 비점批點(평점)을 치고 큰 글씨로 높은 등수를 매겨 놓았다. 그래서 한양의 속담에 반드시 이루어질 수 없는 일을 두고 '송욱이 과거에 응시하기'라고 하였다.

식자들이 이 이야기를 듣고는,

"미치긴 분명 미쳤으되, 선비답구나! 이는 과거를 보러 가지만 과거에는 뜻을 두지 않은 사람이로다."

하였다.

계우季雨²는 성격이 소탈하여, 술 마시기를 즐기고 호기 있게 가곡을 불렀다. 스스로 '주성'酒聖이라고 호를 짓고는, 겉으로 씩씩한 체하면서도 속으로는 나약하기 짝이 없는 세상 사람들을 보면 마치 제 몸이 더럽혀지기나 한 듯 구역질을 하였다.³⁻

내가 그에게 장난삼아 말하기를,

"술에 취해 지내면서도 성인이라 자칭하는 것은 '미치광이'임을 꺼려서 감춘 것일세. 그런데 만약 취해 있지도 않으면서 반성을 하지 않는다면, 거의 '큰 미치광이'에 가깝지 않겠는가."⁴⁻

하였다. 계우가 수심에 잠겨 한동안 있다가,

2_계우季雨: 어떤 이본에는 '숙응'叔凝으로 되어 있다. 숙응은 신광직申光直의 자字로, 그의 호가 염재念齋였다.

3_겉으로 …… 하였다: 『논어』에서 공자는 '겉으로 씩씩한 체하면서 속으로는 나약하기 짝이 없는 사람'을 남이 알까 두려워하며 몰래 벽을 뚫고 담을 넘는 도둑에 비겨 비판하였다. 『맹자』에 백이伯夷는 갓을 똑바로 쓰고 있지 않은 시골 사람을 마주 대하게 되면 뒤도 안 보고 가 버리면서 "마치 자기 몸이 더럽혀지기나 할 듯이 여겼다"고 한다. 또한 오릉중자於陵仲子는 어머니가 만들어 준 거위 요리를 먹고 난 뒤 그 거위가 바로 형에게 뇌물로 들어온 것임을 알게 되자 "나가서 구역질을 하였다"고 한다.

"그대의 말이 옳네."

하고는, 마침내 자신의 서재에다 '반성한다'는 뜻의 '염재念齋'라고 이름을 짓고 나에게 기記를 지어 달라고 부탁하였다.

이에 송욱의 일을 적어서 계우를 격려하는 바이다. 저 송욱은 분명 미치광이지만, 그 역시 스스로 분발하는 자라 하겠다.

4_ 술에 …… 않겠는가 : 『서경』에 "성인이라도 반성하지 않으면 광인이 되고, 광인이라도 반성할 줄 알면 성인이 된다"(惟聖罔念作狂 惟狂克念作聖)고 하였다. 개과천선改過遷善을 강조한 말이다. 『서경』에서 말하는 '광인'은 '어리석은 사람'이란 뜻이지만, 여기서는 송욱宋旭의 경우와 연계되어 쓰였으므로 '미치광이'로 새겼다.

기記

공空을 보아라

觀齋記

 을유년(1765, 영조 41) 가을에 나는 팔담八潭으로부터 거슬러 올라가 마하연摩訶衍에 들어가서 준 대사俊大師를 방문하였다. 대사는 손가락으로 감중련坎中連을 하고서 눈으로는 코끝을 내려다보고 있었다.[1]
 한 동자승이 화롯불을 헤쳐 향에 불을 붙이자, 그 연기가 머리채를 땋듯이 뭉글뭉글 피어나 버섯들이 빽빽이 돋아난 듯 방 안에 자욱하였다. 연기는 붙들지 않아도 곧게 피어오르고 바람이 없어도 저절로 일렁였으며, 너울너울 한들한들하여 장차 다함이 없을 듯하였다.

1_손가락으로 …… 있었다 : 참선하고 있는 모습을 표현한 것이다. 손가락으로 감중련을 하고 있다는 것은 감괘坎卦 모양으로 소지小指와 대지大指를 맞닿게 한 인상印相을 말한다. 또한 참선할 때에는 눈으로 코끝을 내려다보며 호흡을 조절하는 법이다.

동자승이 갑자기 깨우침을 얻어 웃음을 지으며,

　"공덕이 충분히 쌓이니 동전動轉이 바람으로 돌아가고, 나의 깨달음을 성취하니 환향丸좁 한 알이 무지개를 일으키네.[2]"

라고 하니, 대사가 감았던 눈을 뜨며,

　"애야, 너는 향의 냄새를 맡지만 나는 그 재를 보며, 너는 향의 연기를 좋아하지만 나는 그것의 공空을 본단다. 동전動轉이 이미 고요하니, 공덕을 어디에 베풀랴."

하였다. 동자승이 물었다.

　"무슨 말씀이온지 감히 여쭙습니다."

　"너는 시험삼아 그 재를 맡아 보아라. 다시 무슨 냄새가 나느냐? 너는 그 공空을 살펴보아라. 다시 무엇이 남아 있느냐?"

　그러자 동자승이 눈물을 줄줄 흘리며 말했다.

　"예전에 스승님께서 제 정수리를 쓰다듬으며 저에게 오계五戒를 내리시고 저의 법명을 지어 주셨습니다. 그런데 지금 스승님께서 말씀하시기를 '이름은 곧 내가 아니요, 나는 바로 저 공空이다' 하십니다. 공이란 곧 형체가 없는 것이니, 이름이 있다 한들 장차 어디에 쓰리까. 법명을 돌려 드리고 싶사옵니다."

　"너는 그 이름을 공순히 받았다가 고이 돌려보내라. 내가 육십 년 동안 세상을 살펴보니, 어떤 사물이든 머물러 있는 것이 없고 모두가 도도하게 흘러가더라. 해와 달도 가고 가서 그 둥근 바퀴를 멈추지 않으니,

---

2_환향丸좁 …… 일으키네: 원문은 '일립기홍'一粒起虹인데, 일립一粒이란 여러 가지 향을 섞어 환丸으로 만든 환향丸좁 한 알을 말한다. 불경에서 무지개는 실체가 없는 허상의 비유로 종종 쓰인다.

내일의 해는 오늘의 해가 아니다.

그러므로 '미리 헤아리는 것'(迎)은 이치를 '거스르는 것'(逆)이요,[3] '붙잡아 두는 것'(挽)은 '억지로 애쓰는 것'(勉)이요, '돌려보내는 것'(遣)은 '공순히 따르는 것'(順)이니라. 너는 심기心氣가 한곳에 머물거나 막히지 않도록 하여라. 명命을 공순히 따라 명에 비추어 자신을 살펴보며, 이치에 따라 돌려보내고 이치에 비추어 사물을 살펴본다면, 손가락으로 가리켜 보이는 곳에 강물이 흐를 것이요, 흰구름이 피어날 것이다."

나는 그때 턱을 고이고 옆에 앉아서 듣고 있다가, 진실로 망연자실하였다.

백오伯五(서상수徐常修)가 자신의 서재를 '관재' 觀齋라 이름짓고, 나에게 글을 지어 달라고 부탁하였다. 그렇다면 백오도 혹시 준 대사의 설법을 들은 적이 있었던가. 그래서 대사가 한 말을 적어 기記를 지어주는 바이다.

3_미리 …… 것이요 : 거스를 '역'逆 자가 원래는 맞이할 '영'迎 자와 같은 뜻의 글자임을 이용한 궤변이다. 단 여기서 '영'迎 자는 '예측한다'는 뜻이다. 한편 '역'逆 자에도 '미리', '사전'에라는 뜻이 있다.

기記

이름 좋아하는 이에게
주는 충고

蟬橘堂記

영처자嬰處子(이덕무)가 서재를 만들고 '선귤당'蟬橘堂이라 이름을 지었다. 그러자 그의 벗 중에 누군가가 이렇게 비웃었다.

"그대는 왜 이리 어지럽게도 호가 많은가?¹⁻ 옛날에 열경悅卿(김시습金時習)이 부처 앞에서 참회하고 크게 서원誓願하면서 속명俗名을 버리고 법호를 따르기를 원했더니, 대사가 손뼉을 치고 웃으며 열경에게 이렇게 말했다네.

1_그대는 …… 많은가 : 이덕무는 젊은 시절에 삼호거사三湖居士·경재敬齋·팔분당八分堂·선귤헌蟬橘軒·정암亭巖·을엄乙广·형암炯菴·영처嬰處·감감자憨憨子·범재거사汎齋居士 등의 호를 지녔다. 그 밖에도 청음관靑飮館·탑좌인塔左人·재래도인䏁睞道人·매탕槑宕·단좌헌端坐軒·주충어재注蟲魚齋·학초목당學草木堂·향초원香草園 등의 호가 있었다. 가장 널리 알려진 그의 호는 청장관靑莊館과 아정雅亭이다.

'심하도다, 너의 미혹됨이여. 너는 아직도 이름을 좋아하는구나. 중은 형체가 말라 죽은 나무와 같으니 '목비구'木比丘라 부르고, 마음이 식은 재와 같으니 '회두타'灰頭陀[2]라 부르려무나. 산 높고 물 깊은 이곳에서 이름을 어디에 쓰겠느냐. 너는 네 형체를 돌아보아라. 이름이 어디에 붙어 있느냐? 너에게 형체가 있기에 곧 그림자가 있다만, 이름은 본래 그림자조차 없으니 장차 무엇을 버리려 한단 말이냐? 네가 정수리를 만져 머리털이 잡히니까 빗으로 빗은 것이지, 머리털을 깎아 버린 다음에야 빗을 어디에 쓰겠느냐.

네가 장차 이름을 버리려 한다지만, 이름은 옥이나 비단도 아니요, 땅이나 집도 아니요, 금도 주옥도 돈도 아니요, 밥이나 곡물도 아니다. 밥솥이나 가마솥도 아니요, 큰 가마나 큰솥도 아니요, 광주리도 술잔도 아니요, 곡식 담는 각종 제기祭器도 고기 담는 제기도 아니다. 차고 다니는 주머니나 칼과 향주머니처럼 풀어 버릴 수 있는 것도 아니요, 비단 관복이나 두루미를 수놓은 흉배胸背라든가 서대犀帶나 어과魚果처럼 벗어 버릴 수 있는 것도 아니요, 양쪽 끝에 원앙을 수놓은 베개나 술이 달린 비단 장막처럼 남에게 팔 수 있는 것도 아니다. 때나 먼지처럼 물로 씻어 낼 수 있는 것도 아니요, 생선 가시가 목에 걸린 것처럼 물까마귀 깃으로 토해 내게 할 수 있는 것도 아니요, 부스럼이나 마른 딱지처럼 손톱으로 떼어 낼 수 있는 것도 아니다.

그것이 곧 네 이름이긴 하지만, 너의 몸에 속한 것이 아니라 남의 입에 달려 있는 것이다. 남이 부르기에 따라 좋게도 나쁘게도 되고, 영광스럽

2_회두타灰頭陀 : 두타頭陀는 범어梵語의 음역音譯으로, 행각승을 말한다.

게도 치욕스럽게도 되며, 귀하게도 천하게도 되니, 그로 인해 기쁨과 증오의 감정이 마구 생겨나는 것이다. 기쁨과 증오의 감정이 일어나기 때문에, 유혹을 받기도 하고 기뻐하기도 하고 두려워하기도 하고, 더 나아가 공포에 떨기까지 한다. 이빨과 입술은 네 몸에 붙어 있는 것이지만, 씹고 뱉는 것은 남에게 달려 있는 셈이니, 네 몸에 언제쯤 네 이름이 돌아올 수 있을지 모르겠구나.

저 바람 소리에 비유해 보자. 바람은 본시 공허한 것인데, 나무에 부딪쳐 소리를 내고, 도리어 나무를 흔들어 댄다. 너는 일어나 나무를 살펴보아라. 나무가 가만히 있을 때 바람이 어디에 있더냐? 너의 몸에는 본시 이름이 없었으나 몸이 생겨남에 따라 이름이 생겨서, 네 몸을 칭칭 감고 너를 겁박하며 억류하는 것을 알지 못하는 것이다.

또 저 울리는 종에 비유해 보자. 북채를 멈추어도 그 소리는 울려 퍼진다. 그렇듯이 사람의 몸이 백 번 죽어도 이름은 그대로 남아 있으며, 그것은 공허하기 때문에 변하거나 없어지지 않는다. 이는 마치 매미의 허물이나 귤의 껍질과 같다. 껍질이나 허물과 같은 외부의 사물에서 매미 소리를 찾거나 귤 향기를 맡으려 한다면, 이는 껍질이나 허물이 그처럼 텅 비어 있음을 알지 못하는 것이다.

네가 처음 태어나서 강보에서 응애응애 울 때에는 이러한 이름이 없었다. 부모가 사랑하고 기뻐하여 상서로운 글자를 골라 이름을 지어 주고, 다시 더럽고 욕된 이름을 지어 주었으니,[3] 이 모든 게 다 네가 잘되

---

[3] 다시 …… 주었으니 : 유아 사망률이 높던 당시에 귀신이 데려가지 말라고 일부러 '개똥이'와 같은 천한 이름을 지어 불렀던 풍습을 말한다.

기를 축원한 것이다. 너는 이때만 해도 부모에 딸린 몸이어서 네 마음대로 할 수가 없었다. 성장하고 나서야 네 몸이라는 것을 가지게 되었다. '나'를 입신立身하고 나서는 '그'가 없을 수 없으니, '그'가 '나'에게 와서 짝을 이루어, 몸이 졸지에 한 쌍이 되었다. 한 쌍의 몸이 서로 잘 만나서[4] 아들 딸을 두니, 둘씩 서로 짝을 이루기를 마치 『주역』의 팔괘처럼 하였다.[5]

그리하여 몸이 이미 여럿이다 보니, 혹처럼 거추장스럽고 무거워서 다닐 수가 없게 된다. 이름난 산이 있어 그 산의 좋은 물가에서 놀고 싶어도, 이 때문에 즐거움이 그치며 슬퍼하고 근심하게 된다. 사이 좋은 친구들이 술상을 차려 이 좋은 날을 즐기자고 불러도, 부채를 들고 문을 나서다 도로 다시 방으로 들어온다. 이 몸에 딸린 것들을 생각하여 차마 달려가지 못하는 것이다.

무릇 네 몸이 얽매이고 구속을 받는 것은 몸이 여럿이기 때문이다. 이는 네 이름과 마찬가지여서, 어려서는 아명이 있고, 자라서는 관명冠名이 있으며, 덕을 나타내기 위해 자字를 짓고, 거처하는 곳에 호를 짓는다. 어진 덕이 있으면 '선생'이란 호칭을 덧붙인다. 살아서는 높은 벼슬로 부르고, 죽어서는 아름다운 시호諡號로 부른다. 이름이 이미 여럿이라 이처럼 무거우니, 네 몸이 장차 그 이름을 감당해 낼지 모르겠구나.'

이는 『대각무경』大覺無經[6]에 나온 이야기일세. 열경은 은자로서 이름

---

[4] 한 쌍의 …… 만나서 : 결혼하는 것을 말한다. 『예기』 「혼의」昏義에 "혼례란 장차 두 성씨가 잘 만나는 것"이라 하였다.

[5] 둘씩 …… 하였다 : 자녀들이 차례로 결혼하는 것을 말한다. 이를 팔괘가 음효陰爻와 양효陽爻의 배합으로 이루어지는 것에 비유한 것이다.

이 아주 많은데 다섯 살 적부터 호가 있었지.⁷ 그러므로 대사가 이러한 말로써 그에게 주의를 준 것일세.

 갓난아이는 이름이 없으므로 '영아'嬰兒라 부르고, 시집가지 않은 여자를 '처자'處子라고 하지. 따라서 '영처'嬰處라는 호는 대개 은자가 이름을 지니고 싶어 하지 않을 때 쓴다네. 그런데 지금 갑자기 스스로 '선귤'蟬橘이라 호를 지었으니, 자네는 앞으로 그 이름을 감당하지 못하게 될 걸세. 왜냐하면 영아는 지극히 약한 존재이고 처자는 지극히 부드러운 존재여서, 사람들이 자네의 부드럽고 약함을 보고는 여전히 '영처'라는 호로 부를 걸세. 그런데 매미 소리가 들리고 귤 향기까지 난다면, 자네의 서재는 앞으로 찾아오는 사람들로 시장처럼 북적대고 말 걸세."

 이에 영처자嬰處子가 말하였다.

 "대사가 한 말과 같이 매미가 허물을 벗어 그 허물이 말라붙고, 귤이 시들어서 그 껍질이 텅 비어 버렸는데, 어디에 소리와 빛깔과 냄새와 맛이 있겠소? 이미 좋아할 만한 소리와 빛깔과 냄새와 맛이 없는데, 사람들이 장차 껍질이나 허물과 같은 외부의 사물에서 나를 찾겠소?"

6_ 『대각무경』大覺無經 : 허구로 지어낸 불경 이름이다.
7_ 열경은 …… 있었지 : 김시습은 청한자淸寒子·동봉東峯·매월당梅月堂·벽산청은碧山淸隱·췌세옹贅世翁 등 호가 많았다. 설잠雪岑은 그의 법호이다. 김시습은 다섯 살 적에 세종 임금 앞에서 시를 지어 명성을 떨쳤으므로 사람들이 그의 이름을 감히 부르지 못하고 '오세'五歲라고 불렀다고 한다.

기記

여름밤의 음악회

夏夜讌記

스무이튿 날 국옹麴翁과 함께 걸어서 담헌湛軒의 집[1]에 이르렀다. 풍무風舞(김억金檍)가 밤에 왔다. 담헌이 가야금을 타니, 풍무는 거문고로 곡조를 맞추고, 국옹은 맨상투 바람으로 가곡을 불렀다.[2]

밤이 깊어지자, 떠도는 구름이 사방으로 얽히고 더운 기운이 잠깐 물러가니, 줄에서 울리는 소리는 더욱 맑게 들렸다. 곁에 있는 사람들은 조용히 침묵하고 있어, 마치 단가丹家가 장신臟神을 내관內觀하고[3] 참선하는

1_ 담헌湛軒의 집 : 담헌은 홍대용의 당호이다. 담헌의 집은 한양 남산 밑 영희전永禧殿 근처에 있었는데 그 집의 유춘오留春塢라는 정원에서 음악회를 자주 열었다고 한다.
2_ 담헌이 …… 불렀다 : 당시 민간에서 가곡歌曲을 부를 때 그 반주 음악으로 세악細樂이라 하여 거문고, 가야금, 피리 등으로 편성된 실내악을 사용하였다.

승려가 전생前生을 돈오頓悟하는 것 같았다. 무릇 자신을 돌아보아 올바를 경우에는 삼군三軍이라도 반드시 가서 대적한다더니,[4] 국옹이 한창 가곡을 부를 때는 옷을 훨훨 벗고 두 다리를 쭉 뻗고 앉은 품이 옆에 아무도 없는 듯 하였다.

매탕梅宕(이덕무)이 전에 처마 사이에서 왕거미가 거미줄 치는 모습을 보고는, 기뻐하며 나에게 말하기를,

"절묘하더군요! 때로 머뭇거리는 모습은 마치 무슨 생각이 있는 듯하고, 때로 재빨리 움직이는 모습은 마치 무언가를 깨달은 듯하며, 파종한 보리를 발로 밟아주는 것 같기도 하고, 거문고 줄을 손가락으로 누르는 것 같기도 합디다."[5]

하더니, 지금 담헌이 풍무와 어우러져 연주하는 것을 보고서 나는 왕거미의 행동을 완전히 이해하게 되었다.

지난해 여름에 내가 담헌의 집에 간 적이 있었는데, 그때 담헌은 한창 악사樂師 연延(연익성延益成)과 함께 거문고 연주에 관해 논하는 중이었다. 때마침 비가 올 듯 동쪽 하늘가의 구름이 먹빛과 같았다. 천둥이 한번 치면 용이 승천하여 비를 부를 듯 하였다. 이윽고 긴 천둥소리가 하늘을 지나가자, 담헌이 연더러,

---

3_ 단가丹家가 장신臟神을 내관內觀하고 : 단가는 연단술煉丹術을 행하는 도사를 이른다. 연단술은 기공氣功으로 정신을 수련하는 내단內丹과 약물을 복용하는 외단外丹으로 나눌 수 있는데, 내단에서 오장五臟에 깃든 신神을 관조하는 수련법을 내관이라 한다.

4_ 무릇 …… 대적한다더니 : 『맹자』에서 증자曾子는 공자로부터 위대한 용기에 관한 가르침을 들은 적이 있다고 하면서, "자신을 돌아보아 올바를 경우에는 비록 수천 수만 명이라도 나는 가서 대적할 것이다"라고 하였다.

5_ 절묘하더군요 …… 합디다 : 이덕무가 『선귤당농소』蟬橘堂濃笑에서 한 말이다.

"이것은 무슨 소리에 속하겠는가?"[6]
하고 묻고 나서, 마침내 거문고를 끌어당겨 천둥소리와 곡조를 맞추었다. 이에 나도 천뢰조天雷操[7]를 지었다.

6_이것은 …… 속하겠는가 : 전통 음악의 다섯 가지 기본 음률인 궁宮·상商·각角·치徵·우羽의 오성五聲 중 어디에 속하느냐고 물은 것이다.
7_천뢰조天雷操 : 조操는 금곡琴曲에 붙이는 명칭이다. 여기서는 '천뢰조'라는 금곡의 가사를 지었다는 뜻이다.

기記

눈 속의 측백나무 같은 선비

不移堂記

사함士涵이 스스로 호를 '죽원옹'竹園翁이라 짓고 거처하는 집에 '불이당' 不移堂이라는 편액을 걸고는, 나에게 글을 써 달라고 청해 왔다.[1] 하지만 나는 전에 그 집 마루에도 올라 보고 정원을 거닐어 보았어도 대나무 한 그루 본 적이 없다. 그래서 내가 그를 돌아보고 웃으며,

"이는 이른바 무하향無何鄕이요 오유선생烏有先生의 집인가? 이름이란 실질實質의 손님격이니, 나더러 장차 손님이 되란 말인가?"[2]

1_사함士涵이 …… 왔다: 사함이 누구의 자字인지 알 수 없다. '불이'不移는 사철 내내 푸른 대나무처럼 절조를 변치 않는다는 뜻이다.
2_이름이란 …… 말인가: 『장자』에서 요堯임금이 은자 허유許由에게 천하를 넘겨주려고 하자 허유가 이를 거절하면서 한 말이다. 이름이 실질의 손님격이란 말은, 이름이 실질에 대해 주인이 못 되고 종속적·부차적인 지위에 있다는 뜻이다.

하였더니, 사함이 실망한 모습으로 한참 있다가 하는 말이,

"그저 스스로 뜻을 붙인 것뿐일세."

하였다. 나는 웃으며 다음과 같이 이야기했다.

상심할 것 없네. 내 장차 자네를 위해 실질을 채워 주겠네.

지난날 학사學士(홍문관 교리) 이공보李功甫(이양천李亮天)께서 관직에 있지 않고 한가히 지낼 적에 매화시梅花詩를 짓고는, 심동현沈董玄(심사정沈師正)의 묵매도墨梅圖를 얻자 그 시로써 두루마리 그림의 첫머리에 화제畫題로 삼으셨지. 그러고 나서 웃으며 나더러 말씀하시기를,

"너무하구나, 심씨의 그림이여! 능히 실물을 빼닮았을 뿐이로다."

하시기에, 나는 의혹이 들어서,

"그림을 그린 것이 실물을 빼닮았다면 훌륭한 화공일 터인데, 학사께서는 어째서 웃으십니까?"

하고 물었지. 그러자 학사께서 이렇게 말씀하셨다네.

"그럴 일이 있지. 내가 처음에 이원령李元靈(이인상李麟祥)과 교유할 적에 비단 한 벌을 보내어 제갈공명 사당 앞의 측백나무[3]를 그려 달라고 청했더니, 원령이 한참 있다가 전서篆書로 「설부」雪賦[4]를 써서 보내왔지. 내가 전서를 얻고 우선 기뻐하며 더욱 그 그림을 재촉했더니, 원령이 빙그레

---

[3] 제갈공명 사당 앞의 측백나무 : 두보杜甫의 시 「촉상」蜀相에 "촉나라 승상의 사당을 어디서 찾으리. 금관성錦官城 밖 측백나무 울창한 곳이라네"라 하였다. 여기에서 측백나무는 제갈공명의 변치 않는 절조를 상징한다. 이양천은 이인상에게 두보의 이 시를 소재로 한 그림을 그려 달라고 부탁한 것이다.

[4] 「설부」雪賦 : 진晉나라 때 사혜련謝惠連이 지은 부賦의 제목이다. 서한西漢의 양효왕梁孝王이 양원梁園에서 사마상여司馬相如 등과 함께 주연을 벌이다가 눈이 오자 홍에 겨워 시를 주고받았던 고사를 노래하였다.

웃으며,

 '그대는 아직 모르겠는가? 전에 이미 그려 보냈네.'

하더군. 내가 놀라서,

 '전에 보내 온 것은 전서로 쓴 「설부」뿐이었네. 그대는 어찌 잊어버린 것인가?'

했더니, 원령은 웃으며,

 '측백나무가 그 속에 들었다네. 무릇 바람과 서리가 매섭게 몰아치면 변치 않고 남아 있을 수 있는 것이 있겠는가. 그대가 측백나무를 보고 싶거든 눈 속에서 찾아보게나.'

하였지. 나도 마침내 웃으며 응수하기를,

 '그림을 그려 달라고 했는데 전서를 써 주고, 눈을 보고서 변치 않는 것을 생각하라고 하다니, 측백나무와는 너무도 거리가 머네그려. 그대가 도道를 행하는 것이 너무도 동떨어진 것이 아닌가?'[5]

하였지.

 얼마 되지 않아 나는 간언諫言을 올린 일로 죄를 얻어 흑산도黑山島에 위리안치圍籬安置되었지.[6] 그때 하루 낮 하루 밤 사이에 칠백 리 길을 달려갔네. 도로에서 전하는 말들이 조만간 금부도사禁府都事가 닥쳐 사약賜藥을 내릴 것이라 하니, 하인들이 놀라 떨며 울음을 터뜨렸지.

5_그대가 …… 아닌가 : 『중용』에 "도道란 것은 잠시도 떠날 수 없는 것이다. 떠날 수 있다면 도가 아니다"라고 하였다. 또 "사람이 도를 행하면서 사람을 멀리하면 도라고 할 수 없다"고 하였다. 고원高遠하여 행하기 힘든 일에서 도를 찾으려는 경향을 경계한 말이다.

6_나는 …… 위리안치圍籬安置되었지 : 영조 28년(1752) 홍문관 교리 이양천은 소론의 영수인 이종성李宗城을 영의정으로 임명한 조치에 항의하여 상소했다가, 임금의 분노를 사서 흑산도에 위리안치되었다. 그 이듬해에 귀양은 풀렸으나, 영조 31년(1755)에야 관직에 복귀했다가 그해에 사망했다.

그때 날씨는 차고 눈이 내렸으며, 낙엽진 나무들과 무너진 산비탈이 들쭉날쭉 앞을 가리고 바다는 눈앞에 끝없이 펼쳐졌는데, 바위 앞에 오래된 나무가 거꾸로 드리워져 그 가지가 마른 대나무와 같았네. 나는 막 말을 세우고 도롱이를 걸치다가, 손가락으로 멀리 가리키면서 그 기이함을 찬탄하여 말했지.

'이것이야말로 어찌 원령이 전서로 쓴 나무가 아니겠는가!'

섬에 위리안치되고 나니, 장기瘴氣를 머금은 안개로 음침하기 짝이 없고, 독사와 지네 따위가 베개와 자리에 이리저리 얽혀 언제 해를 끼칠지 알 수 없었지. 그런 어느 날 밤 큰 바람이 바다를 뒤흔들어 벼락이 치는 듯해서, 따라온 하인들이 다 넋이 나가고 토하고 어지러워하는데, 나는 노래를 지었지.

남쪽 바다 산호가 꺾어진들 어떠리오 　　　　　　南海珊瑚折奈何
오늘 밤 옥루가 추울까 그것만 걱정일레[7] 　　　祗恐今宵玉樓寒

원령이 편지로 답해 왔지.

'근자에「산호곡」珊瑚曲을 받아 보니, 말이 완곡하면서 슬픔이 지나치지 않고 원망하거나 후회하는 뜻이 없어, 그만하면 환난에 잘 대처할 수 있겠다 싶구려. 지난날에 그대가 측백나무를 그려 달라고 한 적이 있었는데, 그대 역시 그림을 잘 그린다고 할 수 있겠소.

7_남쪽 …… 걱정일레 : 옥루玉樓는 상제上帝가 산다는 곳인데, 여기서는 궁궐을 상징적으로 표현한 것이다. 자신의 비참한 운명은 개의치 않고 오직 임금께서 평안하신지 염려한다는 뜻이다.

그대가 떠난 후에 보니 측백나무를 그린 그림 수십 본이 서울에 남아 있는데, 모두 조리曹吏들이 몽당붓으로 서로 돌려가며 베껴 그린 것이라오.[8] 하지만 그 굳센 줄기와 꼿꼿한 기상이 늠름하여 범접할 수 없고, 가지와 잎은 촘촘하여 어찌 그리도 무성하던지!'

나는 저도 모르게 웃음을 터뜨리며,

'원령의 편지야말로 몰골도沒骨圖라 이를 만하구나!'[9]

하였지. 이로 미루어 보면, 좋은 그림이란 실물을 빼닮은 데 있는 것은 아니야."

이런 말씀을 듣고는, 나 역시 웃고 말았다네.

얼마 있다가 학사께서 세상을 떠나셨지. 그래서 나는 그분의 시와 산문을 편집하다가, 그분께서 유배지에 계실 적에 형님께 보낸 편지를 발견했다네. 내용인즉,

"근자에 아무개의 편지를 받아 보니, 그가 나를 위해 당로자當路者에게 귀양을 풀어 주기를 청하고자 한다 했더군요. 어찌 이다지도 나를 얕잡아 대하는지요? 저는 바다 한가운데에 갇혀서 병들어 죽을지언정 그런 짓은 하지 않겠습니다."

하는 것이었네. 나는 그 편지를 쥐고 슬피 탄식하며 말했다네.

8_ 조리曹吏들이 …… 것이라오 : 조리는 예조의 도화서圖畫署에 소속된 화원을 이른다. 이들의 그림을 화원화畵員畵라고 하여, 사대부 출신 화가들이 그린 문인화와 차별하고 그 예술적 가치를 낮게 평가하였다. 몽당붓(禿筆)은 예리하지 못한 붓이라는 뜻으로, 그림 솜씨가 그다지 뛰어나지 못한 경우를 가리킬 때 쓰는 표현이다.

9_ 원령의 …… 만하구나 : 몰골도沒骨圖는 붓으로 윤곽을 그리지 않고 직접 채색하는 수법으로 그린 그림을 이른다. 몰골도에는 붓 자국이 전혀 드러나지 않는다. 그러므로 여기서는 이인상의 편지가, 화원들이 모방한 측백나무 그림이 사이비似而非임을 언중유골言中有骨로 은근히 풍자했다는 뜻이다.

"이 학사李學士야말로 진짜 눈 속에 서 있는 측백나무이시다. 선비란 곤궁해진 뒤에야 평소의 지조가 드러나는 법이다. 재난을 염려하면서도 그 지조를 변치 않고 고고하게 굳건히 서서 그 뜻을 굽히지 않으신 것은, 어찌 추운 계절이 되어야만 볼 수 있는 모습이 아니겠는가."[10]

그런데 지금 우리 사함은 대나무를 사랑하는 성품을 지녔다. 아아! 사함은 참으로 대나무를 아는 사람인가? 추운 계절이 닥친 뒤에 내 장차 자네 집의 마루에 오르고 자네의 정원을 거닌다면, 눈 속에서 대나무를 볼 수 있겠는가?

10_추운 …… 아니겠는가 : 『논어』에 "추운 계절이 되어야 소나무와 측백나무가 맨 나중에 시듦을 알 수 있다"고 하였다.

기記

마음을 비우고 완상하라

素玩亭記

완산完山(전주全州) 이낙서李洛瑞(이서구李書九)가 책을 쌓아둔 그의 서재에 '소완정'素玩亭이라는 편액을 걸고 나에게 기記를 청하였다. 내가 그에게 힐문했다.

"무릇 물고기가 물속에서 놀지만 눈에 물이 보이지 않는 것은 어째서인가? 보이는 것이 모두 물이라서 물이 없는 거나 마찬가지이기 때문이지. 그런데 지금 낙서 자네의 책이 마룻대까지 가득하고 시렁에도 꽉 차서 앞뒤 좌우가 책 아닌 것이 없으니, 물고기가 물에 노는 거나 마찬가지일세. 아무리 동생董生에게서 학문에 전념하는 자세를 본받고[1] 장군張君에게서 기억력을 빌리고[2] 동방삭東方朔에게서 암송하는 능력을 빌린다[3] 해도, 장차 스스로 깨달을 수는 없을 터이니 그래서야 되겠는가?"

그러자 낙서가 깜짝 놀라서 물었다.

"그렇다면 장차 어찌 해야겠습니까?"

"자네는 물건 찾는 사람을 보지 못했는가? 앞을 바라보면 뒤를 놓치고, 왼편을 돌아보면 바른편을 빠뜨리게 되지. 왜냐하면 방 한가운데 앉아 있어 제 몸과 물건이 서로 가리고, 제 눈과 공간이 너무 가까운 탓일세. 차라리 제 몸을 방 밖에 두고 들창에 구멍을 내서 엿보는 것이 낫지. 그렇게 하면 오로지 한쪽 눈만으로도 온 방 물건을 다 취해 볼 수 있다네."

이에 낙서가 감사해 하며,

"이는 선생님께서 약約으로써 저를 인도하신 것이군요."

하였다. 내가 또 말하였다.

"자네가 이미 약約의 도道를 이해했네그려. 그러니 내가 또 자네에게 눈으로 보지 않고 마음으로 관조하는 법을 가르칠 수 있지 않겠는가.

저 해라는 것은 가장 왕성한 양기陽氣일세. 온 누리를 감싸주고 온갖 생물을 길러주며, 습한 곳이라도 볕을 쪼이면 마르게 되고 어두운 곳이

1_동생董生에게서 …… 본받고 : 동생은 한漢나라 때 학자 동중서董仲舒를 가리킨다. 『춘추』를 전공하여 경제景帝 때 박사博士가 되었는데, 학문에 전념하여 휘장을 드리우고 강송講誦하면서 삼 년 동안 정원을 한 번도 내다보지 않았다고 한다.

2_장군張君에게서 …… 빌리고 : 장군은 장화張華를 이른다. 그는 진晉나라의 유력한 정치가이자 문인·학자로서도 뛰어난 인물이었다. 기억력이 탁월하기로 당대 제일이었다고 한다. 장화를 '장군'이라 호칭한 것은 그가 광무현후廣武縣侯에 봉해졌기 때문이다.

3_동방삭東方朔에게서 …… 빌린다 : 동방삭은 한나라 무제武帝 때 사람으로, 관직은 낮았지만 해학과 변설辯舌, 직언으로 유명하였다. 그는 시詩·서書·백가百家의 말들을 암송하는 것이 이루 헤아릴 수 없었다고 한다.

4_약約 : 핵심을 취한다는 뜻이다. 소식蘇軾은 「가설」稼說에서 학문하는 방도로 "책을 널리 보되 핵심을 취하라"(博觀而約取)고 권하였다.

라도 빛을 받으면 밝아지네. 그렇지만 해가 나무를 태우거나 쇠를 녹여 내지 못하는 것은 어째서인가? 광선이 두루 퍼지고 정기精氣(양기)가 흩어지기 때문일세.

만약 만 리를 두루 비추는 빛을 거두어 아주 작은 틈으로 들어갈 정도의 광선이 되도록 모으고, 유리구슬(돋보기)로 받아서 그 정광精光(양광陽光)을 콩알만 한 크기로 만들면, 처음에는 불길이 자라면서 반짝반짝 빛나다가 갑자기 불꽃이 일며 활활 타오르는 것은 어째서인가? 광선이 한 군데로 집중되어 흩어지지 않고, 정기가 모여서 하나가 된 때문일세."

이에 또 낙서가 감사해 하면서,

"이는 선생님께서 오悟(깨달음)로써 저를 깨우쳐 주신 것이군요."

하였다. 그래서 내가 또 말하였다.

"무릇 하늘과 땅 사이에 흩어져 있는 것들은 모두가 이 책들의 정기精氣일세. 그렇다면 제 눈과 너무 가까운 공간에서 제 몸과 물건이 서로를 가린 채 관찰한다거나, 방 가운데에서 찾을 수 있는 것이 본래 아니지. 그러므로 포희씨包犧氏가 문文을 관찰할 적에 '위로는 하늘을 관찰하고 아래로는 땅을 관찰하였다'고 했고, 공자는 포희씨가 문을 관찰한 것을 찬미하고 나서 덧붙여 말하기를 '가만히 있을 때는 점괘에 나타난 말을 완미玩味한다' 했네.[5] 무릇 완미한다는 것은 어찌 눈으로만 보고 살피는 것이겠는가. 입으로 맛보면 그 맛을 알 것이요, 귀로 들으면 그 소리를

---

[5] 포희씨包犧氏가 …… 했네 : 여기서 말하는 '문'文은 천문天文과 지문地文과 인문人文을 포괄하는 개념이다. 일월성신은 하늘의 문文이요, 산천은 땅의 문이요, 언어 문자는 사람의 문이라고 한다. 『주역』「계사전」繫辭傳에 포희씨가 "위로는 하늘에서 상象을 관찰하고 아래로는 땅에서 법法을 관찰하여" 괘를 만들었다고 하였다. 또한 "가만히 있을 때는 점괘에 나타난 말을 완미玩味한다"는 것 역시 『주역』「계사전」에 나오는 구절이다.

알 것이요, 마음으로 이해하면 그 핵심을 터득할 걸세.

그런데 지금 자네는 들창에 구멍을 뚫어 오로지 한쪽 눈만으로도 다 보며, 유리구슬로 빛을 받아 마음에 깨달음을 얻었네. 하지만 아무리 그렇다고 해도 방의 들창이 비어 있지 않으면 밝음을 받아들이지 못하고, 유리구슬이 투명하게 비어 있지 않으면 정기를 모아들이지 못하지. 무릇 뜻을 분명히 밝히는 방법은 본래 마음을 비우고 외부의 사물을 받아들이며 담담하여 사심이 없는 데 있는 것이니, 이것이 아마도 '소완'素玩[6] 하는 방법이 아니겠는가."

그랬더니 낙서가 말하기를,

"제가 장차 벽에 붙여 두고자 하니 선생님은 그 말씀을 글로 써 주십시오."

하기에, 마침내 그를 위해 이 글을 써 주었다.

6_소완素玩 : '소'素는 흰 바탕의 책을 의미하므로, 이서구는 책들을 완상玩賞한다는 뜻으로 이런 당호를 지었을 것이다. 그런데 '소'素에는 텅 비었다는 뜻도 있으므로, 연암은 이 뜻을 취하여 허심虛心으로 완상하라고 충고한 것이다.

기記

진솔한 나의 모습

酬素玩亭夏夜訪友記

유월 어느 날 낙서洛瑞(이서구)가 밤에 나를 찾아왔다가 집으로 돌아가 「하야방우기」夏夜訪友記란 기記를 지었는데, 그 글에 이렇게 썼다.

"내가 연암燕巖 어른을 방문한즉, 어른께서는 사흘이나 굶은 채 망건도 쓰지 않고 버선도 신지 않고서, 창문턱에 다리를 걸쳐 놓고 누워서 행랑 것과 문답하고 계셨다."

여기에서 말한 '연암'이란 금천金川의 골짜기에 있는 나의 거처인데, 남들이 이것으로 나의 호를 삼은 것이었다. 이때 나의 식구들은 광릉廣陵(경기도 광주)에 가 있었다.

나는 본래 몸이 비대하여 더위를 괴로워할뿐더러, 풀과 나무가 무성하여 푹푹 찌고 여름이면 모기와 파리가 들끓고 무논에서는 개구리 울음이 밤낮으로 그치지 않는 것을 걱정하였다. 그 때문에 매양 여름만 되면 늘 서울집에서 더위를 피하였다.

　서울집은 지대가 낮고 비좁기는 했지만, 모기나 개구리, 풀과 나무 따위로 인한 괴로움은 없었다. 여종 하나만 집을 지키고 있었는데, 갑자기 눈병이 나가지고 미친 듯이 소리를 지르더니 주인을 버리고 나가 버려서, 밥을 해 줄 사람이 없었다. 그래서 결국 행랑 사람들에게 밥을 얻어먹다 보니 자연히 그들과 친숙해졌으며, 그들 역시도 나의 노비인 양 시키는 일 하기를 꺼리지 않았다.

　고요히 지내노라면 마음속엔 아무 생각도 없었다. 이따금 시골에서 보내온 식구들의 편지를 받아도, '평안하다'는 글자만 대충 훑어볼 뿐이었다. 갈수록 등한하고 게으른 것이 버릇이 되어, 남의 경조사에도 일체 발을 끊어버렸다.

　혹은 여러 날 동안 세수도 하지 않고, 혹은 열흘 동안 망건도 쓰지 않았다. 손님이 오면 간혹 말없이 조용히 앉았기도 했다. 어쩌다 땔나무 장수나 참외 장수가 지나가면 그를 불러서 함께 효제충신孝悌忠信과 예의염치禮義廉恥에 대해 이야기했는데 간곡하게 하는 말이 수백 마디나 될 때도 있었다. 간혹 남들이 세상 물정에 어둡고 얼토당토아니하며 조리가 없어 지겹다고 힐책해도 이야기를 그칠 줄 몰랐다. 또 '집에 있어도 나그네처럼 지내고, 아내가 있어도 중처럼 지낸다'고 기롱하는 사람도 있었지만, 그럴수록 더욱 느긋해하며 당장 할 일이 하나도 없는 것을 스스로 만족스러워했다.

　새끼 까치가 다리 하나가 부러져 짤뚝거리니 보기에 우습기에 밥알을 던져주었더니, 점점 길들여져 날마다 와서 서로 친해졌다. 마침내 그 새

를 두고 농담하기를,

"맹상군孟嘗君은 하나도 없고, 평원군平原君의 식객만 있구나."[1]

하였다. 우리나라의 속어에 엽전을 '푼'(文)이라 하는 까닭에 돈을 '맹상군'이라 일컬은 것이다.

자다가 깨어 책을 보고 책을 보다가 또 자도, 깨우는 이가 없었다. 그래서 종일토록 실컷 자기도 하고, 때로는 글을 저술하여 의견을 표현하기도 했다. 작은 철현금鐵絃琴을 새로 배워, 심심하면 두어 가락 타기도 하였다. 친구가 술을 보내주기라도 하면 그때마다 흔쾌히 술을 따라 마셨다.

술에 취하자 자찬自贊하는 글을 지었다.

내가 나만을 위하는 건 양주楊朱 같고	吾爲我似楊氏
만인을 고루 사랑함은 묵적墨翟 같고	兼愛似墨氏
양식이 자주 떨어짐은 안회顔回 같고[2]	屢空似顔氏
꼼짝하지 않음은 노자老子 같고[3]	尸居似老氏
거침없이 활달함은 장자莊子 같고	曠達似莊氏

1_맹상군孟嘗君은 …… 있구나 : 수중에 돈이 한 푼도 없는데 다리를 저는 까치 새끼만 밥을 얻어 먹으러 찾아온다는 뜻이다. 맹상군은 전국 시대 제齊나라의 공자公子로, 성은 전田이고 이름은 문文이었다. 평원군은 전국 시대 조趙나라의 공자로, 문하에 식객이 수천 명이었다고 한다. 평원군의 이웃에 다리를 저는 사람이 있었는데, 평원군의 애첩이 그가 절뚝거리며 물 긷는 모습을 보고 비웃었으므로, 평원군을 찾아가서 "선비들이 천 리를 멀다 않고 찾아오는 것은 군께서 선비를 귀하게 여기고 첩을 천히 여기기 때문입니다. 제가 불행히 병을 앓아 불구가 되었는데, 군의 후궁이 저를 보고 비웃었으니 목을 베어 주십시오" 하고 청하였다. 이에 평원군이 승낙은 하였으나 애첩의 목을 베는 것은 너무 심하다고 여겨 약속을 이행하지 않자, 문하의 식객들이 대거 떠나가 버렸다고 한다.

2_양식이 …… 같고 : 『논어』에 안회顔回는 도道를 즐거워하고 가난을 편안히 받아들여 양식이 자주 떨어져도 조금도 개의치 않았다고 한다.

참선하는 것은 석가 같네	參禪似釋氏
공손하지 못함은 유하혜柳下惠 같고[4]	不恭似柳下惠
술을 마셔대는 건 유영劉伶 같고	飮酒似劉伶
밥을 얻어먹는 건 한신韓信 같고[5]	寄食似韓信
잠을 잘 자는 건 진단陳摶 같고[6]	善睡似陳摶
거문고를 타는 건 자상子桑 같고[7]	鼓琴似子桑
글을 저술하는 건 양웅揚雄 같고	著書似揚雄
자신을 옛 인물과 견줌은 제갈공명 같네[8]	自比似孔明
그러니 나는 거의 성인에 가깝지 않은가	吾殆其聖矣乎
다만 키가 조교曹交보다 모자라고[9]	但長遜曹交
청렴함은 오릉중자於陵仲子에게 못 미치니	廉讓於陵

3_꼼짝하지 …… 같고 : 『장자』에 공자가 노자를 만나고 와서 용을 만나 본 것과 같다고 감탄하자, 공자 제자 자공子貢이 "그렇다면 정말 꼼짝하지 않으면서도 용이 나타난 것과 같은 사람이 있다는 말인가?" 하며 노자를 만나러 갔다고 한다.

4_공손하지 …… 같고 : 『맹자』에 "백이伯夷는 편협하고 유하혜는 공손하지 못하니, 편협함과 공손치 못함은 군자가 따르지 않는다" 하였다.

5_밥을 …… 같고 : 한漢나라 초의 명장 한신은 무명 시절에 생계를 꾸리지 못하여 항상 남에게서 밥을 얻어먹고 지냈다고 한다.

6_잠을 …… 같고 : 진단陳摶은 송宋나라 때의 유명한 도사道士로 한번 잠이 들면 백여 일 동안이나 깨지 않았다고 한다.

7_거문고를 …… 같고 : 자상子桑은 『장자』莊子에 나오는 인물이다. 자여子輿가 그의 벗인 자상子桑의 집을 찾아갔더니, 자상은 거문고를 타면서 자신의 지독한 가난을 한탄하는 노래를 부르고 있었다고 한다.

8_자신을 …… 같네 : 제갈공명은 융중隆中에서 농사지으며 은거할 때 「양보음」梁甫吟을 즐겨 부르면서 매양 자신을 제齊나라의 재상 관중管仲과 연燕나라의 명장 악의樂毅에게 견주었다고 한다.

9_키가 조교曹交보다 모자라고 : 조교는 『맹자』에 나오는 인물로 키가 9척 4촌이나 되었다고 한다. 조교가 맹자에게 "문왕文王은 키가 10척이고 탕湯임금은 9척이라고 했는데, 지금 저는 9척 4촌이나 되는데도 밥만 축낼 뿐이니, 어찌해야 하겠습니까?" 하자, 맹자는 "노력하지 않아서 그렇지 누구든 노력만 하면 요순처럼 될 수 있다"고 하였다.

부끄럽고 또 부끄럽구나 慙愧慙愧

그러고 나서 혼자 껄껄대고 웃었다.

그때 나는 과연 밥을 못 먹은 지 사흘이나 되었다. 행랑아범이 남의 집 지붕을 이어주고 품삯을 받아, 그날 밤에야 비로소 밥을 지었다. 그런데 어린아이가 밥투정을 부려 울면서 안 먹겠다고 하자, 행랑아범은 성이 나서 사발을 엎어 개에게 주어 버리고는 아이에게 뒈져 버리라고 악담을 하였다.

이때 나는 겨우 밥을 얻어먹고 식곤증이 나서 누웠던 참이었다. 행랑아범에게 장괴애張乖崖(장영張詠)가 촉蜀 지방을 다스릴 적에 어린아이를 베어 죽인 고사[10]를 비유로 들어 타이르고 나서, 또 말하기를,

"평소에 가르치지 않고서 도리어 꾸짖기만 하면, 커 갈수록 부자간의 은의恩義를 상하게 되는 법일세."

하였다. 그러면서 하늘을 쳐다보았더니, 은하수가 지붕 위에 드리웠고 별똥별은 서쪽으로 흐르며 흰 빛줄기를 공중에 남겼다.

내 말이 미처 끝나기도 전에 낙서가 와서,

"어른께서는 혼자 누워서 누구랑 이야기하고 계시는 겁니까?"

하였다. 낙서의 기記에서 "행랑것과 문답하고 계셨다"고 한 것은 이를 말한 것이다.

낙서는 또 눈 내리는 밤에 떡 구워 먹던 때의 일을 그 글에 기록했다.

---

[10] 장괴애張乖崖가 …… 고사 : 북송北宋 때 장영이 촉蜀 지방 즉 익주益州를 다스릴 적에, 어느 늙은 병졸이 어린아이를 품에 안고 있는데 그 아이가 장난삼아 늙은 아비의 뺨을 때리는 것을 보고는 격분하여 그 아이를 죽여 버리게 했다고 한다.

그때 내가 살던 옛집이 낙서의 집과 대문을 마주하고 있었으므로, 동자 시절부터 그는 나의 집에 손님들이 날마다 가득하고 나도 당세에 뜻이 있음을 보았다. 그런데 지금은 나이 마흔 살이 채 못 되어 벌써 머리가 허옇게 되셨다며, 그 글에서 낙서는 자못 감개한 심정을 말했다.

하지만 나는 이미 병들고 지쳐서 기백이 꺾이고 세상에 아무런 뜻이 없어, 지난날의 모습을 다시는 찾아볼 수 없다. 이에 기記를 지어 그의 글에 화답한다.

기記

금학동 별장의
조촐한 모임

琴鶴洞別墅小集記

연암燕巖 골짜기에 있는 나의 거처는 개성開城에서 겨우 삼십 리 거리에 있으므로, 나는 늘 개성으로 나가서 노닐곤 하였다. 금년 겨울에 규장각 직제학 유사경兪士京(유언호)이 막 개성 유수開城留守로 부임하였다.[1] 이미 여저旅邸에서 서로 만난 적이 있는데,[2] 그때 즐겁게 옛일을 이야기하기를 빈천했던 선비 시절과 똑같이 하였다. 세속에서 말하는 출세와 몰락 따위는 서로 마음속에 두지 않은 때문이었으리라.

1_금년 …… 부임하였다 : 유언호는 정조 1년(1777) 6월 개성 유수로 특별 발탁되었고, 7월에는 규장각 직제학을 겸임하였다. 9월 소대召對 이후 10월 경에 부임했던 듯하다.
2_여저旅邸에서 …… 있는데 : 객지에 임시로 머물러 사는 집을 여저旅邸라고 한다. 유언호의 「서경소집기」西京小集記에 의하면 당시 연암이 개성 유수의 관아로 그를 방문했다고 했으므로, 여기서는 개성 유수의 거처인 내아內衙를 가리키는 듯하다.

하루는 사경士京이 추도騶導를 단출히 하고 그의 아들을 데리고서 금학동琴鶴洞으로 나를 찾아주었다. 그때 나는 양씨梁氏의 별장에 잠시 머물고 있었는데, 빨리 술을 데워 오게 하였다. 우리 두 사람은 각자 지은 글들을 꺼내어 서로 평가해 보고는, 마주 보며 웃었다. 내가 말하였다.

"마하연摩訶衍에서 하룻밤을 묵던 때에 비하면 어떠한가? 백화암白華菴에서 참선하던 비구승 준俊이 없을 뿐,³⁻ 조촐하게 모인 것은 관천灌泉의 모임과 비슷한데, 우리는 어느새 다 같이 머리가 허옇게 되었네그려!"

관천은 한양 서소문 밖 나의 옛집이 있던 곳인데, 금강산에서 돌아와 그곳에서 조촐한 모임을 가진 적이 있었다. 나는 그때 나이 스물아홉 살로 사경보다 일곱 살이 적었는데도 양쪽 귀밑머리에 벌써 대여섯 가닥의 흰머리가 생겼으므로, 시詩의 재료를 얻었다고 스스로 기뻐했었다.

지금 이미 십삼 년이 지나고 보니, 이른바 시의 재료는 주체할 수 없이 어지럽게 늘어났다. 그리고 사경은 문권文權을 겸대兼帶하면서 병권兵權을 쥐고 큰 부성府城을 진무鎭撫하다 보니,⁴⁻ 이제 그의 수염도 이처럼 다 희어지고 말았다. 사경은 스스로 귀밑머리 뒤의 금관자를 어루만지면서,

"스스로 보기에도 겸연쩍은데, 하물며 귀밑머리 뒤는 스스로 보지도 못함에랴!"⁵⁻
라고 말했다.

3_마하연摩訶衍에서 …… 뿐 : 마하연은 내금강에 있는 절이고, 백화암白華菴은 그에 딸린 암자이다. 1765년(영조 41) 연암이 유언호 등 벗들과 함께 금강산 일대를 유람하다가 백화암에서 승려 준대사俊大師를 만났던 사실은 「놓쳐버린 고승을 그리며」나 「공空을 보아라」 등에도 언급되어 있다.
4_사경은 …… 보니 : 당시 유언호는 문신으로서 규장각 직제학을 겸임하고 있었으며, 개성 유수로서 행사뿐 아니라 군사 업무도 주관하였다. 부성府城은 부급府級의 행정 기관이 있는 곳을 말한다. 큰 부성은 곧 개성을 가리킨다.

얼마 전에 나는 연암 골짜기로부터 마침 성안으로 들어가다가, 군사 훈련을 하고 부중府中으로 돌아가던 개성 유수와 노상에서 마주치게 되었다. 날이 어둑어둑 저물어 갈 무렵이었다. 나는 말에서 내려 남녀들 틈에 끼어 길 왼쪽에 엎드렸는데, 햇불들이 휘황하고 깃발들이 펄럭였다.

내가 그때 길 왼쪽에서 군대의 위용을 구경했던 일을 말하니, 사경은 크게 웃으며 말했다.

"왜 내 자字를 부르지 않았는가?"[6]

"도성 사람들이 놀랄까 두려웠네."

그러고는 서로 크게 웃었다. 사경이 물었다.

"군대의 위용이 어떻던가?"

"원앙대鴛鴦隊를 지어 십 보 간격으로 세 줄로 선 것이, 훈련도감의 군대보다는 조금 못해도 평양의 군대보다는 훨씬 낫더군. 게다가 난후병攔後兵은 벙거지를 번듯하게 쓰고 더그레는 앞뒤로 두 치가 짧으니, 한창 의기양양하여 더욱 씩씩하더군."

"나는 어떻던가?"

"나는 장군將軍(유언호를 가리킴)의 초상화만 보았지 장군은 보지 못했네."

그러자 사경이 무슨 말이냐고 물었다. 내가 말하기를,

"왼쪽에는 온 원수溫元帥, 오른쪽에는 마 원수馬元帥, 앞쪽에는 조현단趙玄壇의 깃발이요, 초헌軺軒 뒤쪽에만 유독 말 위에서 깃발을 들었는데 검

5_스스로 …… 못함에랴 : 유언호가 친구 앞에서 자신의 출세를 과시하는 것을 부끄러워하여 한 말이다. 『장자』「소요유」逍遙遊에 요堯임금이 은사 허유許由에게 "나는 스스로 보기에도 겸연쩍으니, 천하를 그대에게 양도하게 해 달라"고 하였다. 또한 관자는 망건의 편자 귀 닿는 곳에 달아서, 편자 끝에 달린 좌우의 당줄을 맞바꾸어 걸어 넘기도록 되어 있으므로, 제 눈으로는 볼 수가 없다.

6_왜 …… 않았는가 : 자字는 절친한 평교간平交間에만 부를 수 있었다.

은 바탕에 그려진 별은 구진성句陳星과 흡사하더군. 내가 전에 화공을 불러 초상 그리는 것을 본 적이 있는데, 반드시 잠자코 정색을 하고 있어 대체로 평상시의 태도와는 다르더군. 장군도 접때 틀림없이 기침과 재채기를 참았을 테고, 가려워도 감히 긁지 못했을 걸세."

했더니, 사경은 크게 웃으며,

"과연 또 하나의 내가 길가에서 나를 관찰했구먼!"

하였다. 나도 크게 웃으며 말했다.

"옛날에 조공曹公(조조曹操)이 스스로 일어나 칼을 쥐고 용상 앞에 서 있었네.[7] 이것이야말로 나를 관찰하는 법일세. 하지만 장군은 몸소 말을 타지는 않는 점이 두원개杜元凱(두예杜預)와 흡사한데,『좌전』에 주註를 붙였다는 말은 듣지 못했네.[8] 또한 느슨한 띠에 선비의 기풍이 있는 것은 양숙자羊叔子(양호羊祜)와 흡사한데, 뒷날에 누가 비석을 바라보며 눈물을 흘릴지 모르겠구려."[9]

그러고는 크게 웃고 나서 일어나 문밖으로 나가니, 달이 한창 둥글어

7_ 옛날에 …… 있었네 : 조조는 흉노匈奴가 사신을 보내오자, 자신의 용모가 보잘것없음을 꺼려 위엄 있고 잘생긴 신하를 시켜 대신 용좌에 앉아 있게 하고, 자신은 칼을 쥐고 용상 앞에 서 있었다. 나중에 사람을 시켜 "조공曹公이 어떻더냐?"고 물었더니, 흉노의 사신이 대답하기를 "조공이 잘생기기는 했으나, 용상 앞에서 칼을 쥐고 시립侍立한 사람이야말로 영웅이더라"고 했다고 한다.

8_ 장군은 …… 못했네 : 규장각 직제학을 겸임한 유언호가 두예와 같은 학문적 업적을 남기기를 기대하며 한 농담이다. 유언호는 말 대신 초헌軺軒을 탔다. 진晉나라 무제武帝 때 두예는 대장군이 되어 오吳를 정벌하고 무공을 세웠으나, 말을 탄 적이 없었으며 화살이 과녁을 뚫지 못했다고 한다. 스스로 '좌전벽'左傳癖이 있다고 하였으며, 『좌전집해』左傳集解를 저술했다.

9_ 느슨한 …… 모르겠구려 : 유언호가 양호와 같이 선정을 행하기를 기대하며 한 농담이다. 진晉나라 때의 명신인 양호는 군진軍陣에 있을 때 항상 가벼운 갖옷을 입고 띠를 느슨히 맨 채 갑옷을 걸치지 않아 선비의 기풍이 있었다 한다. 그가 장수로서 양양현襄陽縣을 지키고 있을 때 이곳 주민들에게 많은 은혜를 베풀었으므로 그가 죽자 백성들이 추모비를 세웠는데, 사람들이 이 비석을 보기만 하면 그를 추념하여 눈물을 흘렸다고 한다.

달빛이 가득했다. 내가 문에서 전송하며 말하기를,

"내일 밤에는 달이 더욱 밝을 터이니 나는 장차 남쪽 문루에서 달을 구경할 생각이네. 장군은 다시 걸어서 와 줄 수 있겠는가?"

했더니, 사경이,

"그러세."

하였다.

예전에 관천에서 조촐히 모였을 적에 「관천소집기」灌泉小集記를 지은 바 있다. 이번에 사경이 먼저 「중경소집기」中京小集記[10]-를 지어 보여 주었기에, 이 기를 지어서 화답한다.

10_「중경소집기」中京小集記 : 유언호의 문집인 『연석』燕石에는 「서경소집기」西京小集記라는 제목으로 실려 있다. '중경'과 '서경'은 같은 말로, 개성을 가리킨다.

기記

제 몸을 온전히
보존하는 법

以存堂記

진사 장중거張仲擧[1]는 걸출한 인물이다. 키가 팔 척 남짓하고 기개가 남달랐으며, 사소한 범절에 얽매이지 않았다. 하지만 천성이 술을 좋아하고 호방한 까닭에, 취하면 말 실수가 많았다. 이 때문에 동네에서 그를 싫어하고 괴롭게 여겨 미친 사람으로 지목했으며, 친구들 사이에서도 비방하는 말들이 자자하였다. 심지어 그를 가혹한 법으로 얽어 넣으려는 자도 있었다.

중거 역시 자신의 행실을 뉘우치며,

---

[1]_장중거張仲擧 : 어떤 이본에는 '설중거'薛仲擧로 되어 있다. 따라서 그는 정조 1년(1777) 증광시에 진사 급제한 인물로서 장단長湍에 거주한 설범유薛範儒라는 인물이며 그의 자가 중거仲擧일 가능성이 있다.

"내가 세상에서 용납되지 못할 모양이다!"

라고 생각하였다. 그래서 비방을 피하고 해를 멀리할 방도를 생각해 내어, 거처하는 방을 깨끗이 쓸고 문을 닫아건 채 발(簾)을 내리고 살면서, 크게 '이존'以存이라 써서 당堂에 걸어 놓았다. 『주역』에 이르기를 "용과 뱀이 칩거하는 것은 몸을 보존하기 위함이다"라고 했는데, 아마 거기에서 뜻을 취한 것이리라. 그리고 나서 그는 하루아침에 상종하던 술꾼들을 사절하며,

"자네들은 그만 물러가게. 나는 장차 내 몸을 보존하려네."

하고 말했다.

나는 이 말을 듣고 크게 웃으며 말했다.

"중거가 몸을 보존하려는 방법이 여기에 그친다면 화를 면하기 어려울 것이다. 아무리 증자曾子가 독실하고 경건했다지만 그러한 증자도 종신토록 외우며 실행했던 것이 어떠했던가? 항상 하루 아침 하루 저녁도 무사히 넘기기 어려울 듯이 하다가, 죽는 날에 이르러서야 자신의 손발을 살펴보게 하고 비로소 온전한 몸으로 살다가 돌아감을 다행으로 여겼는데,[2] 하물며 일반 사람들이야 말할 것이 있으랴.

한 집을 미루어 한 지방을 알 수 있고, 한 지방을 미루어 온 누리도 알수 있다. 온 누리가 저와 같이 크다 하나, 일반 사람들의 처지에서 보자면 거의 발을 용납할 땅조차 없는 지경이다. 하루 사이에도 보고 듣고 말

---

[2] 죽는 …… 여겼는데 : 『논어』에 나오는 이야기다. 증자가 병이 들자 제자들을 불러 말하기를 "이불을 걷고서 내 발을 살펴보고 내 손을 살펴보아라. 『시경』에 이르기를 '두려워하고 삼가서, 깊은 못에 임한 듯이 하며 얇은 얼음을 밟듯이 하라' 하였는데, 이제야 내 몸이 다치는 죄를 면할 수 있게 되었구나, 얘들아!"라고 하였다고 한다.

하고 행동한 것[3]을 몸소 점검해 보면, 요행히 살아남고 요행히 화를 면하지 않은 적이 없다.

이제 중거는 외부의 사물이 자기를 해칠까 두려워 밀실에 칩거함으로써 자신을 보존하고자 하나, 자신을 해치는 것이 제 몸 안에 있음을 모르고 있다. 그러니 설령 발자취를 끊고 그림자를 감추어 스스로 옥살이 하듯이 한다 한들, 마침 사람들의 의혹을 더 크게 사고 분노를 모으기 좋을 뿐이다. 그가 몸을 보존하는 방법이 서투르지 않은가.

아아! 옛사람 중에도 남의 시기를 걱정하고 헐뜯음을 두려워한 이가 얼마나 많았던가. 그래서 대개는 농사터에 숨거나 산골에 숨고, 낚시터에 숨거나 백정이나 행상 노릇에 숨었다. 교묘하게 숨는 자들은 흔히 술에 몸을 숨겼으니, 유백륜劉伯倫(유영劉伶)과 같은 무리야말로 교묘하게 숨었다 하겠다. 하지만 심지어 종자로 하여금 삽을 짊어지고 자신의 뒤를 따라다니게 한 것[4]은 역시 몸을 보존하고자 도모한 방법치고 졸렬했다 하겠다. 어째서 그러한가?

저 농사터나 산골, 낚시터, 백정이나 행상 노릇에 숨은 경우는 모두 외부의 사물을 빙자하여 숨은 것이다. 하지만 술에 숨은 경우는 부지중 술에 정신없이 빠져 제 본성을 스스로 잃어버린 것이다. 그리하여 자기 형체를 잊어버리고도 깨닫지 못하고, 자기 시체가 구렁텅이에 내버려져도 걱정하지 않게 되니, 까마귀와 솔개, 땅강아지와 개미 따위가 뜯어 먹는

3_ 보고 듣고 말하고 행동한 것 : 『논어』에서 공자는 "예법에 어긋나면 보지 말고, 예법에 어긋나면 듣지 말고, 예법에 어긋나면 말하지 말고, 예법에 어긋나면 행동하지 말라"고 하였다.
4_ 종자로 …… 것 : 유영劉伶은 평소에 녹거鹿車를 타고 술을 싣고 다니면서, 종자에게 삽을 들고 따라다니게 하고는, 자기가 죽으면 즉시 그 자리에 파묻어 달라고 하였다고 한다.

것쯤이야 무슨 상관이 있으랴!⁵⁻ 유백륜이 술을 마신 것은 자기 몸을 보존하고자 한 것이었는데, 종자에게 삽을 짊어지게 한 바람에 그만 몸을 보존하는 데에 누를 끼치고 만 셈이다.

지금 중거의 과실은 술에 있지만, 그래도 그는 자신의 몸을 잊어버리지는 못한다. 그래서 몸을 보존할 방법을 생각한 나머지, 찾아오는 손님을 사절하고 깊이 숨어 지내는 것이다. 또한 깊이 숨어 지내는 것만으로 자기를 지키는 데 부족하다고 여겨, 망령되게 스스로 당호를 표방하고 남들이 보게 써서 걸어 놓기까지 했다. 이는 유백륜이 종자에게 삽을 짊어지게 한 것과 무엇이 다르겠는가."

중거가 두려워하며 한참 있더니,

"그대의 말과 같다면 나의 팔 척 몸을 들어다 어디에 두어야 한단 말인가?"

라고 물었다. 나는 그에게 이렇게 답하였다.

"나는 그대의 몸을 그대의 귓구멍이나 눈구멍 속에 집어넣을 수 있네. 아무리 천지가 크고 사해四海가 넓다지만 눈구멍이나 귓구멍보다 더 넉넉할 수는 없다네. 그대는 이 속에 숨기를 바라는가?

무릇 사람이 남과 접촉하고 행하는 일이 사리와 합치하는 데에는 방도가 있으니, 그것을 '예법'이라고 하네. 그대가 그대 몸을 이기기를 마치 큰 적을 막아 내듯 하여, 이 예법에 따라 절제하고 예법을 본받으며

5_까마귀와 …… 있으랴 : 『장자』에 나오는 이야기다. 장자莊子가 죽으려 할 때 그의 반대에도 불구하고 제자들이 장례를 성대하게 치르려고 하면서, 까마귀나 솔개가 선생님을 밥으로 삼을까 두려워서 그런다고 변명하자, 장자는 "노상에 있으면 까마귀나 솔개의 밥이 되고, 지하에 묻히면 땅강아지나 개미의 밥이 될 터인데, 전자에게서 빼앗아 후자에게 준다면 얼마나 편벽된 짓이냐!" 라고 나무랐다고 한다.

예법에 맞지 않는 것을 귀에 남겨 두지 않는다면, 몸을 숨기는 데에 무한한 여지가 있을 걸세.

눈이 몸에 대해서도 역시 그러하니, 예법에 맞지 않는 것을 눈에 접하지 않는다면, 몸이 남의 흘겨보는 눈초리[6]에 걸려들지 않을 걸세. 입의 경우도 또한 그러하니, 예법에 맞지 않는 것을 입에 올리지 않는다면, 몸이 남의 씹어 대는 대상에 들지 않을 걸세.

마음은 귀와 눈에 비해 더욱 광대하네. 그러니 예법에 맞지 않는 것으로 마음이 흔들리지 않게 한다면, 나의 온 몸과 그 몸의 모든 작용이 진실로 마음에서 벗어나지 않게 되어, 장차 어디를 가든지 몸이 보존되지 않는 경우가 없을 걸세."

그랬더니 중거가 손을 내저으며 말하였다.

"이는 그대가 나로 하여금 내 몸 안에 몸을 숨기고, 몸을 보존하지 않음으로써 보존하게 하고자 함이로구먼. 어찌 감히 그대의 말을 벽에 써 붙이고 반성하지 않을 수 있겠는가."

6_흘겨보는 눈초리 : 사소한 원한을 뜻한다. 전국 시대 위魏나라 사람으로 진秦나라에 망명한 범저范雎는 출세한 뒤, 자신에게 밥 한 그릇 준 사람에게도 반드시 보상하고 눈 한 번 흘긴 사람에게도 반드시 보복했다고 한다.

기記

머리 기른 중을 찾아서

髮僧菴記

　내가 동쪽으로 풍악산楓嶽山(가을철의 금강산)을 유람할 적에 만폭동萬瀑洞 입구에 들어서자 옛사람과 지금 사람들이 이름을 써 놓은 것이 보였다. 크게 쓰고 깊이 새겨진 것이 거의 조그마한 틈도 없어, 마치 구경판에 어깨를 포개 선 것 같고, 교외의 총총한 무덤과도 같았다. 오래 전에 새긴 글씨가 겨우 이끼에 묻히자, 새로 쓴 글씨가 또 인주印朱 빛으로 환히 빛나고 있었다.

　무너진 벼랑과 갈라진 바위에 이르렀더니, 깎아지른 듯 천 길이나 높이 서 있었다. 그 위로는 나는 새의 그림자조차 끊겼는데도, 홀로 '김홍연'金弘淵이란 세 글자가 남아 있었다. 나는 실로 마음속으로 이상히 여기고,

"자고로 관찰사의 위세는 족히 사람을 죽이고 살릴 수 있으며, 양봉래楊蓬萊(양사언楊士彦)는 기이한 경치를 좋아하여 그분의 발자취가 닿지 않은 곳이 없었다.[1] 그런데도 이곳에는 이름을 남기지 못했거늘, 이름을 써 놓은 저자는 도대체 누구기에 석공을 시켜 다람쥐, 원숭이와 목숨을 다투게 했단 말인가?"
라고 생각했다.

그 뒤에 나는 국내의 이름난 산들을 두루 유람하여 남쪽으로는 속리산, 가야산에 오르고, 서쪽으로는 천마산, 묘향산에 올랐다. 외지고 깊숙한 곳에 이를 적마다 세상 사람들이 오지 못할 곳을 나만 올 수 있었다고 생각하곤 하였다. 하지만 그럴 적마다 늘 김이 써 놓은 이름을 발견하고는, 그만 화가 치밀어,

"홍연이 어떤 작자길래 감히 이다지도 당돌한가?"
라고 욕을 했다.

무릇 이름난 산에 노닐기를 좋아하는 사람은 지극한 위험을 무릅쓰고 많은 어려움을 물리치지 않으면 역시 절경을 찾아낼 수 없다. 나도 평상시에 지난날의 발자취를 추억할 때면 벌벌 떨면서 스스로 후회하지 않은 적이 없었다. 하지만 다시 산에 오르게 되면 전번의 다짐이 어느 새 온데간데없어지고, 험준한 바위를 딛고 깊은 골짜기를 내려다보았다. 썩은 잔교棧橋와 앙상한 사다리에 몸을 의지하기도 하고, 왕왕 천지신명께 속으로 빌면서 다시 돌아가지도 못할까 벌벌 떨며 두려워하기도

1_양봉래楊蓬萊는 …… 없었다 : 양사언楊士彦은 자연의 경치를 좋아하여 지방관으로 전전하며 곳곳에 많은 글씨를 남겼다. 특히 금강산을 좋아하여 만폭동에 '봉래풍악원화동천'蓬萊楓嶽元化洞天이라는 글씨를 남겼다.

하였다. 하지만 그런 곳에도 사슴 정강이 크기만 한 큰 글자가 인주로 메워져, 늙은 나뭇가지와 해묵은 칡덩굴 사이로 보일락말락 서려 있다 하면, 반드시 '김홍연'金弘淵 석 자였다. 그런데 그때에는 도리어 마치 위험하고 곤경에 처했을 때 옛 친구를 만난 듯 기뻤으며, 그로 인해 힘을 내어 기어 오르면서 그 글자와 앞서거니 뒤서거니 하였다.

평소에 김의 행적을 아는 어떤 사람이 나에게 이렇게 말해 주었다.

"김은 바로 왈짜요. 왈짜란 대개 민간에서 방탕하고 물정 모르는 자를 일컫는 말인데, 이른바 검객이나 협객의 부류와 같소. 그는 젊은 시절에 말달리기와 활쏘기를 잘하여 무과에 급제했지요. 힘을 다해 호랑이를 목 졸라 죽일 수 있고, 기생 둘을 양옆에 끼고 두어 길 되는 담장을 뛰어넘을 수도 있었다오. 녹록하게 벼슬 구하기를 즐겨하지 않아, 집이 본래 부유해서 돈 쓰기를 썩은 흙 버리듯 했지요. 고금의 명필 서첩과 이름난 그림, 칼과 거문고와 이기彝器, 그리고 기이한 화초 따위를 널리 수집했다오. 한번 마음에 드는 것을 만났다 하면 천금도 아끼지 않아 빼어난 말과 이름난 매가 늘 그의 좌우에 있었지요.

그런데 이제 늙어서 백발이 되자, 송곳과 끌을 주머니에 넣고 이름난 산들을 두루 유람한다오. 이미 한라산에 한 번 들어갔고 장백산長白山(백두산)에 두 번이나 올랐다지요. 그때마다 자신의 이름을 손수 돌에다 새겼으니, 이는 후세 사람들에게 이런 사람이 있었음을 알리려고 한 짓이라 합디다."

나는 그에게 물었다.

"그 사람이란 누구를 말하는 것이오?"

"김홍연이오."

"김홍연이라는 사람은 누구요?"

"자가 대심大深이지요."

"대심이란 누구요?"

"발승암髮僧菴이라고 스스로 호를 지어 부르는 사람이오."

"이른바 발승암은 누구요?"

얘기하던 사람이 답이 막히자, 나는 웃으며 말했다.

"옛날에 장경長卿(사마상여司馬相如)이 무시공無是公과 오유선생烏有先生을 설정하여 서로 힐난하게 한 바 있었소.² 지금 그대와 나는 오래된 암벽과 흐르는 물 사이에서 우연히 만나 서로 문답을 하고 있소. 훗날에 서로 생각해 보면 모두 오유선생이 될 터인데, 이른바 발승암이란 이가 어디 있겠소?"

그가 발끈해서 얼굴에 노기를 띠며 말했다.

"내가 어찌 황당한 말로 꾸며 내었겠소? 그 사람은 정말로 있었소."

나는 크게 웃으며 말했다.

"그대는 너무나 집요하구먼. 옛날 왕개보王介甫(왕안석王安石)가 「극진미신」劇秦美新에 대해 변증하기를, 틀림없이 곡자운谷子雲(곡영谷永)의 저술이지 양자운揚子雲(양웅)의 저술이 아니라 했소. 그랬더니 소자첨蘇子瞻(소식蘇軾)은 '서경西京(장안長安)에 과연 양자운이란 인물이 있었는지 없었는지조차 모르겠다'고 했소. 저 두 분은 문장이 당대에 빛났고 이름이 역사에 남아 있건만, 후세에 옛일을 논하는 사람들이 그래도 이와 같은 의

2_ 장경長卿이 …… 있었소: 무시공無是公과 오유선생烏有先生은 사마상여가 지은 「자허부」子虛賦와 「상림부」上林賦에 나오는 가공 인물들이다.

심을 가졌지요. 그러니 하물며 심산궁곡 중에 헛된 이름을 남겨, 바람에 삭고 비에 부스러져 백 년이 못 가서 마멸될 것은 말해 무엇하겠소."

이 말을 듣고는 그 사람도 크게 웃고 떠났다.

그로부터 구 년 뒤에 나는 평양에서 김을 우연히 만났다. 어떤 사람이 뒤에서 손가락으로 가리키며,

"이 사람이 김홍연이오."

라고 말해 주었다. 그래서 내가 그의 자를 부르면서,

"대심大深! 그대는 혹시 발승암이 아니오?"

하였더니, 김군이 고개를 돌려 뚫어지게 보더니 말했다.

"그대가 나를 어떻게 아오?"

"예전에 만폭동에서 벌써 그대를 알았소. 그대의 집은 어디에 있소? 예전에 수집했던 것들은 지금도 꽤 가지고 있소?"

김군이 허탈한 표정으로 말했다.

"집이 가난하여 다 팔아넘기고 말았소."

"왜 발승암이라 부르오?"

"불행히도 몹쓸 병으로 온몸이 손상되고, 늙은데다 아내도 없어 늘 불당에 의지하고 살기 때문에 그렇게 부른 것이오."

그의 말과 행동을 살펴보니 옛날의 기질이 아직도 남아 있는 데가 있어, 나는 젊고 씩씩했던 시절의 그를 보지 못한 것이 참으로 애석하였다.

하루는 그가 내가 묵고 있던 집으로 찾아와서 청했다.

"내가 이제 늙어서 다 죽게 되었소. 마음은 벌써 죽고 머리터럭(髮)만 남았으며, 거처하는 곳은 다 중들이 사는 암자(僧菴)요. 그대의 글에 의탁하여 후세에 이름이 전해지기를 원하오."

나는 그가 늙어서도 자신의 포부를 여전히 잊지 못함을 슬프게 여겨, 마침내 예전에 유람하다 만났던 사람과 문답한 내용을 써서 주고, 또 그를 위해 다음과 같이 게偈를 설하였다.

까마귀는 새마다 검은 줄 믿고	烏信百鳥黑
해오리는 딴 새가 희지 않다 의아해하네	鷺訝他不白
검은 놈 흰 놈이 저마다 옳다 여기니	白黑各自是
하느님도 그 소송에 싫증내겠군	天應厭訟獄
사람은 다 두 눈이 달려 있지만	人皆兩目俱
애꾸는 한 눈으로도 잘 보는 걸	睄一目亦覰
어찌 꼭 쌍이라야 밝다 하리오	何必雙後明
어떤 나라 사람들은 한 눈뿐인데[3]	亦有一目國
두 눈도 적다고 불만족하여	兩目猶嫌小
이마에 덧눈을 달기도 하네[4]	還有眼添額
더구나 저 관음보살은	復有觀音佛
변신하면 눈이 천 개나 되네[5]	變相目千隻
달린 눈이 천 개랬자 별거 있겠나	千目更何有
장님도 검은 건 볼 수 있는데	瞽者亦觀黑

3_어떤 …… 눈뿐인데 : 『산해경』山海經 「해외북경」海外北經에 일목국一目國이 있는데 그 나라 사람들은 외눈이 얼굴 한복판에 있다고 하였다.
4_두 눈도 …… 하네 : 불교에서 대자재천大自在天은 보통 사람과 같은 두 눈 외에 정수리에 일체의 사리를 꿰뚫어 보는 외눈을 가지고 있다고 하며 이를 정문안頂門眼이라 한다.
5_관음보살은 …… 되네 : 천수千手와 천안千眼을 갖춘 천수관음보살을 가리킨다.

김군은 병으로 불구가 된 몸	金君廢疾人
부처에 의지하여 살아간다네	依佛以存身
돈 쌓아 놓고 쓸 줄 모르면	積錢若不用
비렁뱅이 가난과 뭐가 다르리	何異丐者貧
중생은 다 제멋으로 사는 법	衆生各自得
억지로 남을 본뜰 건 없네	不必强相學
대심은 이미 남다르게 살았기에	大深旣異衆
사람들의 의혹을 샀던 것이지	以玆相訝惑

기記

만년에 휴식하는 즐거움

晩休堂記

예전에 나는 작고한 대부大夫 김공 술부金公述夫(김선행金善行) 씨와 함께 눈 내리던 날 화로를 마주하고 고기를 구우며 난회煖會를 한 적이 있다. 이를 속칭 '철립위'鐵笠圍라 한다. 온 방안이 연기로 후끈하고, 파·마늘 냄새와 고기 누린내가 몸에 짙게 배었다. 공이 먼저 일어나 나를 이끌고 물러나와, 북쪽 창가로 나아가서는 부채를 부치며,

"그래도 맑고 시원한 곳이 있으니, '신선이 사는 곳과 그다지 멀지 않다' 할 만하구먼."

하였다.

조금 있다가 보니 종들이 심부름을 하느라 처마 밑에 서서는, 추위를 못 견디어 발을 동동 구르고 있었다. 그런데도 공의 자제들은 떼지어 소

란을 피우다가 국물을 쏟아 손을 데는 등 와자지껄 장난치는 소리가 그칠 줄 몰랐다. 공은 크게 웃으며,

"더운 곳[1]에서 일찌감치 물러나오니 당장에 효험을 보네만, 눈 속에서 발을 구르는 자들이 국물 한 방울도 얻어먹지 못하는 것이 안됐구먼."

하기에, 나 역시 소년들이 국물을 쏟은 일을 들어 공에게 넌지시 충고하고, 그 김에 옛날과 지금 사람들의 진퇴進退와 영욕榮辱[2]에 대해 역설하였다. 그랬더니 공은 정색을 하고,

"부귀를 누릴 만큼 누린 뒤에야 만족할 줄을 알고, 다 늙고 나서야 휴식을 생각한다면 역시 너무 늦은 것이니, 무슨 즐거움이 있겠는가?"

하였다. 공이 벼슬길에서 일찌감치 물러나는 일에 반드시 용단성이 있었다고 할 수는 없겠지만, 그가 이런 말을 한 것은 역시 속으로 느낀 바가 있어서가 아니었던가 싶다.

내가 서쪽으로 개성에 와서 노닐게 되면서, 양씨梁氏의 자제인 정맹廷孟과 몹시 친해졌다. 그래서 그 부친의 학동鶴洞(금학동琴鶴洞) 별장에서 노닌 적이 있다. 그곳에는 꽃과 나무가 가지런히 늘어섰고 뜰과 집이 깨끗이 청소되어 있었는데, 그 집을 이름하여 만년에 휴식한다는 뜻으로 '만휴당'晚休堂이라 했다.

양옹梁翁(양정맹의 부친)은 너그럽고 도량이 커서 옛날 점잖은 어른의 풍도가 있었다. 그분은 날마다 동네 노인들과 함께 활 쏘고 바둑 두는 것으

1_더운 곳 : 원문은 '열처'熱處인데, 이는 권세 있는 벼슬자리라는 뜻도 있다.
2_진퇴進退와 영욕榮辱 : 진퇴는 벼슬길에 나서는 것과 은퇴하는 것을 가리킨다. 벼슬할 때와 은퇴할 때를 잘 분별해야 영예를 누리고 치욕을 면할 수 있다.

로 소일했으며, 거문고와 술로써 스스로 즐겁게 지냈다. 아마도 그분은 명성과 권세와 이익을 추구하기를 일찌감치 그만두었기에 늘그막에 오래 즐거움을 누릴 수 있었던 것이리라. 이 어찌 참로로 만년에 휴식하는 즐거움을 얻은 분이 아니겠는가!

전에 양정맹이 나더러 만휴당의 기記를 지어 달라고 청했다. 아! 김공이 이 도읍의 유수留守를 지낸 적이 있는데, 공이 떠난 뒤에도 백성들이 그분을 그리워했다. 그래서 화로에 둘러앉아 고기 구워 먹던 옛일을 이야기함으로써 만년에 휴식하는 양옹의 즐거움을 치하하고자 한다. 아울러 이를 글로 적어서, 떼지어 소란을 피우다가 뜨거운 국물에 손을 데는 세상 사람들에게도 경고하는 바이다.

기記

취해서 운종교를 거닐다

醉踏雲從橋記

음력 칠월 열사흗날 밤에 박성언朴聖彦(박제도朴齊道)이 이성위李聖緯(이희경李喜經)와 그의 아우 성흠聖欽(이희명李喜明), 원약허元若虛(원유진元有鎭), 여생呂生, 정생鄭生, 동자 현룡見龍을 데리고, 지나는 길에 이무관李懋官(이덕무)까지 끌고 찾아왔다. 이때 마침 참판 서원덕徐元德(서유린徐有隣)이 먼저 와서 자리에 앉아 있었다. 성언은 다리를 꼬고 팔짱을 끼고 앉아서 빈번히 밤 시간을 살피며, 입으로는 작별 인사 하고 가야겠다고 말하면서도 짐짓 오래도록 눌러앉아 있었다. 좌우를 살펴보아도 선뜻 먼저 일어나려는 사람이 아무도 없었다. 원덕 역시도 갈 뜻이 전혀 보이지 않자, 성언이 마침내 여러 사람들을 끌고 함께 나가 버렸다.

한참 후에 동자가 돌아와 말하기를,

"손님은 이미 떠나셨을 거라면서, 여러 분들이 거리를 산보하다가 선생님이 오시기를 기다려 술을 마시려고 한답니다."
하였다. 원덕이 웃으면서,

"진秦나라 사람이 아닌 자는 쫓아내는구려."[1]
하였다.

드디어 일어나 서로 손을 잡고 거리로 걸어 나갔다. 성언이 질책하기를,

"달이 밝아서 어른이 집에 찾아왔는데 술자리를 마련하여 환대하지 않고, 유독 귀하신 분만 붙들고 이야기하면서, 어른을 오래도록 밖에 서 있게 하니 어쩌자는 거요?"
하였으므로, 나의 아둔함을 사과하였다.

성언이 주머니에서 오십 전錢(닷 냥)을 꺼내어 술을 샀다. 조금 취하자, 운종가雲從街로 나가 종각鐘閣 아래서 달빛을 밟으며 거닐었다. 이때 야고夜鼓(밤에 시각을 알리는 북)가 이미 삼경 사점三更四點(밤 12시 반쯤)을 알리니 달이 더욱 밝았다. 사람 그림자는 길이가 모두 열 발이나 늘어져, 스스로 돌아봐도 섬뜩하여 두려움이 들었다.

거리에는 개떼가 어지러이 짖어 대었다. 희고 여윈 큰 맹견 한 마리가 동쪽에서 다가오기에, 일행들이 둘러싸고 쓰다듬어 주었다. 그 개는 좋아서 꼬리를 흔들며 고개를 숙이고 오랫동안 멈춰 서 있었다.

---

[1]_진秦나라 …… 쫓아내는구려 : 이사李斯의 「간축객서」諫逐客書에 나오는 말이다. 진시황秦始皇이 진나라 출신이 아닌 관리들을 추방하려 하자 이사가 글을 올려 그 부당함을 지적하여, 추방을 면하고 복직되었다. 여기서 서유린은 이사의 말을 빌려, 일행이 아닌 자신을 따돌리려는 것을 농담 섞어 항의한 것이다.

예전에 들으니 이 큰 맹견은 몽골에서 난다는데, 크기가 말만 하고 성질이 사나워서 다루기가 어렵다고 한다. 중국에 들어간 놈은 그중에 특별히 작은 종자라 길들이기가 쉽다. 우리나라에 들어온 놈은 더욱더 작은 종자인데 그래도 토종 개에 비하면 월등히 크다.

이 개는 이상한 것을 보아도 잘 짖지 않는다. 하지만 한번 성이 났다 하면 으르렁거리며 위엄을 과시한다. 세간에서는 이 개를 '호백胡白'이라 부른다. 그중에 가장 작은 놈은 '발발이'라 부르는데, 그 종자는 중국 운남雲南에서 나왔다. 호백이든 발발이든 모두 고깃덩이를 즐기며, 아무리 배가 고파도 똥을 먹지 않는다.

일을 시키면 사람의 뜻을 잘 알아차려서, 목에다 편지 쪽지를 매어 주면 아무리 먼 곳이라도 반드시 전달한다. 혹 주인을 못 만나면 반드시 그 주인집 물건을 물고 돌아와서 증거물로 삼는다고 한다. 해마다 늘 사신 일행을 따라 우리나라에 들어온다. 하지만 대부분 굶어 죽고 말며, 언제나 홀로 다니고 기를 펴지 못한다.

무관이 취중에 그놈의 자字를 '호백豪伯'이라 지어 주었다. 잠깐 사이에 그 개가 어디론지 가 버리고 보이지 않았다. 무관이 섭섭하여 동쪽을 향해 서서 '호백이!' 하고, 마치 오랜 친구나 되는 듯이 세 번이나 부르니, 일행들이 모두 크게 웃었다. 그러자 거리에서 소란을 피우던 개떼가 마구 달아나면서 더욱 짖어댔다.

마침내 지나는 길에 현현玄玄을 찾아가 술을 더 마시고 크게 취하였다. 운종교를 거닐다가 다리 난간에 기대어 옛날 일을 이야기했다. 당시 정월 대보름날 밤에 연옥連玉(유연柳璉)이 이 다리 위에서 춤을 추었다.[2] 그리고 백석白石(이홍유李弘儒)의 집에 가서 차를 마셨다. 혜풍惠風(유득공)이 장난

삼아 거위의 목을 끌고 와 여러 바퀴 돌리면서 종에게 분부하는 듯한 시늉을 하여, 웃고 즐거워했다.

이제 벌써 육 년이 지났다. 혜풍은 남쪽으로 금강錦江을 유람하고, 연옥은 서쪽 평안도 지방으로 떠났는데, 모두 다 별탈이 없이 지내는지?

다시 수표교水標橋에 당도하여 다리 위에 줄지어 앉았다. 달은 바야흐로 서쪽으로 기울어 순수한 붉은빛을 띠었다. 별빛은 더욱 흔들리며 둥글고 커져서, 얼굴에 방울방울 떨어질 듯했다. 이슬이 짙게 내려, 옷과 갓이 다 젖었다. 흰구름이 동쪽에서 일어나 옆으로 뻗쳐 가다 천천히 북쪽으로 옮아 갔다. 성 동쪽에는 청록빛이 더욱 짙어졌다.

들려오는 맹꽁이 울음소리는 눈 어둡고 귀먹은 원님 앞에 난민亂民들이 몰려와서 소송을 벌이는 듯했다. 매미 울음소리는 일과를 엄히 지키는 서당에서 시험일에 닥쳐 소리 내어 글을 외우는 듯했다. 닭 울음소리는 한 선비가 홀로 나서서 바른말 하는 것을 자기 소임으로 삼는 듯했다.

2_정월 …… 추었다 : 음력 정월 대보름날 밤에 운종교 다리를 밟으면 한 해의 액땜을 할 수 있다는 속신俗信에 따라 그날 밤에 다리밟기를 하는 것이 당시 한양의 한 풍속을 이루었다고 한다.

기記

통곡하기에 좋은 장소

好哭場

칠월 초여드레 갑신일甲申日. 맑음.[1]

정사正使와 가마를 함께 타고 삼류하三流河를 건넜다. 냉정冷井이란 곳에서 아침 식사를 했다. 그리고 십 리 남짓 가서 산기슭 일대를 돌아 나오는데, 태복泰卜이가 갑자기 공손히 허리를 굽히고 재빠른 걸음으로 말 머리를 지나서는, 땅에 넙죽 엎드리며 소리 높여 외쳤다.

"백탑白塔이 현신現身합신다 아뢰오!"

태복이란 자는 정 진사鄭進士(정각鄭珏)의 마부다. 산기슭이 여전히 시야

1_ 칠월 …… 맑음 : 이하는 『열하일기』「도강록」渡江錄 중 1780년 음력 7월 8일자 일기의 앞부분을 발췌하여 한 편의 독립된 글로 다룬 것이다.

를 가로막고 있어 백탑은 보이지 않았다. 말을 더욱 빨리 몰아서 수십 걸음을 채 못 가 산기슭을 막 벗어나자, 눈이 어찔어찔하면서 갑자기 눈 앞에 한 무더기의 흑점들이 어지럽게 오르내린다.

나는 오늘에사 깨달았노라, 인간의 삶이란 본래 의지할 데가 없으며, 오직 하늘을 머리에 이고 땅을 발로 디디면서 살아갈 수밖에 없음을!

말을 멈춰 세우고 사방을 둘러보다가, 저도 모르게 두 손을 들어서 이마에 대어 경례를 올리며 말하였다.

"통곡하기에 좋은 장소로다! 통곡할 만하구나!"

그러자 정 진사가 묻기를,

"이처럼 하늘과 땅 사이에 시야가 탁 트인 드넓은 곳을 만났는데, 갑자기 또 통곡을 생각하다니 왜 그러시오?"

하기에, 내가 말하였다.

"그렇기도 하오만, 꼭 그렇지만은 않소. 자고로 영웅은 울기를 잘하고 미인은 눈물이 많은 법이오. 하지만 그들의 울음은 두어 줄기의 소리 없는 눈물이 옷깃 앞에 굴러 떨어지는 것에 지나지 않았으니, 그들의 울음소리가 천지에 가득 차서 종이나 경쇠에서 울려 나오는 듯했다[2]는 말은 듣지 못했소.

사람들은 인간의 일곱 가지 감정(七情) 중에 오직 슬픔(哀)만이 통곡을 유발하는 줄 알고, 일곱 가지 감정이 모두 통곡할 만한 줄은 모르오. 기쁨(喜)이 극에 달하면 통곡할 만하고, 노여움(怒)이 극에 달하면 통곡할 만

---

[2]_그들의 …… 듯했다 : 『장자』에 증자曾子가 몹시 가난하게 살면서도 초연하게 『시경』 상송商頌을 노래하니, "그 소리가 천지에 가득 차서 종이나 경쇠에서 울려 나오는 듯했다"고 하였다.

하고, 즐거움(樂)이 극에 달하면 통곡할 만하고, 사랑(愛)이 극에 달하면 통곡할 만하고, 미움(惡)이 극에 달하면 통곡할 만하고, 욕심(欲)이 극에 달하면 통곡할 만하다오.

그리고 억눌린 감정을 시원스레 풀어버리는 것은 울음소리보다 더 빠른 게 없으니, 통곡이란 천지에 있어서 격렬한 천둥에 비길 만하오. 극에 달한 감정에서 우러나오고, 우러나온 것이 사리에 들어맞기만 하다면, 통곡이라 해서 웃음과 무엇이 다르리오?

사람들이 살아가면서 감정을 느낄 적에 이처럼 극에 달하는 경우는 겪어본 적이 없는지라, 일곱 가지 감정을 교묘하게 배치하면서 그중 슬픔을 통곡과 짝 지어 놓았소. 이로 말미암아 사람들은 누가 죽어 초상을 치를 적에야 비로소 억지로 '아이고' 등의 소리를 내어 울부짖지요.

하지만 진실로 일곱 가지 감정에서 우러난 지극하고 참된 목소리라면, 억누르고 꾹 참아서 천지 사이에 가득 쌓이고 맺혔어도, 감히 이를 공공연하게 드러내지 못하는 법이오. 저 가생賈生(가의賈誼)이란 사람은 통곡 장소를 얻지 못하여 참다가 못 견디자, 갑자기 선실宣室을 향해 한 번 큰소리로 울부짖었으니,[3] 어찌 사람들이 놀라 괴이쩍게 여기지 않을 수 있었겠소!"

3_가생賈生이란 …… 울부짖었으니 : 한漢나라 초의 저명한 문인 학자였던 가의賈誼는 젊은 나이로 문제文帝에게 발탁되었으나, 모함을 받아 장사왕長沙王의 태부太傅로 밀려났다. 그 뒤 문제가 가의를 선실宣室(궁전 이름)로 불러 자문을 구한 적이 있었다. 이로 인해 그의 식견을 재인식하게 된 문제는 그를 양회왕梁懷王의 태부로 임명했다. 그때 가의는 후세에 「치안책治安策」이라는 제목으로 전하는 명문의 상소를 올렸는데, 그 첫머리에서 "신이 천하의 형세를 가만히 살피건대, 통곡할 만한 일이 한 가지요, 눈물 뿌릴 만한 일이 두 가지며, 길게 탄식할 만한 일이 여섯 가지입니다"라고 하였다. 그러므로 '가의가 선실을 향해 울부짖었다'는 것은 이와 같이 그가 문제에게 「치안책」을 올린 고사를 가리키는 듯하다.

그러자 정 진사가 묻기를,

"이제 이 통곡 장소가 저토록 드넓으니 나도 그대를 따라서 한 번 통곡해야 하겠으나, 통곡하는 까닭을 모르겠구려. 일곱 가지 감정 중에서 찾자면, 무슨 감정 때문에 그러는 거요?"

하기에, 내가 말하였다.

"갓난아이한테 물어보시오! 갓난아이가 처음 태어날 적에 어떤 감정을 느꼈겠소? 처음으로 해와 달을 보고, 다음으로 부모를 보게 되며, 친척들은 눈앞에 가득 모여 기뻐하고 즐거워하지 않는 이가 없지요.

이와 같은 기쁨과 즐거움은 태어나서 늙을 때까지 둘도 없으니, 슬픔이나 노여움이 있을 리 없고 인정상 즐겁고 웃음이 나와야 할 텐데, 도리어 한없이 울부짖으며 분노와 원망이 속에 가득하오. 이는 아마도 인간이란 신성한 제왕이든 어리석은 백성이든 예외 없이 죽기 마련이고, 살아 있는 동안에는 실수나 죄를 저지르고 온갖 근심 걱정을 겪게 되니, 아이가 제가 태어난 것을 후회하여 미리 스스로 통곡하며 애통해하는 것이라고 생각할 수도 있소.

하지만 이것은 결코 갓난아이의 본심이 아니오. 아이가 막에 싸여 태중에 있을 적에는 어둠 속에 갇혀서 얽매이고 짓눌리다가, 하루아침에 텅 비고 드넓은 데로 솟구쳐 나와, 손을 펴고 다리를 뻗게 되며 정신이 시원스레 트이니, 어찌 참된 목소리를 내질러서 감정을 남김없이 한바탕 쏟아내지 않으리오!

그러므로 의당 가식 없는 갓난아이의 울음소리를 본받아, 비로봉毘盧峰(금강산의 최고봉) 꼭대기에 올라 동해를 바라보며 그곳을 통곡 장소로 삼을 만하고, 장연長淵의 금사산金沙山에 가서 그곳을 통곡 장소로 삼을 만하오.

그런데 이제 요동 벌판에 임하여 보니, 여기서부터 산해관山海關까지는 일천이백 리나 되는데 사방 어느 곳이든 산 한 점 없으며, 하늘가와 땅 끝이 풀로 붙인 듯 실로 꿰맨 듯 맞닿아 있고, 예나 지금이나 비 뿌리고 구름 피어나는 가운데 오직 끝없이 아득할 뿐이라, 이곳을 통곡 장소로 삼을 만하구려."

기記

한밤중에 고북구를 나서며

夜出古北口記

연경燕京(북경의 옛 이름)에서 열하까지 가는데, 창평昌平으로 길을 취하면 서북쪽으로 거용관居庸關을 나서게 되고, 밀운密雲으로 길을 취하면 동북쪽으로 고북구를 나서게 된다. 고북구에서 만리장성을 따라 가면 동쪽으로는 산해관山海關까지 칠백 리가 되고, 서쪽으로는 거용관까지 이백팔십 리가 된다. 거용관과 산해관의 중간에 있는 만리장성의 험준한 요충지로는 고북구만 한 곳이 없다. 몽골족이 중국을 드나들 적에 항상 그 길목이 되었으므로, 겹겹의 관문을 설치하여 그 험준한 요충지를 통제하였다.

나벽羅璧의 『지유』識遺에 이르기를,

"연燕(지금의 북경)의 북쪽 백 리 밖에 거용관이 있고, 거용관 동쪽 이백 리 밖에 호북구虎北口가 있다."

고 했는데, 여기서 말한 '호북구'가 곧 고북구다. 당나라 때부터 비로소 '고북구'라고 불렀다. 중국 내륙 사람들은 만리장성 너머의 지역들을 말할 때 모두 '구외'口外라 불렀다. 구외는 모두 당나라 때 해왕奚王의 아영牙營(본영)이 있던 곳이다. 『금사』金史를 살펴보면, 여진족의 말로 '유알령'留斡嶺이라 일컫는 곳이 바로 고북구다.

만리장성을 에워싼 지역의 '구'口라 일컬어지는 곳을 헤아려 보면 대체로 백 군데쯤 된다. 그런 곳들에 산등성이를 타고 성을 쌓았으나, 그중 가파르고 깊은 골짜기가 아가리를 벌린 채 깊숙한 웅덩이를 이룬데다 물이 거세게 부딪쳐 파고 드는 곳에는 성을 쌓을 수가 없어서 정장亭鄣(검문소)을 설치했다. 그리고 황명皇明(명나라를 높여 부른 칭호) 홍무洪武(태조의 연호) 때 수어천호소守禦千戶所를 세우고, 관문을 다섯 겹으로 설치했다.

나는 무령산霧靈山을 따라 돌고 배로 광형하廣硎河를 건너 밤중에 고북구를 나섰다. 때는 밤이 이미 삼경三更(자정 무렵)이었다. 겹겹의 관문을 벗어나, 만리장성 아래에서 말을 멈춰 세웠다. 성의 높이를 가늠해 보니 십여 길은 됨직하다. 붓과 벼루를 꺼내고 술을 뿜어 먹을 갈고는, 성벽을 쓰다듬고 나서 이렇게 글씨를 썼다.

"건륭乾隆 45년 경자년庚子年 8월 7일 밤 삼경에 조선 사람 박지원이 이곳을 통과하다."

그리고 나서 크게 웃으며,

"나는 한갓 서생書生일 뿐이다. 머리가 허옇게 되어서야 만리장성 밖을 한 번 나가 보는 건가?"

하였다.

옛날 몽염蒙恬 장군은 독백하기를,

"내가 임조臨洮에서 시작하여 요동遼東까지 계속해서 성 쌓느라고 산을 파헤친 것이 만여 리나 되었다. 이와 같이 했으니 그 중간에 지맥을 끊는 일이 없을 수 있었으랴?"[1]

하였다. 그런데 지금 그가 산을 파헤치고 골짜기를 메운 자취를 살펴보니, 과연 그렇도다!

아! 이곳은 예전에 수많은 전투가 벌어졌던 지역이다. 후당後唐의 장종莊宗이 유수광劉守光을 사로잡을 적에 장종이 파견한 별장別將(별동대의 장수) 유광준劉光濬이 고북구에서 승리를 거두었고, 거란(요遼나라)의 태조太祖가 산남山南을 차지할 적에도 우선 고북구를 정복하였다. 여진女眞(금金나라)이 요나라를 멸망시킬 적에 희윤希尹(완안희윤完顏希尹)이 요나라의 군대를 크게 쳐부순 것도 바로 이곳에서요, 여진이 연경을 차지할 적에 포현蒲莧이 송宋나라 군대를 패배시킨 것도 바로 이곳에서다.

원元나라의 문종文宗이 즉위할 때 당기세唐其勢가 여기에 군대를 주둔시켰으며, 살돈撒敦이 상도上都의 군대를 여기에서 추격하였다.[2] 독견첩목

1_ 내가 …… 있었으랴 : 『사기』에 나오는 이야기다. 진시황秦始皇은 천하를 통일하자 흉노를 막기 위해 몽염에게 삼십만 병력으로 임조에서 요동까지 만리장성을 쌓게 했다. 임조는 지금의 감숙성甘肅省 난주시蘭州市 남쪽에 있었다. 그런데 진시황이 죽은 뒤 환관 조고趙高의 사주를 받은 새 황제가 몽염에게 사사賜死한다는 명을 내리자, 몽염은 탄식하면서 위와 같은 말을 남기고 음독 자살했다고 한다. 풍수지리설에서는 땅속의 정기가 흐르는 지맥을 끊으면 재앙이 닥친다고 본다.

2_ 원元나라의 …… 추격하였다 : 1328년 태정제泰定帝가 상도上都에서 죽고 천순제天順帝가 즉위하자, 권신 연철목아燕鐵木兒(엘 테무르)가 무종武宗의 아들을 황제로 옹립하고 대도大都(북경)에서 정변을 일으켰다. 그리하여 원나라 조정은 천순제를 지지하는 상도파上都派와 나중에 문종文宗이 되는 새 황제를 옹립한 대도파大都派로 분열 대립하였으나, 대도파가 상도파의 공격을 물리치고 승리를 거두었다. 당시 연철목아는 자신의 동생 살돈撒敦(사툰)에게 거용관을 수비하게 하고, 아들 당기세唐其勢(텡기스)에게는 고북구에 주둔하도록 명했다. 살돈이 야간 기습 작전으로 상도파의 군대를 고북구에서 축출하였다.

아츤堅帖木兒가 거용관에 들어올 적에 원나라의 태자가 이 관문으로 달아났다가 홍주興州와 송주松州로 향하였다.[3] 명나라 가정嘉靖(세종世宗의 연호) 때 엄답俺答이 북경을 침범했는데 그 자가 출입한 것이 모두 이 관문을 통해서였다.[4]

그 성 아래는 곧 병사들이 맹활약하며 격전을 벌인 장소였건만, 지금은 온 천하가 무력을 사용하지 않는다. 그래도 여전히 사방의 산들이 빈틈없이 에워싸고, 수많은 깊은 골짜기가 음침한 모습을 드러내었다.

마침 달은 상현이었다. 달이 고개에 걸려 막 넘어가려 하는데, 그 빛이 싸늘하고 예리하기가 마치 칼을 숫돌에 갈아 날을 세운 것 같았다. 조금 지나자 달이 더욱 고개 아래로 넘어갔으나, 그래도 뾰족한 두 끝은 여전히 드러나 있더니 갑자기 불처럼 빨갛게 변해서 마치 두 개의 횃불이 산에 출현한 것 같았다.

북두칠성이 관문 위로 기울어 반쯤 가려지자 풀벌레 울음이 사방에서 일어나고, 멀리서 세찬 바람이 으스스하게 부니 숲과 골짜기가 모두 울었다. 저 맹수 같고 귀신 같은 멧부리들은 마치 창을 늘어놓고 방패를 한데 모아 세운 듯하며, 강물이 양쪽 산 사이에서 쏟아지며 거세게 다투는

---

[3] 독견첩목아禿堅帖木兒가 …… 향하였다 : 독견첩목아禿堅帖木兒(투겐 테무르)는 원나라 순제順帝 때 지추밀원사知樞密院事로서, 황태자에게 죄를 짓고 달아나 대동大同의 총독인 박라특목이博囉特穆爾(보로 테무르)에게 비호를 받았다. 순제 24년(1364) 황태자 추종 세력의 음모로 박라특목이의 관직과 병권을 빼앗는 황제의 조서가 내려지자, 박라특목이는 거병하여 대도大都로 향하였다. 이때 그 휘하에 있던 독견첩목아의 군대가 거용관으로 쳐들어왔으므로, 위기를 느낀 황태자는 대도의 궁궐을 빠져 나와 고북구로 달아났다가 홍주興州와 송주松州로 향했다.

[4] 명나라 …… 통해서였다 : 몽골의 타타르족 추장인 엄답俺答(알탄 칸)은 그 세력이 매우 강성하여 매년 명나라를 침입했다. 특히 가정嘉靖 29년(1550)에는 고북구의 명나라 관군을 격파하고 북경의 성문 앞까지 진격했다가 다시 고북구를 통해 나갔다.

것은 마치 철갑 입은 기병들이 치닫고 징과 북이 울리는 듯하였다.

　하늘 너머에서 두루미가 대여섯 번 울음을 울었다. 맑고 곱기가 마치 피리 소리가 길게 여운을 남기는 듯하다. 어떤 이가,

　"이것은 천아天鵝[5]다."

라고 하였다.

5_천아天鵝: 고니를 가리킨다. 여기서 말하는 천아를 천아성天鵝聲 즉 군대에서 부는 나팔 소리로 해석하는 설도 있다. 그러나 『시고』詩故에 "요즘 말하는 천아는 곧 고니이다"라고 했으며, 이색李穡의 시 「환가」還家에도 원元나라에서 귀국하는 기쁨을 노래하며, "온 천하를 돌아보니 전란으로 어지러운데, 나는야 구름 너머 높이 나는 한 마리 고니"라고 하였다.

기記

하룻밤에 아홉 번 강을 건너다

一夜九渡河記

　강물은 두 산 사이에서 쏟아져 나와, 바윗돌과 부딪치며 거세게 다툰다. 그 화들짝 놀란 듯한 파도, 분노를 일으킨 듯한 물결, 슬피 원망하는 듯한 여울물은 내달아 부딪치고 휘말려 곤두박질치며 울부짖고 고함치는 듯하여, 항상 만리장성을 쳐부술 듯한 기세를 지니고 있다. 전거戰車(전투용 수레) 만 채, 전기戰騎(기마병) 만 대隊(대열隊列), 전포戰砲 만 문, 전고戰鼓 만 개로도, 무너져 내려앉고 터져 나오며 짓누르는 저 강물의 소리를 비유하기에 부족하다.
　백사장에는 거대한 바윗돌이 우뚝하게 늘어서 있고, 강둑에는 버드나무들이 어두컴컴하여 형체를 분간하기 힘들다. 흡사 물귀신들이 다투어 나와 잘난 체 뽐내는 듯하고, 좌우에서 이무기들이 사람을 낚아채려고 애쓰는 듯하다.

　어떤 이가 "이곳은 옛 전쟁터이기 때문에 강물 소리가 그런 것이다"라고 한다. 하지만 그 때문에 그런 건 아니라고 생각한다. 강물 소리란 어떻게 듣느냐에 달려 있을 뿐이다.

　나는 산중에 살고 있는데, 대문 앞에 큰 계곡이 있다. 해마다 여름철이 되어 소나기가 한 차례 지나갔다 하면 계곡 물이 갑자기 불어나, 노상 전거와 전기와 전포와 전고 소리를 듣게 되니, 마침내 귓병이 날 지경이되었다.

　나는 예전에 방문을 닫고 누워서 그 소리를 다른 비슷한 소리들에 견주어 보며 들은 적이 있었다. 솔숲에 바람이 불 때 나는 듯한 소리, 이는 계곡 물 소리를 청아하게 들은 경우다. 산이 갈라지고 언덕이 무너지는 듯한 소리, 이는 흥분해서 들은 경우다. 개구리떼가 다투어 우는 듯한 소리, 이는 우쭐해서 들은 경우다. 만 개의 축筑이 연거푸 울리는 듯한 소리, 이는 분노하면서 들은 경우다.

　순식간에 천둥 번개가 치는 듯한 소리, 이는 깜짝 놀라서 들은 경우다. 찻물이 때론 약하게 때론 세게 끓는 듯한 소리,[1] 이는 운치 있게 들은 경우다. 거문고의 낮고 높은 가락이 잘 어우러져 나는 듯한 소리, 이는 슬퍼하면서 들은 경우다. 한지韓紙를 바른 창문이 바람에 우는 듯한 소리, 이는 혹시 누가 왔나 하면서 들은 경우다. 그런데 이는 모두 소리를 올바로 들은 것이 아니요, 다만 마음속으로 가상假想한 바에 따라 귀가 소리

1_찻물이 …… 소리 : 원문은 '다비문무'茶沸文武인데, 여기서 '문무'文武는 차를 끓이는 불길의 정도를 가리킨다. 화력이 약한 불을 문화文火라 하고, 화력이 센 불을 무화武火라 한다.

를 지어낸 것일 뿐이다.

　지금 나는 밤중에 한 줄기의 강을 아홉 번이나 건넜다.[2] 이 강은 북쪽 국경 너머에서 흘러나와 만리장성을 돌파하고는, 유하楡河와 조하潮河, 황화진천黃花鎭川 등 여러 강들과 합류하여, 밀운성密雲城 아래를 지나면 백하白河가 된다. 나는 어제 배로 백하를 건넜는데, 백하가 바로 이 강의 하류였다.

　내가 처음 요동遼東에 들어섰을 때[3] 바야흐로 한여름이라 뙤약볕 속을 가는데, 갑자기 큰 강이 앞을 가로막으면서 시뻘건 물결이 산더미같이 일어나 끝이 보이지 않았다. 이는 아마 천 리 너머 먼 지역에 폭우가 내린 때문일 터이다.

　강물을 건널 적에 사람들이 모두 고개를 쳐들고 하늘을 보길래, 나는 그 사람들이 고개를 쳐들고 하늘을 향해 속으로 기도를 드리나 보다 하였다. 그런데 한참 있다가 안 사실이지만, 강을 건너는 사람이 물을 살펴보면 물이 소용돌이치고 용솟음치니, 몸은 물살을 거슬러 올라가는 듯하고 눈길은 물살을 따라 흘러가는 듯하여, 곧 어지럼증이 나서 물에 빠지게 된다. 그러니 저 사람들이 고개를 쳐든 것은 하늘에 기도를 드리는 것이 아니요, 물을 외면하고 보지 않으려는 짓일 뿐이었다. 또한 잠

2_한 줄기의 …… 건넜다 : 이는 그 강의 굴곡이 매우 심하기 때문이었다. 이와 같이 굴곡이 심한 강을 가로질러 완전히 건너려면 부득불 여러 차례 도강해야 한다. 그래서 연암이 이미 통과한 북경과 밀운密雲 사이에도 '칠도하'七渡河나 '구도하'九渡河라고 이름이 붙은 강들이 있었다.

3_내가 …… 들어섰을 때 : 원문은 '여미입료시'余未入遼時인데, 김택영金澤榮의 『여한십가문초』麗韓十家文鈔에는 '미'未 자가 '시'始 자로 고쳐져 있다. 『열하일기』 「도강록」渡江錄 7월 6일 및 7월 7일자 일기를 보면 요양遼陽 부근 통원보通遠堡와 연산관連山關에서 폭우로 불어난 급류를 위험 속에 건넌 사실이 기술되어 있으므로, 김택영의 교정에 따라 번역하였다.

간 새에 목숨이 왔다갔다 하는 판인데 어느 겨를에 속으로 목숨을 빌었겠는가.

이와 같이 위태로운데도, 강물 소리를 듣지 못하였다. "요동 벌판이 평평하고 드넓기 때문에 강물이 거세게 소리를 내지 않는 것이다"라고 모두들 말하였다. 그러나 이는 강에 대해 잘 모르고 한 말이다. 요하遼河가 소리를 내지 않은 적이 없건만, 단지 밤중에 건너지 않아서 그랬을 뿐이다. 낮에는 물을 살펴볼 수 있는 까닭에 눈이 오로지 위태로운 데로 쏠리어, 한창 벌벌 떨면서 두 눈이 있음을 도리어 우환으로 여기는 터에, 또 어디서 소리가 들렸겠는가? 그런데 지금 나는 밤중에 강을 건너기에 눈으로 위태로움을 살펴보지 못하니, 위태로움이 오로지 듣는 데로 쏠리어 귀로 인해 한창 벌벌 떨면서 걱정을 금할 수 없었다.

나는 마침내 이제 도道를 깨달았도다! 마음을 차분히 다스린 사람에게는 귀와 눈이 누를 끼치지 못하지만, 제 귀와 눈만 믿는 사람에게는 보고 듣는 것이 자세하면 할수록 병폐가 되는 법이다.

방금 내 마부가 말에게 발을 밟혔으므로, 뒤따라오는 수레에 그를 태웠다. 그리고 나서 말의 굴레를 풀어주고 말을 강물에 둥둥 뜨게 한 채로, 두 무릎을 바짝 오그리고 발을 모두어 말 안장 위에 앉았다. 한 번 추락했다 하면 바로 강이다. 나는 강을 대지처럼 여기고, 강을 내 옷처럼 여기고, 강을 내 몸처럼 여기고, 강을 내 성정性情(본성)처럼 여기었다. 그리하여 마음속으로 한 번 추락할 것을 각오하자, 나의 귓속에서 마침내 강물 소리가 없어지고 말았다. 그리고 무려 아홉 번이나 강을 건너는 데도 아무런 걱정이 없어, 마치 안석 위에 앉거나 누워서 지내는 듯하였다.

옛적에 우禹임금이 강을 건너는데, 황룡이 배를 등에 업는 바람에 몹시 위험하였다. 그러나 죽고 사는 문제에 대한 판단이 먼저 마음속에 분명해지자, 용이든 도마뱀붙이든 그의 앞에서는 대소大小를 논할 것이 못 되었다.[4]

 소리와 빛깔은 나의 외부에 있는 사물이다. 이러한 외부의 사물이 항상 귀와 눈에 누를 끼쳐서, 사람이 올바르게 보고 듣는 것을 이와 같이 그르치게 하는 것이다. 그런데 하물며 사람이 이 세상을 살아간다는 것은 강을 건너는 것보다 훨씬 더 위험할 뿐 아니라, 보고 듣는 것이 수시로 병폐가 됨에랴! 나는 장차 나의 산중으로 돌아가 대문 앞 계곡의 물소리를 다시 들으며 이와 같은 깨달음을 검증하고, 아울러 처신에 능란하여 제 귀와 눈의 총명함만 믿는 사람들에게도 경고하련다.

4_옛적에 …… 되었다 : 『회남자』淮南子에 나오는 이야기다. 우임금은 남쪽 지방을 순시하던 중 강을 건너다가 그와 같은 위험에 직면했는데도, 오히려 태연히 웃으며, "삶이란 잠시 더부살이하는 것이요, 죽음이란 본래 상태로 돌아가는 것이다"라고 말하면서 용을 도마뱀붙이처럼 여기자, 그 기세에 눌려 용이 달아났다고 한다.

기記

코끼리에 관한 명상

象記

기묘하고 괴상하고 황당하고 거창한 구경거리를 보려거든 먼저 선무문 宣武門 안에 있는 상방象房을 보러 가는 게 좋다. 나는 황성皇城(북경)에서 코끼리를 열여섯 마리나 보았지만, 모두 쇠사슬로 발을 묶어 놓아 그것들이 움직이는 모습을 보진 못했다. 그런데 지금 열하熱河의 행궁行宮(피서산장避暑山莊) 서쪽에서 한 쌍의 코끼리를 보니, 온 몸을 꿈틀꿈틀 움직이며 비바람이 몰아치듯 빨리 걸어간다.

나는 예전에 새벽에 동해 바닷가로 갔다가, 파도 위로 무수히 말처럼 서 있는 것들을 본 적이 있다. 모두 둥근 지붕처럼 생겼는데, 어류인지 짐승인지 알 수 없었다. 일출을 기다려 시원스레 보려 했으나, 해가 막 바다에서 솟구치자 파도 위로 말처럼 서 있던 것들은 이미 바닷속으로 숨어 버렸다. 지금 열 걸음 밖에서 코끼리를 보고 있노라니, 오히려 동해에서 본 것들이 생각난다.

　코끼리의 생김새를 보면 소의 몸통에다 나귀의 꼬리, 낙타의 무릎에다 범의 발굽을 갖추었다. 털이 짧게 나 있고 회색이며, 어질게 생겼는데 구슬픈 소리를 낸다. 귀는 구름이 드리운 듯하고, 두 눈은 초승달과 비슷하다. 한 쌍의 상아는 굵기가 두 집게뼘[1]이요, 길이가 한 길 남짓이다. 코는 상아보다 긴데, 자벌레처럼 구부렸다 폈다 하고, 굼벵이처럼 도르르 말리기도 한다. 코끝은 누에 꽁무니처럼 생겼으며, 물건을 족집게처럼 집어서는 말아서 입에다 넣는다.

　간혹 코를 주둥이인 줄로 아는 사람들이 있어 코끼리의 코가 있는 데를 다시 찾아보기도 한다. 아마 코가 그 지경으로 생겼을 줄은 전혀 예상하지 못한 때문일 것이다. 간혹 코끼리는 다리가 다섯이라고 말하는 사람도 있다. 어떤 사람은 코끼리의 눈이 쥐처럼 생겼다고 말하기도 한다. 이는 아마도 코나 상아에서 생각이 막히는 바람에, 코끼리 전체에서 가장 작은 부분인 눈에 대해 이처럼 전혀 닮지 않은 비유를 하게 된 듯하다. 대체로 코끼리는 눈이 몹시 가늘어서, 마치 간사한 자가 아첨할 때 눈웃음부터 치는 것처럼 보인다. 하지만 코끼리의 어진 성품은 바로 눈에 나타나 있다.

　강희康熙 황제 때 남해자南海子에 포악한 범 두 마리가 있었는데, 오래 지나도 길들일 수가 없었으므로, 황제가 화가 나서 범을 상방에 집어 넣으라고 명하였다. 그러자 코끼리가 몹시 놀라 그 코를 한 번 휘둘렀더니

---

[1] 두 집게뼘 : 한 집게뼘(庹)은 다섯 치이므로, 두 집게뼘은 한 자가 된다.

범 두 마리가 즉사하고 말았다. 코끼리에게 범을 죽이려는 의도가 있었던 것이 아니요, 범의 냄새가 싫어서 코를 휘두르다가 실수로 범을 건드린 것이었다.

아! 이 세상의 사물 중에 겨우 털끝만 한 미물조차 모두 하늘의 뜻에 따라 생겨난 것이라 일컫는다. 그러나 하늘이 어찌 일일이 그렇게 명령한 적이 있으랴!

하늘이란 그 형체로써 말한 것이요, 성정性情(본성)으로 말하자면 건乾이요, 만물을 지배하는 점으로 말하자면 상제上帝요, 오묘하게 작용하는 점으로 말하자면 신神이라 한다. 명칭이 구구하고 너무 잡스럽다. 그래서 마침내 이理와 기氣를 용광로의 풀무처럼 여기고, 명령을 선포하는 것[2] 이 조물주라 여겼다. 이는 하늘을 솜씨 좋은 장인匠人으로 간주하는 셈이니, 하늘은 망치질하고 끌로 파고 도끼로 다듬느라 조금도 쉴 새가 없을 터이다.

그러므로 『주역』에 이르기를 "하늘이 만물을 태초의 혼돈 속에서 만드셨다"(天造草昧)고 하였다. 여기에서 말하는 '태초의 혼돈'(草昧)이란 그 색깔이 시커멓고 그 형태가 흙비와 같다. 마치 장차 날이 샐락 말락 할 때 사람인지 아닌지를 구별하지 못하는 상태나 마찬가지다.

하지만 나는 하늘이 시커먼 흙비 속에서 만들어 냈다는 것이 과연 무엇인지 모르겠다. 밀가루 음식을 만들어 파는 집에서 밀을 빻을 때 크고 작고 곱고 거친 밀가루들이 뒤섞여 땅에 흩어지니, 맷돌이 하는 일이란

2_명령을 선포하는 것 : 원문은 '파부'播賦인데 이는 '파부'播敷와 같은 말이다. 『서경』「강고」康誥에 "각별히 명령을 선포하여, 백성들로부터 크게 칭송을 받게 하라"(乃別播敷 造民大譽)고 하였다.

회전하는 것뿐이다. 애당초 어찌 곱거나 거칠게 빻으려는 의도를 품은 적이 있으랴!

하지만 다른 설을 주장하는 사람들은,

"뿔 달린 짐승에게는 이빨을 주지 않았다."[3]

고 하여, 마치 조물주가 하는 일에 결함이 있는 듯이 여기기도 한다. 이는 터무니없는 말이다. 감히 묻겠다.

"이빨을 준 자가 누구인가?"

그러면 사람들은,

"하늘이 주셨다."

고 할 것이다. 그럼 다시 묻겠다.

"하늘이 이빨을 준 것은 장차 그걸로 무얼 하자는 건가?"

사람들은 또,

"하늘은 그 짐승이 음식물을 씹도록 하려는 것이지."

라고 할 것이다. 그럼 다시 묻겠다.

"그 짐승이 음식물을 씹도록 하려는 까닭은 뭔가?"

사람들은 또 이렇게 말할 것이다.

"이것이 바로 이理라네. 새와 짐승은 손이 없으니, 반드시 부리나 주둥이를 숙여 땅에 닿아야만 먹을 것을 얻게 되지. 그러므로 두루미는 다리가 길게 생겼으니 목이 길 수밖에 없는데, 그래도 혹시나 부리가 땅에 닿지 않을까 염려하여 다시 그 부리를 늘였다네. 만약 닭이 두루미의 다리

3_ 뿔 …… 않았다 : 『대대례기』大戴禮記 등에 "네 발 달린 짐승에게는 날개가 없고, 뿔 달린 짐승에게는 윗니가 없다"고 하였다. 이에 근거하여 동중서董仲舒는 "무릇 하늘도 역시 나누어 주는 바가 있다. 이빨을 준 짐승에게는 그 뿔을 제거하고, 날개를 달아준 짐승에게는 발을 둘만 주었다"고 하였다.

를 흉내내도록 했더라면,[4] 뜰에서 굶어 죽었을 걸세."

이에 나는 크게 웃으며 말한다.

"자네가 말하는 이(理)란 소나 말이나 닭이나 개에게 통하는 것일 뿐일세. 하늘이 그것들에게 이빨을 준 것은 필시 부리나 주둥이를 숙여 음식물을 씹게 하려는 것이지. 그런데 지금 이 코끼리는 아무 쓸모없는 상아를 치켜들고 있어, 장차 땅으로 숙이려 해도 상아가 먼저 땅에 닿으니, 이른바 음식물 씹기에 저절로 방해가 되지 않겠는가?"

어떤 이는 말하기를,

"다행히도 코가 있지 않나."

하지만, 나는 이렇게 말한다.

"상아가 길어서 코의 신세를 질 바에야 차라리 상아를 제거하고 코를 짧게 하는 편이 낫지 않겠는가?"

그제서야 다른 설을 주장하던 사람들도 처음의 주장을 고수할 수 없어, 자기가 배운 학설을 조금 굽힌다. 이는 저들이 기껏 생각한다는 게 오직 말이나 소나 닭이나 개 같은 가축에 미칠 뿐이요, 용이나 봉황이나 거북이나 기린 같은 영물에는 미치지 못한 때문이다.

코끼리가 범과 마주치면 코로 후려쳐 죽여버리니, 그 코야말로 천하무적이다. 하지만 쥐와 마주치면 코를 둘 데가 없어 하늘을 쳐다보며 서 있는다.[5] 그렇다고 해서 쥐가 범보다 사납다고 말한다면, 이는 아까 저

4_닭이 …… 했더라면 : 『장자』에 "길다고 해서 남아도는 것은 아니요, 짧다고 해서 모자라는 것은 아니다. 이런 까닭에 오리는 다리가 비록 짧아도 길게 이어주면 걱정하고, 두루미는 다리가 비록 길어도 짧게 자르면 슬퍼한다"고 하였다.

5_쥐와 …… 있는다 : 쥐가 콧구멍으로 기어들까봐 두려워서 그런 것이다.

들이 말한 이理가 아닐 터이다.

    코끼리는 우리가 눈으로 볼 수 있는 것인데도 이처럼 그 이理를 알 수가 없는데, 더더구나 천하 만물 중에는 코끼리보다 만 배나 더 큰 것들이 있음에랴! 그러므로 성인聖人이 『역』易을 창제하면서 상象을 취하여 괘의 뜻을 나타낸 것은[6] 만물의 변화를 남김없이 밝히고자 한 까닭이 아니었을까.

6_성인聖人이 …… 것은 : 전설에 나오는 고대 중국의 제왕 복희伏羲가 팔괘八卦를 처음 만들었다는 설을 가리킨다. 여기서 상象 자는 어떤 사물의 '상징'이란 뜻이지만, 이와 아울러 원래 '코끼리'란 뜻도 있다.

기記

대나무에 미친 사람

竹塢記

예로부터 대나무를 칭송한 사람이 아주 많았다. 『시경』「기욱」淇澳에서부터 대나무를 노래하고 감탄하는 것만으로 부족하여, 군君이라 칭하여 높이는 경우까지 있었다.[1] 그래서 마침내 대나무가 병이 들고 말았다.

하지만 온 세상에 대나무로써 호를 삼는 사람들이 그칠 줄을 모르고, 더 나아가 글을 지어 이를 기록하기까지 하는데, 설사 채륜蔡倫이 댓조각을 깎아 종이로 삼고 몽염蒙恬이 털을 묶어 붓을 만들었다 한들, 풍상風霜에도 변치 않는 대나무의 지조와 소탈하면서도 고고한 태도를 예찬하는

1_군君이라 …… 있었다 : 대나무를 차군此君이라 한다. 왕희지王羲之가 대나무를 몹시 사랑하여, 단 하루도 '차군'此君이 없으면 안 된다고 했다는 고사에서 유래하였다.

데에서 벗어나지 않았다. 그리하여 머리가 하얗게 세도록 지었다는 글들이 모조리 쓸데없는 말만 번지르르하게 늘어놓은 셈이어서, 대나무가 풀이 죽고 말았다.

돌이켜 보면 글 못 짓는 나조차도 대나무의 덕성을 칭송하고 대나무의 소리와 빛깔을 형용하여 시문을 지은 것이 많다. 그런데 다시 또 무슨 글을 짓는단 말인가.

양양직梁養直(양호맹梁浩孟) 군은 강직하여 지조와 절개가 있는 사람이다. 그는 예전에 스스로 대나무로 지은 집이라는 뜻의 '죽오'竹塢라고 호를 짓고 자기 거실에 편액을 걸어 놓고는 나에게 기記를 지어 달라고 청했다. 그러나 내가 아직껏 응낙하지 않은 것은 대나무에 대하여 참으로 난처하게 여기는 바가 있었기 때문이다.

그래서 나는 웃으며 말했다.

"그대가 그 편액을 바꾸면 글은 당장이라도 지어 줄 수 있네."

이어서 그를 위해 고금의 인물들이 지은 기발하고 운치 있는 이름을, 이를테면 연상각烟湘閣, 백척오동각百尺梧桐閣, 행화춘우림정杏花春雨林亭, 소엄화계小罨畫溪, 주영렴수재晝永簾垂齋, 우금운고루雨今雲古樓 등을 열이고 백이고 거듭 꼽으면서 그에게 스스로 선택하라고 했다. 하지만 양직은 머리를 흔들며 다 거절하였다. 그러고는 앉으나 누우나 '죽오'요, 잠시도 '죽오'를 떠나지 않았다.

매양 글씨 잘 쓰는 사람을 만나기만 하면 곧 '죽오'라 써달라고 하여 벽에 걸곤 하니, 벽의 네 모퉁이가 모두 '죽오'뿐이었다. 마을에서도 '죽오'를 들어 기롱하는 사람들이 많았지만, 그는 천연덕스레 부끄러운 줄도 모른 채 편안히 받아넘기곤 하였다.

그래서 나에게 글을 청한 것이 지금 하마 십 년이나 되었지만, 여전히 조금도 변하지 않았다. 천 번 꺾이고 백 번 눌려도 그 뜻을 바꾸지 않고 시간이 지날수록 더욱 간절하였다. 심지어는 술까지 대접하며 나를 달래기도 하고, 언성을 높여 나에게 강요하기까지 하였다. 내가 번번이 잠자코 대답하지 않으면, 분격하여 낯빛을 붉히고 삿대질하며 노려보는데, 눈썹은 개个 자² 모양으로 치켜세우고 손가락은 메마른 대나무 마디가 되며, 꿋꿋하면서도 비쩍 마른 모습이 갑자기 대나무의 형상을 이루었다.

아! 양직은 어쩌면 진실로 대나무에 미쳐서 그렇게 극진히 사랑하는지도 모른다. 겉모습만 보아도 그의 마음이 기암괴석처럼 울뚝불뚝하고 그윽한 대나무 숲이 그 속에 무성하게 들어차 있음을 볼 수 있다. 그러니 이 지경에 이르러서야 내가 어찌 글을 써 주지 않을 수가 있겠는가?

옛사람 중에 이미 대나무를 높여서 군君이라 부른 사람이 있었으니, 그렇다면 양직 같은 이는 백세百世 뒤에 차군此君의 충신이 될 만하다. 나는 이에 대서특서大書特書하여 '고고하고 정결한 양 처사의 오두막집'(高孤貞靖梁處士之廬)이라 정표旌表하였다.

2_개个 자 : 댓줄기를 상형象形한 글자로서, 대를 헤아리는 단위로도 쓰인다. 또한 동양화에서 죽엽竹葉을 개个 자 모양으로 그린다.

기記

공작처럼 아름다운 집

孔雀館記

백척오동각百尺梧桐閣[1]의 남쪽 방을 '공작관'孔雀館이라 한다. 그 남쪽으로 수십 걸음 채 안 가서 지붕 꼭대기에 조롱박 모양의 장식물을 얹고 마주서 있는 집은 '하풍죽로당'荷風竹露堂이라 한다.

뜰 중간을 가로질러 대를 엮어 시렁을 만들고 그 가운데에 구기자, 해당화, 팥배나무, 박태기나무를 섞어서 심었더니, 길게 뻗은 가지와 부드러운 넝쿨이 얽히고 우거져, 어릿어릿 비치면서 앞을 가렸다. 그래서 봄여름에는 병풍이 되고 가을과 겨울에는 울이 되니, 병풍에는 어우러진

---

[1] 백척오동각百尺梧桐閣: 연암이 안의安義 현감 시절에 관아 근처의 버려진 관사를 개조해 지은 누각이다. 『연암집』 권1에 「백척오동각기」百尺梧桐閣記가 실려 있다.

꽃이 제격이고 울에는 쌓인 눈이 제격이었다. 거기에 작은 구멍을 내어 자연스러운 문으로 삼고 사립도 달지 않았다. 또 북쪽 담을 뚫고 도랑을 끌어다 북지北池에 들이고, 북지가 넘쳐 그 물이 앞을 지날 때는 굽이도는 물이 되니, 연잎을 따서 술잔을 실어 띄워 흐르게 하였다.[2] 이것이 바로 공작관이, 같은 집이건만 주위 환경이 달라지고, 자리를 옮기면 전망이 달라지는 까닭이다.

내가 십팔구 세 때에 꿈에 한 누각에 들어갔더니 높고 깊으며 텅 비고 밝아서 공관公館 같기도 하고 법당 같기도 하였다. 좌우에는 비단 책갑冊匣과 옥첨玉籤이 질서 정연하게 꽂혀 있었다. 겨우 한 사람 들어갈 만한 통로로 굽이굽이 들어갔더니, 그 가운데에 두어 자 되는 푸른 화병이 놓여 있었는데, 지붕에 닿을 만한 비취새 꼬리 두 개가 거기에 꽂혀 있었다. 그곳에서 한참 배회하다가 그만 깨어난 적이 있었다.

그 뒤 이십여 년이 지나 나는 중국에 들어가 공작 세 마리를 보았다.[3] 공작은 두루미보다는 작고 해오라기보다는 컸으며, 꼬리는 길이가 두 자 남짓했다. 정강이는 붉고 뱀이 허물 벗은 것 같았으며, 부리는 검고 매처럼 안으로 굽었다.

털과 깃이 온 몸을 덮어, 불이 타오르듯 부드러운 황금빛을 띠었다. 깃 끝에는 각각 한 개의 황금빛 눈이 달려 있었는데, 석록石綠색의 눈동자와

2_북지가 …… 하였다 : 유상곡수流觴曲水라 하여, 굽이도는 물에 술잔을 띄우고 그 술잔이 자기 앞에 이르기 전에 시를 짓고 나서 술을 마시며 놀던 풍류를 말한다.
3_그 뒤 …… 보았다 : 연암은 정조 4년(1780) 사신 행차에 참여하여 중국을 다녀왔다. 그해 음력 8월 북경에 도착해서 열하熱河를 다녀온 뒤 9월 중순까지 북경에 머무르며 관광하였다. 『열하일기』「황도기략」黃圖紀略 공작포조孔雀圃條에 공작을 구경한 이야기가 나온다.

수벽水碧색의 중동重瞳을 갖추었다. 자주색이 번지고 남색으로 테를 둘러, 자개처럼 아롱거리고 무지개처럼 솟아올랐다. 그러니 그 새를 '푸른 물총새'라 해도 잘못이요, '붉은 봉황새'라 해도 잘못이다. 이따금 움칠해서 빛이 사라졌다가 곧바로 나래 쳐 되살아나며, 금방 번득거려 푸른 빛이 돌고 갑자기 너울거려 불꽃이 타올랐다. 아마도 문채의 극치가 이보다 더한 것은 없으리라.

무릇 색깔(色)이 빛(光)을 낳고, 빛이 빛깔(輝)을 낳으며, 빛깔이 찬란함(耀)을 낳고, 찬란한 후에 환히 비치게(照) 되는 법이다. 환히 비친다는 것은 빛과 빛깔이 색깔에서 떠올라 눈에 넘실거리는 것이다. 그러므로 글을 지으면서 종이와 먹을 떠나지 못한다면 바른말이 못 되고, 색깔을 논하면서 마음과 눈으로 미리 정한다면 바른 소견이 못 된다.

내가 황성皇城(북경)에 있을 적에 중국의 동남 지방 선비들과 날마다 단가포段家鋪에서 술을 마시고 글을 논했다.[4] 매양 공작을 예로 들어 그들의 시와 산문을 평했더니, 좌중에 있던 태사太史(한림翰林) 고역생高棫生이 농담하기를,

"우리 손님 얼굴은 부자夫子의 가금家禽에 비해 어떠합니까?"[5]

4_내가 …… 논했다 : 중국의 동남 지방은 강소江蘇·절강浙江·복건福建 등 중국의 동남부 연해 지역을 말한다. 『열하일기』에 의하면 단가포段家鋪는 북경 유리창琉璃廠에 있던 단씨段氏의 백고약포白膏藥鋪를 가리킨다. 이 가게에서 연암은 복건 출신의 선비 유세기兪世琦, 절강 출신의 선비 능야凌野, 한림翰林 고역생 등과 필담을 나누었다.

5_우리 …… 어떠합니까 : 취기가 올라 연암의 얼굴빛이 공작처럼 붉으락푸르락 변함을 풍자한 말이다. 부자夫子는 연장자에 대한 존칭이다. 『세설신어』世說新語에 양씨楊氏의 아들로부터 양매楊梅를 대접받은 공탄孔坦이 "이건 자네 집 과일이구나"라고 농담을 하자 총명한 그 아이는 "공작이 부자의 가금이란 말은 듣지 못했습니다"라고 응수했다고 한다. 그러므로 '부자의 가금' 이란 공탄의 집에서 기르는 새란 뜻으로 공작을 빗대어 말한 것이다.

라고 하여, 서로 크게 웃었다.

그 후 오 년이 지났다. 중국에 다녀온 문객이 '공작관'孔雀館이란 세 글자를 얻어 가지고 돌아왔는데, 전당錢塘 사람 조설범趙雪帆이 쓴 것이었다. 지난날 나는 조설범과는 한 번도 만난 적이 없었다. 그러니 다른 사람에게서 나에 관한 소문을 듣고, 만 리 밖에서 성의를 담아 보내온 것이 아니겠는가. 하지만 '관'館이란 사실私室에 붙이는 이름이 아니요, 게다가 나는 거의 늙어 가고 조그마한 서실조차 없으니, 도대체 어디다 그것을 걸겠는가.

이제 다행히 임금님의 은혜로 명승지의 수령이 되어, 아름다운 자연 속에서 지낸 지 사 년 동안 관아로 집을 삼게 되었다. 그래서 헌책을 담은 해진 상자도 내 몸 가는 대로 따라다녀 항상 같이 있게 되었는데, 장마 끝에 책을 말리다가 우연히 이 필적을 발견했다.

아! 공작은 다시 볼 수 없지만, 옛꿈을 되새겨 보니 숙연宿緣이 여기에 있었던 것이 아닌지 어찌 알겠는가. 드디어 그 글자를 새겨서 앞기둥에 걸고, 아울러 이렇게 기록한다.

기記

연꽃과 대숲이 있는 집

荷風竹露堂記

정당正堂(관아)의 서쪽 곁채는 쓰지 않고 버려둔 곳간으로, 마구간, 목욕간과 서로 이어져 있었다. 그로부터 두어 걸음 밖에는 오물과 재를 버려 쌓인 쓰레기더미가 처마보다도 높이 솟아 있었다. 대개 그곳은 관아의 구석진 땅으로 온갖 더러운 것들이 모이는 곳이었기 때문이다.

바야흐로 봄이 되어 눈이 녹고 바람이 따스해지자, 더욱 참을 수가 없었다. 그래서 종들에게 일과를 주어 삼태기와 바지게로 긁어 담게 했더니, 열흘 뒤에는 빈 터가 이루어졌다. 가로는 스물다섯 발에 이르고, 너비는 그 십분의 삼이었다.

떨기나무들을 베어 버리고 잡초를 쳐내며, 울퉁불퉁한 곳을 깎아 내어 패인 곳을 메웠다. 마구간을 옮겨 버리고 났더니 터가 더욱 시원해졌으며, 좋은 나무들만 골라 줄지어 심었더니 벌레와 쥐가 자취를 감추었다. 그리하여 그 터를 반으로 나누어 남쪽에는 남지南池를 만들고, 북쪽에는 쓰지 않고 버려둔 곳간의 재목을 이용하여 북당北堂을 지었다.

당堂은 동향으로 지어, 가로에는 기둥이 넷, 세로에는 기둥이 셋이다. 서까래 꼭대기를 모아 상투같이 만들고, 조롱박 모양의 장식물을 모자처럼 얹었다. 가운데는 연실燕室(휴식하는 방)을 만들고 잇달아 동방洞房(침실)을 만들었다. 그리고 앞쪽 왼편과 옆쪽 오른편에는 빈 곳은 트인 마루요, 높은 곳은 이층 누각이요, 두른 것은 복도요, 밖으로 트인 것은 창문이요, 둥근 것은 통풍창이었다.

굽은 도랑을 끌어들여 푸른 울타리를 통과하게 하고, 이끼 낀 뜰에 구획을 나누어 흰 돌을 깔아 놓았다. 그 위를 덮어 흐르는 물이 어리비쳐서, 졸졸 소리를 낼 때는 그윽한 시내가 되고, 부딪치며 흐를 때는 거친 폭포가 되어 남지로 들어갔다. 그리고 벽돌을 쌓아 난간을 만들어 못 언덕을 보호하였다.

앞에는 긴 담장을 만들어 바깥뜰과 한계를 짓고, 가운데는 일각문一角門을 만들어 정당과 통하게 했다. 남쪽으로 더 나아가 방향을 꺾어 못의 한 모서리에 붙여서, 홍예문虹蜺門을 가운데 내고 연상각烟湘閣이란 작은 누각과 통하게 하였다.

대저 이 당의 절경은 담장에 있다. 어깨 높이 위로는 다시 두 기왓장을 모아 거꾸로 세우거나 옆으로 눕혀서 여섯 모로 능화菱花 모양을 만들기도 하고, 쌍고리처럼 하여 사슬 모양을 만들기도 하였다. 틈이 벌어지게 하면 노전魯錢같이 되고, 서로 잇대면 설전薛牋같이 되었으니, 그 모습이 영롱하고 그윽하였다.

그 담 아래는 홍도나무 한 그루, 못가에는 오래된 살구나무 두 그루, 누각 앞에는 꽃 핀 배나무 한 그루, 당 뒤에는 수만 줄기의 푸른 대, 연못 가운데는 수천 줄기의 연꽃, 뜰 가운데는 파초 열한 뿌리, 약초밭에는 인삼 아홉 뿌리, 화분에는 매화 한 그루를 두었더니, 이 당을 나가지 않고도 사계절의 경물을 모두 감상할 수 있었다.

이를테면 동산을 거닐면 수만 줄기의 대에 구슬이 엉긴 것은 맑은 이슬 내린 새벽이요, 난간에 기대면 수천 줄기의 연꽃이 향기를 날려 보내는 것은 비 갠 뒤 햇빛 나고 바람 부드러운 아침이다. 가슴이 답답하고 생각이 산란하여 탕건이 절로 숙여지고 눈꺼풀이 무겁다가 파초 잎을 두들기는 소리를 듣고 정신이 갑자기 개운해지는 것은 시원한 소낙비 내린 낮이요, 반가운 손님과 함께 누각에 오르면 아름다운 나무들이 서로 조촐함을 다투는 것은 개인 날 달이 뜬 저녁이요, 주인이 휘장을 내리고 매화와 함께 여위어 가는¹⁻ 것은 싸락눈 내리는 밤이다.

이는 철에 따라 각 사물에다 흥을 붙이고, 하루 동안에도 그것들이 제각기 절경을 발휘하게 한 것이다. 하지만 저 백성들이 이러한 즐거움에 참여하지 못한다면, 그것이 어찌 태수太守(사또인 연암 자신)가 이 당을 지은 본뜻이겠는가.

아! 나중에 이 당에 거처하는 이가 아침에 연꽃(荷)이 벌어져 향내가 멀리 퍼지는 것을 보면 다사로운 바람(風)같이 은혜를 베풀고, 새벽에 대나무(竹)가 이슬을 머금어 고르게 젖은 것을 보면 촉촉한 이슬(露)같이 두

1_매화와 함께 여위어 가는 : 원문은 '여매동구'與梅同癯인데, 매화를 청빈하여 몸이 여윈 신선에 비유해서 '구선'癯仙이라고도 부른다.

루 선정을 베풀 것이다. 이것이 바로 내가 이 당을 '하풍죽로당'荷風竹露堂 이라 이름지은 까닭이자, 뒤에 오는 이에게 기대하는 바이다.

기記

학사루에서
최치원을 그리며

咸陽郡學士樓記

함양군咸陽郡의 군청 소재지에서 동쪽으로 백 보쯤 떨어져 성벽 가에 몇 칸짜리 누각이 하나 있다. 세월이 오래됨에 따라 퇴락하여 서까래가 삭아 부러지고 단청이 새까맣게 되었다. 금상 19년 갑인년(1794)[1]에 군수 윤광석尹光碩 사또가 개연히 녹봉을 털어서 대대적인 보수 공사를 일으켜 누각의 옛 모습을 남김없이 복구하고, 옛 이름 그대로 '학사루'學士樓라 불렀다. 그리고 나에게 글을 지어 사실을 기록하도록 부탁하였다.

함양은 신라 시대에 천령군天嶺郡으로 불렸다. 문창후文昌侯[2] 최치원崔致

---

[1]_금상 19년 갑인년 : 정조 19년은 을묘년(1795)이고 갑인년은 정조 18년에 해당되므로, 어느 한쪽이 잘못된 듯하다.

遠은 자가 고운孤雲이다. 일찍이 천령군의 수령이 되어 이 누각을 만들어 놓았으니, 대략 천 년이 지난 셈이다. 천령군의 백성들은 문창후가 끼친 은혜를 생각하여 지금도 이 누각을 학사루라 부르고 있으니, 이는 그가 이곳을 거쳐 갔음을 일컬어 기념한 것이었다.

애초에 고운은 나이 열두 살 때 장사하는 배를 따라 당나라에 들어갔다. 희종僖宗 건부乾符 갑오년(874)에 배찬裴瓚이 주관한 과거 시험에 급제했다. 벼슬에 나아가 시어사 내공봉侍御史內供奉이 되고 자금어대紫金魚袋를 하사받았다.

회남도통淮南都統 고변高駢이 황제에게 아뢰어 고운을 종사관從事官으로 삼았다. 고운이 고변을 위해 여러 도道의 군사를 소집하여 황소黃巢를 토벌하자는 격문을 지었더니, 황소가 그 격문을 보고 놀라서 평상 아래로 굴러 떨어졌다. 그래서 마침내 고운의 이름이 중국을 뒤흔들었다. 『당서』唐書 「예문지」藝文志에 고운의 저술로 『계원필경』桂苑筆耕 네 권이 있다고 기록되어 있다.

광계光啓 원년 을사년(885)에 당나라에서 보내는 조사詔使의 일원이 되어 본국에 돌아왔다. 이른바 "무협 중봉巫峽重峰의 나이에 포의布衣로 중국에 들어갔다가, 은하 열수銀河列宿의 나이에 금의錦衣로 동국에 돌아왔다"[3]고 한 것은 바로 이를 두고 한 말이다.

2_문창후文昌侯 : 최치원은 고려 현종顯宗 때 문묘文廟에 종사從祀되었으며 문창후란 시호를 받았다.
3_무협 중봉巫峽重峰의 …… 돌아왔다 : 『고운집』孤雲集 「가승」家乘에 나오는 말이다. '무협 중봉'이란 중국 장강 삼협長江三峽의 하나인 무협의 대표적인 산인 무산巫山의 12개 봉우리를 말하고, '은하 열수'는 하늘의 28개 별자리(二十八宿)를 말한다. 그러므로 '무협 중봉의 나이'란 최치원이 중국에 들어간 12세를 뜻하고, '은하 열수의 나이'는 최치원이 신라로 돌아온 28세를 뜻한다.

국사國史에 의하면 고운은 벼슬을 버리고 가야산에 들어갔다가 하루아침에 관冠과 신을 숲 속에 벗어 버리고 훌쩍 떠났는데, 어디서 어떻게 죽었는지 아무도 모른다고 했다. 그래서 세간에서는 고운이 도를 얻어 신선이 되었다고들 한다. 하지만 이는 고운을 제대로 알고 하는 말이 아니다. 고운이 일찍이 열 가지 일을 상주하여 임금에게 간諫하였으나, 임금이 능히 쓰지 못하였다.[4] 가야산에서 천령군까지는 백 리가 못 되는 가까운 거리이니, 그가 초연히 멀리 떠났다는 것은 어찌 이 고을에 있을 때가 아니었겠는가.

　아아! 고운이 천자의 조정에서 입신하였으나 당나라가 그때 한창 어지러웠고, 이를 피해 부모의 나라로 돌아왔으나 신라 왕조가 장차 수명이 다해 가려 하였다. 그리하여 천하를 둘러보아도 몸을 붙일 데가 없는 것이, 마치 하늘 끝에 한가한 구름이 게으르게 머무르고 외로이 흘러가서 무심히 걷힐락 퍼질락하는 것과 같았다. 그래서 스스로 자를 외로운 구름이란 뜻의 '고운'孤雲이라 지은 것이며, 당시 벼슬살이의 부귀영화에 대해서는 이미 썩은 쥐[5]나 헌신짝처럼 거들떠보지도 않았다. 그런데 후세 사람들은 오히려 학사[6]라는 직함에 연연하고 있으니, 아마도 고운

4_고운이 …… 못하였다 : 최치원이 894년 진성여왕眞聖女王에게 시무時務 10여 조를 올린 사실을 가리킨다.

5_썩은 쥐 : 『장자』에 나오는 말로, 소인들은 귀하게 여기나 군자는 하찮게 여기는 관직을 가리킨다. 혜자惠子가 재상이 되자, 장자가 찾아와서 그 자리를 빼앗을까봐 두려워 그를 체포하려고 소동을 벌였다. 그러자 장자는 혜자를 만나 썩은 쥐의 우화를 들려주었다. 즉 원추鵷鶵라는 새는 오동나무가 아니면 쉬지도 않고, 대나무 열매가 아니면 먹지도 않으며, 단술 같은 샘물이 아니면 마시지도 않는데, 소리개 한 마리가 썩은 쥐를 물고 있다가 마침 날아가는 원추를 보고는 제가 물고 있는 썩은 쥐를 빼앗길까봐 꽥 소리를 질렀다는 것이다.

6_학사 : 최치원이 신라로 귀국한 직후 헌강왕憲康王은 그를 시독 겸 한림학사 수병부시랑 지서서감사 侍讀兼翰林學士守兵部侍郎知瑞書監事에 임명했다.

을 욕보이고 이 누각에 누를 끼치는 것이 되지 않겠는가.

하지만 고운을 사모하는 고을 사람들은 그를 사후의 호칭인 '최 문창후'라 부르지 않고 반드시 생전의 호칭인 '학사'라 불렀으며, 관직을 떠났을 때의 이름인 '고운'이라 부르지 않고 반드시 그의 관직을 불렀으며, 송덕비를 세우지 않고 오직 누각에다 이름을 붙였다. 이는 그가 산택山澤의 사이에서 매미가 허물을 벗듯이 관과 신을 남기고 사라져 신선이 되었다는 말을 믿지 않고, 이 누각 안에서 서로 만날 듯이 여겼기 때문이다. 이를테면 높은 오동나무에 달이 어른거리고 사방으로 트인 창문에 달빛이 영롱하면 마치 학사가 굽은 난간에서 거닐고 있는 듯이 여겼으며, 대숲이 바람에 흔들리고 한 마리 두루미가 공중에 날면 흡사 학사가 하늘 드높은 가을을 시로 읊는 듯이 여겨 왔으니, 누각의 이름을 학사루라 한 것은 그 유래가 오래되었다고 하겠다.

서간문

이별을 아쉬워하며

答京之

작별할 때의 말씀이 여전히 잊히지 않지만, 이른바 '그대를 천 리까지 전송해도 한 번 이별은 끝내 있기 마련'임을 어찌하리오.¹⁻ 다만 한 가닥 희미한 아쉬움이 하늘하늘 마음에 얽혀서, 마치 공중의 환화幻花²가 어디선가 날아왔다가 사라지고 나서도 다시 곱게 아른거리는 듯합니다.

1_작별할 때의 …… 어찌하리오 : 친구인 경지京之(누구의 자인지 알 수 없음)의 편지에 대한 답장이다. 이어지는 두 편의 서간문도 마찬가지이다. 첫머리의 원문은 '別語關關'(별어관관)인데 '別語耿耿'(별어경경)과 같은 뜻이다. '그대를 천 리까지 전송해도 한 번 이별은 끝내 있기 마련'은 멀리까지 전송할 것이 없다고 상대방을 위로하는 말로, 전송하는 사람을 만류할 때 흔히 쓰는 중국 속담이다.

2_공중의 환화幻花 : 불교 용어로, 공화空華, 공중화空中華, 허공화虛空華라고도 한다. 눈병 난 사람이 공중에 꽃과 같은 것이 아른거리는 것을 보게 되듯이, 본래 실재하지 않은 것을 실재하는 것으로 잘못 아는 경우를 비유한 말이다.

접때 백화암白華菴에 앉았노라니, 암자 주지 처화處華가 먼 마을에서 바람 타고 들려오는 다듬이질 소리를 듣고는, 그를 시봉하는 비구 영탁靈托에게 게偈를 전하기를,

"'탁탁' 치는 소리와 '땅땅' 울리는 소리 중에 어느 것이 먼저 허공에서 들렸느냐?"

하니, 영탁이 손을 맞잡고 공손히 대답하기를,

"먼저도 아니고 나중도 아닌, 바로 그 사이에 들었습니다."

하더군요.

어제 그대가 여전히 정자 위에서 난간을 따라 배회하고 있을 적에, 저 역시도 다리 가에 말을 세우고 있었지요. 서로 떨어진 거리가 벌써 일 리쯤은 되었을 겁니다. 우리가 서로를 멀리 바라보았던 곳도 역시 바로 그 사이였는지 모르겠습니다.

> 서간문

저 살아 있는 새를 보라

答京之 之二

 부지런하고 정밀하게 글을 읽기로는 포희씨庖犧氏보다 나은 사람이 누가 있겠습니까. 글의 정신과 의태意態가 우주에 널리 퍼져 있고 만물에 흩어져 있으니, 우주 만물은 단지 문자로 적지 않고 글월로 표현하지 않은 문장인 것입니다.

 후세에 명색이 부지런히 글을 읽는다는 자들은 엉성한 정신 상태와 천박한 식견으로 말라버린 먹과 낡은 종이 사이에 잔뜩 시력을 쏟아, 그 속에 있는 좀 오줌과 쥐똥이나 찾아 모으고 있지요. 이는 이른바 '술찌끼를 먹고 취해 죽겠다'는 격이니, 어찌 애처롭지 않겠습니까.

 저 허공을 날며 우짖는 것들을 보면 얼마나 생기가 발랄합니까. 그런데 허무하게도 새 '조'鳥 자 한 자로 뭉뚱그려 표현하고 만다면, 그 색채

도 묻혀 버리고 모양과 소리도 빠뜨려 버리고 마는 셈입니다. 그렇게 되면 마을의 사당에 나가는 시골 늙은이의 지팡이 끝에 새겨진 것[1]과 무엇이 다르겠습니까.

혹은 또 늘 하던 소리만 하는 것이 싫어서, 좀 가볍고 맑은 글자로 바꿔 볼까 하여 새 '금'禽 자로 바꾸기도 하지요. 하지만 이는 글만 읽고서 문장을 짓는 자들의 과오가 아닐 수 없습니다.

아침에 일어났더니, 푸른 나무로 그늘진 뜰에 철새가 지저귀고 있기에, 나는 부채를 들어 책상을 치며 마구 외쳤다오.

"이게 바로 내가 말하는 '날아갔다 날아온다'는 글자요, '서로 울고 화답한다'는 글월이다. 다섯 가지 채색을 '문장'이라 이를진대,[2] 문장으로 이보다 더 훌륭한 것은 없을 것이다. 오늘 나는 글을 읽었노라!"

1_시골 …… 것 : 나라에서 경로敬老의 뜻으로 노인들에게 하사하던 구장鳩杖을 가리킨다. 지팡이 끝에 비둘기 모양을 새겼다.

2_다섯 …… 이를진대 : 다섯 가지 채색은 청青·황黃·적赤·백白·흑黑을 가리킨다. 문장文章이란 말에는 원래 무늬나 문채文彩라는 뜻이 있다. 순자荀子의 부賦에 "다섯 가지 채색을 갖추어야 문장이 이루어진다" 하였다.

서간문

사마천司馬遷의 마음

答京之 之三

그대는 태사공太史公(사마천)의 『사기』를 읽었지만, 글만 읽었을 뿐 그의 마음은 읽은 적이 없소. 왜냐하면 「항우본기」項羽本紀를 읽고는 성벽 위에서 전투를 관망하던 장면[1]이나 생각하고, 「자객열전」刺客列傳을 읽고는 고점리高漸離가 축筑을 치던 장면[2]이나 생각하니 말이오. 이런 것은 늙은 서생

1_성벽 …… 장면 : 항우項羽가 이끄는 초楚나라 군대가 거록鉅鹿에서 진秦나라 군대를 무찌를 때 그 기세에 눌린 다른 제후의 장수들은 성벽 위에서 전투를 관망하고만 있었다고 한다.
2_고점리高漸離가 …… 장면 : 자객 형가荊軻는 축筑을 잘 치는 고점리와 친하게 되어, 술이 취하면 고점리가 치는 축에 맞추어 노래 부르기를 즐겼다. 진시황秦始皇 암살 임무를 띠고 떠나기에 앞서 형가가 고점리가 치는 축에 맞추어 노래를 부르니 전송 나온 자들이 모두 감동하였다고 한다. 형가가 암살에 실패하고 죽은 뒤 고점리는 진시황 앞에 불려 와 축을 치다가, 축을 던져 그를 죽이려 했으나 역시 실패하고 피살되었다.

이 노상 하는 케케묵은 이야기니, 이 역시 속담에 '살강 밑에서 숟가락 주웠다'는 것과 무엇이 다르겠소.

어린아이가 나비 잡는 걸 보면 사마천司馬遷의 마음을 간파할 수 있지요. 앞쪽 다리는 반쯤 무릎을 꿇고 뒷쪽 다리는 비스듬히 발꿈치를 든 채 손가락을 집게 모양으로 만들어 다가가는데, 잡을까 말까 망설이는 사이에 나비가 그만 날아가 버립니다. 사방을 둘러보니 아무도 없어 어이없이 혼자 웃다가, 얼굴을 붉히기도 하고 성을 내기도 하지요. 이것이 바로 사마천이 『사기』를 저술할 때의 마음이랍니다.

서간문

글은 홀로 쓰는 것

答蒼厓

보내 주신 문편文編(책으로 엮은 글)을 양치질하고 손을 씻은 뒤 무릎 꿇고 정중히 읽고 나서 말씀드리오.[1]

문장이 몹시 기이하다 하겠으나, 사물의 명칭에 빌려 온 것들이 많고 인용한 전거들이 적절치 못하니 그 점이 옥의 티라 하겠기에, 노형을 위해 아뢰는 바요.

문장을 짓는 데에는 법도가 있소. 이는 마치 송사하는 자에게 증거가 있고, 장사치가 물건을 사라고 외치는 것과 같지요. 아무리 말의 조리가

1_보내 주신 …… 말씀드리오 : 창애蒼厓 유한준兪漢雋의 편지에 대한 답장이다. 이어지는 두 편의 서간문도 마찬가지이다.

분명하고 올바르다 하더라도, 다른 증거가 없다면 어찌 승리를 거둘 수가 있겠소. 그러므로 글 짓는 사람은 경전을 이것저것 인용하여 자신의 뜻을 분명하게 밝히는 것이오.

『대학』大學은 성인聖人이 짓고 현인賢人이 이를 이어받아 서술한 것이니, 그보다 더 미더울 게 없소. 그런데도 "「강고」康誥에 이르기를 '능히 덕을 밝히시다' 하였다"라 하고, 또 「제전」帝典(「요전」堯典)에 이르기를 '능히 큰 덕을 밝히시다' 하였다"라고 하였소.[2]

벼슬 이름이나 지명은 남의 나라 것을 빌려 써서는 안 되오. 땔나무를 지고 다니면서 소금을 사라고 외친다면, 하루 종일 길에 다녀도 땔나무 한 다발 팔지 못할 것이오. 이와 마찬가지로 황제가 거처하는 곳이나 제왕의 도읍지를 모두 '장안'長安이라 일컫고, 역대의 삼공三公을 모조리 '승상'丞相이라 부른다면, 명칭과 실상이 뒤죽박죽되어 오히려 속되고 지저분해지고 말지요. 이는 곧 좌중을 놀라게 한 가짜 진공陳公[3]이나 눈 찌푸림을 흉내 낸 가짜 서시西施[4]와 같소.

2_『대학』大學은 …… 하였소 : 주자朱子는 『대학』을 경經 1장과 전傳 10장으로 나누고, 경은 공자의 말을 증자曾子가 이어받아 서술한 것이고, 전은 증자의 뜻을 그의 문인들이 기록한 것이라고 보았다. 『서경』의 「강고」康誥와 「요전」堯典에서 인용한 말은 전 제1장에 나온다. 이는 『대학』의 경의 첫 문장 즉 "대학의 도는 밝은 덕을 밝히는 데에 있다"(大學之道 在明明德)는 주장을 뒷받침하기 위한 것이다.

3_좌중을 …… 진공陳公 : 『한서』漢書에 나오는 이야기다. 진공은 유명한 협객 진준陳遵으로, 그의 자는 맹공孟公이다. 당시 진준과 성과 자가 같은 제후가 있었다. 진준은 남의 집을 방문할 때 언제나 진맹공陳孟公이 왔노라고 알렸는데, 좌중이 깜짝 놀라 일어나 보면 그들이 생각했던 그 제후가 아니었다. 이 때문에 당시 사람들은 진준을 가리켜 '진경좌'陳驚座라고 불렀다고 한다.

4_눈 …… 서시西施 : 『장자』에 나오는 이야기다. 춘추 시대의 미인인 서시가 가슴앓이로 인해 눈을 찌푸리고 다니니 그 모습이 더욱 예뻤다. 그러자 이웃 마을에 사는 못생긴 여자가 이를 보고는 자신도 흉내 내고 다녔더니 더욱 못나 보였다고 한다.

그러므로 글 짓는 사람은 아무리 명칭이 지저분해도 이를 꺼리지 말고, 아무리 실상이 속되어도 이를 숨기지 말아야 하오. 맹자가 이르기를,

"성은 같이 쓰지만, 이름은 홀로 쓰는 것이다."[5]

라고 했소. 그러니 또한

"문자는 같이 쓰지만, 글은 홀로 쓰는 것이다."

라고 하겠소.

5_성은 …… 것이다 : 『맹자』 「진심 하」盡心下에 나오는 말이다.

서간문

도로 눈을 감고 걸어라

答蒼厓 之二

본분으로 돌아가 이를 지키는 것이 어찌 문장에만 해당되리오. 일체 오만 가지 일들이 모두 다 그렇다오. 화담花潭(서경덕徐敬德)이 밖에 나갔다가, 제 집을 잃어버리고 길에서 우는 자를 만나서 물었답니다.

"너는 어찌 우느냐?"

"저는 다섯 살 적에 장님이 되었는데 그런 지 지금 이십 년입니다. 아침나절에 밖에 나왔다가, 갑자기 천지 만물을 환하게 볼 수 있게 되었습니다. 기뻐서 집으로 돌아가려니까, 밭둑에는 갈림길이 많고 대문들은 서로 똑같아 저의 집을 구분하지 못하겠습니다. 그래서 울고 있습니다."

"그럼 내가 너에게 돌아갈 방도를 가르쳐 주마. 네 눈을 도로 감으면, 바로 네 집이 나올 것이다."

이에 장님이 눈을 감고 지팡이로 더듬으며 발길 가는 대로 걸어갔더니, 곧바로 제 집에 이르게 되었더라오.

눈을 뜨게 된 장님이 길을 잃은 것은 다름이 아니라, 만물의 모습이 뒤바뀐 데다 희비喜悲의 감정이 작용했기 때문입니다. 이것이 바로 망상妄想이라는 거지요. 지팡이로 더듬고 발길 가는 대로 걸어가는 것, 이것이야말로 우리들이 분수를 지키는 참된 이치요, 제 집으로 돌아가는 확실한 인증이라오.

서간문

『천자문』이 읽기 싫은 이유

答蒼厓 之三

마을의 어린아이에게 『천자문』千字文을 가르쳐 주다가 아이가 읽기 싫어하는 것을 나무랐더니, 하는 말이,

"하늘을 보면 새파란데 하늘 '천'天 자는 전혀 파랗지가 않아요. 그래서 읽기 싫어요."

합디다. 이 아이의 총명함은 창힐蒼頡이라도 기가 죽게 만들 거요.

서간문

애주가의 반성

答泠齋

옛사람들이 술을 경계한 것이 참으로 의미심장하다 하겠소.[1]
 술주정하는 것을 가리켜 '후'酗 라 한 것은 그 흉덕凶德(흉악한 행실)을 경계한 것이요, 술그릇에 주舟(술잔 받치는 쟁반)가 있는 것은 배가 엎어지듯 술에 빠질 것을 경계한 것이지요.
 술잔 '뢰'罍 자는 누纍(오랏줄에 묶임)와 관계되고, 옥 술잔 '가'斝 자는 엄할 '엄'嚴 자의 가차假借이지요.
 술잔 '배'盃 자는 '가득 채우지 말라'(不皿)는 뜻이고, 술잔 '치'巵 자는 위태할 '위'危 자와 비슷하지요.

1_옛사람들이 …… 하겠소: 영재泠齋 유득공柳得恭의 편지에 대한 답장이다.

뿔잔 '굉' 觥 자는 서로 부딪침(觸)을 경계한 것이요, 창(戈) 두 개가 그릇(皿) 위에 있는 것²은 서로 다툼을 경계한 것이지요.

술통 '준' 樽 자는 준절撙節(절제)을 나타낸 것이요, '금' 禁(술잔 놓는 탁자) 자는 금제禁制를 말한 것이지요.

술 '유' 酉 부에 죽을 '졸' 卒 자의 뜻을 취하면 취할 '취' 醉 자가 되고, 살 '생' 生 자가 붙으면 술 깰 '성' 醒 자가 되지요.

『주관』周官(『주례』周禮)에 "평씨萍氏는 기주幾酒를 맡는다"³ 했는데, 『본초』本草를 살펴보니 "평萍(개구리밥)은 능히 술기운을 제어한다"⁴ 했소.

우리들이 술 마시기를 즐기는 것은 옛사람들보다 더하면서 옛사람이 경계하도록 남긴 뜻에 대해서는 어두우니, 어찌 크게 두려운 일이 아니겠소. 부디 이제부터 우리들이 술을 대하면 문득 옛사람들이 글자 만든 깊은 뜻을 생각하고, 옛사람들이 만든 술그릇들의 이름을 다시 돌아보도록 함이 어떻겠소?

2_창(戈) …… 것 : '잔' 盞 자를 가리킨다.
3_평씨萍氏는 기주幾酒를 맡는다 : 『주례』 「추관」秋官에 나오는 말이다. 평씨는 나라의 물에 관한 금령 禁令을 맡은 관직 이름이고, 기주는 백성들이 술을 구매하는 것이 적량適量이며 적시適時인가를 기찰譏察하는 임무를 말한다.
4_평萍은 …… 제어한다 : 신농씨神農氏가 지었다는 『본초』에 나오는 말이다. 개구리밥은 물에 가라앉지 않는 성질이 있고 수기水氣가 승하여 술기운을 흩어지게 한다고 한다.

서간문
고라니나 파리나 마찬가지

答某

우연히 야성野性을 칭송하다가 스스로를 고라니에 비한 것은,[1] 고라니가 사람이 가까이 오면 잘 놀라기 때문에 그렇게 말한 것이지, 감히 잘난 체해서가 아니었습니다. 지금 그대의 편지를 받아 보건대, 스스로를 기마驥馬 꼬리에 붙은 파리[2]에 비했으니, 또 어찌 그리 작으오? 진실로 그대가 작게 되기를 구한다면, 파리도 오히려 크고말고요. 개미도 있지 않소?

1_ 야성野性을 …… 것은 : 야성野性은 자연 속에서 한적하게 살기를 좋아하는 성격을 말한다. 고라니처럼 자연 속에서 한적하게 살고 싶어하는 것을 '미록지'麋鹿志 또는 '미록성'麋鹿性이라 한다. 또한 노루처럼 담이 작아 잘 놀라는 것을 '균경'麇驚이라 한다.
2_ 기마驥馬 꼬리에 붙은 파리 : 기驥는 명마의 이름이다. 『사기』「백이열전」伯夷列傳에서 사마천은 "안연顔淵이 비록 학문을 독실히 했지만 기마의 꼬리에 붙었기에 그의 행실이 더욱 알려졌다"고 하였다. 쉬파리가 기마의 꼬리에 붙어 천 리를 가듯이, 안연도 공자의 제자가 된 덕분에 후세에 더욱 유명해졌다는 뜻이다.

내가 예전에 약산藥山에 올라 도읍을 굽어보았더니, 사람들이 달리고 치닫고 하여 땅에 가득 구물대는 것이 마치 개밋둑에 진을 친 개미와 같아서, 한번 훅 불면 흩어지게 할 수 있을 듯합디다. 하지만 다시 그 도읍 사람으로 하여금 나를 바라보게 한다면, 비탈을 더위잡고 바위를 오르고 다래 넝쿨을 움켜쥐고 나무를 타고, 산꼭대기에 올라가서는 망령되이 스스로 높고 큰 양하는 그 모습이 이(虱)가 머리털을 타고 오르는 것과 무엇이 다를 게 있겠소.

그런데 이제는 큰소리치며 스스로 비하기를 '고라니'라 했으니, 어찌 그리 어리석던지요. 식자들에게 비웃음을 사 마땅한 일이지요. 만약 다시 그 형체의 대소를 비교하고 보이는 대상의 원근을 구별하기로 든다면, 그대나 나나 모두 망령된 짓만 한 거요. 고라니가 과연 파리보다 크다지만, 코끼리가 있지 않소? 파리가 과연 고라니보다 작지만, 저 개미에게 견주어 본다면 코끼리와 고라니의 관계나 마찬가지지요.

지금 저 코끼리는 서 있으면 집채만 하지요. 걸음은 비바람같이 빠르고, 귀는 구름이 드리운 듯하고 눈은 초승달과 비슷하며, 발가락 사이에는 진흙이 봉분같이 솟아 올라 있지요. 개미가 그 진흙 속에 집을 짓고 살면서 비가 오는지 살펴본 뒤 싸우려고 나오는데, 이놈이 두 눈을 부릅뜨고 보아도 코끼리를 못 보는 것은 어쩐 일입니까? 보이는 대상이 너무 멀기 때문이지요. 또 코끼리가 한 눈을 찡긋하고 보아도 개미를 보지 못하니, 이는 다름 아니라 보이는 대상이 너무 가까운 탓이지요. 만약 안목이 더 큰 사람으로 하여금 다시 백 리 밖의 먼곳에서 바라보게 한다면, 어둑어둑하고 가물가물하여 아무 것도 보이는 대상이 없을 터이니, 어찌 고라니와 파리, 개미와 코끼리 따위를 구별할 수 있겠소.

서간문
교만을 버려라

與楚幘

그대는 행여 신령한 지각과 민첩한 깨달음이 있다 하여, 남들에게 교만하거나 다른 생물들을 업신여기지 마시오. 저들에게 만약 약간의 신령한 깨달음이 있다면 어찌 나 스스로 부끄럽지 않겠으며, 만약 저들에게 신령한 지각이 없다면 교만하고 업신여긴들 무슨 소용이 있겠소.

 우리들은 냄새나는 가죽 부대[1] 속에 문자 몇 개를 지니고 있는 것이 남들보다 조금 많은 데 불과하오. 그러니 저 나무에서 매미가 울음 울고 땅 구멍에서 지렁이가 울음 우는 것이 또한 어찌 시를 읊고 글을 읽는 소리가 아니라고 장담할 수 있겠소.

1_가죽 부대 : 불교에서 사람이나 가축의 몸을 천시하여 부르는 말이다.

서간문

삼년상을 마치고

謝黃允之書

모某(나의 겸칭)는 머리를 조아려 인사드립니다. 얼마 전 청지기 김가가 형이 손수 쓰신 편지를 가지고 와, 여러 형제분들이 친상 중에 신령의 가호에 힘입어 건강을 지탱하고 계심을 자세히 알았습니다. 온 가족을 이끌고 시골로 가서 선영에 의지하고 사는 것은 바로 이 아우가 지난 가을에 미처 이루지 못한 계획이기도 합니다. 작별할 때의 말씀이 잊혀지지 않으니, 어찌 나의 마음을 이다지도 슬프게 하는지요.
  긴 장마가 걷히기 바쁘게 가을철이 하마 반이 지났는데, 여러 형제분들 기력은 어떠신지요? 군자의 효심에서 우러난 그리움은 계절의 변화에 감개하여 더욱 새로워지겠지만,[1] 새로 거처한 곳의 갖가지 일들은 자못 정돈되어 두서가 잡히셨는지요? 마음에 걸리고 자꾸 생각나면서, 서글프고 암담한 심정을 누를 길 없습니다.

이 아우는 모진 목숨을 연명하여 어느덧 부친의 삼년상을 마치게 되니, 천지가 텅 빈 듯하고 신세가 외로워 너무도 애통하기 그지없습니다. 평소에 자식 구실을 한 적이 얼마 없었기에 삼년상 기간에나 모든 심력을 바쳐볼까 했는데, 오랫동안 고질을 앓느라고 몸소 상식上食을 받든 것도 며칠 안 되건만, 눈 깜짝할 사이에 궤연几筵을 걷어버릴 날이 닥치니, 부여잡고 소리내어 울자 해도 울 곳이 없어 너무도 통탄스럽습니다.

원발元發(신광온申光蘊)은 박봉의 관직에 종사하느라 너무 바빠 겨를이 없고, 유구悠久(이영원李英遠)는 아마 벌써 남쪽으로 내려갔겠지요. 여중汝中(이심전李心傳)은 가끔 서로 보기는 하나 대개 일 년 중에 두서너 차례에 지나지 않습니다. 형 또한 상중에 있는 외로운 신세라 만나지 못한 지가 거의 삼 년이 되었군요.

지금 무덤 곁에 여막을 이미 지었을 터이니, 초췌해진 모습을 뵐 날이 까마득합니다. 인생에서 만남과 이별, 슬픔과 기쁨이 다 성쇠를 벗어나지 못하는군요. 아득히 생각하면 대릉大陵과 소릉小陵 사이에서 서로 붙어 다니던 일이 한바탕 꿈과 같으니, 어찌 감개스럽지 않으리까.

장례를 치른 이래로 저는 형체가 매미 허물 같고 멍청하기는 흙으로 빚은 인형 같아, 염부계閻浮界(이승)에 잠시 묵으며 오직 꿈에만 몰두하니, 잠잘 때는 즐겁지만 깨고 나면 슬퍼집니다. 삼십 년 사이에 이리저리 이

1_군자의 …… 새로워지겠지만 : 군자君子는 남에 대한 존칭으로, 여기서는 수신인을 가리킨다. 『예기』禮記에 계절이 바뀌는 봄과 가을에 각각 제사를 지내는 것은, 가을이 되어 서리나 이슬 내린 땅을 밟게 되면 반드시 돌아가신 부모님이 그리워 서글픈 마음이 들고, 봄이 되어 비나 이슬 내린 땅을 밟게 되면 반드시 부모님을 장차 뵐 것처럼 송구스러운 마음이 들기 때문이라고 하였다.

사 다닌 것이 서너 번이지만, 밤마다 꿈을 꾸면 넋이 떠돌다가 항상 도성都城 서쪽의 옛집에 머뭅니다. 몸소 살구나무·배나무·복숭아나무 밑에 노닐면서, 혹은 참새 새끼를 잡고 혹은 매미도 잡고 나비도 쫓으며, 동쪽 정원에는 온갖 꽃이 활짝 피어 있고 또 잘 익은 과일을 따기도 합니다. 모某의 양세兩世(조부와 부친)께서도 다 별 탈 없이 집에 계시고, 중부仲父와 계부季父와 나의 사촌 형님도 완연히 평소와 같으십니다.

그러다가 꿈에서 깨고 나면, 마치 무엇을 잃은 것 같고 쫓아가다가 되돌아온 듯하며 다시 볼 듯하면서도 못 보게 되니, 슬피 울고 가슴을 치며 깬 것을 후회한답니다. 이 세상에 그분들이 살아 계셨던 때를 가만히 헤아려 보면, 역시 꿈속에서처럼 많이 뫼시고 친밀하지 못했으니, 꿈속이 즐거울 수밖에요. 이러다가 또 하늘과 땅 사이에 편안히 누워 영영 잠들어 버린들[2]- 그 즐거움이 또한 꿈속보다 더할 수 있을는지요?

네 살짜리 어린 자식은 이제 조금 분별이 생겨 다른 사람을 아비 어미라 부르지는 않을 정도가 되었습니다. 노상 품속에서 떠나려 들지 않으므로, 수십 글자를 입으로 가르쳐 주었지요. 그런데 그 애가 갑자기 묻기를,

"나는 아버지가 있는데 아버지는 왜 유독 아버지가 없나요? 우리 아버지의 어머니는 어디 있나요? 아버지도 예전에 젖을 먹고 컸나요?"

하여, 나도 모르게 그 애를 무릎에서 밀쳐 내고, 엉겁결에 목놓아 한참 울었답니다.

2_편안히 …… 버린들 : 원문은 '언연대침'偃然大寢인데, 『장자』에 출처를 둔 표현이다. 장자는 제 처가 죽었는데도 노래를 부른 이유를 해명하면서, "사람들이 장차 큰 집(하늘과 땅 사이)에서 편안히 쉴 터인데, 내가 아이고아이고 하면서 덩달아 곡을 한다면 천명에 통달하지 못한 것을 자인하는 셈이라, 그래서 곡을 그쳤노라"고 하였다.

이는 다 이 아우가 상을 당한 뒤에 겪은 슬프고 쓰라린 심정을 말한 것이니, 다른 사람에게 이야기할 것까지는 없겠습니다. 지금 애형哀兄[3]께서 새로 비통한 일을 당해 근심스럽고 고통스러운 상황일 텐데, 아마도 필시 나 때문에도 한바탕 눈물을 흘리겠구려.

예서禮書를 읽는 여가에 다시 무슨 책을 보시는지 모르겠습니다. 이제부터 우리들의 생활 방편은 다만 경서를 몸에서 떼지 않으면서 몸소 밭을 가는 일이라 하겠습니다. 『시경』 빈풍豳風과 당풍唐風의 시들은 농삿집의 달력인 셈이요,[4] 『논어』 한 질은 시골에 사는 비결이요, 『중용』 30장章[5]은 건강을 관리하는 좋은 방법이니, 늘그막까지 힘써 할 일은 여기에서 벗어나지 않을 것입니다. 이 아우는 구월 보름 경에 북쪽으로 올라가 돌아다니면서 단양丹陽과 영동永同의 사이에서 농지를 찾아볼까 하는데, 생각대로 잘될는지는 모르겠습니다.

총총하여 할 말을 다 못 하오며, 다만 슬픔을 절제하고 스스로 몸을 보호하여 상중에 건강을 손상하지 말기를 바랄 뿐입니다. 편지의 형식을 제대로 갖추지 못하였습니다.

윤지允之 대형大兄의 예석禮席에[6]

팔월 초이틀 담제인禫制人 아우 모某가 절하며 올림.

3_ 애형哀兄: 친상을 당한 벗을 부르는 호칭이다.
4_ 『시경』…… 셈이요: 『시경』 빈풍豳風과 당풍唐風의 시들을 읽으면 농사철에 때맞추어 할 일들을 알 수 있다는 뜻이다. 예컨대 빈풍의 「칠월」七月은 농사에 관한 월령가月令歌였다.
5_ 『중용』 30장章: 『중용』은 모두 33개의 장으로 이루어져 있는데, 여기서는 대략의 숫자를 들어 말한 것이다.
6_ 윤지允之 대형大兄의 예석禮席에: 수신인을 밝힌 것이다. 상례喪禮를 지키고 있는 벗 황승원黃昇源에게 보낸다는 뜻이다. 윤지允之는 황승원의 자이다.

서간문

긴긴날 소일하는 비결

答南壽

사흘 낮을 이어 비가 내리더니 가련하게도 필운동弼雲洞의 번성하던 살구꽃이 다 떨어져 붉은 진흙으로 변하고 말았네그려. 진작 이렇게 될 줄 알았던들, 어찌 자네를 초대하여 하루 동안 심심풀이로 나들이 하기를 꺼렸겠는가?[1]

긴긴날 무료히 앉아 홀로 쌍륙 놀이를 하자니, 바른손은 갑甲이 되고 왼손은 을乙이 되어, 오五를 부르고 백白을 부르는 사이에 그래도 이쪽과 저쪽의 구분이 있어 승부에 마음을 쏟게 되고, 번갈아 가며 적수가 되더구먼.

1_사흘 낮을 …… 꺼렸겠는가 : 박남수朴南壽의 편지에 대한 답장이다.

나는 모르겠네, 내가 나의 두 손에 대하여도 역시 편애하는 바가 있단 말인가? 이 두 손이 이미 이쪽과 저쪽으로 나뉘어졌다면 각자 하나의 사물이라 이를 수 있고, 나도 그들에 대해 또한 조물주라 이를 수 있겠지. 그런데도 사정私情을 이기지 못하고 편들거나 억누르는 것이 이와 같단 말인가?

어저께 비에 살구꽃은 시들어 떨어졌지만 복사꽃은 한창 어여쁘네. 나는 또 모르겠네, 저 위대한 조물주가 복사꽃을 편들고 살구꽃을 억누른 것 역시 저 꽃들에게 사정이 있어서 그런 것인가?

문득 보니 발(簾) 곁에서 제비가 지저귀는데, 이른바 '회여지지 지지위지지'誨汝知之 知之爲知之[2]라 하기에, 나도 모르게 웃음을 터뜨리며,

"네가 글 읽기를 좋아하는구나. 하지만 '바둑이나 장기도 있지 않느냐? 그나마 하지 않는 것보다 낫겠지'[3]라 하였느니."

라고 했네. 내 나이 마흔 살이 채 못 되었는데, 벌써 머리가 하얗게 변하고 기력과 태도가 하마 노인 같아서 제비 손님과 장난치며 웃으니, 이것이 노인의 소일하는 비결일세.

그때 갑자기 자네의 편지가 내 앞에 떨어져, 나의 그리운 마음을 충분히 위안해 주었다네. 하지만 자줏빛 첩帖에 쓴 부드러운 필치는 너무도

2_회여지지 지지위지지誨汝知之 知之爲知之 : 『논어』에 나오는 말이다. 공자가 자로子路에게 말하기를 "너에게 아는 것이 무엇인지 가르쳐 주겠다. 아는 것을 안다고 하고 모르는 것을 모른다고 하는 것, 이것이 바로 아는 것이니라"(誨汝知之乎 知之爲知之 不知爲不知 是知也)라고 하였는데, 원문의 음이 제비의 지저귀는 소리와 비슷하다 하여 제비의 울음소리를 묘사할 때 흔히 쓰인다.

3_바둑이나 …… 낫겠지 : 역시 『논어』에 나오는 말이다. 공자는 "하루 종일 배불리 먹고 아무 마음도 쓰지 않고 지내기란 참으로 어려운 일이다. 바둑이나 장기도 있지 않느냐? 이것이라도 하는 것이 그나마 하지 않는 것보다는 나을 것이다"라고 하였다.

문곡文谷(김수항金壽恒)의 필치와 흡사하여, 우아한 점은 있지만 웅건한 기상이 전혀 없네그려. 이는 용곡龍谷 윤 상서尹尙書(판서 윤급尹汲)가 벼슬아치들의 모범은 될지언정 결국 대가의 필법은 아닌 것과 같으니, 그 점만은 불가불 알아야 할 걸세.

「정존와기」靜存窩記는 그 글을 찾으러 오겠다는 말을 지금 읽고서야 비로소 생각이 났네그려. 평소 남에게 너무 쉽게 승낙하기 때문에 이런 독촉을 받게 되는 것이라, 자못 후회가 되고 부끄럽구먼. 이제 유념해 두었으니 삼가 차분하게 지어 보겠으나, 다만 얼마나 빨리 될는지는 예측할 수 없겠네. 이만 줄임세.

서간문

참된 벗을 그리며

答洪德保書 第二

 이 아우의 평소 교유가 넓지 않은 것도 아니어서, 덕을 헤아리고 처지를 따져 모두 벗으로 받아들였지요.[1] 하지만 벗으로 받아들인 사람 중에는 명성을 추구하고 권세에 붙좇는 혐의가 있는 사람이 없지 않았으니, 그런 사람의 눈에는 벗은 보이지 아니하고, 보이는 것은 다만 명성과 이익과 권세였을 따름입니다.
 지금 나는 스스로 풀숲 사이로 도피해 있으니,[2] '머리를 깎지 않은 비구승'이요 '아내를 둔 행각승'이라 하겠습니다. 산 높고 물 깊으니, 명성

1_이 아우의 …… 받아들였지요: 홍대용洪大容의 편지에 대한 답장이다.
2_나는 …… 있으니: 정조 2년(1778) 연암이 가족을 이끌고 황해도 금천金川의 연암燕巖 골짜기로 이주한 사실을 말한다.

따위를 어디에 쓰겠습니까? 옛사람의 이른바 '걸핏하면 곧 비방을 당하지만, 명성 또한 따라온다'[3]는 것 역시 헛된 말에 가깝습니다. 겨우 한 치의 명성만 얻어도 벌써 한 자의 비방이 이르곤 합니다. 명성 좋아하는 자는 늙어가면 저절로 이러한 사실을 알게 됩니다.

젊은 시절에는 과연 나도 허황된 명성을 연모하여, 문장을 표절하고 화려하게 꾸며서 잠시 예찬을 받은 적이 있지요. 그렇게 해서 얻은 명성이란 겨우 송곳 끝만 한데 쌓인 비방은 산더미 같았으니, 매양 한밤중에 스스로 반성하면 입에서 신물이 날 지경이었지요. 명성과 실정의 사이[4]에서 스스로 깎아내리기에도 겨를이 없거늘, 더구나 감히 다시 명성을 가까이 하겠습니까. 그러니 명성을 위한 벗은 이미 나의 안중에서 떠나 버린 지 오래입니다.

이른바 이익과 권세라는 것도, 일찍이 그 길에 발을 들여놓아 보았지요. 대개 사람들은 모두 남의 것을 가져다 제 것으로 만들 생각만 하지, 제 것을 덜어내서 남에게 보태주는 일은 본 적이 없습니다. 명성이란 본시 허무한 것이요 사람들이 값을 지불하는 것도 아니어서, 혹은 쉽게 서로 주어 버리는 수도 있지요. 하지만 실질적인 이익과 실질적인 권세에 이르면 어찌 선뜻 자기 것을 양보해서 남에게 주려 하겠습니까.

그 길로 바삐 달려가는 자들은 흔히 앞으로 엎어지고 뒤로 자빠지는 꼴을 보기 마련이니, 한갓 스스로 기름을 가까이했다가 옷만 더럽힌 셈입니다. 이 역시 이익과 손해를 따지는 비열한 논의라 하겠지만, 실상은

3_걸핏하면 …… 따라온다 : 한유韓愈의 「진학해」進學解에 나오는 말이다.
4_명성과 실정의 사이 : 『맹자』에 "명성이 실정보다 지나침을 군자는 부끄러워한다"고 하였다.

분명 이와 같습니다. 또한 진작 형에게서 이런 충고를 받은 바 있어, 이 익과 권세의 이 두 길을 피한 지가 하마 십 년이나 됩니다.

내가 명성·이익·권세를 좇는 이 세 부류의 벗들을 버리고 나서, 비로소 눈을 밝게 뜨고 이른바 참다운 벗을 찾아보았더니, 대개 한 사람도 없습디다. 벗 사귀는 도리를 다하고자 하면, 벗을 사귀기란 확실히 어려운가 봅니다.

하지만 어찌 정말 과연 한 사람도 없기야 하겠습니까. 어떤 일을 당했을 때 잘 깨우쳐 준다면 비록 돼지 치는 종놈이라도 진실로 나의 어진 벗이요, 의로운 일을 보고 충고해 준다면 비록 나무하는 아이라도 역시 나의 좋은 벗일 겁니다. 이렇게 생각하면 과연 이 세상에서 내게 벗이 부족한 것은 아니지요. 그러나 돼지 치는 벗은 경서經書를 논하는 자리에 함께 참여하기 어렵고, 나무하는 벗은 손님과 주인이 읍양揖讓하는 대열에 둘 수 없습니다. 그러니 고금을 더듬어 보면서 어찌 마음이 답답하지 않을 수가 있겠습니까.

산중으로 들어온 뒤로는 이런 생각마저 끊어 버렸습니다. 하지만 매양 덕조德操(사마휘司馬徽)가 기장밥을 지으라고 재촉할 적에 아름다운 정취가 유유하였고,[5] 장저長沮와 걸닉桀溺이 짝지어 밭을 갈 적에 참다운 즐거움이 애틋하였던 것[6]을 생각하며, 산에 오르고 물에 다다를 적마다 형의 모습을 어렴풋이나마 그리워하지 않은 적이 없었답니다.

5_덕조德操가 …… 유유하였고 : 사마휘司馬徽는 후한後漢 말의 인물로, 양양襄陽 산중에 은거한 방덕공龐德公을 스승으로 섬겼다. 하지만 그가 방덕공의 집을 찾아갔을 때 방덕공이 출타하고 없자 그 부인에게 빨리 기장밥을 지으라고 재촉하여 상을 차려 내오게 했으며, 잠시 뒤 돌아온 방덕공 역시 곧바로 안으로 들어가서 함께 밥을 먹어 누가 주인이고 손님인지 구분이 되지 않을 정도로 격의 없는 사이였다고 한다.

생각하건대 형은 벗을 사귀는 이 한 가지 일에 열렬한 성품을 지니고 있는 줄 잘 압니다만, 심지어 구봉九峯(엄과嚴果) 등 여러 분들이 하늘가와 땅끝만큼이나 멀리 떨어진 곳에서 여러 사람 손을 거쳐 힘들게도 편지를 부쳐오는 것은 '천고의 기이한 일'이라 이를 수 있을 것입니다. 하지만 이생에서는 그분들을 다시 만날 수 없으니 곧 꿈속과 다를 바 없어, 실로 우정의 참 맛은 적을 것입니다.

　혹시 우리나라 안에서 한 번 만나 보아 서로 거리낌 없이 회포를 털어놓을 수 있는 사람이 있다면 천 리를 멀다 아니 하고 찾아가고 말겠습니다만, 형도 이런 벗을 아직 만나 본 적이 없는 게 아닌지요? 아니면 영영 이런 생각을 가슴속에서 끊어 버렸는지요? 지난날 서로 끊임없이 이야기를 나눌 때에도 그런 이야기까지는 한 적이 없었기에, 지금 마침 한 가닥 울적한 마음이 들어 우선 여쭈어 보는 것입니다.

6_장저長沮와 …… 것 : 장저와 걸닉은 춘추 시대의 은자다. 『논어』에 장저와 걸닉이 밭을 갈고 있을 때 그 앞을 지나가던 공자가 자로子路를 시켜 나루터를 물었으나, 그들은 나루터를 가르쳐 주기는커녕 세상을 바꾸려 하는 공자를 비웃었다고 한다.

서간문
한 처녀의 의문사에 대한 소견

答巡使論咸陽張水元疑獄書

 함양咸陽 사람 장수원張水元이 한조롱韓鳥籠이란 계집을 치사한 사건에 대해, 초검初檢(첫 번째 검증)과 복검覆檢(두 번째 검증)에서 모두 계집이 스스로 물에 빠진 것이 실제 사망 원인이라고 하였습니다. 그런데 조서를 반복하여 살펴보고 그 실정을 참작해 보면, 조롱이 수원에게 위협과 핍박을 받은 것이 한두 번이 아니었습니다. 하지만 처녀의 몸으로 남의 곁방살이를 하는 처지라, 몹시 부끄럽고 분하지만 어디다 하소연할 데도 없고, 형편이 너무나 궁하여 어디 갈 곳조차 없었습니다. 그래서 저 맑고 깨끗한 못만이 자신의 몸을 깨끗이 보존할 수 있는 곳이라 여겼던 것입니다.
 비록 수원이 드잡이하여 밀어넣은 것은 아니라 하더라도, 순결을 지키는 처녀로 하여금 이렇게 물에 빠져 죽도록 원한을 품게 만든 것이 그

놈이 아니면 누구란 말입니까. 그 정상을 추궁해 가면 그놈이 어떻게 제 목숨을 내놓지 않을 수 있겠습니까. 그런데 전후의 진술에서 그 말이 여러 번 변했으니, 이는 놈이 교활하고 완악한 습성으로 그 난폭한 자취를 은폐하려는 데 불과한 것입니다.

하지만 정작 그놈이 강간하려고 하지 않았다면, 곁방의 처녀가 어째서 끌려갔겠습니까? 그놈이 끌고 가지 않았으면 조롱의 머리털이 어찌하여 뽑혔겠습니까? 지극히 분통한 일이 아니라면 조롱이 뽑힌 머리털을 무엇 때문에 꼭 간직해 두었겠습니까? 이 한 줌의 머리털을 남겨 어린 남동생에게 울며 부탁한 것은, 한편으로는 그날에 몸을 더럽히지 않았다는 증거로 삼자는 것이요, 또 한편으로는 죽은 뒤에라도 원한을 씻을 자료로 삼으려는 것이었습니다.

이른바 '이를 잡다가 유혹하고, 길쌈을 하다 말고 유혹했다'거나, '호미를 전해 주러 왔다가 싸우고, 버선을 잃어버려 싸웠다'고 한 진술들은 이 옥사에 그다지 관계가 없는 것들입니다. 수원이 난폭한 짓을 한 증거물은 오직 이 머리털이요, 조롱이 죽도록 항거한 자취도 오직 이 머리털입니다. 몸은 비록 골백번 으깨지더라도 이 머리털이 남아 있는 이상, 보잘것없는 이 머리카락 하나로도 옥사의 전체를 단정할 수 있는 것입니다.

그런데 재심하는 자리에서 형적만을 가지고 따져, 죽게 된 책임을 본인에게 돌리고 상대에게는 그저 위협과 핍박을 한 죄율에 그치고 말았습니다. 이로써 판결을 끝낸다면 어찌 죽은 자의 울분을 조금이나마 풀어 줄 수 있겠습니까. 정상을 참작하고 행동을 헤아려 보면, 위협과 핍박을 했다는 죄율은 끝내 너무도 가벼운 편이 됩니다. 무거운 편을 따라 논하여, 강간 미수의 죄율로 처벌하는 것이 아마도 적절할 듯합니다.

서간문
주린 백성을 구호하는 즐거움

答大邱判官李侯 端亨 論賑政書

지붕에서 비둘기가 울어 비가 내렸다 날이 갰다 하니,[1] 완연히 꽃이 피도록 재촉하는 날씨로구려.[2] 먼 곳의 아지랑이는 눈에 가물거리고 관아 연못의 푸른 물엔 그림자가 잠겼는데, 소송하러 온 자들도 없고 동헌 뜰엔 아전들도 다 물러가고 없어 오늘에야 잠시 한가한 시간을 우연히 얻으니, 비로소 일 년 만에 태수太守의 즐거움[3]을 짐작하겠소. 뒷짐을 지고 난간을 돌면서 다른 사람 아닌 바로 그대를 향해 그리운 생각을 시로 읊

1_ 비둘기가 …… 하니 : 염주비둘기(斑鳩)가 울면 비가 내린다고 하여 이를 환우구喚雨鳩라고도 부른다.
2_ 지붕에서 …… 날씨로구려 : 대구 판관大邱判官 이단형李端亨의 편지에 대한 답장이다.
3_ 태수太守의 즐거움 : 송宋나라 때 구양수歐陽修가 지은 「취옹정기」醉翁亭記에서 산중 고을에서 아름다운 산수를 찾아 노닐며 태수 노릇하는 즐거움을 서술하였다.

었는데 때마침 그대의 편지가 홀연 내 앞에 떨어지니, '서로 그리워하는 정이 마음으로 통하매, 산천도 그 사이를 떼어 놓지 못한다'고 이를 만하외다.

영남 전도全道 일흔두 개 고을이 불행히 흉년을 만나서 모두 대대적인 구호 사업을 시행하고 있지요. 오늘날 목민牧民의 관리가 된 자는 굶주린 백성에 대해서는 구호 대상을 정확하게 가려 뽑기를 생각하고, 구호 양식에 대해서는 널리 모으기에 힘을 쏟고 있소. 그러자니 근심은 쌓이고 심신은 고달파서, 어찌 억척스레 고생하고 초췌해지지 않을 수 있겠소?

더구나 대구는 감영監營이 있는 업무 많은 고을이라, 눈앞에 넘쳐나는 어려움이 다른 고을보다 갑절이나 되지 않소. 매양 한 도내 수령들의 편지를 받아 보면 근심과 번뇌가 너무 심하여 이맛살을 찌푸리는 빛이 지면紙面까지 드러나고 신음하는 소리가 붓끝에 끊어지지 아니하므로, 편지를 보고 나서는 아닌 게 아니라 그들을 대신하여 마음이 편안치 못했소. 그런데 그대처럼 낙천적이고 활달한 성격으로도 역시 저도 모르게 이런 태도를 지을 줄은 몰랐으니, 어찌 개탄스럽지 않겠소?

아! 우리나라는 인재를 등용하는 길이 너무도 좁아서, 학식이 하늘의 이치와 사람의 일을 꿰뚫어 알고 재주가 문무를 겸비했다손 치더라도 과거를 거치지 않으면 참으로 출세할 길이 없소. 지금 조정에서 활개 치며 백성과 나라를 위해 대책을 세우고 임금의 정치와 교화에 참여하고 협찬한다는 사람치고, 대과大科에 급제하지 않고 진출한 사람이 누가 있단 말이오?

그 다음은 소과小科에 급제하는 것인데, 그런 뒤라야 비로소 음관蔭官으로 보직되어 겨우 벼슬아치 명부에 이름이 오르게 되지요. 하지만 낭서

郎署 사이를 헤아나지 못하니, 그저 밤낮으로 바라는 것은 오직 수령으로 나가는 것이오. 그래서 읍황邑況이 많고 적음을 계산하고 토산물이 있는지 없는지를 묻게 되니, 그 스스로 처신하는 것이 하천배나 다름이 없소.

명색은 백성을 다스린다 하지만 마음대로 처리할 수 있는 일이라고는 없으며, 그저 명을 받들어 행하기에만 분주하지요. 그래서 오직 인사고과人事考課할 때 꼴찌가 될까 두려워할 뿐, 고을의 폐단이나 백성의 고통 따위는 마음쓸 겨를이 없소. 그럴 겨를이 없을 뿐만 아니라, 아무리 그 병폐를 바로잡고자 해도 일이 자기 손을 거치지 않으니 형세상 어쩔 도리도 없지요.

그러므로 능란한 사람은 장부 처리나 조심해서 하고 창고 관리나 엄중히 하여, 죄나 안 지으면 다행으로 여길 따름이오. 하지만 평생의 포부를 한번 펴 볼 기회가 있으니, 이는 오직 굶주린 백성을 구호하는 한 가지 일이지요.

나나 그대나 크게는 대과 급제를 못했을뿐더러, 작게는 또한 진사가 되지 못했소. 둘다 따분한 백도白徒(벼슬하지 못한 유생)요 민간에 사는 미천한 신세라, 실없는 얘기나 하고 날을 보내었지요. 제 딴에는 그래도 유생 차림으로 거들대지만 그것은 남루해진 지 이미 오래며, 임시변통으로 양반이라 칭하지만 외람된 짓이라 부끄러울 뿐이오.[4] 머리는 허옇고 얼굴은 누렇게 뜬 채 당세에 대한 희망을 끊었더니, 늙마에 일명一命으로 잇달아 동료가 되었으니 얼마나 다행스런 일이오!

비록 옛사람들이 벼슬할 나이로 여겼던 마흔 살은 이미 지났지만, 그

4_임시변통으로 …… 뿐이오 : 원래 양반이란 동반東班과 서반西班 즉 문관과 무관을 가리키는 말이다.

직책에서 소임을 다하기로 할진댄 아직도 남은 날들이 있소이다. 오륙 년이 다 못 가서 그대는 이미 중요한 고을을 두 번째나 맡게 되었고 나 역시 현감 한 자리를 얻었으니, 이런 대흉년을 만나서 백성을 구제하고 은혜를 베풀려던 포부를 펼 기회가 어찌 여기에 있지 않겠소? 정사에 마땅히 전력을 다하여 씀바귀도 냉이처럼 달게 여겨야 할 텐데,[5] 어쩌자고 신세를 한탄하고 딱한 꼴을 스스로 짓는단 말이오?

내 신세를 돌이켜 보건대, 오십 년 동안 겨우 끼니를 때우고 쌀독도 자주 비어 내 몸도 주체하지 못했지요. 그러다가 임금님의 두터운 은혜를 입고 갑자기 부자 영감이 되어, 뜰에는 수십 개의 가마솥을 벌여 놓고 1400여 명의 못 먹어 부황 들어 쓰러져 가는 동포들을 불러다가 한 달에 세 번씩 먹이는 즐거움을 실컷 누리니, 즐거움치고 이보다 더한 즐거움이 또 어디 있겠소?

저 장공예張公藝가 구세동거九世同居할 때에 애써서 참았다는 것[6]이 무슨 일이었겠소? 공자는 말하기를,

"이것을 참을진댄 어느 것인들 못 참으랴?"[7]

하였고, 맹자는 말하기를,

"사람이란 다 저마다 남에 대해 참지 못하는 마음이 있다."[8]

5_씀바귀도 …… 텐데 : 『시경』 패풍邶風 「곡풍」谷風에 "누가 씀바귀를 쓰다고 했나, 내게는 냉이처럼 달구나"라고 하였다. 버림받은 자신의 고통이 씀바귀보다 더 쓰다는 뜻인데, 여기서는 어떤 고생도 감수해야 한다는 뜻으로 쓰였다.

6_장공예張公藝가 …… 것 : 장공예는 9대가 함께 화목하게 동거하였으므로 나라로부터 여러 차례 정표旌表를 받았다. 당나라 고종高宗이 그 집에 행차하여 비결을 묻자, 장공예는 참을 인忍 자 백여 자를 써서 올렸다고 한다.

7_이것을 …… 참으랴 : 『논어』에서 공자는 노魯나라의 대부大夫인 계씨季氏가 감히 천자의 예악禮樂인 팔일무八佾舞를 추게 한 데 대해, "이것을 참을진댄 어느 것인들 못 참으랴?"라고 비판하였다.

하였소. 성인도 참을 수 없는 일에 대해 참지 못한 것이 이와 같았소. 그러니 참을 인忍이라는 글자를 한 번만 써도 오히려 심하거늘, 그 글자를 백 번이나 썼단 말이오? 백 번을 참았을 때에 골머리가 아프고 이맛살이 찌푸려져서 온 얼굴에 주름살이 가로세로 곤두서고 모로 잡혔을 테니, 장공예의 두 눈썹 사이에는 내 천川 자가 그려지고, 이마 위에는 북방 임壬 자가 그려졌을 것이 뻔하오.

눈으로 보고도 참으면 장님이 되고, 귀로 듣고도 참으면 귀머거리가 되고, 입으로 말하고 싶은 것을 참으면 벙어리가 되는 셈이지요. 어질지 못한 일이로다! 측은지심惻隱之心의 싹을 잘라 버리자면 마음 심心 위에 칼날 인刃 자 하나면 족하거늘, 장공예는 무엇 때문에 이 글자를 백 번이나 거푸 썼단 말이오?

이제 내가 즐거울 락樂 한 자를 썼더니, 웃을 소笑 자가 무수히 뒤따릅디다. 이렇게 밀고 나갈 것 같으면, 백세百世라도 동거同居할 수 있을 것이오. 이 편지를 개봉해 보는 날에는 그대도 필시 입 안에 머금은 밥알을 내뿜을 정도로 웃음을 참지 못할 터이니, 나를 소소선생笑笑先生[9]이라고 불러 준대도 역시 마다하지 않겠소이다.

8_사람이란 …… 있다 : 『맹자』에 나오는 말이다. 남에 대해 참지 못하는 마음이 있음을 보여 주는 예로, 어린아이가 우물에 빠지려는 것을 보면 누구나 측은지심惻隱之心이 생겨 그 아이를 구하려 든다고 하였다.

9_소소선생笑笑先生 : 소소笑笑는 크게 소리 내어 웃는다는 뜻이다. 송宋나라의 저명한 서화가 문동文同의 호號가 소소선생이었다.

서간문
안의 고을로 놀러오시오

與人

관아 서남쪽 백 리 밖에 푸른 장막이 드리운 듯한 것은 바로 호남과 영남 아홉 고을에 웅거하여 도사린 산으로, 그 이름은 지리산이오. 『황여고』 皇輿攷에 이르기를, 천하에 신선이 산다는 산이 여덟이 있으며 그중 셋은 외국에 있다고 했소. 어떤 이는,

"풍악산楓嶽山은 봉래산蓬萊山이고, 한라산은 영주산瀛洲山이고, 지리산은 방장산方丈山이다."
라고도 주장하지요.

진秦나라 때 방사方士의 말에 삼신산三神山에 불사약이 있다고 했소.[1] 이것이 바로 후세의 인삼으로, 한 줄기에 가장귀가 셋이고, 열매는 화제 火齊처럼 생겼으며 형상은 어린애처럼 생겼지요. 옛날에는 인삼이라는

이름이 없었기 때문에 불사약이라 일컬어서, 오래 살기를 탐내는 어리석은 천자를 속여 현혹되게 한 것이라오.

그런데 지금 내가 돈 수백 냥을 내어 산에서 인삼을 캐다가 뒤뜰에다 길렀는데, 얼마 안 가서 갑자기 망양亡陽을 앓게 되어 거의 다 캐 먹었지요. 맛은 몹시 쓰고 향기가 오래 남으나, 기실은 노상 먹는 당귀나 죽순나물만도 못하더군요. 하지만 이것을 석 냥쭝 먹고 나자, 여러 달 동안 계속해서 목욕하듯 흐르던 식은땀을 그치게 할 수 있었소. 그러니 반드시 사람을 장생불사하게 한다고 할 수는 없겠지만, 역시 사람을 현혹하는 요사스러운 풀이 아니겠소.

날마다 방장산을 대하고 있노라면, 그 푸른 장막을 드리운 듯한 모습이 문득 변하여 푸른 도자기 빛이 되고, 또 얼마 안 가서 문득 파란 쪽빛이 되지요. 석양이 비스듬히 비추면 그 빛이 또 변하여 반짝이는 은빛이 되었다가, 황금빛 구름과 수은빛 안개가 산허리를 감싸면서 수만 송이 연꽃으로 변하여 하늘거리는 광경은 깃발들이 나부끼는 듯하오. 그래서 신선이나 숨어 사는 군자가 무거霧裾를 열어젖히고 하대霞帶를 휘날리면서² 단아한 모습으로 그 사이를 출몰하는 게 아닌가 의심이 들 지경이지요.

나는 우리 팽彭이³를 돌아보며 이렇게 말하였소.

1_진秦나라 …… 했소 : 진나라 때 방사方士 서복徐福이 진시황秦始皇에게 글을 올려 봉래·방장·영주의 삼신산三神山에 신선이 살고 있다고 하고, 불로초를 구해 오겠다며 동남동녀童男童女 삼천 명을 거느리고 바다로 들어가 돌아오지 않았던 일을 가리킨다.
2_무거霧裾를 …… 휘날리면서 : 무거는 옅은 안개처럼 가벼운 비단 옷깃을 말하고, 하대霞帶 역시 노을처럼 가볍고 부드러운 허리띠를 말한다. 신선은 노을로 옷을 삼는다고 하여 이를 하의霞衣라고 한다.
3_우리 팽彭이 : 연암은 장남 박종의朴宗儀를 애칭으로 '팽아'彭兒라고 불렀다.

"지금 내가 복용한 인삼 한 줄기가 과연 사람으로 하여금 장생불사하게 하고, 가벼운 몸으로 멀리 날아 삼신산을 구름처럼 노닐 수 있게 한들, 가족들을 안 데리고 있고 또 친구들도 없다면 무슨 재미가 있겠느냐. 비록 잠시 안기생安期生이나 적송자赤松子를 만난다 할지라도, 인간 세상에서 도낏자루 썩는 기간[4]이 바로 신선 세상의 하루에 불과할 테니, 그곳의 세월은 또 얼마나 촉박하겠느냐. 하루 동안 먹는 음식이 비록 화조火棗나 영지靈芝라 할지라도 어찌 요사이 먹는 언배(氷梨)나 홍시만 하겠느냐.

설령 참으로 안기생이나 적송자를 만나서 『황정경』黃庭經과 『녹자』綠字를 강독한다 할지라도, 어찌 또한 - 원문 7자 빠짐 - 현담玄談과 묘게妙偈[5]만 하겠느냐. 설사 속세를 벗어나 이야기하고 웃고 하는 것이 때로 즐겁다 할지라도, 그와 같이 이야기하고 웃는 동안에 인간 세상에는 후손이 이미 십대十代가 지났을 것이다. 사랑스럽고 보고 싶은 마음이 없을 수 없으니, 때로 바람을 타고 돌아와서 그 후손들에게,

'내가 바로 너희들의 십대조이니라.'

라고 한다면, 버럭 성을 크게 내며 몽둥이를 들고 쫓아오지 않는 자가 없을 것이다. 그러니 진시황과 한 무제漢武帝로 하여금 진작 이런 깨달음을 알게 했더라면, 어찌 기꺼이 부귀를 버리고 참된 즐거움을 놓아 버린 채

4_도낏자루 썩는 기간 : 진쯥나라 때 왕질王質이란 사람이 나무를 하다가 잠시 어린애들이 바둑 두는 것을 구경했는데 그 사이에 보니 자신의 도낏자루가 다 썩어 버렸으며, 귀가했더니 동시대 사람들이 이미 죽어 아무도 없었더라고 한다.

5_현담玄談과 묘게妙偈 : 현담은 현묘한 담론이란 뜻이고, 묘게는 오묘한 게송偈頌이란 뜻으로, 모두 불경을 가리킨다. 안의 현감 시절에 연암은 경암鏡巖이나 역암櫟菴 같은 지리산의 승려들과도 사귀었다고 한다. 원문 중의 빠진 내용은 바로 그러한 사실을 가리키는 듯하다.

곤궁한 삶을 택하여 적막함을 달게 여기며, 만승 천자의 존엄을 집어던지고 무하유지향無何有之鄕에 머물려고 했겠느냐."

부디 그대는 흥이 나면 한번 찾아와, 이 동산에 가득 찬 죽순을 나물로 데쳐 먹고 개천에 가득한 은어를 회 쳐서 초고추장에 찍어 먹으며, 맑은 못의 굽이도는 물 위에 참말로 술잔을 띄워 흘려 보구려. 그러면 진晉나라 제현諸賢의 풍류만 못하지 않을 것이요, 계축년의 수계修禊를 저버리지 않는다면 참된 즐거움을 누리게 될 것이오.[6]

6_ 진晉나라 …… 것이오 : 진나라 때 왕희지王羲之는 회계會稽의 산음현山陰縣에 있던 난정蘭亭에서 계축년(353) 3월 3일 수십 명의 명사들과 함께 수계修禊하면서 곡수연曲水宴을 벌였다. 수계란 옛날 중국에서 3월의 첫 번째 사일巳日에 냇가에서 몸을 씻고 놀았던 풍습으로, 이렇게 하면 그해의 액운을 면할 수 있었다 한다.

서간문
지기를 잃은 슬픔

與人

 심한 더위 속에 형제분들은 여전히 건강하게 지내는지?¹⌐ 성흠聖欽(이희명李喜明)은 근자에 어떤 생활을 하고 있는지? 마음에 걸리어 더욱 잊혀지지 않네. 중존仲存(이재성)과는 가끔 서로 만나 술이라도 마실 수 있겠지만, 백선伯善(남덕신南德新)은 청교靑橋를 떠나고 성위聖緯(이희경李喜經)도 이동泥洞에 없으니, 이와 같이 긴긴날에 무얼로 소일하며 지내는지 모르겠네.
 재선在先(박제가)은 듣자니 이미 벼슬을 그만두었다는데, 집에 돌아온 뒤 몇 번이나 서로 만났는가? 그는 이미 조강지처를 잃고 또 무관懋官(이덕무)

1_심한 …… 지내는지 : 연암이 안의 현감으로 있을 때 이희영李喜英에게 보낸 편지로 추정된다. 편지에 언급된 성흠聖欽은 그의 셋째 형 이희명李喜明의 자字이고, 성위聖緯는 맏형 이희경李喜經의 자이다.

같은 훌륭한 벗을 잃어, 이승에서 오래도록 외톨이로 쓸쓸히 지내게 되었으니, 그의 얼굴과 말은 만나 보지 않아도 상상할 수 있네. 그도 역시 '천지간에 의지가지없는 사람'이라 할 수 있고말고.

아아, 슬프도다! 전에 나는 지기知己를 잃은 슬픔은 아내를 잃은 슬픔보다 더하다고 논한 적이 있네. 아내를 잃은 사람은 그래도 두 번 세 번 장가라도 들 수 있고, 서너 차례 첩을 들여도 안 될 것이 없지. 마치 의복이 터지고 찢어지면 꿰매고 때우는 것과 같고, 집기가 깨지고 이지러지면 새것으로 다시 바꾸는 것과 같네. 때에 따라서는 후처後妻가 전처前妻보다 나을 수도 있고, 때에 따라서는 이 몸은 늙었지만 저쪽은 새파랗게 젊어서 신혼의 즐거움이 초혼과 재혼 사이에 차이가 없을 수도 있지.

하지만 지기를 잃은 쓰라림으로 말하자면 그렇지가 않네. 내가 다행히 눈을 지녔지만 누구와 더불어 나의 보는 것을 같이하겠는가? 내가 다행히 귀를 지녔지만 누구와 더불어 나의 듣는 것을 같이하겠는가? 내가 다행히 입을 지녔지만 누구와 더불어 나의 맛을 함께하겠는가? 내가 다행히 코를 지녔지만 누구와 더불어 나의 향내 맡음을 같이하겠는가? 내가 다행히 마음을 지녔지만 장차 누구와 더불어 나의 지혜와 깨달음을 같이하겠는가?

종자기鍾子期가 세상을 떠났으니, 백아伯牙가 길이 석 자의 이 오동나무 고목[2]을 끌어안고 장차 누구를 향하여 연주하며 장차 누구로 하여금 듣게 하겠는가? 그 형세로 보아 부득불 차고 있던 칼을 뽑아 단번에 다섯 줄을 튕겨, 그 소리가 쟁그르르 하고 났을 걸세. 그렇게 하여 줄을 자

---

[2] 오동나무 고목 : 오동나무로 만든 오현금五絃琴을 가리킨다.

르고, 끊고, 부딪고, 깨고, 부수고, 짓밟아서 모조리 아궁이에 밀어넣고 단번에 불태워 버린 뒤에야 마음이 후련했을 걸세.

그리고 제 자신과 이렇게 문답했겠지.

"네 속이 시원하냐?"

"시원하고말고."

"울고 싶으냐?"

"울고 싶고말고."

그러자 울음소리가 천지에 가득하여 종이나 경쇠에서 울려 나오는 듯하고,³⁻ 눈물이 솟아나 옷깃 앞에 마치 화제火齊나 슬슬瑟瑟처럼 떨어졌을 걸세. 눈물을 드리운 채 눈길을 들어 바라보노라면, 빈 산에는 사람 하나 없는데 물은 절로 흐르고 꽃은 절로 피어 있네.(空山無人 水流花開)⁴⁻

네가 백아를 보았느냐고 물을 테지. 암, 보았고말고!

3_울음소리가 …… 듯하고 : 『장자』에 증자曾子가 몹시 가난하게 살면서도 초연하게 『시경』 상송商頌을 노래하니, "그 소리가 천지에 가득 차서 종이나 경쇠에서 울려 나오는 듯했다"고 하였다.
4_빈 산에는 …… 있네 : 소식蘇軾의 「십팔대아라한송」十八大阿羅漢頌에 나오는 구절이다. 연암은 이 구절을 빌려, 고산유수高山流水의 심원한 뜻을 표현했던 자신의 음악을 알아줄 이가 이제는 없음을 서글퍼한 백아의 심경을 나타냈다.

서간문
귀양살이하는 벗에게

答李監司 書九 謫中書

초가을에 집의 아이 혼사를 치르기 위해 서울에 갔다가, 중씨仲氏와 계씨季氏 두 분 진사를 만날 수 있어 귀양살이 소식을 대략 들었습니다.[1]

 내 비록 영해寧海를 보지는 못했지만, 아마도 천하의 동쪽 끄트머리겠지요. 위로 푸른 하늘과 아래로 파란 바다가 마치 아교로 붙이고 실로 꿰맨 듯이 맞닿고, 낙지나 인어人魚뿐일 터이니 누구를 이웃으로 삼으리오?

 하오나 임금님의 은혜를 받잡고 자신의 허물을 반성할 따름이오. 옛

1_초가을에 …… 들었습니다 : 이서구李書九가 귀양 중에 보낸 편지에 대한 답장이다. 정조 19년(1795) 6월 이서구는 당시 전라 감사로서 진휼賑恤을 실시한 도내의 고을에서 굶어 죽는 자들이 속출한 사건으로 인해 경상도 영해부寧海府로 귀양 갔다. 이서구에게는 진사 급제한 경구經九와 소구韶九 두 아우가 있었다.

사람들은 그래서 어디에 들어가도 스스로 뜻을 이루었던 것이니,[2] 군자 君子(남에 대한 존칭)께서는 더욱 명덕 明德을 높여 나가시기 바라오.

가을이 다 가고 겨울이 닥쳐오매, 바람은 높은 곳에서 불고 서리는 조촐히 내려 그리움이 한창 간절했는데, 뜻밖에 소곡 巢谷에서 갑자기 친필 편지를 전해 올 줄을 어찌 알았겠습니까. 그때는 묵은 학질이 또 발작하여, 이불을 포개 덮고도 추워서 떨며 숨을 몰아쉬고 있던 참이었지요. 하지만 편지를 받고는 이불을 걷어 젖히고 기쁨이 넘쳐 땀이 나면서, 등이 땅기던 것도 바로 그쳤답니다. 편지로 인하여 객지에서 신령의 가호로 건강히 지내심을 알게 되었으나, 어찌 한 韓나라의 대부 大夫처럼 씩씩한 걸음으로 용감하게 갈 수 있으리오.[3]

상자평 向子平(상장向長)처럼 자녀의 혼사도 이미 다 치렀고, 도연명 陶淵明처럼 집 정원에는 소나무와 국화가 아직도 그대로 있는데,[4] 어찌하여 나는 오래도록 밥이나 탐하는 늙은이가 되어 홀로 텅 빈 관아를 지키고 있는지 모르겠소. 다만 매화가 아내처럼 다정스럽게 안방을 떠나지 아니하고, 또 작은 화분이 있어서 매화 화분을 따라와 그 시녀가 되었다오.

옛사람 중에는 파초를 벗한 이가 없는데, 나는 유독 파초를 사랑하지요. 줄기는 비록 백 겹으로 돌돌 말려 있지만 가운데가 본래 텅 비어 한

2_옛사람들은 …… 것이니 : 『중용』에 군자는 "환난에 처하면 환난 속에서 도를 행한다. 군자는 어디에 들어가도 스스로 뜻을 이룬다"고 하였다.
3_어찌 …… 있으리오 : 『전국책』戰國策에 나오는 고사를 빌려, 만나러 가기 힘들다는 뜻을 해학적으로 표현한 듯하다. 한 韓나라 대부 大夫 장취 張翠는 진 秦나라에 원병을 청하러 파견되었을 때, 병을 핑계 대고 날마다 하나의 현 縣만 행진하였다고 한다.
4_도연명 陶淵明처럼 …… 있는데 : 도연명의 「귀거래사」歸去來辭에 "정원의 세 갈래 작은 길은 잡초가 우거졌으나, 소나무와 국화는 아직도 그대로 있네"(三徑就荒 松菊猶存)라고 하였다.

번 잎을 펼치면 아무런 꾸밈이 없으니, 이 때문에 나의 마음을 터놓는 벗이 된 것이라오. 달 밝은 창이나 눈 내리는 창가에서 파초와 가슴을 터놓고 마음껏 이야기하니, 중산군(中山君)이 민첩하여 말없이 도망치는 것[5]과는 다르구려.

생각해 보면 젊은 시절에는 식사할 때 이(齒)가 있음을 잊어버려서 딱딱한 것, 부드러운 것 가리지 않고 혀를 놀리기를 바람같이 하고 뺨을 불끈거리기를 우레같이 하면서도, 물고 뜯고 씹어 대고 하는 일을 각자 맡아 하는 것이 있는 줄을 전혀 깨닫지 못했지요. 그런데 최근 사 년 사이에 잇몸 사이가 요란스럽게 모두 들썩이고, 시고 짜고 덥고 찬 것에 따라 각기 다른 통증이 나타나니, 잠시 뭘 마시고 씹으려 해도 먼저 조심하게 되는구려.

지난 가을에 왼쪽 볼의 둘째 이가 갑자기 빠져 나가고, 오른쪽 볼의 셋째 어금니는 안쪽은 빠지고 겉만 간신히 걸려 있어서 마치 마른 나뭇잎이 나뭇가지에 연연하는 것과 같으니, 이야기하고 숨쉬는 사이에도 뒤집힌 채로 들락날락하여 잘그락잘그락 패옥(佩玉) 부딪히는 소리가 희미하게 들리곤 한다오. 아아! 이가 빠진 뒤에도 이는 남아 있지만, 남아 있는 이라 해서 어찌 진실로 내가 소유했다 할 수 있겠소.

아침 해가 떴을 때 창가로 가서 빠진 이를 자세히 들여다보니, 뼈도 아니요 돌도 아닌 데다가, 붙어 있는 뿌리가 너무 얕아서 망치와 끌로도 단

5_중산군(中山君)이 …… 것 : 생각을 글로 표현하려고 해도 붓이 잘 따라주지 않는다는 뜻이다. 한유(韓愈)의 「모영전(毛穎傳)」에 붓은 중산(中山) 사람이며, 그 조상 중에 준(䚞)은 '민첩하여 달리기를 잘한다'고 하였다. 또한 붓은 진시황 때 중서령(中書令)으로 승진하여 황제가 그를 '중서군(中書君)'이라 불렀다고 하였다.

단히 고정시킬 수 있는 것이 아닙디다. 대개 온몸의 힘과 원기가 그것들을 단속하고 다스릴 수 있었던 거지요. 그런데 급기야 피와 살이 차츰 마르고 진원眞元(원기)이 그것들을 다스리지 못하게 되어서는, 예전에 나를 위하여 효능을 발휘했던 것들이 얼음 녹듯이 먼저 무너지고 마는구려. 예로부터 천하의 대세가 본래 대부분 이와 같지요. 내 이제 이 하나가 빠졌으나, 역시 또 어찌하겠소?

  최근에 지은 졸작拙作 두어 편이 있기에 이 편에 적어 보내 삼가 적막함을 위로하는 바이니, 글을 바로잡아 주기를 망령되이 바랍니다. 글에 대한 평어는 모두 중존仲存(이재성)이 쓴 것이요.

  겨울 날씨가 봄같이 따뜻한데, 대감께서 더욱 조리 잘하시기만을 바라며, 나머지 많은 말은 우선 줄입니다.

서간문

쓸쓸한 고을살이

上金左相書

지난가을에 자녀와 남녀 종들을 다 보내고 나니 관아가 온통 비었습니다.[1] 몸에 딸린 것이라곤 관인官印을 맡아 곁을 지키는 동자 하나뿐이지요. 그런데 밤이면 문득 꿈결에 잠꼬대를 외치므로, 한심하고 측은한 생각이 들어 그 아이로 하여금 늘 동헌東軒을 지키도록 임무를 바꿔 주고, 홀로 매화 화분 하나, 파초 화분 하나와 함께 삼동을 났습니다. 옛사람 중에 매화를 아내로 삼은 이가 있었습니다만,[2] 눈 내리는 날 푸른 파초는 마음을 터놓는 벗이 될 만하더군요.

1_지난가을에 …… 비었습니다 : 좌의정이 된 벗 김이소金履素에게 보낸 편지이다.

봄이 오자 위쪽의 연못에 물이 넘쳐 섬돌을 따라 줄줄 흐르는데, 그 소리가 마치 거문고를 타는 듯합니다. 대청 앞에 한 그루 하얀 배나무가 활짝 꽃을 피웠길래, 땅에 자리 깔고 그 아래 누워서 옥 같은 꽃잎과 구슬 같은 꽃술을 쳐다보았더니, 위로 달빛을 받아 이슬방울과 서로 어리비쳐 경치가 너무도 호젓하더군요. 그래서 혼자 「승천사기」承天寺記[3]를 읊었더니, 정신이 맑아지고 뼛속까지 서늘하여 잠이 잘 오지 않았습니다.

아침에 일어나 보니 중존仲存(이재성)이 편지를 보내왔는데, 나의 이 고독한 처지를 위로하기를,

"자고로 가족을 거느린 신선은 없으니, 호젓하다 해서 무슨 상관이 있겠소. 호젓해야만 신선을 만나 볼 수 있는 법이지요."

했습니다. 이 사람은 곧 이번에 급제한 늙은 진사進士지요. 아마도 그와는 집안끼리 세의世誼가 있으실 터이기에, 환한 창 아래에서 글을 쓰면서 손길 가는 대로 그에 관해 언급하였습니다. 길사吉士가 이끌어 주실 때는 바로 지금인가 합니다.[4] 세상에 그를 알아주는 사람이 없는 것이 다만 한스러우나, 그의 맑고 깨끗함은 옥수玉樹(아름다운 나무)와 아름다움을 다툴 만하답니다.

2_ 옛사람 …… 있었습니다만 : 송나라 때 임포林逋는 은거하여 장가도 들지 않고 자식도 없이 매화를 심고 두루미를 기르며 평생을 살았으므로, 그를 가리켜 '매화를 아내 삼고 두루미를 자식 삼았다'(梅妻鶴子)고 하였다.

3_ 「승천사기」承天寺記 : 소식蘇軾의 「기승천야유」記承天夜遊를 가리킨다. 달 밝은 밤에 소식이 승천사로 벗을 찾아가 함께 뜰을 거닐었다는 내용으로, 매우 짧으면서도 운치 있는 글이다.

4_ 길사吉士가 …… 합니다 : 『시경』 소남召南 「야유사균」野有死麕과 「표유매」摽有梅의 시구를 이용하여, 우의정 김이소에게 이재성의 관직을 주선해 주도록 은근히 청탁한 말이다. 여기서 길사吉士는 덕을 갖춘 훌륭한 인물이라는 뜻으로 쓰였다.

저는 임금님의 은혜를 두터이 입어 한 고을의 수령 노릇을 하고 있습니다. 그런 지 사 년 동안에 부엌에는 기름진 고기가 있고 곳간에는 남은 곡식이 있으며, 하당荷堂과 죽각竹閣[5]에는 맑은 정취가 있어 저절로 만족스럽습니다만, 노쇠로 인한 병이 날로 심해 가므로 돌아갈 생각이 갈수록 더하니 어찌하겠습니까. 천 리 먼 곳에서 오랫동안 나그네 살이를 하느라고 연암燕巖에서의 농사일은 오히려 제철을 어기고 있으니, 이 점이 후회스럽고 안타깝습니다.

천고에 일 좋아하는 사람으로 이윤伊尹과 부열傅說 같은 이가 없다고 생각한 적이 있습니다. 이들은 밭 갈고 고기 낚고 담장 쌓는 일을 스스로 마치지도 못한 채 남의 잔치에 바삐 달려가서 감 놓아라 배 놓아라 훈수하고 신 매실을 넣어라 짠 소금을 쳐라 하면서 귀 따갑게 떠들어 댈 수밖에 없었으나, 그것은 진실로 자기 신분에 긴요한 일이 아니었습니다.[6] 더구나 소위 만냥태수萬兩太守[7]란 모두가 '멧돼지 잡으려다 집돼지 놓치는' 자들임에야 더 말할 것이 있겠습니까. 득실을 비교한다면 어느 쪽이 낫고 어느 쪽이 못하다 하겠습니까. 더구나 세상에는 원래 천금태수千金太守도 없지 않습니까.[8]

5_ 하당荷堂과 죽각竹閣: 연못이 있는 집과 대숲이 있는 집이란 뜻이다. 구체적으로 하당荷堂은 곧 연암이 안의安義 현감 시절 관아의 서쪽에 세운 하풍죽로당荷風竹露堂을 가리키고, 죽각竹閣은 그와 별개의 어떤 누각을 가리키는 듯하다.

6_ 천고에 …… 아니었습니다: 『맹자』에 이윤은 들에서 밭을 갈고 있다가 탕湯임금이 세 번이나 초빙하므로 부득이 그에 응해 재상이 되었다고 하였다. 한편 부열은 들에서 담장 쌓는 노역을 하다가, 꿈에 본 성인을 찾아 나선 고종高宗을 만나 재상으로 발탁되었다고 한다. 『서경』에서 고종은 부열에게 "내가 만약 맛있는 국을 만들거든 그대는 소금과 매실 식초가 되어 주오"라고 하였다.

7_ 만냥태수萬兩太守: 녹봉이 많은 고을 수령을 말한다.

어제 두서너 이웃 수령들과 모여 복어를 끓여 먹었는데, 부엌에서 일하던 사람이 복어 알을 우물가에 버렸습니다. 그랬더니 솔개들이 보고 한참 동안 공중에서 맴돌다가, 차례로 날개를 비스듬히 기울여 칼을 뽑아 든 듯이 하더니, 발을 오그리고 몸을 돌려서 지나가 버렸지요. 마지막으로 한 늙은 솔개가 대담하게 복어 알을 단번에 채 가지고 공중에서 배회하더니 마침내 용마루에 떨구고 말았습니다. 그러자 까마귀 한 마리가 와서 앉아 한참 동안 곁에서 흘깃대다가 가 버리더군요.

그걸 보고 모두들 집이 떠나갈 듯 일제히 웃으면서,

"지독하구나, 이 사람이여! 먹을 것을 탐내는 솔개나 까마귀도 오히려 저 먹는 것에 조심하여 이와 같이 자상히 살피는데, 동파東坡 노인은 오히려 목숨을 걸었구려.⁹"

하였습니다.

조금 있자니 그 까마귀가 다시 검은색의 큰 덩어리 하나를 물고 와서, 득의한 양 머리를 들었다 숙였다 하며 좌우로 번갈아 쪼아 허겁지겁 배불리 먹은 뒤, 부리를 기와 위에 문지르고는 한 번 까악 하며 울고 날아가더군요. 관노비를 시켜 천천히 살피게 했더니, 조금 전에 물고 온 것은 바로 똥덩이였습니다. 똥은 해독解毒 작용을 하니, 저 까마귀가 해독을 하는 데는 지혜롭다 하겠지만, 맛은 아직 잘 모르는 놈입니다. 세간에 과

8_세상에는 …… 않습니까 : 녹봉이 만냥은커녕 천냥이 되는 수령 자리도 없다는 뜻으로, 연암이 풍자하기 위해 지어낸 말이다.

9_동파東坡 …… 걸었구려 : 소식蘇軾의 「4월 11일에 여지를 처음 먹다」(四月十一日初食荔支)라는 시에 "다시 복어를 씻어 복부의 기름진 고기를 삶누나"(更洗河豚烹腹腴)라고 한 구절을 두고 한 농담이다. 복어는 내장에 독이 있는데도 복어 배 부위의 기름진 고기를 삶아 먹겠다고 했기 때문에, 소식에 대해 지독한 사람이라고 풍자한 것이다.

연 오유선생烏有先生[10]처럼 해독하는 좋은 처방을 지닌 분이 있을는지 모르겠습니다.

10_오유선생烏有先生: 오유烏有는 '어찌 이런 일이 있을 수 있겠는가'라는 뜻으로, 오유선생은 실재하지 않는 인물을 가리키는 말이다. 그런데 '오'烏 자에는 이와 같이 '어찌'라는 뜻과 함께 '까마귀'라는 뜻도 있으므로, 여기서 연암은 익살스럽게 까마귀를 '오유선생'이라 부른 것이다.

서간문

수수께끼와 속담의 뜻

答應之書

일전에는 공무와 사삿일이 너무도 복잡하여 미처 편지를 올리지 못했소.[1] 막 장리狀吏의 출발 여부를 묻자 잠깐 사이에 벌써 떠나 버렸다 하니, 섭섭하고 허전한 마음 그지없었지요. 필시 내가 편지 쓸 마음이 없어서 답장을 생략해 버렸다고 생각했을 거요.

먼저 보내신 짧은 편지를 받아 보니 과연 내 짐작과 같았소. 송구스럽고 부끄러워 견딜 수가 없구려. 이 아우가 어찌 이렇게 졸장부같이 굴겠소? 한 번 뜻대로 안 되었다 해서, 멍청스레 앉아 멍하니 공중에 대고 글자나 쓰고 있겠소?[2] 어쩌자고 더욱 사람을 부끄러워 죽게 만드시오?

1_일전에는 …… 못했소 : 공주 판관公州判官 김기응金箕應이 보낸 편지에 대한 답장이다.

보름날 아침에 각 고을의 아전들이 포사문布司門(감영의 정문) 밖에 떼로 모여, 얼어붙은 짧은 붓대를 호호 불어 녹이며 어깨를 서로 밀치고 발등을 서로 밟고 섰는데, 마치 과거 시험장에서 글제를 내걸면 응시자들이 베껴 쓰면서 풀이하듯이 수수께끼 같은 말을 서로 외치더라오.

"기주冀州의 전부田賦인가?"[3]

"단공亶公이 말을 달려간 곳인가?"[4]

"변자卞子가 상투가 없는가?"[5]

"복씨卜氏가 일一 자를 머리에 얹었는가?"[6]

"정일精一을 잡았느냐?"[7]

"자막子莫이 잡았느냐?"[8]

2_ 한 번 …… 있겠소 : '한 번 뜻대로 안 되었다'고 한 것은, 면천沔川 군수 시절에 연암이 충청 감사에게 올린 사직서가 받아들여지지 않은 사실을 가리킨다. 또한 '공중에 대고 글자나 쓴다'는 것은, 진晉나라 때 중군中軍 은호殷浩가 무능하다 하여 먼 지방으로 쫓겨나게 되자 온종일 "어허! 괴상한 일이로고"(咄咄怪事)라는 네 글자만 공중에 대고 쓰며 지냈다는 고사에서 나온 말이다. 크게 실망하거나 유감을 품은 경우를 비유할 때 쓰인다.

3_ 기주冀州의 전부田賦인가 : 인사고과가 상上이냐고 물은 것이다. 『서경書經』에 기주冀州는 "그 부세 賦稅가 상상上上인데 간혹 차상次上이 섞였다"고 하였다.

4_ 단공亶公이 …… 곳인가 : 인사고과가 하下냐고 물은 것이다. 단공은 오랑캐의 침략을 피해 주周나라의 수도를 기산岐山으로 천도한 고공단보古公亶父를 가리킨다. 『시경詩經』 대아大雅 「면緜」에 "고공단보가 이른 새벽에 말을 달려, 서쪽 물가를 따라 기산岐山 아래에 이르셨네"(至于岐下)라고 하였으므로, 기하岐下의 하下 자를 암시한 것이다.

5_ 변자卞子가 상투가 없는가 : 인사고과가 하下냐고 물은 것이다. 자子는 남자의 통칭인데 자字 자와 음이 같으므로, 여기서는 변 자卞字를 암시한다. '卞' 자는 상단의 점이 없으면 下 자가 된다.

6_ 복씨卜氏가 …… 없었는가 : 인사고과가 하下냐고 물은 것이다. 복卜 자 위에 일一 자를 덧붙이면 下 자가 된다.

7_ 정일精一을 잡았느냐 : 인사고과가 중中이냐고 물은 것이다. 『서경』에 "정밀하게 살피고 한결같이 지켜야 진실로 그 중정中正을 잡으리라"(惟精惟一 允執厥中)고 한 데서 나온 말이다.

8_ 자막子莫이 잡았느냐 : 역시 인사고과가 중中이냐고 물은 것이다. 『맹자孟子』에 양주楊朱나 묵적墨翟과 달리, 노魯나라의 현자賢者인 "자막은 중도中道를 취했다"(子莫執中)고 하였다.

"어떤 장리贓吏(뇌물을 받거나 횡령한 관리)를 잡았는고?"

"수배隨陪를 잡았다네."9-

그러자 온 마당이 떠들썩하게 크게 웃으며 말하기를,

"나는 네 원님이 음관蔭官인 줄 알았는데, 지금 교묘하게 발사하여 신기하게 맞혔으니10- 이야말로 활을 잘 쏜다고 이를 만하구나. 네 원님은 혹시 찬밥 신세의 무반이 아니냐?"

하여, 면천沔川 고을의 이졸吏卒들이 크게 부끄러움을 띠고 돌아왔었더라오.

이 아우는 막 이불을 끼고 식전 미음을 마시다가 이 이야기를 듣고는 저도 모르게 한바탕 웃음이 터져 배를 틀어잡고 킥킥거렸더니, 갓끈이 썩은 나무 꺾어지듯 끊어지고 입에 머금은 밥알이 나는 벌떼같이 튀어나왔다오. 마치 독한 종기가 한창 심하게 곪았는데 긴 침으로 찔러 터트리니 고름이 튀어 의복은 더러워졌지만 기분만은 갑자기 상쾌해진 것과 같았소.

우리나라 속담에 이런 말이 있지요.

"삼정승 사귀려 말고 제 몸 잘 가지라."

이는 스스로 힘쓰라는 말이오.

"네 집 쇠뿔이 아니면 우리 집 담장이 왜 무너지나?"

9_수배隨陪를 잡았다네 : 인사고과가 하下라는 뜻이다. 수배는 수령의 시중을 들던 하인을 말한다.
10_교묘하게 …… 맞혔으니 : 당시 충청 감사는 면천 군수인 연암에 대해 "다스림은 구차스럽지 않으나 병이 간혹 교묘하게 발동한다"(治則不苟 病或巧發)라고 평가서를 쓰고 인사고과를 상上에서 중中으로 깎아내렸다. 이는 자신과 불화한 연암이 병을 이유로 여러 차례 사직서를 올린 것을 불만스럽게 여겼기 때문이라 한다. 이러한 평가서 중의 '교발'巧發이란 표현을 '교묘하게 활을 쏜다'는 뜻으로 왜곡하고, 고과에서 중中을 받은 것을 '과녁을 명중했다'는 뜻으로 바꾸어 조롱한 말이다.

이는 남을 허물하는 말이지요.

"밤에는 흰 것을 밟지 말라. 물 아니면 돌이다."

이는 밤길 가는 사람에게 경계한 말이오.

"나고 들 때 고개 숙임은 문을 공경해서가 아니다."

이는 남과 충돌할까봐 경고한 말이오.

"주인집에 장醬 떨어지자 손님이 국 마다한다."

이는 주객이 모두 편리한 것을 이른 말이오.

형의 충고는 이 몇 가지 속담으로 보자면, 나를 어느 방향으로 인도하려는 것인지 모르겠소이다.

오늘날의 계책으로는 뒷갈망 잘하는 것이 낫고, 뒷갈망을 잘하자면 떠나고 머물기를 잘하는 것이 낫소. 떠나기를 속히 하거나 머물기를 오래 하기를 감히 성인聖人의 시중時中[11]-에 견주지는 못하겠지만, 또한 어찌 허겁지겁 떠나 버림으로써 더욱 남의 비웃음을 사겠소?

11_성인聖人의 시중時中 : 공자가 때의 변화에 맞추어 합당하게 처신한 것을 말한다. 『맹자』에 "떠나기를 속히 할 만하면 속히 하고, 오래 있을 만하면 오래 있고, 머무를 만하면 머무르며, 벼슬할 만하면 벼슬을 한 분이 공자이다"라고 하면서 공자를 '시중의 성인'(聖之時者)이라고 칭송하였다.

서간문

오랑캐로 몰린 사연

答李仲存書

편지에서 알려 준 어떤 사람의 말에 대해서는 한 번 웃음을 터뜨릴 만하오.[1]

  속담에 이런 말이 있지요. '중 꿈꾸고 문둥이 되었다'고. 이는 무슨 말이냐 하면, 중은 절에 살고, 절은 산에 있고, 산에는 옻나무가 있고, 옻의 독기는 사람을 문둥이처럼 만들므로, 꿈에 서로 연결되어 나타났다는 뜻이요.

  나는 예전에 중국에 들어갔는데,[2] 중국은 오랑캐들이 차지하고 있는

1_편지에서 …… 하오: 처남인 중존仲存 이재성李在誠의 편지에 대한 답장이다. 이어지는 서간문도 마찬가지이다.
2_나는 …… 들어갔는데: 정조 4년(1780) 사신 행차에 참여하여 중국을 다녀온 사실을 가리킨다.

곳이지요. 그때 나는 그들과 함께 놀고 자고 술 마시고 밥 먹곤 하였으니, 꿈속에서 중을 본 것과 같을 정도만이 아니었소. 그러기에 세상 사람들이 나더러 '문둥이'라 해도 이상히 여길 것이 없소.

파피리 불고 죽마 타고 놀던 옛날 동무들로 늙도록 서로 허물없이 지내는 사이에서는 침관寢冠(잠잘 때 쓰는 모자)을 털모자[3]라 놀려대기도 하고, 해어진 털배자를 '전구'氈裘(오랑캐의 털가죽 옷)라 비웃기도 하지요. 하지만 그것이 어찌 진짜로 붉은 실로 된 고깔을 쓰고 말굽형 소매를 한 옷을 입어서겠소?[4] 대개 오랑캐라 하여 비웃으면 아이들도 부끄럽게 여기는 바이기 때문에, 비슷한 사물을 끌어들여 서로 농담한 것이지요. 마치 함께 목욕하면서 벌거벗었다고 희롱하는 격이라, 누가 그 말에 성을 내겠소? 수십 년의 길고 긴 세월을 거쳐 오는 동안 옛날 떼 지어 노닐던 친구들이 거의 다 죽어, 아무리 하룻밤 우스갯소리를 하고 싶어도 불가능하니 어찌 슬프지 않겠소!

그런데 지금 평소에 전혀 모르던 사람이 갑자기 '오랑캐의 의복'이란 따위의 말로 곧장 남에게 덮어씌우는 것도 안 될 일인데, 더구나 글로 만들어서 욕지거리를 늘어놓는단 말이오?[5] 정신 이상으로 실성한 사람이 아닌 바에야 어찌하여 하루아침에 제 스스로 오랑캐가 되어 남의 비웃음과 모욕을 받겠소? 상식으로 따져 보아도 거의 이치에 가깝지 않은 일

3_ 털모자 : 당시 조선에서는 방한용 털모자를 청나라에서 대량 수입해다 썼다.
4_ 붉은 …… 입어서겠소 : 청나라 때 남자의 예모禮帽는 모정帽頂의 중간 부분을 붉은 실로 짠 모위帽緯로 장식하였으며, 남자 예복은 말굽형 소매인 마제수馬蹄袖를 갖추었다.
5_ 그런데 …… 말이오 : 안의 현감 시절에 연암이 고을을 잘 다스린다는 명성이 자자하자 이를 시기한 함양 군수 윤광석尹光碩이, 연암이 가끔 옛 의복인 학창의鶴氅衣를 입어 본 한 사실을 과장·왜곡하여 '오랑캐의 의복을 입고 백성들을 대한다'(胡服臨民)는 설을 지어내어 서울에 전파하였다고 한다.

이 아니겠소?

 하인들도 보기가 부끄러울 지경인데, 더구나 아전과 백성을 거느리는 자리에서 부끄러워하는 얼굴을 하고 있겠소? 그자가 지어낸 말이 몹시도 조잡하니, 길에서 노는 아이들이나 저자의 심부름꾼들이라도 누가 다시 믿겠소? 한 번 웃어 넘기고 말 일이오.

 부디 우리 집 아이들에게 훈계하여, 결코 남들에게 이러니저러니 변명을 하지 말라고 하는 것이 어떻겠소? 설령 오유선생烏有先生의 성명을 묻는 자가 있다 해도, 얼굴이 해맑고 눈썹이 또렷한 사람이라고 대답하면 될 거요.[6]

---

[6]_설령 …… 거요 : 오유선생烏有先生은 어디에도 존재하지 않는 사람이란 뜻으로, 여기서는 '오랑캐의 의복'을 입었다는 사람을 가리킨다. 또 한漢나라의 대장군 곽광霍光은 훤칠한 키에 얼굴이 해맑고 눈썹이 또렷하며 멋진 수염을 지녔다고 한다. 여기서는 '오랑캐의 의복'을 입은 사람으로 의심받은 연암 자신의 용모를 곽광에 비겨 둘러대라고 농담을 한 것이다.

서간문
『열하일기』를 위한 변명

答李仲存書

저들이 떠들어 대는 '오랑캐의 호칭을 쓴 원고'(虜號之藁)란 무엇을 가리킨 것인지 알 수 없소.[1] 연호를 말한 것이오, 지명을 말한 것이오?

　이 책은 잡다한 여행 기록에 불과하오. 그것이 있건 없건 잘되었건 못되었건 간에 본래 세상의 도의와는 아무런 상관이 없는 책이오. 애초부터 어찌 이 책을 춘추대의春秋大義에 견주어 논한 적이 있었으리오? 그런데 지금 갑자기 어떤 사람이 나타나 현자에게 완전무결함을 요구하듯이 한다면[2] 이는 지나친 일이오.

1_저들이 …… 없소: 연암과 경쟁 관계에 있던 문인 유한준兪漢雋이 『열하일기』의 문체로 인해 연암이 정조正祖의 견책을 받게 된 것을 기화로, 『열하일기』에 대해 '오랑캐의 호칭을 쓴 원고'(虜號之稿)라고 비방하는 여론을 선동했던 사실을 가리킨다.

아! 청나라의 연호가 천하에 처음 시행되었을 때 우리나라의 선정先正이 고신告身(임명장)에다 이를 쓰지 말아 달라고 청한 일은 있었소.[3] 또 사대부 집안에서 묘비를 새겨서 세울 적에도 '숭정崇禎 기원후紀元後'[4]라고 추가하여 적은 사례도 있기는 하오. 하지만 공사公私 문서에 이르러서는 청나라 연호 사용을 피하지 못할 경우가 있었으니, 이는 대개 부득이해서 그런 것이었소.

그러므로 토지나 가옥은 자손에게 물려주고 싶어 하지 않는 사람이 없을 텐데 그 문서를 만들 때 당대의 연호를 갖추어 쓰지 않으면 매매가 성립이 되지 않는 법이오. 세간에서 유독 춘추대의를 엄수하는 자들은 이 가옥에 오랑캐의 호칭이 붙었다 하여 그곳에 살지도 않으며, 이 토지에 오랑캐의 호칭이 붙었다 하여 거기서 수확되는 곡식으로는 밥도 지어 먹지 않을 것인지 나는 모르겠소.

예전에 멀리 중국을 유람할 적에 나는 그 노정과 숙박지, 날씨와 일시에 대하여 기록하지 않을 수 없었소. 그러므로 압록강을 건너던 날부터 첫머리에서 범례를 만들어 '후삼경자後三庚子'라 했고, 다시 스스로 해설을 붙이기를,

---

2_ 현자에게 …… 한다면 : 『춘추』의 필법筆法을 철저히 준수하여 쓰도록 요구한다는 뜻이다. 『신당서』新唐書에 "『춘추』의 필법은 항상 현자賢者에게 완전무결함을 요구하는 법이다"라고 하였다.

3_ 청나라의 …… 있었소 : 선정先正은 선대先代의 어진 신하를 이른다. 효종 즉위년(1649)에 응교應敎 조빈趙賓이 정축년(1637) 이래 종묘의 축문과 조신朝臣의 고신에 연월만 쓰고 일절 연호를 쓰지 않은 관례를 들어 인조의 옥책玉冊과 지석誌石에도 연호를 쓰지 말도록 상소하자, 당시 영돈녕부사였던 김상헌金尙憲이 이를 지지하는 의견을 올린 사실을 두고 말한 듯하다.

4_ 숭정崇禎 기원후紀元後 : 숭정은 명나라의 마지막 황제인 의종毅宗의 연호로 1628년부터 1644년까지 사용되었다. 그런데 당시 조선에서는 존명배청尊明排淸 사상에 따라 명나라가 망한 뒤에도 청나라의 연호를 쓰지 않고 '숭정'이란 연호를 그대로 썼다.

"어째서 '후'後라 칭했는가? 숭정 기원후라는 뜻이다. 어째서 '삼'三이라 했는가? 기원후 세 번째 돌아온 경자년庚子年이라는 뜻이다. 숭정이란 연호는 어째서 숨겼는가? 장차 압록강을 건너게 된 때문이다."⁵

하였소. 그리고 나서 붓을 던지고 허허 웃으며,

"옛날에는 피리춘추皮裏春秋가 있더니, 지금은 곽외공양鄸外公羊이 되었구나."⁶

했었소. 아닌 게 아니라 이처럼 『공양전』의 문체를 구차스레 빌린 것을 스스로 슬퍼했던 것이오.

그러나 만약 날씨의 기록 위에다 반드시 대서특서大書特書하여 '춘春 황정월皇正月'⁷이라 한다면 참으로 옳지 않지요. 그래서 호칭을 말하는 경우에는 왕왕 '강희'康熙라, '건륭'乾隆이라 써서 그 시대를 구별했던 것인데, 도리어 역사서의 기준으로 질책한다면 어찌 황당하지 않겠소? 이는 과연 그 원고를 보지도 않고서 억지로 말을 지어낸 것이오. 반드시 '되놈 오랑캐 황제'라고 배척해야만 비로소 춘추대의를 엄수하는 것이 된

5_ 어째서 ⋯⋯ 때문이다 : 『열하일기』 「도강록」渡江錄의 서문에 나오는 대목을 거의 그대로 인용한 것이다. 『춘추공양전』春秋公羊傳은 『춘추』의 기사에 대해 자문자답의 형식으로 해설한 것이 한 특징인데 연암은 그 독특한 문체를 본떠서, 『열하일기』 도강록의 첫머리에 "후삼경자" 後三庚子라고 연도를 기록한 이유를 해설하였다.

6_ 옛날에는 ⋯⋯ 되었구나 : 피리춘추皮裏春秋는 속으로 감춘 『춘추』라는 말로, 겉으로는 아무 말도 하지 않으면서 마음속으로 평론하는 것을 이른다. 진晉나라 강제康帝의 장인인 저보褚裒가 젊은 시절에 오만하고 고상한 기풍을 지녀 '속에 『춘추』를 감추었다'는 칭송을 들었다고 한다. 곽외공양鄸外公羊은 겉으로 드러난 『공양전』이란 말로, 『공양전』의 문체를 본뜬 것을 연암이 스스로 풍자한 것이다.

7_ 춘春 황정월皇正月 : 『춘추』에서는 노魯나라의 역사를 기록하면서 일 년의 첫 달을 반드시 '춘春 왕정월王正月'이라 적어 주周나라 왕실의 역법을 따르고 있음을 나타냈다. 연암이 중국 여행을 한 당시는 청나라 황실의 역법을 따랐으므로, 『춘추』의 필법을 준수하자면 '춘春 황정월皇正月'이라 적어야 할 것이라는 뜻이다.

단 말이오?

또 만약 오랑캐 땅이라 부끄럽다고 해서 책에다 '열하'熱河라는 이름을 붙여서는 안 된다고 한다면, 이는 더욱 당황스러운 일이지요. 옛 중국의 영토가 불행히도 오랑캐에게 먹힌 것은 비단 오늘날에만 그런 것이 아니었소. 그렇다면 장차 모두 다 오랑캐로 여겨서 그 나라의 지명들을 책 이름으로 삼지 말아야 된단 말이오? 순舜임금은 동이東夷 지역 사람이고, 문왕文王은 서이西夷 지역 사람이었소. 오늘날 『춘추』를 배우는 자들을 따르자면 장차 순임금과 문왕을 위하여 그 출생지를 기어이 숨겨야 한다는 말이오?

『춘추』란 중화를 존숭하고 오랑캐를 배척한 책임에는 틀림없지요. 그렇지만 공자도 일찍이 구이九夷(동이東夷) 지역에 살고 싶다고 하셨소. 지금의 도道를 따르는 사람이라면,[8] 성인이 무엇 때문에 그가 배척하는 땅에 살고 싶어 했겠소? 이와 같은 사람이 『춘추』를 배운다면, 장차 호전胡傳은 오랑캐 호胡 자가 들었다고 폐기해 버리고 익히지 않을 것인가요? 나를 알아줄지 나를 책망할지 시비를 가려 줄 사람이 응당 있을 것이오.[9]

대저 나는 과거 보기를 아주 일찍 단념한 까닭에, 마음이 여유롭고 활

8_ 지금의 …… 사람이라면 : 『맹자』에 지금의 이른바 훌륭한 신하란 부국강병만 추구하고 임금이 왕도王道 정치를 지향하게 하지 않는다고 비판하면서, 이와 같이 "지금의 도를 따르고 지금의 습속을 고치지 않으면, 비록 천하를 그에게 준들 하루도 편히 지내지 못할 것이다"라고 하였다. 『맹자』의 원래 문맥에서 '지금의 도'는 패도霸道 정치를 가리키나, 여기서는 시대착오적인 존명배청尊明排淸 사상을 가리키는 것으로 보아야 할 듯하다.

9_ 나를 …… 것이오 : 『맹자』에서 공자가 "나를 알아줄 것도 오직 『춘추』이며 나를 책망할 것도 오직 『춘추』로다"라고 한 말을 이용하여, 『열하일기』에 대해 '오랑캐의 호칭을 쓴 원고'라고 한 비방이 근거 없음을 주장한 말이다.

달하여 속세를 벗어나 유유자적하면서 오랜 소원을 이루기를 바랐던 거요. 그래서 멀리로는 목은牧隱(이색李穡)을 사모하고 가까이로는 노가재老稼齋(김창업金昌業)를 본받아,[10] 말 채찍 하나에 단출한 보따리로 만 리 길을 나섰던 것이오.

다만 생각하건대 신분은 비록 백도白徒[11]이지만 명색은 유생인지라, 역관도 아니요 의원도 아니어서 행동하기 불편하였지요. 몰래 갔다 몰래 와도 호칭만은 가리기가 어려웠으니,[12] 진실로 몸을 단정히 갖는 군자로서 따진다면 스스로 마음속에 부끄럽지 않은 적이 없었소. 그래서 매양 이른 새벽에 말고삐를 잡고 나서면 마음속으로 독백하기를,

"용문龍門의 장유壯遊가 무슨 대단한 일인가? 묵자墨子는 조가朝歌에서 수레를 돌렸단 말을 듣지도 못하였는가?"[13]

하였지요.

하지만 이윽고 고운 아침 해가 붉은빛을 펼치며 요동遼東 벌을 가득 채우면 공중에 솟아 밝게 빛나는 탑이 아스라이 말머리를 맞아 주었고, 수

10_ 목은牧隱을 …… 본받아 : 이색李穡은 1353년(공양왕 2) 서장관書狀官이 되어 원나라에 가는 등 여러 차례 원나라를 드나들며 그곳에서 학문을 연구하고 여러 관직을 역임하였다. 김창업金昌業은 1712년(숙종38)에 큰형 김창집金昌集이 사은사로 청나라에 갈 때 따라갔으며 연행록燕行錄을 남겼다.

11_ 백도白徒 : 벼슬하지 못한 유생이나, 훈련을 받지 못한 채 징집된 병졸을 뜻하는데, 여기서는 후자의 뜻으로 썼다. 연암은 정사正使 박명원朴明源을 수행하는 자제군관子弟軍官이란 신분으로 연행에 참여하였다.

12_ 호칭만은 가리기가 어려웠으니 : 연암은 연행 중에 지은 시 「마상구호」馬上口號에서 "중국에 한 번 들어온 뒤 호칭 세 번 바뀌었네"(一入中州三變號)라고 하면서, 자신처럼 아무런 직임을 띠지 않고 사행길을 따라가는 자를 국내에서는 밴댕이(盤當)와 음이 같은 '반당'伴當, 중국에서는 무부武夫라는 뜻의 '새우'(蝦)나 고려高麗라는 뜻의 '가오리'哥吾里와 같은 생선 이름으로 불린다고 풍자하였다.

은빛 안개가 나무숲에 자욱한 가운데 황금빛 기와지붕은 구름 속에 솟아났었소.

나는 이 가운데에서 왼편으로 푸른 바다를 돌고 오른편으로 태항산太行山을 끼고 가고 또 갔었소. 마음과 안목이 날로 새로워지니, 예전의 보잘것없던 포부를 비웃게 되고, 아울러 나의 기상이 호연해짐을 깨달았던 거요. 마침내 만리장성을 벗어나 북으로 대막大漠(고비사막)에 다다랐소. 이것이 바로 열하까지 여행하게 된 연유요.

귀국한 뒤에는 물의라곤 조금도 일지 않았으며, 도리어 나의 이 여행을 부러워하는 사람들까지 있었소. 그리고 산중 생활이 심심하고 지루해서 묵혀 둔 원고들을 모아 몇 권의 책자를 편성하였으니, 이것이 바로 『열하일기』를 짓게 된 연유요.

안 본 것 없이 다 살펴보아 하나도 놓친 사물이 없다고 자부했으나, 문자로 옮겨 놓은 것은 구우일모九牛一毛에 지나지 않고 필치도 쇠퇴하고 말았소. 잠이 깬 뒤 베개 고이고 읽어보니, 당초 여행에 나설 때의 마음과는 너무도 멀어졌소.

지난 발자취를 돌이켜 생각하면 구름도 물도 모두 사라지고, 이따금 낡은 초고를 펴 보면 우수마발牛溲馬勃[14]이 함께 나타나니, 스스로 즐길

13_ 용문龍門의 …… 못하였는가 : 춘추대의를 엄격히 지키자면 오랑캐 황제가 통치하는 중국 땅을 아예 여행하지도 말아야 할 것이라는 뜻이다. 용문龍門은 사마천司馬遷을 말한다. 사마천의 고향이 등용문登龍門의 고사로 유명한 섬서성陝西省의 용문이었다. 사마천은 20세부터 수년 간 역사 유적을 탐방하기 위해 지금의 호북湖北·호남湖南·절강浙江·산동山東·안휘安徽·하남河南 등에 걸치는 광대한 지역을 여행하였다. 또 묵자墨子는 음악을 좋아하지 않았기 때문에 '아침부터 노래를 부른다' 는 뜻의 조가朝歌라는 고을의 이름을 꺼려 그곳에서 수레를 돌렸다고 한다. 소신을 지키기 위해 사소한 행동도 근신하는 경우를 말한다.

것도 못 되는데 누가 다시 보아 주겠소? 더욱이 중간에는 우환과 초상을 만나 간수해 둘 겨를조차 없었고, 또 벼슬길에 나선 이후로는 더욱더 유실되어 겨우 그 책 이름만 남아 있었으니, 도올檮杌과 같은 가증스러운 존재가 되고 말았소. 이것이 이른바 '오랑캐의 호칭을 쓴 원고'라는 거지요.

이십 년이 흐르는 사이에 초록蕉鹿의 갈무리를 한바탕의 꿈으로 치부한 지 오래였는데, 시호市虎의 선전이 갑자기 또 날개를 달았으니[15] 이 어찌 지나친 일이 아니겠소?

그대는 나를 대신하여 지금 『춘추』를 배우는 이들에게 말 좀 해 주지 않겠소? 왜 나를 이렇게 책망하지 않느냐고 말이오.

"그대가 전번에 유람한 곳은 바로 삼대三代(하夏·은殷·주周) 이래의 성스럽고 영명하신 제왕들과 한漢·당唐·송宋·명明이 영토로 삼은 땅이오. 지금 비록 불행하여 오랑캐들이 차지하기는 했지만, 그 성곽과 궁실과 인민들은 물론 그대로 남아 있고, 정덕正德·이용利用·후생厚生[16]의 도구들도 물론 그대로 있고, 최崔·노盧·왕王·사謝의 명문 씨족들도 물론 그

14_우수마발牛溲馬勃: 한유韓愈의「진학해」進學解에 나오는 말이다. 우수는 질경이(車前草)의 별명이고 마발은 담자균류擔子菌類에 속하는 식물로, 매우 흔하고 값싼 약재지만 훌륭한 의사는 이런 것들도 빠뜨리지 않고 활용하는 법이다. 여기서는 『열하일기』가 별 쓸모없는 내용으로 되어 있다고 겸손하게 표현한 말이다.

15_초록蕉鹿의 …… 달았으니: 『열자』列子에 정鄭나라의 어떤 사람이 나무를 하다가 우연히 사슴을 때려잡은 다음 아무도 보지 못하게 땔나무로 덮어 갈무리해 두었는데, 나중에 갈무리해 둔 곳을 찾지 못하자 꿈을 꾼 것이라 생각하고 더 이상 찾지 않았다고 한다. 여기서는 『열하일기』를 쓴 사실조차 잊어버렸다는 뜻이다. 또 '시호市虎의 선전'이란 시장에는 호랑이가 없음이 분명한데도 호랑이가 나타났다고 한두 사람이 말할 때에는 믿지 않다가 세 사람이 말하자 믿게 되었다는 『한비자』韓非子의 고사에서 나온 말로, 헐뜯는 자가 많으면 그 말을 믿게 된다는 뜻이다.

16_정덕正德·이용利用·후생厚生:「왜 청나라를 배우자고 하는가」주1) 참조.

대로 있고, 관關·낙洛·민건閩建의 학문[17]-도 물론 사라지지 않았소. 저 오랑캐들이 진실로 중국이란 땅을 손아귀에 집어넣으면 그만큼 이익이 많다는 것을 알기 때문에 빼앗아 차지하기에 이른 것이오.

그렇다면 그대는 왜, 예로부터 본래 지녀 온 훌륭한 법과 아름다운 제도, 중국의 존숭할 만한 관례와 업적을 모조리 터득해 가지고 돌아와서 모두 책자로 저술하여 온 나라에 쓰이게 하지 않소? 그대는 이런 일은 하지 않고서 한갓 조공을 바치러 가는 사신만 따라다녔단 말이오? 지금 그 기술한 내용은 모두 잡다하고 실속 없는 말로서 한때 방랑한 자취에 불과하니, 이것을 가지고 어떻게 남에게 자랑할 만하다 한단 말이오? 단지 스스로 큰 뜻만 상실하고 덕만 손상할 따름이오."

이런다면 듣는 사람이 어찌 등골이 써늘하고 입이 벌어지며 부끄러움을 못견디어 죽고 싶지 않겠소?

제후들을 끌어다가 다른 제후를 쳤기 때문에 『춘추』가 지어진 것인데,[18]- 지금 갑자기 어떤 사람이 나타나서 『춘추』를 끌어다가 남을 욕하는 자료로 삼는다면 되겠소? 『춘추』가 어찌 겉으로 꾸민 언동만으로 되는 것인지[19]- 나는 모르겠소이다.

17_관關 …… 학문 : 관은 관중關中의 장재張載, 낙洛은 낙양洛陽의 정호程顥와 정이程頤 형제, 민건閩建은 복건福建의 주희朱熹를 지칭한 말로, 송나라 때의 성리학을 통칭한 것이다.

18_제후들을 …… 것인데 : 『맹자』에 "오패五覇란 제후들을 끌어다가 다른 제후를 친 자들이다. 그러므로 오패란 삼왕三王의 죄인이다"라고 하였다. 제 환공齊桓公 등 춘추 시대의 5대 패자들은 주周나라 천자의 명을 받지 않고 제멋대로 정벌을 일삼았으므로, 『춘추』는 이를 징계하기 위해 저술되었다는 뜻이다.

19_어찌 …… 것인지 : 『맹자』에 나오는 구절을 의역하였다. 『맹자』에 공손함과 검소함은 "어찌 부드러운 말씨와 웃는 낯빛을 한다고 해서 되는 것이랴"라고 하였다. 여기서는 춘추대의가 가식적인 언동만으로는 실현될 수 없다는 뜻을 나타내기 위해 인용한 것이다.

비문碑文

참된 이치는 발 밑에 있다

塵公塔銘

주공塵公 스님[1]이 입적한 지 엿새 만에 적조암寂照菴의 동쪽 대臺에서 다비를 하게 되었다. 그곳은 온숙천溫宿泉 회나무 아래에서 열 발자국 거리도 안 되었다. 밤이면 거기서 늘 빛이 어른거리는데, 벌레 등처럼 파랗기도 하고 고기비늘처럼 하얗기도 하고 썩은 버드나무처럼 새까맣기도 했다.[2]

대비구大比丘(덕이 높고 나이 많은 비구승) 현랑玄朗이 뭇 중들을 거느리고 다비 장소에 둘러서서, 두려운 마음으로 재계를 올리고 마음으로 공덕 쌓기

---

[1] 주공塵公 스님 : 주塵는 고라니라는 뜻이다. 고라니의 꼬리인 주미塵尾는 고승이 설법할 때 손에 쥐는 불자拂子로 쓰이는데, 이를 승주僧塵라 한다. 그러므로 주공은 실존했던 어느 고승이 아니라, 승주를 의인화한 가상적인 인물인 듯하다.

를 다짐했다. 나흘 밤이 지나서 마침내 스님의 사리 세 개를 얻고는, 장차 사리탑을 세울 양으로 글과 폐백을 갖추어 나에게 명銘을 청해 왔다. 나는 본시 불교의 설을 잘 모르나, 그 청이 너무도 간곡했다. 그래서 시험삼아 그에게 물어 보았다.

"현랑아, 내가 예전에 병이 나서 지황탕地黃湯을 마셨는데, 약을 짜서 그릇에 부었더니 미세한 거품들이 퍼져나가, 황금빛 좁쌀이나 은빛 별 같고, 물고기 입에서 뽀글대는 물방울이나 빽빽한 벌집 같더라. 거기에 나의 살과 털이 찍혀, 마치 눈동자에 부처가 깃든 것처럼 각각으로 상相을 나타내고 여여如如하게 성性을 머금었지.³⁻ 하지만 열이 식고 거품이 그쳐, 모조리 마셨더니 그릇이 텅 비었더라. 예전에 성성惺惺했다⁴⁻ 한들, 어느 누가 네 스님이 그러했음을 증명하랴?"

현랑이 머리를 조아리며 말하기를,

"아我로써 아我를 증명하니,⁵⁻ 저 상相은 아무 관계가 없습니다."

하므로, 나는 허허 웃으며,

"마음으로써 마음을 본다면, 마음이 몇이나 있다는 건가?"⁶⁻

2_썩은 …… 했다 : 썩은 버드나무는 캄캄할 때 빛이 나므로 이를 도깨비불이라 하여 무서워하였다.
3_각각으로 …… 머금었지 : 상相은 불교에서 주관主觀의 인식 작용에 의해 나타나는 삼라만상의 모습을 이르는데, 이는 아직 참모습 대로(眞如)가 아닌 가상假象이라 한다. 여여如如는 진여와 같은 말이다. 성性은 상相과 대립하는 개념으로, 삼라만상의 변치 않는 본질을 이른다. 그렇기는 하지만 상相은 또한 성性을 머금고 있다고 본다.
4_성성惺惺했다 : 성성은 선불교에서 참선을 통해 마음이 최고조로 각성되어 있는 상태를 이른다. 적적성성寂寂惺惺이라 하여, 마음이 고요한 가운데 또렷이 깨어 있어야 한다고 본다.
5_아我로써 아我를 증명하니 : 여기서 말하는 아我는 불교에서 가아假我로 간주하는 육신肉身을 갖춘 자아自我가 아니라, 진아眞我를 이른다. 열반涅槃의 경지에 이르면 본질이 변치 않고 진실되며 그 작용이 자재무애自在無碍한 아덕我德을 갖추게 되는데 이를 '진아'라고 한다.

하고서, 드디어 다음과 같이 시를 지어 붙였다.[7]

구월이라 하늘에서 서리 내리니	九月天雨霜
나무들 모두 말라 잎이 졌는데	萬樹皆枯落
얼핏 보니 맨 꼭대기 나뭇가지에	瞥見上頭枝
과일 하나 벌레 먹은 잎에 가렸네	一果隱蠹葉
위는 붉고 아래는 누렇고 퍼런데	上丹下黃靑
굼벵이가 반은 먹어 씨가 드러났네	核露蜡半蝕
뭇 아이들 고개 뒤로 젖히고 서서	群童仰面立
손을 모아 다투어 따려고 드네	攢手爭欲摘
팔매로는 멀어서 맞히기 어렵고	擲礫遠難中
장대를 이어 봤자 높아서 안 닿네	續竿高未及
갑자기 바람 일어 툭 떨어지니	忽被風搖落
온 숲을 뒤져도 얻지 못했네	遍林索不得
아이는 나무에 도로 와서 맴돌며 울다	兒來繞樹啼
부질없이 까막까치 욕해대누나	空罵烏與鵲
나는 저 아이들에 비유하노니	我乃比諸兒
네 눈에도 응당 나무가 나타나 보였을 터	爾目應生木
쳐나보고 잃어진 줄 알았을 긴대	爾旣失之仰

6_마음으로써 …… 건가 : 불교에서는 관심견성觀心見性이라 하여, 자기 마음을 관조해서 그 본성을 밝히고자 한다. 성리학에서는 이는 마음으로써 마음을 본다는 것이니 하나인 마음을 둘로 나누는 것이라고 비판했다.

7_다음과 …… 붙였다 : 명銘을 지어 붙였다는 말과 같은 뜻이다.

굽어보고 주울 줄은 어찌 모르나	不知俯而拾
과일이 떨어지면 필시 땅에 있는 법	果落必在地
발밑에 응당 밟힐 터인데	脚底應踐踏
하필이면 허공에서 찾으려 드나	何必求諸空
참된 이치란 보존된 씨와 같나니	實理猶存核
씨를 일러 인仁이라 자子라 하는 건	謂核仁與子
낳고 낳아 쉴 줄을 모르기 때문⁸⁻	爲生生不息
마음으로 마음을 전할 양이면	以心若傳心
주공의 사리탑에 가서 증명하게나	去證麈公塔

8_참된 …… 때문 : 성리학에서는, 불교가 공허한 이치를 추구하는 데 비해 유교는 참된 이치를 추구한다고 주장했다. 또한 만물을 끊임없이 생성하는 하늘의 도道가 곧 인仁이라고 보고, 그러한 인仁이 사람의 마음에 보존되어 있음을 곡식의 씨앗에 비유하여 설명했다. 여기서 자子는 씨앗이란 뜻이다.

비문碑文
맏누님을 사별하고

伯姉贈貞夫人朴氏墓誌銘

　유인孺人은 이름이 아무요, 반남潘南 박씨이다. 그 아우 지원趾源 중미仲美(연암의 자)가 다음과 같이 기록한다.

　유인은 열여섯 살에 덕수德水 이택모李宅模 백규伯揆(이현모李顯模)에게 출가하여 딸 하나 아들 둘을 두셨다. 신묘년(1771, 영조 47) 구월 초하룻날에 돌아가셨다. 향년은 마흔세 살이시다. 남편의 선산은 아곡鴉谷이라 하는데, 장차 그곳 경좌庚坐(남시쪽을 등진 방향)의 묘역에 장사하게 되었다.

　백규가 어진 아내를 잃고 난 뒤 가난하여 살아갈 방도가 없게 되자, 어린것들과 여종 한 명을 데리고 크고 작은 솥과 상자 따위를 끌고서, 배를 타고 가 산골짜기로 들어갈 양으로 상여와 함께 출발하였다. 중미는 새벽에 두포斗浦의 배 안에서 송별하고, 통곡한 뒤 돌아왔다.

아아! 누님이 갓 시집가서 새벽에 단장하던 일이 어제런 듯하다. 나는 그때 막 여덟 살이었다. 버릇없이 드러누워 말처럼 뒹굴면서, 신랑의 말투를 흉내내어 더듬거리며 정중하게 말을 했더니, 누님이 그만 수줍어서 빗을 떨어뜨려 내 이마를 건드렸다. 나는 성이 나서 울며 먹물을 분가루에 섞고 거울에 침을 뱉어 댔다. 그러자 누님은 내게 옥압玉鴨과 금봉金蜂[1]을 꺼내 주며 울음을 그치도록 달래셨다. 그때로부터 지금 스물여덟 해가 되었구나!

강가에 말을 멈춰 세우고 멀리 바라보았다. 붉은 명정이 휘날리고 돛 그림자가 너울거리다가, 배가 기슭을 돌아가고 나무에 가리게 되자 다시는 보이지 않았다. 강가의 먼 산들은 검푸르러 누님의 쪽 찐 머리 같고, 강물 빛은 거울 같고, 새벽달은 고운 눈썹 같았다.

눈물을 흘리며 누님이 빗을 떨어뜨렸던 일을 생각하였다. 유독 어렸을 적 일은 역력할 뿐더러 즐거움도 많았고 세월도 더디더니, 중년에 들어서는 노상 우환에 시달리고 가난을 걱정하다가 꿈속처럼 훌쩍 지나갔구나. 남매가 되어 지냈던 날들은 또 어찌 그리도 빨리 지나갔던고!

떠나는 이 다시 오마 간곡히 다짐해도	去者丁寧留後期
보내는 이 눈물로 옷을 적실 텐데	猶令送者淚沾衣
조각배 이제 가면 언제나 돌아오나	扁舟從此何時返
보내는 이 헛되이 언덕 위로 돌아가네	送者徒然岸上歸

1_옥압玉鴨과 금봉金蜂 : 옥압은 오리 모양으로 새긴 옥비녀이고, 금봉金蜂은 금으로 벌 모양을 만들어 여자의 머리에 꽂는 장식품을 가리킨다.

비문碑文

고생만 하신 형수님

伯嫂恭人李氏墓誌銘

공인恭人은 이름이 아무요, 완산完山(전주全州) 이동필李東馝의 따님이자 왕자 덕양군德陽君(이기李岐)의 후손이시다. 열여섯 살에 반남潘南 박희원朴喜源에게 출가하여 아들 셋을 낳았으나, 다 제대로 기르지 못하셨다.

공인은 평소 여위고 약하여 몸에 온갖 병이 떠날 새가 없으셨다. 희원의 조부는 당세에 이름난 고관으로서, 선왕 때에 매양 한漢나라 탁무卓茂의 고사를 들어 벼슬을 올려 주시었다.[1] 그러나 그분은 관직에 계실 때 조금도 재산을 늘려서 자손에게 물려주지 않으셨으므로, 청빈이 뼛속까

1_희원의 …… 주시었다 : 박희원은 연암의 형이고, 이들 형제의 조부는 박필균朴弼均이다. 영조 34년(1758) 임금은 탁무卓茂의 고사를 들어 특별히 박필균을 지중추부사에 제수했다고 한다.

지 스미었다. 조부가 별세하시던 날에 집안에는 단 열 냥의 재산도 남아 있지 않았다. 게다가 해마다 거듭 상喪을 당하였다.

공인은 힘을 다하여 열 명의 식구를 먹여 살리셨다. 제사 받들고 손님 접대하는 데에도 명문 대가의 체면이 손상되는 것을 부끄러이 여겨, 미리 준비하고 변통하셨다. 이러구러 거의 이십 년이 지나는 동안에 애가 타고 뼛골이 빠지게 노력해도 저축해 둔 근소한 식량마저 거의 바닥이 나게 되니, 마음이 위축되고 기가 꺾이어 마음먹은 뜻을 한번도 펴 본 적이 없으셨다.

매양 늦가을에 나뭇잎이 지고 날이 차지면, 마음이 더욱 허전하고 좌절되어 병이 더욱 더치시었다. 몇 해 동안을 끌더니 마침내 금상 2년 무술년(1778) 7월 25일에 돌아가셨다.

아아! 가난한 선비의 아내를 옛사람들은 약소국의 대부大夫에 견주었다. 다 기울어져 가는 나라를 지탱하려 하나 언제 망할지 모르는 지경인데도, 능히 제 힘만으로 외교사령外交辭令을 잘하고 나라의 체모를 갖추었던 약소국의 대부처럼, 공인은 가난한 선비의 아내로서 보잘것없는 제물이나마 결코 제사를 거르지 않았으며, 넉넉지 못한 부엌살림이나마 잔치를 너끈히 치러 내시었다. 그러니 어찌 이른바 '몸이 닳도록 힘을 다하여 죽어서야 그만 둔'[2] 분이 아니겠는가?

시동생 지원趾源이 자식을 보아 막 탯줄을 끊자마자, 공인이 사내임을 살펴보고서 아들을 삼으셨는데, 그 아들이 지금 열세 살이 되었다.[3] 지

2_몸이 …… 그만 둔 : 원문은 '국궁진췌 사이후이'鞠躬盡瘁 死而已인데, 제갈량諸葛亮의 「후출사표」後出師表에 나오는 유명한 구절이다.
3_시동생 …… 되었다 : 1766년에 출생한 연암의 장남 박종의朴宗儀를 가리킨다.

원은 화장산華藏山 속 연암燕巖 골짜기에 새로 살 곳을 정하고, 그곳의 산수를 좋아하여 손수 잡목 수풀을 베어 내고 수목에 의지하여 집을 지었다.

전에 공인을 마주 대하고 이렇게 말씀드린 적이 있다.

"우리 형님이 이제 늙으셨으니 당연히 이 아우와 함께 은거하셔야 합니다. 담장에는 빙 둘러 뽕나무 천 그루를 심고, 집 뒤에는 밤나무 천 그루를 심고, 문 앞에는 배나무 천 그루를 접붙이고, 시내의 위아래로는 복숭아나무와 살구나무 천 그루를 심을 겁니다. 세 이랑 되는 연못에는 한 말의 치어稚魚를 뿌리고, 바위 비탈에는 벌통 백 개를 놓고, 울타리 사이에는 세 마리의 소를 매어 놓을 거구요. 아내는 길쌈을 할 겁니다. 형수님은 그저 여종을 시켜 들기름을 짜도록 재촉해서, 밤에 이 시동생이 등잔불을 켜고 옛사람의 글을 읽도록 도와만 주십시오."

공인은 그때 비록 병이 심했으나, 자신도 모르게 벌떡 일어나서는 머리를 손으로 떠받치고 한 번 웃으면서,

"그건 바로 나의 오랜 뜻이었소!"

하고 감사해 하셨다.

그래서 두 분이 같이 오시기를 밤낮으로 간절히 바라고 있던 터인데, 심어 놓은 곡식이 익기도 전에 공인은 이미 일어나지 못하게 되셨다. 마침내 관에 담겨 돌아오시어, 그해 9월 10일에 집의 북쪽 동산 해좌亥坐(북북서를 등진 방향)의 묘역에 장사하였으니, 공인의 생전의 뜻을 이뤄 드리고자 해서였다. 그 지역은 황해도 금천군金川郡에 속한다.

지원은 친구인 규장각 직제학 유언호兪彦鎬에게 명銘을 청했다. 언호는 개성 유수開城留守로 갓 부임했다. 지역이 연암 골짜기와 인접하여, 장례

를 도와주고 명도 지어 주었다. 명은 이러하다.

연암 골짜기는 산 곱고 물 맑은데	燕巖之洞山窈而水淥
여기에 시동생이 살 터를 닦았네	繄惟小郞之所營築
아아! 온 가족 다 함께 은거하려 했더니[4]	嗚呼鹿門盡室之計
마침내 여기에 몸을 맡기셨도다	竟於焉而托體
묏자리는 안온하고 견고하니	旣安且固
후손들을 보호하고 도와주시리라	以保佑厥後

4_온 가족 …… 했더니 : 후한後漢 때 방덕공龐德公이 처자를 이끌고 녹문산鹿門山에 들어가 약초를 캐고 살았다는 고사에서 유래한 표현이다.

비문碑文

벗 홍대용의 죽음

洪德保墓誌銘

덕보德保(홍대용)가 죽은 지 사흘 뒤에 문객 중에 연사年使(동지사)를 따라 중국에 들어가는 사람이 있었다. 사신 행차 길은 응당 삼하三河를 거치게 되어 있었다. 삼하에는 덕보의 친구 손유의孫有義란 사람이 있는데 호를 용주蓉洲라 하였다.

몇 년 전 내가 북경으로부터 돌아오는 길에 용주를 방문했으나 만나지 못했기에, 덕보가 남쪽 지방으로 고을 원이 되어 나간 사실을 자세히 적은 편지를 남기고, 아울러 덕보가 보낸 토산물 두어 종류를 남겨 성의를 전달하고 돌아왔다.[1] 용주가 그 편지를 열어 보았다면 응당 내가 덕

1_ 몇 년 …… 돌아왔다: 『열하일기』 「관내정사」關內程史 7월 30일자 일기에 관련 사실이 기록되어 있다.

보의 벗인 줄을 알았을 것이다. 그래서 그 문객에게 부탁하여 다음과 같이 부고를 전하게 했다.

건륭乾隆 계묘년(1783) 모월 모일 조선 사람 박지원은 머리를 조아리며 용주 족하足下에게 사룁니다. 폐방敝邦(우리나라) 전임 영천榮川 군수인 남양南陽 홍담헌洪湛軒은 이름이 대용大容이요 자는 덕보인데, 올해 10월 20일 유시酉時(오후 5시~7시)에 영영 일어나지 못했습니다. 평소에 별탈이 없었으나, 갑자기 중풍으로 입이 비틀어지고 혀가 굳어 말을 못 하다가 잠깐 사이에 이 지경에 이르렀습니다. 향년 쉰세 살입니다.

고자孤子(부친상 중의 아들) 원薳은 가슴을 치며 통곡하고 있어 제 손으로 부고를 써서 전할 수도 없거니와, 양자강揚子江 남쪽에는 편지를 전할 길이 없습니다. 이 부고를 오吳 지방으로 대신 전달해서, 천하의 지기知己들로 하여금 그가 죽은 날짜를 알도록 하여, 망자나 산 자나 족히 여한이 없도록 해 주시기 바랍니다.

그 문객을 보내고 나서 나는 항주杭州 인사들의 서화와 편지 및 모두 열 권의 시문詩文들을 손수 점검하여 관 옆에 벌여 놓고, 관을 어루만지면서 통곡하며 이렇게 말하였다.

아아! 덕보는 통명通明하고 민첩하고 겸손하고 단아하며, 식견이 깊고 견해가 정밀하였다. 특히 음률과 역법曆法에 뛰어났으니, 그가 만든 혼의

2_혼의渾儀 등 여러 천문 관측 기구들 : 『담헌서』湛軒書 「농수각의기지」籠水閣儀器志에 홍대용이 혼의의 옛 제도를 개량하고 서양의 방법에 정통하여 새롭게 만들었다고 소개한 통천의統天儀·혼상의渾象儀·측관의測觀儀·구고의句股儀 등의 천문 관측 기구들을 가리킨다.

渾儀 등 여러 천문 관측 기구들²은 오래오래 깊이 생각한 끝에 새롭게 기지機智를 짜낸 것이었다.

처음에 서양인들은 지구가 둥글다는 점을 일깨워 주었으나, 지구가 자전한다는 말은 하지 않았다. 그런데 덕보는 일찍이 지구가 한 번 자전하면 하루가 된다고 논한 바 있다. 그 설이 미묘하고 심오하였으나, 다만 그에 대해 미처 저술하지는 못했다. 하지만 만년에는 지구가 자전한다는 점을 더욱 스스로 믿어 의심하지 않았다.

세간에서 덕보를 흠모하는 사람들은 그가 일찌감치 스스로 과거를 폐하고 명성이나 이익에 대한 뜻을 끊은 채 한가히 들어앉아 이름난 향을 피우고 거문고와 가야금을 타는 것을 보고는, 그가 오직 담담히 스스로 즐기며 속세에서 벗어나는 데 뜻을 두려나 보다 하고 생각했다. 그러나 덕보가 만물을 종합하고 정리해서 아무리 복잡한 것도 단호히 처리하는 능력이 있어, 나라의 재정을 맡을 만하기도 하고 먼 외국에 사신으로 갈 만하기도 하며, 군대를 통솔하는 기발한 책략을 지녔다는 것은 전혀 알지 못했다.

그는 유독 남들에게 자신의 재능을 혁혁하게 과시하는 것을 기뻐하지 않았다. 그러므로 두어 고을을 다스릴 때도 문서를 신중히 처리하고 정령政令을 기한 내에 집행하는 데 앞장섬으로써, 아전들이 설치지 않고 백성들이 절로 따르게 한 데에 지나지 않았다.

일찍이 덕보는 그의 숙부가 서장관書狀官으로 중국에 가는 데 따라갔다가, 북경의 유리창琉璃廠에서 육비陸飛와 엄성嚴誠과 반정균潘庭筠을 우연히 만나게 되었다.³ 이 세 사람은 다 같이 전당錢塘에 거주하고 있었는데, 모두 문장과 예술에 뛰어난 선비인지라 이들과 교유하는 사람들도 중국내의 유명 인사들이었다. 그런데도 이들은 모두 덕보를 추앙하여 대단한 선비로 여겼다.

덕보가 이들과 더불어 필담을 나눈 것이 수만 언言이었다. 그 내용은 모두 유교 경전의 뜻과 천인 성명天人性命과 고금의 출처 대의出處大義[4]를 분석한 것이다. 해박하고 뛰어난 논의여서, 즐거움을 이루 다 말할 수 없었다.

급기야 작별하는 마당에 다다르자 서로 바라보며 눈물을 흘리면서,

"이 한 번 이별로 그만이구려! 저승에서 서로 만나도 부끄러움이 없게 살기를 맹세합시다."

하였다. 엄성과는 더욱 서로 마음이 맞아서, 군자가 세상에 나서거나 숨는 것은 시대에 따라야 하는 것임을 살짝 깨우쳤더니, 엄성은 크게 깨달아 남쪽으로 돌아갈 것을 결심하였다.

그 후 두어 해 만에 엄성이 민중閩中(복건성福建省)에서 객사하자, 반정균이 편지를 써서 덕보에게 부음을 알렸다. 덕보는 애사哀辭[5]를 짓고 예물로 향을 마련하여 용주에게 부쳐서 그것들이 마침내 전당으로 들어가게 되었는데, 전달된 그날 저녁이 바로 엄성의 대상大祥(2주기 제사) 날이었다. 제사에 모인 이들은 서호西湖 주위 여러 고을 사람들이었다. 모두들 경탄하면서, 이는 덕보가 지극한 정성으로 혼령을 감동시킨 결과라고 말하

3_일찍이 …… 되었다 : 「멀리 중국에서 벗을 구하는 까닭」 주 3) 참조.
4_천인 성명天人性命과 고금의 출처 대의出處大義 : 천인 성명은 천도天道와 인사人事의 관계, 인간의 본성과 운명에 관한 철학적 논의를 뜻한다. 고금의 출처 대의란 벼슬하거나 은거할 때를 올바르게 판단해서 처신하여 후세의 귀감이 될 만한 역사적 사례를 뜻한다.
5_애사哀辭 : 대개 요절한 경우에 짓는 추도사를 이르는데, 여기서는 『담헌서』에 실린 「엄철교에 대한 제문」(祭嚴鐵橋文)을 가리킨다.

였다.

 엄성의 형 엄과嚴果는 덕보가 예물로 보낸 향을 사르고 그가 지은 애사를 읽은 뒤 초헌初獻을 하였다. 엄성의 아들 엄앙嚴昻은 편지를 보내 덕보를 백부伯父라 칭하면서, 부친 철교鐵橋(엄성의 호)의 유집遺集을 부쳤는데, 그것이 돌고 돌아 9년 만에야 도착하였다.[6] 그 유집에는 엄성이 손수 그린 덕보의 작은 초상화가 있었다.

 엄성은 민중에 있을 때 병이 위독했는데도 덕보가 선물로 보낸 조선 먹을 꺼내 향내를 맡았으며, 이를 가슴에 얹은 채 죽었다. 그래서 이 먹을 관에 함께 넣었다. 오吳 지방 사람들은 이 사실을 널리 알리면서 특이한 일로 여기어, 서로 다투어 시와 산문을 지었다고 한다. 주문조朱文藻라는 이가 편지를 부처 와 그런 정황을 말해 주었다.

 아! 덕보는 세상에 살아 있을 때에도 이미 비범하기가 마치 옛날에 특이한 사적을 남긴 인물과 같았다. 벗으로서 지성至性(선량한 천성)을 지닌 이라면 반드시 그 일을 널리 전파하여, 덕보의 이름이 비단 양자강 남쪽 지방에 두루 알려지게 할 뿐만이 아닐 터이다. 그리하여 내가 그의 묘지墓誌를 구태여 짓지 않더라도, 덕보의 이름을 불후하게 만들 것이다.

 덕보의 부친은 이름이 역櫟이요, 목사牧使를 지내셨다. 조부는 이름이 용조龍祚요, 대사간을 지내셨다. 증조는 이름이 숙璛이요, 참판을 지내셨다. 모친은 청풍淸風 김씨요, 군수 김방金枋의 따님이시다.

6_엄성의 …… 도착하였다 : 엄앙嚴昻이 홍대용을 백부라 칭한 것은, 홍대용이 엄성과 의형제를 맺었으며 엄성보다 한 살 위였기 때문이다. 철교鐵橋의 유집遺集이란 엄성의 벗인 주문조朱文藻가 편찬한 『소청량실유고』小淸涼室遺稿를 이른다. 손유의가 이 책을 맡아 두었다가, 1778년 사신 행차 때 북경에 왔다가 돌아가던 이덕무 편에 전달하였다.

덕보는 영조 신해년(1731)에 태어났다. 음직蔭職으로 선공감 감역繕工監監役에 제수되었다. 곧 돈녕부 참봉으로 옮겼으나, 세손익위사 시직世孫翊衛司侍直으로 고쳐서 제수되었다. 사헌부 감찰로 승진되고, 종친부 전부宗親府典簿로 전직되었다. 태인泰仁 현감이 되어 나갔다. 영천 군수로 승진되었다가, 두어 해 만에 모친이 연로하다는 이유로 사임하고 돌아왔다.

부인은 한산韓山 이홍중李弘重의 따님이다. 아들 하나 딸 셋을 낳았다. 사위는 조우철趙宇喆·민치겸閔致謙·유춘주兪春柱이다. 그해 12월 8일 청주淸州 모좌某坐의 벌에 장사 지냈다. 명銘은 이러하다.[7]

서호에서 서로 만난다면	相逢西子湖
그대는 날 부끄러워하지 않을 줄 아노라	知君不羞吾
죽어서 입에 구슬 물지 않았으니	口中不含珠
도굴꾼 같은 타락한 선비를 괜히 딱하게 여겼도다[8]	空悲詠麥儒

7_명銘은 이러하다 : 『연암집』에는 그 다음에 "명은 원고를 잃었다"고 주를 붙이고 공백으로 남겨두었다. 박종채朴宗采의 『과정록』過庭錄에 홍대용이 죽었을 때 연암이 지었다는 뇌사誄辭(추도사)가 소개되어 있는데, 이는 곧 잃어버렸다는 명銘으로 추측되므로 대신 수록하였다.

8_죽어서 …… 여겼도다 : 『장자』에 선비를 도굴꾼에 비유해 풍자하면서, 어느 타락한 선비가 무덤을 도굴한 뒤 시체의 입에 물려 있는 구슬을 보고는, "푸르고 푸른 보리, 언덕 위에 자랐네. 살아 생전 베풀지 않더니만, 죽어서 구슬 물들 무엇하리오"(青青之麥 生于陵陂 生不布施 死何含珠爲)라는 시를 읊조리며 시체의 입을 벌려 구슬을 끄집어내더라는 이야기에서 나온 말이다. 상례喪禮 중에 죽은 이의 입에 구슬을 물리는 반함飯含은 행할 필요가 없다는 홍대용의 평소 지론을 존중하여, 연암은 홍대용의 상을 치를 때 반함을 하지 않았다고 한다.

비문碑文

위대한 어리석음

癡庵崔翁墓碣銘

세상에는 진실로 남의 어려움을 보면 급히 돕느라고 천 냥도 아끼지 않는 사람이 있는 법이다. 하지만 의로운 일이라도 한갓 은혜를 베푸는 데서 벗어나지 못한다면, 이는 다만 한 고을이나 마을의 협객은 될 망정, 나아가 온 고장이 선善을 향하도록 하기는 어려운 것이다.

치암癡庵 최옹崔翁이 남의 어려움을 보고 급히 도운 일과 같은 경우는 그 자신이 의로운 일에 성급해서였다. 남에게 우환이나 상사喪事가 있으면 마음이 허탈하여 마치 허기진 사람이 아침을 넘길 수 없듯이 하고, 그 마음을 견디지 못하는 것은 마치 눈에 가시가 날아든 듯 여겨, 마침내는 성급하게 자신에게서 잘못을 찾으며,

"이 사람이 무슨 까닭으로 나에게는 알리지 않았는가? 내가 혹시 남

들에게 인색하게 보였던가?"

라고 생각한다. 스스로 돌아보아도 그런 일이 없으면 기뻐하며,

"나는 지금 다행히도 먼저 소식을 들었구나!"

하며, 허겁지겁 서두르기를 길 가는 사람이 해 지기 전에 대가듯이 한다. 남을 위해 시집 장가를 보내 준 것이 여러 집이고, 남을 위해 염殮하고 장사 지내 준 것이 여러 집이었으니, 이러고 보면 그가 아침저녁으로 '솥 씻어 놓고 기다리고 있다'[1]는 것은 알 만한 일이다.

반면에 비웃는 자도 있어 말하기를,

"너무하다, 옹翁의 어리석음이여! 남이 달라고 하기를 기다리지 않고 먼저 베풀어 주기 때문에, 늘상 남을 위급한 상황에서 건져 주어도 이렇다 할 감사도 못 받고 칭찬도 못 듣고 마는 게 아닌가."

하였다. 또 어떤 이는 말하기를,

"그걸 가지고 무얼 어리석다 하는가. 혹시라도 마땅치 않게 여기는 사람이 있을까 염려하여 늘상 자기 처자나 형제들에게 숨기고 몰래 베푸니, 이야말로 어찌 대단히 어리석은 사람이 아니겠는가!"

하였다. 그래서 마침내 어리석을 '치'癡 자로 옹에게 별호를 붙이니, 옹 또한 그 호를 만족스럽게 여겨 늙어 죽도록 바꾸지 않았다.

그러므로 잘난 이건 못난 이건 간에 옹에 대해 이야기할 때는 마치 옛일을 이야기하듯 하였으며, 몇 사람이 앉아서 서로 이야기하다가 문득 크게 웃는 경우는 반드시 옹이 행한 무슨무슨 일에 관한 것이었다.

1_솥 …… 있다 : 음식을 곧 끓일 수 있게 솥을 깨끗이 씻어 놓고 기다리듯이, 만반의 준비를 갖추고 대기하고 있다는 뜻의 속담이다.

종가집의 아우가 젊은 나이에 허랑방탕하여 전답과 가택을 다 잃고나니, 옹은 집을 사서 그 선조의 영혼을 편안히 모시고, 그를 대신해서 제전祭田을 다시 마련하기까지 했다. 그러자 일족 사람들이 서로 옹을 말리며,

"한갓 재물만 허비할 뿐이지 아무 보탬이 안 될 거요."

하였다. 그러자 옹은 정색을 하면서,

"제전이 있으면 비록 제사를 못 지내게 된다 할지라도 내 마음에는 제사를 올린 거나 마찬가지요."

하였다. 그리고 그를 도와서 가업을 일으키게 하느라 천 냥이 들었다.

일족 사람들이 자기네끼리 몰래 비난하기를,

"옹은 전에 이미 아무 보탬이 안 되고 그의 허물만 보태 주었는데, 지금 또다시 보태 주니 이 어찌 옹의 허물이 아니겠는가?"

했는데, 과연 그가 몇 해 못 가서 재산을 다 말아먹고 말았다. 그래도 또 옹이 그에게 천 냥을 주었더니, 마침내 가업을 일으키고 착한 선비가 되었다. 옹의 지극한 정성이 아니고서야 이렇게 교화시킬 수 있었겠는가!

어떤 이는 이렇게 말했다.

"이는 그래도 종가집의 아우이기에 망정이요. 옹의 친구인 아무 어른은 어진 분이셨는데 그만 일찍 돌아가셨지요. 옹은 그분의 어린 자식들을 어루만져 길러 주었으니, 이런 일은 옛적에나 들었지 지금 세상에는 보지 못했소이다. 고아가 된 그분의 아들이 장성했지만 가난해서 결혼하여 가정을 이룰 수 없게 되자, 재산을 마련해 주기 위해 수천 냥을 썼으니, 옛적에도 이런 일이 있었던가요? 더구나 또 아들을 대신해서 돌에 새겨 묘에 비를 세움으로써 그분의 어진 행실이 사라지지 않게 하다

니요!

아무 성씨인 아무 어른은 옹의 부친의 친구였지요. 어진 분이셨는데 늙어 의지할 곳이 없게 되자, 옹은 반드시 새벽에 가서 밤새 안부를 묻고 손수 음식을 살펴 드렸지요. 뿐만 아니라 매달 생활에 필요한 물자를 지급하고도 남은 것은 따로 저축하여 세제歲制에 필요한 것들을 준비하였으니, 옛날에도 또한 옹과 같이 독실하고 후덕한 사람이 있었던가요?"

혹은 의아해하는 이도 있어 하는 말이,

"옹이 재물을 가볍게 여기는 것은 의로운 일이라 할 수 있지만, 심지어 먼 일가붙이들이 전염병에 걸렸을 때에도 반드시 몸소 간호해 주었으니, 그런 일도 의롭다고 할 수 있겠는가?"

하니, 어떤 이가 말하기를,

"이 어찌 먼 일가붙이뿐이겠는가. 오랜 친구가 열병에 걸려 곧 숨이 넘어간다는 말을 듣고, 옹은 손수 약을 달여서는 곧 단번에 땀을 내어 낫게 한 일이 있지. 그의 종이 병들었을 때에도 역시 마찬가지였다네."

하였다.

옹은 의원이 아니다. 그런데도 옹이 보살펴 주기만 하면 언제나 병자들이 살아났다. 옹은 이럴 때면 매양 분을 내어 말하기를,

"한 사람이 전염병에 걸리면 일족이 모두 달아나 피하는 바람에 병자가 제때 땀을 못 내게 되니, 죽지 않고 어찌하겠는가!"

하였다.

지금 가만히 그의 행적을 검토해 보면, 한결같이 모두 『소학』小學에 열거된 아름다운 말과 착한 행실[2]이었다. 이 가운데 한 가지만 갖추었다 해도 실로 월등하게 뛰어난 언행일 터이다. 하지만 옹에게 그런 것은 아

침저녁으로 마시는 숭늉이나 국물이요, 좌우에 놓여 있는 옷가지나 그릇 같은 것이어서, 사람들로 하여금 그것이 높고 원대하여 행하기 어려운 일인 줄을 깨닫지 못하게 하였다. 대개 그의 자질이 돈후하고 독실하여, 겉모습을 엄숙하게 꾸미는 따위는 부끄럽게 여겼기 때문이다.

옹은 옛날 예법을 몹시 좋아했으므로, 그가 행하는 관혼상제의 예식이 당시 속인들의 눈에는 사뭇 괴이쩍게 보였다. 향리에서는 이 때문에도 더욱 옹을 어리석게 여겼지만, 옹은 그럴수록 더욱 스스로 기뻐하였다. 그의 담론과 행동을 살펴보면, 예식을 도맡아 하는 가운데 옛날 예법을 날마다 익히지 않은 것이 없었다.

옹은 선산의 묘목墓木을 기르기를 어린아이 기르듯 하여, 열매 맺은 잣나무 수만 그루가 묘역을 빙 둘러 있었다. 그리고 객호客戶들을 두어 수호하게 하며 은혜와 신의로써 그들을 어루만지니, 객호들이 모두 서로 타이르며 다짐하기를,

"이는 효자가 손수 심은 것이니 가지 하나인들 차마 잘라 낼 수 있겠는가?"

하였다.

집 재산이 거만鉅萬이었지만, 죽는 날에 미쳐서는 한 냥도 남아 있는 것이 없었다.

나는 옹의 여러 아들들과 사이가 좋았으므로, 옹에 관해 자세히 알기로 나만 한 사람이 없다. 그러니 지금 묘 앞의 비를 새기는데 정분상 글

2_아름다운 말과 착한 행실 : 『소학』의 「가언」嘉言과 「선행」善行에 소개된 모범적인 사례들과 흡사했다는 뜻이다.

을 지어 주기를 사양할 수 있겠는가.

옹은 이름이 순성舜星이요, 자는 경협景協이다. 시조인 원원遠이 고려 때 양천陽川에 백伯으로 봉해져 그대로 양천 최씨가 되었다. 증조는 이름이 아무인데 집의執義에 추증追贈되셨다. 조부는 이름이 아무인데 좌승지에 추증되셨다. 부친은 이름이 아무인데 호조 참판에 추증되셨다.

옹은 모년 모월 모일에 태어나서 모년 모월 모일에 돌아가시니, 향년은 일흔한 살이시다. 모년 모월 모일에 모좌某坐의 벌에 장사 지냈다. 아들 넷을 두었는데, 진사進士인 진관鎭觀과 진함鎭咸·진익鎭益·진겸鎭謙이다. 명銘은 이러하다.

숭산崧山(송악산)에 선영	有塋于崇
군자가 봉해진 곳이로세	君子攸封
파처럼 새파란 저 나무는	有樹如蔥
오립송五粒松(잣나무)이라	五粒之松
뉜들 차마 훼손하리	誰忍毀傷
그 얼굴을 뵈옵는 듯한데	如見其容
잊으려도 잊을 수 있을까	俾也可忘
온후하신 치옹 어른을	恂恂癡翁
효를 확대하면 충이 되니	推孝爲忠
벗에게도 충실하였네	忠厥友朋
의로운 일 예절에 맞으니	義行禮中
다 충심에서 우러난 것	罔不由衷
명성만 널리 퍼진 게 아니요	匪博厥聲

덕이 실로 몸을 윤택하게 했네[3]	德實潤躬
천 년 뒤에 그 풍모 상상하려거든	千載想風
여기 새긴 명을 보시구려	視此刻銘

---

[3] 덕이 …… 했네: 『대학』에 "부富는 집을 윤택하게 하고, 덕은 몸을 윤택하게 한다"(富潤屋 德潤身)고 하였다.

추도문
죽음의 공교로움

李夢直哀辭

무릇 사람의 삶이란 말하자면 요행이라 할 수 있는데도, 그 죽음이 공교롭지 않게 여겨지는 것은 어째서인가?

하루 동안에도 죽을 뻔한 위험에 부딪치고 환난을 범하는 것이 얼마인지 모른다. 그런데 다만 그것들이 간발의 차이로 갑작스럽게 스쳐가고 짧은 순간에 지나가 버리는 데다가, 때마침 민첩한 귀와 눈이 있고 막아 주는 손과 발이 있기 때문에, 죽음을 피하게 된 연유를 스스로 깨닫지 못하는 것뿐이다. 그래서 사람들도 편안하게 생각하고 안심하고 행동하여, 밤새 무슨 변고가 없을까 염려하지 않는다. 참으로 모든 사람이 뜻하지 않은 변고를 당할 것을 노상 염려하게 된다면, 비참하도록 두려워서 종일토록 문을 닫고 눈을 가리고 앉아 있다 해도, 그 근심을 감당하지 못할 것이다.

　예전에 어떤 망기望氣하는 자가 한 여자의 관상을 보고서, 소가 들이받는 것을 조심하라고 일렀다. 그런데 그 여자는 지게문 앞에서 귀이개로 귀를 후비다가, 지게문이 세차게 부딪치는 바람에 귀이개에 귀가 찔려서 죽고 말았다. 그 귀이개는 소뿔로 만든 것이었다. 또 사주쟁이가 한 사내의 사주팔자를 논하면서 쇠를 먹고 죽게 될 것이라 했다. 그런데 그 사내는 이른 아침에 밥을 먹다가, 폐로 수저가 빨려들어가는 바람에 죽고 말았다.

　관상이나 사주가 이와 같이 신기하게 들어맞고 공교롭게 증험되었을 뿐더러, 아닌게아니라 그런 일을 당하기에 앞서 간곡하게 조심하라고 당부했던 터였다. 하지만 쇠는 먹을 수 있는 물건이 아니고, 소도 규방에서 기르는 것이 아니다. 그러니 비록 천명을 아는 선비일지라도 이런 일들을 미리 헤아려서 경계하고 조심하기는 어려울 것이다.

　아아! 군자는 듣지 못하는 곳에서도 두려워하고 보지 못하는 곳에서도 경계한다지만,[1] 그것이 어찌 소에게 찔리고 쇠를 먹게 되는 경우를 두고 이른 것이겠는가. 요컨대 높은 산에 오르지 말고 깊은 물에 접근하지 말며, 말을 조심하고 음식을 절제하면서, 나의 한 생각이 마음속에서 발동할 때를 경계하는 수밖에 없다. 밖에서 닥쳐오는 환난이야 역시 또 어찌하겠는가.

　이몽직은 이름이 한주漢柱요, 본관은 덕수德水로서 충무공忠武公(이순신)의 후손이다. 그의 부친은 절도사節度使를 지냈으며 이름은 관상觀祥인데,

---

1_군자는 …… 경계한다지만: 『중용』에 나오는 말인데 앞뒤 구절의 순서를 바꾸어 인용하였다.

나의 매형으로 의금부 도사를 지낸 서중수徐重修 씨의 외삼촌이 된다.

그러므로 몽직은 어렸을 때부터 내게 와서 글을 배웠다. 또한 그의 매제인 박씨의 아들 제운齊雲(박제가)은 젊은 나이로 문장에 능하였다. 호를 초정楚亭이라 했는데 나와 친한 사이다.

몽직은 대대로 장수의 집안이라 무관으로 종사했지만, 문인을 좋아하여 늘 초정을 따라서 나와 교유하였다. 사람됨이 어려서는 곱고 귀엽더니, 장성한 뒤에는 시원스럽고 명랑하여 호감을 주었다. 그런데 어느 날 남산에서 활쏘기를 익히다가 빗나간 화살에 맞아 죽었다. 그렇게 죽었을 뿐더러 아들도 없었다.

아아! 나라가 태평세월을 누린 지 오래라 사방에 난리가 없어 싸울 만한 일이 없는데도, 선비가 유독 창끝이나 살촉에 찔려 죽는 것은 어찌 공교로운 일이 아니겠는가. 무릇 사람이 단 하루를 사는 것도 말하자면 요행이라 하겠다.

이에 애사哀辭를 지어 전장에서 죽은 장사壯士를 애도하고, 그 경우를 빌려 몽직의 죽음에 대해 조문하노라. 애사는 이러하다.

장사가 몸을 솟구쳐 전장으로 내달리니	士踊躍兮赴戰場
바람 모래 들이쳐라 양편 군사 맞붙는다	風沙擊兮兩軍當
목소리가 쉬고 거칠어 도리어 들리지 않고	聲廝暴兮還不颺
입으로는 칼을 물고 전진하며 창 휘두르네	口含劍兮前舞槍
눈 한번 깜짝 않네 뭇 창끝이 몰려와도	目不瞬兮集衆鋩
오른발로 짓밟고 왼발을 날리누나	踏右足兮左脚揚
모든 힘을 다 쏟아라 임금님을 위하여	竭膂力兮爲君王

모양과 목소리 사납지만 실로 미친 게 아니라오	容聲惡兮諒非狂
아아!	嗚呼
죽은 지 오래지만 곧게 선 채 쓰러지지 않고	死已久兮立不僵
주먹 상기 쥐었어라 두 눈마저 부릅떴소	手猶握兮兩目張
자손에게 벼슬 주고 그 마을에 정표旌表하며	蔭子孫兮表其鄕
역사책에 기록하니 아름다운 이름 길이 전하리	史書之兮流芬芳

나는 내 친구 이사춘李士春(이희천李羲天)이 죽은 뒤부터는 사람들과 다시 교제하고 싶지 않아 경조사에도 일절 가지 않았다. 유사경兪士京(유언호兪彦鎬)과 황윤지黃允之(황승원黃昇源) 같은 평소의 절친한 친구들이 험한 횡액을 만나 섬에서 거의 죽게 되었을 때에도,[2] 한 글자의 안부도 물은 적이 없었다.

설령 남들과 왕래하는 일이 있다 해도, 가까운 이웃에 밥 지을 물과 불을 얻거나 시복緦服 이내의 집안 친척을 조문하는 것에 지나지 않았다. 그래서 사람들이 무척 원망하고 노여워하여, 꾸지람과 책망이 한꺼번에 들이닥쳤다. 나 역시 스스로 이렇게 하겠다고 감히 말하지는 않았지만, 교제가 끊어지는 것도 달갑게 여기고 실성하거나 멍청한 사람으로 지목을 받아도 원망하지 않았다.

대개 생각은 다 망상이요, 인연은 다 악연이다. 생각하는 데서 인연이 맺어지고, 인연이 맺어지면 사귀게 되고 사귀면 친해지고 친하면 정이

---

[2]_유사경兪士京 …… 때에도 : 관직에 있던 유언호兪彦鎬와 황승원黃昇源이 각각 영조 48년(1772)과 49년에 잇달아 흑산도로 유배되었던 사실을 말한다.

붙고, 정이 붙으면 마침내 이것이 원업冤業(악업惡業)이 되는 것이다.

그 죽음이 사춘士春처럼 참혹하고 몽직夢直처럼 공교로운 경우에는, 평생 서로 즐거워한 것은 얼마 되지 않는데 마침내 재앙과 사망으로 인해 혹독한 고통이 뼈를 찔러댄다. 이것이 어찌 망상과 악연이 합쳐져서 원업이 된 게 아니겠는가. 애당초 몽직과 모르는 사이였다면, 그가 죽었다는 소식을 들었더라도 마음이 아프고 참담한 것이 이처럼 심하지 않았을 것이다.

몽직이 나를 종유從遊했으되 사춘의 경우처럼 정이 깊고 교분이 두텁지는 못했지만, 그래도 달 밝은 저녁과 함박눈 내린 밤이면 번번이 많은 술을 가지고 와서 거문고를 퉁기고 그림을 평하며 흠뻑 취하곤 했다. 나는 조용히 지내면서 이런 생활에 익숙해 있었다. 간혹 달빛 아래 거닐다가 서글픈 심정이 들 때면, 몽직이 하마 와 있었다. 눈을 바라보면서 문득 몽직을 생각했는데 문밖에서 두드리는 소리가 났다 하면 과연 몽직이었다. 그런데 이제는 그만이구나.

내가 그의 집에 가서 곡하고 조문하지 못할 형편이므로, 그를 위해 이 애사를 지었다. 그리고 저 옛날 한창려韓昌黎(한유韓愈)가 구양생歐陽生에 대한 애사를 손수 썼던 일[3]을 본떠서, 드디어 한 통을 써서 초정에게 주는 바이다.

3_한창려韓昌黎가 …… 일 : 한유韓愈는 요절한 벗 구양첨歐陽詹을 위해 「구양생애사」歐陽生哀辭를 짓고 나서 덧붙인 「제애사후」題哀辭後에서 "나 한유는 본래 글씨 쓰기를 좋아하지 않는다. 이 글을 짓고 난 뒤 단 두 통만을 손수 써서, 그중 한 통은 청하淸河의 최군崔群에게 주었다. 최군과 나는 모두 구양생의 벗이다"라고 하였다.

추도문

산 자가 더 슬프다

俞景集哀辭

유경집俞景集은 이름이 성환成煥이요, 본관은 기계杞溪다. 외모가 훤출하고 건장했으며, 성품이 온순하고 언행은 겸손하였다. 기억력이 아주 뛰어났고 문학에 빼어난 재주가 있었다. 그런데 그만 나이 스물두 살에 병에 걸려 죽었다.

  아아! 나는 경집의 부친의 친구다. 경집이 태어나기 전부터 그 부친을 잘 알았다. 경집의 조부모는 오직 경집의 부친만을 일찍 기르고서, 뚝 끊기듯이 다른 아들을 두지 못했다. 그래서 경집이 태어나자 손자로 여기지 않고 작은 아들로 여겼다. 경집의 부모 역시 감히 스스로 그 아들을 제 아들로 여기지 못했고, 경집도 어릴 적부터 조부모를 제 부모로 여겼다.

급기야 경집이 죽자 그의 부모는 감히 아들의 죽음에 곡도 못하고, 늙은 부모의 마음을 아프게 할까 두려워하여 속으로만 울었다. 조부모도 차마 손자의 죽음에 곡도 못하고, 아들의 슬픔을 더 크게 할까 두려워하여 속으로만 울었다. 경집의 두 살배기 아들은 제 아비에 대해 곡하는 슬픔을 전혀 알지 못하고, 다만 제 어미가 슬퍼하는 것 때문에 덩달아 울어대니, 경집의 아내 이씨李氏는 감히 죽지도 못할뿐더러 감히 곡도 못하고 속으로만 울었다.
　친척과 친구들도 유생儒生이 재주와 덕행을 갖추고도 일찍 죽은 것을 슬퍼하지 않는 이가 없었다. 하지만 그의 부친에게 조문하고 곡할 틈이 없었으니, 그의 조부모가 다 늙어서 작은 아들과 다름없는 손자를 잃은 때문이었다. 이것이 내가 경집의 죽음에 대해 몹시도 슬퍼하는 까닭이다. 그래서 다음과 같이 애사를 지어 애도하노라.

　죽은 사람이 죽음의 슬픔을 모르는 사실이 슬퍼할 만한 것과, 죽은 사람이 자신의 죽음이 슬퍼할 만함을 모른다는 사실을 산 사람이 아는 것이 슬퍼할 만한 것 중에서 어느 것이 더 슬플까?
　어떤 이는 말한다.
　"그야 죽은 사람이 슬프지. 죽은 사람은 자신의 죽음이 슬퍼할 만한 일임을 모를 뿐 아니라, 산 사람이 그의 죽음이 슬퍼할 만한 일임을 슬퍼하는 줄도 모르니, 이야말로 슬퍼할 만한 일이다."
　또 어떤 이는 말한다.
　"그야 산 사람이 슬프지. 죽은 사람은 이미 아무것도 모르니 슬퍼할 만한 것을 슬퍼하는 일도 없다. 하지만 산 사람은 날마다 그를 생각하여,

생각하고 또 생각한다. 생각하면 슬퍼서, 빨리 죽어 아무것도 모르게 되기를 바라니, 이야말로 슬퍼할 만한 일이다."

또 어떤 이는 말한다.

"그렇지 않다. 효자는 더러 부모 여읜 슬픔으로 생명이 위급하기도 하고, 자부慈父는 더러 자식 잃은 슬픔으로 실명하기도 하고,[1] 열녀는 더러 자결하기도 한다. 이는 다 죽은 사람에 대한 슬픔으로 말미암아 따라 죽거나 병이 들고 만 것이다. 이로써 논하자면, 죽은 사람과 산 사람의 슬픔은 함께 논할 수가 없는 것이다."

나는 유경집의 죽음에 대해 단언하노라.

"산 사람이 슬프다."

무릇 인정상 가장 원망스럽고 한스러워 혹독한 고통이 뼈를 찌르기로는, 나는 믿었는데 상대방이 속이는 것만 한 것이 없고, 속임을 당한 고통으로는 가장 친하고 다정한 이가 문득 나를 등지고 떠나는 것만 한 것이 없다. 그렇다면 세상에서 가장 친하고 다정하기로 손자와 할아버지, 아들과 아버지, 남편과 아내 같은 사이보다 더한 경우가 있겠는가. 그런데도 경집은 조금도 지체하지 않고 하루아침에 등을 돌리고 말았다.

또한 믿어 의심이 없기로는, 그 어느 것이 경집의 재주와 용모로 보아 장래가 크게 기대되는 경우와 같겠는가. 그런데도 마침내 상식과 이치에 어긋나기를 이와 같이 하였다. 그러니 어찌 원망스럽고 한스러워 혹독한 고통이 뼈를 찌르지 않을 수 있겠는가.

아아, 슬프다! 아무리 그래도 산 사람은 제 슬픔에 스스로 슬퍼하는

---

[1] _자부慈父는 …… 하고: 공자의 제자 자하子夏는 아들을 여의고 상심하여 실명하였다고 한다.

것이지, 죽은 사람이 슬퍼하는지 슬퍼하지 않는지는 알지 못하는 법이다. 그렇다면 평소에 나처럼 그를 아끼던 사람이 어찌 애사를 지어, 한편으로는 산 사람의 슬픔을 위로하고 다른 한편으로는 죽은 사람이 자신의 슬픔을 슬퍼하지 못함을 애도하지 않겠는가.

추도문

장인 어른의 영전에

祭外舅處士遺安齋李公文

정유년(1777) 6월 23일 정사일丁巳日에 사위 반남 박지원은 삼가 술을 올려 장인 유안재遺安齋 이공李公의 영전에 곡하며 영결을 고합니다.

아아! 이 소자 나이 열여섯 살에 선생의 가문에 사위로 들어와서 지금 26년이 되었습니다. 제가 비록 어리석고 우매하여 선생의 도道를 잘 배우지는 못했지만, 그래도 좋아하는 사람에게 아부하여 선생을 부끄럽게 하는 시경에 이르지는 않았다¹고 스스로 생각합니다. 이제 선생이 멀리

1_그래도 …… 않았다 : 이 글에서 장인을 예찬한 내용이 연암의 개인적 호감에서 나온 아부성의 발언이 아님을 미리 밝혀두기 위해 한 말이다. 『맹자』에 재아宰我와 자공子貢과 유약有若은 "제가 좋아하는 사람에게 아부하는 지경에는 이르지 않았다"고 하면서, 그들이 스승 공자를 극구 예찬한 말을 공자에 대한 정당한 평가로서 인용하였다. 또한 『맹자』에 "명성이 실정보다 지나침을 군자는 부끄러워한다"고 하였다.

떠나시는 날에 한마디 말로써 무궁한 슬픔을 표현하지 않을 수 있겠습니까.

아아!	嗚呼
선비로서 일생 마치는 걸	以士沒身
세상 사람들은 수치로 알지만	世俗所恥
이를 비천하다 여기는 저들이	彼以卑賤
어찌 선비를 알 수 있으랴	惡能識士
이른바 선비란 건	所謂士者
상지尙志하고 득기得己하나니²	尙志得己
유하柳下의 절개와 유신有莘의 자득自得도³	柳介莘囂
이와 같은 데 불과한 것	不過如是
이로써 보자면	由是觀之
선비로서 일생 마치기도	沒身以士
역시 어렵다 하리	亦云難矣
아아!	嗚呼

2_ 상지尙志하고 득기得己하나니 : 『맹자』에 제齊나라 왕자 점墊이 "선비란 무슨 일을 하는가?"라고 묻자, 맹자는 "뜻을 고상하게 가진다"(尙志)라고 답했다. 또한 맹자는 "곤궁해도 의를 잃지 않기 때문에 선비는 스스로 만족한다"(窮不失義 故士得己焉)고 하였다.

3_ 유하柳下의 …… 자득自得도 : 유하는 노魯나라 대부大夫 전금展禽으로, 유하라는 곳에 살았고 시호諡號가 혜惠였기 때문에 유하혜柳下惠라고 불렀다. 『맹자』에 "유하혜는 삼공三公의 지위로도 그 절개를 바꾸지 않았다"고 하였다. 유신有莘의 자득自得이란, 『맹자』에 이윤伊尹이 유신의 들판에서 농사지으며 살고 있을 때 탕湯임금이 사람을 시켜 초빙하자, 이윤이 "스스로 만족해하며 말하기를(囂囂然日) '내가 어찌 탕임금의 폐백을 받아들이리오. 내 어찌 들판에서 농사지으며 이대로 요순堯舜의 도를 즐기는 것만 하겠는가' 하였다" 한 데서 나온 말이다.

선생은 살아서나 죽어서나	先生存沒
선비 본분 어기지 않으셨네	不違士也
예순이라 네 해 동안	六十四年
글을 진정 잘 읽으시어	善讀書者
오랫동안 쌓인 빛이	積久光輝
온아하게 드러났지	溫乎發雅
굶주림을 배부른 듯이 즐기고	樂飢若飽
과부처럼 절개 지키셨네	守節如寡
고고해도 무리를 떠나지 않고 [4]	孤不離群
꼿꼿해도 남을 책하지 않으셨네	貞不詭物
발언은 정곡을 찌르고	發言破鵠
일 처리는 똑부러지게 하셨지	制事截鐵
빙호추월氷壺秋月처럼	氷壺秋月
생각과 언동 모두 툭 트이셨지	外內洞澈
천박한 세상의 썩은 유생들은	陋世酸儒
변함없는 선비 절개 부끄러워하는데	恥士一節
객기는 진작 다 없애셨고	夙刊客浮
만년에는 호걸 기상 감추셨네	晩韜英豪
진실만 바라보고 탄탄대로 걸으시어	視眞履坦

4_무리를 떠나지 않고 : 동문지간同門之間인 벗들을 떠나서 혼자 쓸쓸히 지내는 것을 이군삭거離群索居라 한다. 『예기』에 아들을 여의고 상심하여 실명失明을 한 자하子夏가 하늘을 원망하자 증자曾子가 나무라며 그의 잘못을 성토하니, 자하는 "내가 벗들을 떠나 혼자 산 지 역시 너무 오래되었기 때문에 그렇게 되었다"고 뉘우쳤다고 한다.

심기가 차분히 가라앉으셨지	心降氣調
타고난 천성 외엔	所性之外
털끝 하나도 아니 붙여	不著一毫
먹 묻으면 씻어 버리고	墨則斯浣
잡초 있으면 어찌 아니 뽑으리	稂豈不薅
팔 베고 물 마시건	曲肱飮水
좋은 말 사천 필을 매어 놓건[5]	繫馬千駟
덜고 보탬 있지 않네	旣無加損
사士라는 한 글자엔	士之一字
운명이란 정해진 것	命有所定
때도 만나야 하는 법	時有所値
이를 분별할 줄 아는 이만	能辨此者
공의 뜻을 알게 되리	始識公志
아아!	嗚呼
대들보 부러진 슬픔에다	梁木之哀

5_ 팔 …… 놓건 : 『논어』에 공자가 말하기를 "거친 밥을 먹고 물 마시고 팔 베고 누웠으니, 그런 가운데에서도 역시 즐거움은 있다. 의롭지 못하면서 부귀한 것은 내게는 뜬구름과 같다"고 하였다. 또 『맹자』에 "이윤伊尹은 유신의 들판에서 농사짓고 살 적에 요순堯舜의 도道를 좋아하여 의義가 아니고 도道가 아니거든, 천하를 녹으로 주어도 돌아보지 않고, 좋은 말 사천 필을 마구간에 매어 놓아도 거들떠보지 않았다"고 하였다.

6_ 대들보 …… 그리움으로 : 『예기』에 공자가 자신의 죽음을 예견하는 꿈을 꾸고는 "태산이 무너지고 대들보가 부러지고 철인哲人이 죽을 것이다"라고 노래했다고 하였다. 그러므로 대들보가 부러진다는 것은 스승이나 철인의 죽음을 뜻하는 말로 쓰인다. 또한 『맹자』에 증자曾子가 공자를 찬양하여 "강한江漢으로 씻은 것 같고 가을볕으로 쪼인 것 같아서, 밝고 깨끗하기가 이보다 더할 수 없다" 하였다. 강한江漢은 양자강과 한수漢水를 말한다. 따라서 강한 같은 그리움이란 작고한 스승을 애타게 추모함을 뜻한다.

강한江漢 같은 그리움으로[6]	江漢之思
잔 올리며 통곡하노니	奠酹一慟
만사가 끝났도다	萬事已而
공의 모습 빼닮은	眉宇之寄
아들 한 분 두셨으니[7]	獨有庭芝
즐겁거나 슬프거나 잠깐 사이라도	歡戚造次
바라건대 함께 손잡고	庶共挈携
서로 책선하고 화기애애하여[8]	不忘偲怡
알아주신 은혜 보답 잊지 않으리	以報受知
아아!	嗚呼
예전의 어린 사위	昔日小婿
이젠 저도 백발이 되었다오	今亦白頭
이제부터 죽기 전까지	從今未死
허물 적기를 바라오니	庶寡悔尤
은덕과 사랑으로	維德之愛
저승에서 도와주소서	願言冥酬
간장에서 쏟는 눈물	肝膈之寫
영령께서 아실는지	靈或知不
아아, 슬프외다!	嗚呼哀哉
흠향歆饗하소서	尙饗

7_아들 한 분 두셨으니 : 빼어난 자제子弟를 뜰에서 자라는 지란芝蘭에 비유하여 '정지'庭芝라고 한다. 여기서는 연암의 처남인 이재성李在誠을 가리킨다.

8_서로 책선하고 화기애애하여 : 『논어』에서 공자는 "간절하게 서로 책선責善하고 화기애애하면 선비라고 부를 수 있다. 붕우간에 간절하게 책선하고 형제간에 화기애애하니라"라고 하였다.

추도문

술친구를 잃고

祭鄭石癡文

 살아 있는 석치石癡(정철조鄭喆祚)라면 함께 모여서 곡을 할 수도 있고, 함께 모여서 조문을 할 수도 있다. 함께 모여서 욕을 할 수도 있고, 함께 모여서 웃을 수도 있다. 그리고 여러 섬의 술을 마실 수도 있어서, 서로 벌거벗은 몸으로 치고받고 하면서 꼭지가 돌도록 크게 취하여 너니 내니도 잊어버리다가, 마구 토하고 머리가 짜개지며 속이 뒤집어지고 어찔어찔하여 거의 죽게 되어서야 그만둘 터이다. 그런데 지금 석치가 참말로 죽었구나!
 석치가 죽자 그의 시신을 빙 둘러싸고 곡을 하는 사람들은 바로 석치의 처첩과 형제 자손 친척들이니, 함께 모여서 곡을 하는 사람들이 진실로 적지 않다.
 또한 손을 잡고 위로하기를,

"덕문德門(남의 집안을 높여 부른 말)이 불행하여 철인哲人(죽은 사람을 높여 부른 말)이 어찌 이 지경에 이르렀습니까."

하면, 그 형제와 자손들이 절하고 일어나 머리를 조아리고 대답하기를,

"제 집안이 흉한 화를 만났습니다."

한다. 그의 친구들마다 서로 탄식하며,

"이 사람은 진실로 얻기 쉽지 않은 사람이었지."

하니, 함께 모여서 조문하는 사람들도 진실로 적지 않다.

석치와 원한이 있던 자들은 석치더러 염병 걸려 뒈지라고 심하게 욕을 했지만, 석치가 죽었으니 욕하던 자들의 원한도 이미 갚아진 셈이다. 죄벌로는 죽음보다 더한 것이 없으니까.

또한 세상에는 진실로 이 세상을 꿈으로 여기고 인간 세상에서 유희하듯이 사는 이가 있을 터이다. 그는 석치가 죽었다는 말을 들으면 석치가 본래의 상태로 돌아갔다 여기고, 진실로 한바탕 웃어젖혀 입에 머금은 밥알이 나는 벌떼같이 튀어나오고 갓끈이 썩은 나무 꺾어지듯 끊어지리라.

석치가 참말로 죽었으니, 귓바퀴가 이미 뭉그러지고 눈망울이 이미 썩어서, 참말로 듣지도 보지도 못할 것이다. 젯술을 따라서 땅에 부으니, 참말로 마시지도 취하지도 못할 것이다. 평소에 석치와 서로 어울리던 술꾼들은 참말로 뒤도 돌아보지 않고 자리를 파하고 떠날 것이며, 진실로 뒤도 돌아보지 않고 파하고 가서는 자기네들끼리 서로 모여 크게 한잔할 것이다.

이에 제문을 지어 읽노라.

— 이하 원문 빠짐 —

논설

옥새는 요망스런 물건이다

玉璽論

조趙나라 왕이 화씨和氏의 옥[1]을 얻자 진秦나라가 성 열다섯 군데를 주고 바꾸려 했는데, 인상여藺相如가 속임수임을 알고는 옥을 온전히 보전하여 조나라로 돌아왔다. 그러나 진나라가 제후국들을 합병함에 따라 그 옥은 다시 진나라로 들어와, 나라를 전하는 옥새가 되었다. 그 옥새에는,

"하늘로부터 명을 받았으니 수壽를 다하고 길이 창성하리라."(受命于天 旣壽永昌)

는 글이 새겨져 있었다.

이에 대하여 다음과 같이 논한다.

1_화씨和氏의 옥 : 초楚나라 사람인 화씨가 산중에서 발굴하여 왕에게 바쳤다는 귀중한 옥을 말한다.

옛날에는 도道로써 나라를 전했는데, 지금은 보물로써 나라를 전한다. 태위太尉 주발周勃은 옥새를 손에 넣자, 제 것인 양 하면서 군주를 횡재한 물건처럼 여겼다.[2] 대장군 곽광霍光도 옥새를 손에 넣자, 제 것인 양 하면서 몸소 군주에게 채워 주기도 하고, 몸소 군주에게서 끌러 내기도 하였다.[3] 이로 말미암아 옥새는 천하를 좌우하는 것이 되어서, 옥새가 있는 것을 보면 사방에서 일어나 엿보고 노리게 되었다. 더구나 군주가 죽은 비상시국에는 내시나 후궁들이 이것을 손에 넣었다가 제가 좋아하는 자에게 주어 환심을 사기도 했는데, 그래도 대신들은 그저 '예, 예' 복종하고 세상 사람들도 감히 이의를 달지 못하였다.

아아! 천하를 전하는 것은 막중한 대사이다. 그런데 어찌하여 한낱 옥새로써 천하를 전해 받은 증거물로 삼기를, 마치 현승縣丞이나 현위縣尉가 인끈을 품고 다니듯이 하는가?

무릇 도가 있는 곳에는 덕이 모이고, 보물이 있는 곳에는 도적이 꾀는 법이다. 그러므로 작은 도적이 집에 들면 큰 도적이 그 길목을 지키고 있다. 진시황이 애당초 제후에게서 옥새를 겁탈했기 때문에 아들 호해胡亥가 이를 훔쳐 내는 것[4]을 금할 수 없었으며, 저 진승陳勝과 오광吳廣, 항적項籍의 무리들이 벌써 사방에서 일어나 길목을 지키고 있었던 것이다. 그

2_태위太尉 …… 여겼다 : 한漢나라 초에 여 태후呂太后가 죽자 태위 주발周勃이 승상丞相 진평陳平과 모의하여 여씨呂氏 일족을 제거한 뒤, 여 태후에 의해 옹립된 소세少帝 유홍劉弘을 물러나게 하고 고조高祖의 아들 중 가장 나이가 많은 유항劉恒을 문제文帝로 옹립한 사실을 말한다.

3_대장군 …… 하였다 : 한나라 소제昭帝가 아들이 없이 죽자, 대장군 곽광霍光이 무제武帝의 손자인 유하劉賀를 황제로 옹립했다가 곧 폐위시키고, 무제의 중손자 유순劉詢을 선제宣帝로 옹립한 사실을 말한다.

4_호해胡亥가 이를 훔쳐 내는 것 : 진시황이 죽자 간신 조고趙高가 거짓 조서詔書를 꾸며 태자인 부소扶蘇 대신 호해胡亥를 황제로 즉위시킨 사실을 말한다.

리하여 아들이 그 아비에게서 옥새를 훔치기도 하고 아내가 지아비에게서 훔치기도 하고 종이 주인에게서 훔치기도 하여, 뭇 도적이 집안에 모여들고 병란이 일어나니, 옥새로 인한 화가 극에 달하게 되었다.

효원황후孝元皇后는 천하를 왕망王莽에게 내어 주면서도 끝내 단신으로 옥새만은 지키려 하였다.[5] 아아! 옥새가 있고 없고는 천하대세에 아무런 영향을 끼치지 못한다. 그런 행동은 결국 부인네의 좀스러운 꾀에서 나온 것이라 괴이하게 여길 것도 없지만, 왕망 역시 어리석다 하겠다. 진실로 운수가 제게 있다면 한낱 옥새를 위해 애쓸 이유가 어디 있겠는가.

손견孫堅은 의義를 바로잡겠다고 서쪽 장안으로 가서 궁중을 숙청하고 개연慨然히 동맹을 맺어 힘껏 한漢나라 왕실을 도왔으니, 그 공은 춘추 시대의 패자인 제 환공齊桓公이나 진 문공晉文公과 대등하다고 하겠다. 하지만 옥새를 손에 넣자 사특한 마음이 생겨, 결국에는 의로운 일을 끝맺지 못했다.[6] 이로 보면 그 물건이 요망한 것이 아니겠는가.

강좌江左의 군주들은 천자의 적통을 이었으면서도, 백판白板의 기롱을 부끄러워했다.[7] 하지만 천자이면서도 백판을 부끄러이 여긴다면, 이것

5_ 효원황후孝元皇后는 …… 하였다 : 효원황후는 한나라 원제元帝의 비妃로, 태황태후太皇太后가 되자 왕망王莽에게 국정을 맡겼으나, 왕망은 한 왕조를 멸망시키고 효원황후에게 강청하여 한나라의 전국새傳國璽를 넘겨받았다.

6_ 손견孫堅은 …… 못했다 : 손견은 오吳나라의 황제가 된 손권孫權의 아버지로, 한나라 말에 의병을 일으켜 원술袁術과 동맹을 맺고 간신 동탁董卓을 토벌했다. 동탁의 군대가 퇴각하면서 불을 지른 장안長安에 입성했을 때 우물에서 한나라의 전국새傳國璽를 찾아냈다고 한다.

7_ 강좌江左의 …… 부끄러워했다 : 강좌의 군주들은 강동江東, 즉 양자강 동쪽 지역에 세워진 동진東晉의 황제들을 가리킨다. 관직을 임명할 때 원래 인장을 찍어야 하는데 사정으로 인해 아무런 인장도 찍지 않은 임명판任命板을 가리켜 백반白板이라 한다. 강동에 동진이 들어섰으나 옥새를 잃어버려 한동안 옥새가 없는 황제가 있게 되자, 북위北魏 사람들이 이를 두고 백판천자白板天子라고 놀려 댔다고 한다.

은 옥새가 고신告身(임명장)이 되는 셈이고 황제는 하사받은 관직이 되는 셈이다. 이는 세계 만국이 존숭하는 지위를 옥새가 비천하게 만든 꼴이니, 어찌 너무도 가소로운 일이 아니겠는가.

천하를 차지한 사람도 본시 옥새로 인하여 흥한 것은 아니니, 옥새가 천하에서 상서로운 징조가 되기에는 부족함이 분명하다. 나라가 망하는 날 혹 옥새를 목에 걸고 항복하기도 하고, 군주의 자리를 넘겨줄 때에는 혹 옥새를 받들어 바치기에 바쁘기도 했다. 그러니 흉하고 상서롭지 못하기로는 이 물건보다 더한 것이 없다. 그것을 '나라를 망하게 하는 물건'이라고 한다면 옳겠지만, 그것이 나라를 일으키는 보물이 되었던 경우는 아직 본 적이 없다.

후세에 천하를 전하는 사람은 그 상서롭지 못한 물건을 부숴 버려서 도적의 마음을 막아 버리고, 두 손 모아 머리 숙여 절하면서 공경스럽게 소리 높여 말하기를,

"정밀하고 전일하게 살펴서 중도中道을 견지하라."[8]

해야 할 것이고, 여러 제후와 벼슬아치들은 모두 관 쓰고 각자의 자리에서 두 손 모아 머리 숙이면서,

"천명天命은 불변하는 것이 아니라 덕 있는 사람을 총애하나니, 유념하소서, 제왕이시여!"

라고 아뢰어야 할 것이라 생각한다.

8_정밀하고 …… 견지하라 : 『서경』에서 순舜임금이 우禹에게 왕위를 전하면서 훈계한 말이다.

논설

은나라의 인자 다섯 분

伯夷論 下

공자孔子가 옛날의 인자仁者를 칭송했으니, 기자箕子와 미자微子와 비간比干이 이들이다.[1] 이 세 분의 행실이 각기 다르기는 했지만, 그래도 모두 인仁이라는 명칭에서 벗어나지 않았다. 맹자가 옛날의 성인聖人을 칭송했으니, 이윤伊尹과 유하혜柳下惠와 백이伯夷가 이들이다.[2] 이 세 분의 행실이 각기 다르기는 했지만, 그래도 모두 성聖이라는 칭호에서 벗어나지 않았다.

1_공자孔子가 …… 이들이다 : 『논어』에 "미자微子는 나라를 떠났고, 기자箕子는 잡혀서 종이 되었으며, 비간比干은 충고하다가 죽었다. 공자가 말하기를, '은殷나라에 세 사람의 인자仁者가 있었다'고 하였다"고 한 구절을 가리킨다.
2_맹자가 …… 이들이다 : 『맹자』에 "백이伯夷는 성인聖人 중의 청렴한 분이요, 이윤伊尹은 성인 중의 천하 일을 자임自任한 분이요, 유하혜柳下惠는 성인 중의 화합을 잘한 분이다"라고 하였다.

저 태공太公(강태공姜太公)은 옛날의 이른바 대로大老요 현인賢人이었으니, 그 행실은 백이와 똑같고 도道는 이윤과 흡사했기 때문이다.[3] 하지만 공자는 그의 인仁을 칭송하며 세 분의 인자와 함께 나열하지는 않았으며, 맹자도 그의 성聖을 칭송하며 세 분의 성인과 함께 나열하지는 않았다. 이것은 무엇 때문인가?

아아! 내가 은나라를 살펴보건대, 그 나라에는 다섯 분의 인자가 있었지 않을까. 어째서 '다섯 분의 인자'라고 말하는 것인가? 백이와 태공을 합해서 하는 말이다. 저 다섯 분의 인자들은 소행은 역시 각자 달랐지만, 모두 절실하고 간곡한 뜻을 지니고 있었다. 그러나 서로 기다려야만 인仁이 되고, 서로 기다리지 않을 경우에는 불인不仁이 되는 처지였다.

미자는 속으로 생각하기를,

"은나라가 결국 망하고 말 터이니, 내가 충고할 수도 없는데 충고하려고 애쓰느니 차라리 은나라의 종사宗祀(조종祖宗에 대한 제사)를 보존하는 편이 낫지 않겠는가."

하고서 마침내 나라를 떠났다. 미자는 비간이 왕에게 충고해 줄 것을 기다린 것이다.

비간은 속으로 생각하기를,

"은나라가 결국 망하고 말 터이니, 내가 충고할 수 없는 상황이라 해서 충고하지 않느니 차라리 낱낱이 충고하는 편이 낫지 않겠는가."

3_태공太公은 …… 때문이다 : 『맹자』에서 맹자는 태공을 백이와 함께 대로大老라고 불렀다. 태공은 백이와 마찬가지로 폭군 주紂를 피해 은거하다가 서백西伯(주나라 문왕)에게 귀의하였다. 또한 태공은 이윤이 탕湯임금을 도와 은나라를 세웠듯이, 무왕을 도와 주나라를 세웠기 때문에 도道가 흡사했다고 한 것이다. 도가 똑같다고 하지 않은 것은, 이윤이 천하를 얻지 못하는 한이 있어도 정의를 지키고자 한 데 비해, 태공은 수단 방법을 가리지 않고 병법과 계략을 즐겨 구사한 때문인 듯하다.

하고서 마침내 충고하다가 죽었다. 비간은 기자가 도道를 전해 줄 것을 기다린 것이다.

　기자는 속으로 생각하기를,

　"은나라가 결국 망하고 말 터이니, 내가 도를 전하지 않으면 누가 도를 전하랴."

하고서 마침내 거짓으로 미친 척하다가 잡혀서 종이 되었다. 기자의 경우에는 마치 기다리는 사람이 없는 듯하다. 비록 그러하나, 인자의 마음은 하루도 천하를 잊지 못하는 법이다. 그러니 기자는 태공이 백성들을 구제해 줄 것을 기다린 것이다.

　태공은 속으로 자신을 은나라의 유민遺民으로 생각하면서,

　"은나라가 결국 망하고 말 터인데, 소사少師는 떠났고, 왕자王子는 죽었고, 태사太師는 구금되었다.4- 내가 은나라의 백성을 구제하지 않는다면 장차 천하는 어떻게 될 것인가."

하고서 마침내 주紂를 쳤다. 태공의 경우도 역시 마치 기다리는 사람이 없는 듯하다. 비록 그러하나, 인자의 마음은 하루도 후세를 잊지 못하는 법이다. 그러니 태공은 백이가 의리를 밝혀 줄 것을 기다린 것이다.

　백이는 속으로 자신을 은나라의 유민으로 생각하면서,

　"은나라가 결국 망하고 말 터인데, 소사는 떠났고, 왕자는 죽었고, 태사는 구금되었다. 내가 그 의리를 밝혀 놓지 않는다면 장차 후세는 어떻게 될 것인가."

4_소사少師는 …… 구금되었다 : 소사少師는 미자, 왕자王子는 비간, 태사太師는 기자를 가리킨다. 그러나 『서경』과 『사기』 등에는 소사는 비간, 왕자는 미자로 되어 있다. 비간 역시 왕자였으므로, 착오를 빚은 듯하다. 소사는 제왕의 스승으로, 태사 다음가는 직책이다.

하고서 마침내 주周나라를 받들지 않았다.

　무릇 이 다섯 분의 군자가 어찌 좋아서 그렇게 했겠는가. 모두 마지못해서 한 일이었다.

　어떤 이가 말하기를,

"만약 서로 기다려서 인仁이 된다 할 것 같으면, 태공이 없었을 경우 기자가 목야牧野에서 은나라와 결전을 치렀어야 하고, 백이가 아니었다면 태공이 주나라 무왕의 말고삐를 끌어당기며 은나라를 정벌하러 가지 못하도록 충고했어야 한단 말인가?"

하기에, 이렇게 답하였다.

"그런 것은 아니다. 이와 같이 해서 인이 된다는 것은, 그 사람을 기다린다는 것이 아니요, 그 의리를 기다릴 따름이다. 신포서申包胥와 오자서伍子胥가 서로에게 고지告知한 경우5-와는 다르다.

하지만 왕자가 없었다면, 소사가 반드시 떠나지는 않았을 터이다. 떠날 필요가 없었는데도 떠났다면, 소사는 인자가 되기에 부족했을 것이다.6-
소사가 떠나지 않았는데도 왕자가 홀로 죽었다면, 왕자는 인자가 되기에 부족했을 것이다. 왕자가 이미 죽고 소사가 이미 떠났는데도 태사가 거짓으로 미친 척하지 않았다면, 태사는 인자가 되기에 부족했을 것이

5_ 신포서申包胥와 …… 경우 : 『사기』에 나오는 이야기다. 오자서伍子胥는 그의 부형이 초나라 평왕平王에게 살해당하자 오吳나라로 망명한 뒤, 오왕 합려闔閭를 도와 초나라로 쳐들어가 평왕의 무덤을 파헤치고 시신에 매질을 가하여 복수했다. 이에 신포서는 진秦나라에 가서 구원병을 요청하여 마침내 오나라를 물리쳤다. 처음에 신포서와 오자서는 친구 사이였는데, 오자서가 망명하면서 "나는 반드시 초나라를 멸망시키고 말겠다" 하니, 신포서가 "나는 반드시 초나라를 보존하겠다"고 응수한 적이 있었으므로, '서로에게 고지告知하였다'고 한 것이다.
6_ 떠날 …… 것이다 : 몇몇 이본에 의거해 보충한 구절이다.

다. 태공이 천하를 생각하지 않고 백이가 후세를 염려하지 않았다면, 백이와 태공은 인자가 되기에 부족했을 것이다.

그렇다면 미자가 주나라로 달아난 것은 마지못해 한 것이요, 비간이 충고하다가 죽은 것도 마지못해 한 것이다. 기자가 도를 전한 것도 마지못해 한 것이요, 태공이 주紂를 친 것도 마지못해 한 것이요, 백이가 주나라를 받들지 않은 것도 마지못해 한 것이다.

나는 그러므로 백이와 태공의 도道를 은나라의 세 분의 인仁에 합친 것이다. 이는 또한 공자의 뜻이기도 했다. 공자가 태공을 칭송하지 않은 것은 아마 말하기 어려운 사정이 있어서 그랬을 것이다. 백이의 경우에는 자주 그 덕을 칭송하면서 '인을 추구하다 인을 얻었으니, 또 무슨 후회가 있겠는가'[7] 하였다. 비록 그러하나, 감히 그를 세 분의 인자와 연계시키지 않은 것은 아마 무왕에게 누를 끼칠까봐 말하기를 꺼린 것이 아닌가 한다."

또 어떤 이가 말하기를,

"만약에 다섯 분의 인자가 합해야 온전한 인仁이 된다면, 어찌 수고스럽지 않은가?"

하기에, 나는 이렇게 답하였다.

"그런 말이 아니라, 그 이치가 그렇다는 것이다. 한 가지 일로써도 인仁이 되기로 말하면, 백이가 편협하거나 유하혜가 공손하지 못하다는 점이, 어찌 백이가 청렴해서 성인이 되고 유하혜가 화합을 잘해서 성인이

---

[7]_인을 …… 있겠는가 : 원래 『논어』에 나오는 말로서, 『사기』 「백이열전」伯夷列傳에도 인용되어 있다. 은나라 고죽국孤竹國의 왕자였던 백이와 숙제叔齊가 서로 왕위를 양보하고 나라를 떠난 데 대해, 권력을 탐하지 않고 인륜을 실천한 행동으로 칭송한 말이다.

된 사실을 가릴 수 있겠는가."[8]

8_한 가지 …… 있겠는가 : 『맹자』에 "백이는 편협하고 유하혜는 공손하지 못하니, 편협함과 공손하지 못함은 군자君子가 따르지 않는다" 하였다. 백이와 유하혜는 이러한 결점을 지녔음에도 불구하고, 청렴하거나 화합을 잘한 미덕만으로도 성인으로 간주되듯이, 백이와 태공 또한 인자로 간주될 수 있다는 뜻이다.

논설

진품을 알아본 사람

筆洗說

오래된 그릇을 팔려고 했지만 3년 동안이나 팔지 못한 사람이 있었다. 그릇의 재질은 투박스러운 돌이었다. 술잔이라고 보기에는 겉이 틀어지고 안으로 말려들었으며, 기름때가 끼어 광택을 가리고 있었다. 온 장안을 다 다녀도 돌아보는 사람이 없었다. 다시 부귀한 집안을 다 찾아갔지만, 값이 더욱 떨어져 수백[1]에 이르고 말았다.

하루는 누군가가 이것을 가지고서 서여오徐汝五(서상수徐常修) 군에게 보였다. 그러자 여오가 말하기를,

1_수백 : 화폐 단위가 명시되어 있지 않다. 당시의 물가로 미루어 보면 수백 문文, 즉 너덧 냥이 아닌가 한다. 뒤에 나오는 '팔천' 역시 팔천 문, 즉 팔십 냥이 아닌가 한다.

"이것은 필세筆洗(붓 씻는 그릇)로구먼. 이 돌은 복주福州 수산壽山의 오화석갱五花石坑[2]에서 나는 것인데, 옥에 버금가는 것으로 옥돌과도 같네."
하며, 값의 고하를 따지지 아니하고 즉석에서 팔천을 내주었다. 그러고는 때를 긁어냈더니, 예전에 투박스럽게 보였던 것은 바로 물결 모양의 무늬에다 쑥잎처럼 새파란 빛을 띤 돌이었다. 비틀어지고 끝이 말려든 모양은 마치 말라서 그 잎이 도르르 말린 가을의 연꽃과 같았다. 그래서 마침내 장안의 이름난 그릇이 되었다.

여오는 말하기를,

"천하의 물건치고 하나의 그릇 아닌 것이 어디 있겠는가. 다만 꼭 맞는 곳에 사용할 따름일세. 붓이 먹을 머금은 채 딴딴히 굳어지면 모지라지기 쉬운 법이기에, 항상 그 먹을 씻어서 붓을 부드럽게 해 두지. 그러므로 이 그릇이 필세가 된 것일세."
하였다.

무릇 서화나 골동품에는 수장가가 있고 감상가가 있다. 감상하는 안목이 없으면서 한갓 수장만 하는 사람은 돈은 많아도 제 귀만 믿는 사람이요, 감상은 잘하면서도 수장을 하지 못하는 사람은 가난해도 제 눈만은 배신하지 않는 사람이다.

우리나라에는 비록 더러 수장가가 있기는 하지만, 수장한 서적은 기껏해야 건양建陽의 방각본坊刻本[3]이요, 서화는 금창金閶(소주蘇州)의 위조품

2_ 복주福州 수산壽山의 오화석갱五花石坑 : 복주는 중국의 복건성福建省에 속한 부府로, 그 동북쪽에 있는 수산은 아름다운 옥돌이 나는 곳으로 유명하다. 수산에서 십여 리 떨어진 곳에 오화석갱이 있는데, 돌이 다섯 가지 색을 띠어 그렇게 명명되었다고 한다.
3_ 건양建陽의 방각본坊刻本 : 방각본은 민간의 서점에서 영리를 목적으로 인쇄한 조잡한 서적을 말한다. 송나라 때 복건성 건양현에서 인쇄한 방각본이 유명하였다.

뿐이다. 밤껍질색 화로를 곰팡이가 피었다고 여겨 표면을 긁어내려 하고, 장경지藏經紙를 더럽혀졌다고 여겨 씻어서 깨끗이 만들려고 한다.[4] 조잡한 물건을 만나면 높은 값을 쳐주고, 진귀한 물건은 버리고 간직할 줄 모르니, 그 또한 슬픈 일일 따름이다.

신라의 선비들은 당나라에 가서 국학國學에 들어갔으며, 고려의 선비들도 원元나라에 유학하여 제과制科에 급제했으므로, 안목이 트이고 흉금을 넓힐 수 있었다. 그러니 그들은 감상학鑑賞學에 있어서도 아마 그 시대에 출중했을 터이다.

우리 왕조 이래로 삼사백 년 동안에 풍속이 갈수록 촌스러워졌다. 비록 해마다 북경을 내왕하였으나, 부패한 약재나 저질의 비단 따위나 사올 뿐이었다. 우하虞夏·은殷·주周의 옛날 그릇이나, 종요鍾繇·왕희지王羲之·고개지顧愷之·오도자吳道子의 친필이 어찌 한 번이라도 압록강을 건너온 적이 있었으랴.

근세의 감상가로는 상고당尙古堂 김씨金氏(김광수)를 일컫는다. 하지만 재사才思(재기)가 없으니 완미完美하지는 못하였다. 대체로 김씨가 감상학을 처음 개척한 공은 있으나, 여오는 꿰뚫어보는 식견이 있어 눈에 닿는 모든 물건의 진위를 판별해 내는 데다가 재사까지 겸비했으니, 훌륭한 감상가라 하겠다.

여오는 성품이 총명하고 슬기로웠다. 문장을 잘 짓고 해서楷書로 작은

4_ 밤껍질색 …… 한다 : 명明나라 선덕宣德 연간에 강서성江西省 경덕진景德鎭의 관요官窯에서 만든 유명한 향로인 선덕로宣德爐는 밤색, 가지 껍질색, 팥배나무색, 갈색, 장경지색藏經紙色의 다섯 등급으로 나누었다고 한다. 장경지藏經紙는 밀납을 먹여 광택이 나는 짙은 누런색의 견지繭紙인데, 장경藏經이 많기로 유명한 절강성浙江省 금속사金粟寺의 장경이 이 종이에 쓰여졌기 때문에 장경지라 부른다.

글씨를 잘 쓰며, 아울러 소미小米(미우인米友仁)의 발묵법潑墨法에도 능숙하고 음률에도 조예가 깊었다. 봄가을로 틈나는 날에는 정원을 깨끗이 청소한 다음, 그곳에서 향을 피우고 차를 음미하였다.

여오는 일찍이 집이 가난하여 수장하지 못하는 것을 못내 한탄했을 뿐 아니라, 시속의 무리들이 그로 인해 이러쿵저러쿵 말들을 할까 걱정하곤 하였다. 그래서 답답해하며 내게 말하기를,

"나더러 '좋아하는 물건에 팔려 큰 뜻을 상실했다'(玩物喪志)고 나무라는 이는 어찌 진정 나를 아는 사람이겠는가. 무릇 감상이란 것은 바로 『시경』의 가르침[5]과 같네. 곡부曲阜의 신발을 보고서 어찌 감동하여 분발하지 않을 사람이 있겠으며, 점대漸臺의 위두威斗를 보고서 어찌 반성하여 경계하지 않을 사람이 있겠는가.[6]"

하기에, 나는 그를 위로하기를,

"감상이란 구품 중정九品中正의 학문[7]일세. 옛날 허소許劭는 인품이 좋고 나쁜 것을 탁한 경수涇水와 맑은 위수渭水처럼 분명히 판별했으나,[8] 당

5_ 『시경』의 가르침 : 『시경』을 배우면 권선징악勸善懲惡의 효과가 있음을 말한다.
6_ 곡부曲阜의 …… 있겠는가 : 공자의 고향인 중국 산동성 곡부曲阜에는 후손들이 간직해 온 공자의 신발 등 유품들이 있었다고 한다. 점대는 중국 섬서성陝西省 장안현長安縣에 있던 높은 대臺의 이름이다. 왕망王莽이 유현劉玄의 군사에게 쫓겨서 점대에 이르러 살해되었는데, 왕망은 쫓기는 와중에도 위두威斗를 지니고 있었다고 한다. 위두는 왕망이 위엄을 과시하기 위해 만든 물건으로, 동銅으로 만들었으며 모양이 북두칠성과 유사했다고 한다.
7_ 구품 중정九品中正의 학문 : 구품 중정은 위진 남북조魏晉南北朝 시대의 관리 선발 제도로서, 각 고을에 중정관中正官을 두어 인물을 재능에 따라 9품으로 나누어 평가해서 조정에 천거하게 하였다. 여기서는 인재를 엄격히 품평하듯이 서화와 골동품을 품평하는 것도 전문 분야라는 뜻으로 썼다.
8_ 허소許劭는 …… 판별했으나 : 허소는 후한 때 사람으로, 향리鄕里의 인물을 품평하기를 좋아해서 달마다 사람들을 품평하였는데, 사람들이 이를 일러 월단평月旦評이라 했다 한다. 경수涇水는 위수渭水의 지류로, 두 강 모두 섬서성에 있다.

세에 허소를 알아주는 사람이 있었다는 말은 듣지 못하였네."
하였다.

 지금 여오는 감상에 뛰어나서, 뭇사람들이 버려둔 가운데서 이 그릇을 능히 알아보았다. 아아! 그러나 여오를 알아줄 사람은 그 누구이랴?

제3부

한시

설날 아침에 거울을 대하고
元朝對鏡

두어 올 검은 수염 갑자기 돋았어도 忽然添得數莖鬚
육 척의 몸은 전혀 커진 것이 아니네 全不加長六尺軀
거울 속의 얼굴은 세월 따라 달라져도 鏡裡容顔隨歲異
철모르는 생각은 작년의 나 그대로 穉心猶自去年吾

새벽길
曉行

까치 하나 외로이 수숫대에 잠자는데　　　一鵲孤宿薥黍柄
달 밝고 이슬 희고 밭골 물은 졸졸 우네　　月明露白田水鳴
나무 아래 오두막은 둥그런 바윗돌 같은데　樹下小屋圓如石
지붕 위 박꽃은 별처럼 환히 빛나네　　　　屋頭匏花明如星

몹시 추운 날
極寒

깎아지른 북악은 높기도 한데	北岳高戌削
남산의 솔숲은 새까만 빛 띠었네	南山松黑色
말라 시든 나무 위로 송골매 스치고	隼過林木肅
시퍼런 저 하늘에서 두루미 우네	鶴鳴昊天碧

산길을 가다가
山行

이랴저랴 소 모는 소리 구름 속에서 들리고　　　叱牛聲出白雲邊
하늘 찌르는 봉우리엔 비늘처럼 촘촘한 밭골　　　危嶂鱗塍翠揷天
견우직녀 하필이면 오작교를 건너려나　　　　　　牛女何須烏鵲渡
은하수 서쪽 가에 배처럼 생긴 달 있는데　　　　　銀河西畔月如船

강변의 노래
江居謾吟

우리 집 문밖은 바로 서호西湖 나루 근처 　　　我家門外卽湖頭
쌀 사려 소금 사려 몇 곳의 배들이냐 　　　米䦆鹽喧幾處舟
가을 기러기 한 번 울자 일제히 닻 올리고 　　　霜鴈一聲齊擧矴
강에 가득 달빛 비추일 때 금주로 내려가네 　　　滿江明月下金州

작고하신 형님을 그리며
燕岩憶先兄

우리 형님 얼굴 수염 누구를 닮았던고　　　　　　我兄顔髮曾誰似
돌아가신 아버님 생각나면 우리 형님 쳐다봤지　　每憶先君看我兄
이제 형님 그리우면 어드메서 본단 말고　　　　　今日思兄何處見
두건 쓰고 옷 입고 가 냇물에 비친 나를 봐야겠네　自將巾袂映溪行

농삿집 풍경
田家

노인은 참새 쫓느라 남녘 둑에 앉았는데	翁老守雀坐南陂
개꼬리 같은 조 이삭에 노란 참새 매달렸네	粟拖狗尾黃雀垂
큰아들 작은아들 모두 다 들일 나가	長男中男皆出田
농삿집 진종일 대낮에도 사립문 닫겼구나	田家盡日晝掩扉
솔개가 병아리를 채려다가 빗나가니	鳶蹴鷄兒攫不得
박꽃 울타리에서 뭇 닭이 꼬꼬댁거리네	群鷄亂啼匏花籬
들밥 광주리 인 젊은 아낙 주춤주춤 시내 건너고	小婦戴棬疑渡溪
께벗은 아이랑 누렁이가 쫄래쫄래 따라가네	赤子黃犬相追隨

필운대의 꽃구경
弼雲臺賞花

나비들의 꽃 희롱 하필 극성이라 나무라노　　　　戲蝶何須罵劇顚
사람들 되려 나비 따라 꽃과 인연 맺으려 달려가네　人還隨蝶趁芳緣
아지랑이 뜬 저 너머에 한낮의 봄 새파랗고　　　　春靑晝白遊絲外
길엔 붉은 먼지 자욱하고 마을은 떠들썩하구나　　井哄烟喧紫陌前
새 울음 각각인 건 제 뜻대로라지만　　　　　　　各各禽啼容汝意
곳곳에 꽃이 핀 건 저 하늘 뜻대로지　　　　　　頭頭花發任他天
이름난 동산에 앉아 둘러보니 소년들 하나 없고　　名園坐閱無童髦
머리 허연 노인들만 작년과 달라진 게 서글프네　　白髮堪憐異去年

압록강을 돌아보며
渡鴨綠江回望龍灣城

손바닥만 한 외로운 성에 빗발 어지럽고	孤城如掌雨紛紛
갈대 억새 망망한데 변방의 해는 어둑어둑¹⁻	蘆荻茫茫塞日曛
먼 길 나선 말 울음 쌍나팔 소리에 이어지고	征馬嘶連雙吹角
고향 산은 점점 희미해져 만겹 구름에 싸였구나	鄕山渲入萬重雲
의주의 군리들은 모래섬에서 돌아가고	龍灣軍吏沙頭返
압록강의 새와 물고기도 물가에서 이별하네	鴨綠禽魚水際分
고국에서 보낸 편지 이제부터 끊어지니	家國音書從此斷
가없는 저 벌판으로 어찌 고개 돌려 들어서리	不堪回首入無垠

1_손바닥만 …… 어둑어둑 : 정조 4년(1780) 연암이 중국 갈 때 지은 시다. 『열하일기』의 첫머리인 「도강록」渡江錄 6월 24일자 일기에 의주義州에서 압록강을 건넌 사실이 기록되어 있다.

계륵 같은 관직
齋居

한두 잔 막걸리로 혼자서 맘 달래노라	淺酌村醪獨自寬
백발이 성글성글 탕건 하나 못 이기네	蕭蕭霜髮不勝冠
천년 묵은 나무 아래 황량한 집에	千年樹下蒼涼屋
한 글자 직함 중에도 쓸데없이 많은 능관일레[1]	一字啣中冗長官
맡은 일 쥐 간처럼 하찮아 신경 쓸 일 적다만	都付鼠肝間計小
그래도 계륵처럼 내버리긴 아깝구려	猶將鷄肋快抛難
만나는 사람마다 지난 겨울 고생했다 하는데	逢人盡說前冬苦
마침 재실에서 지내니 되려 추운 줄 몰랐다오	最是齋居却忘寒

1_한 …… 능관일레 : 영슈은 사온서·평시서·사직서·종묘서·소격서·의영고·장흥고 등과 각 전殿 및 능陵의 우두머리 벼슬로 종5품이었다. 그중에서도 능을 지키는 능관陵官이 가장 많았다. 정조 14년(1790) 연암은 경기도 개풍군開豐郡에 있는 태조비太祖妃 신의왕후神懿王后의 능을 관리하는 제릉 영齊陵令으로 임명되어 그 이듬해까지 재직하였다.

해오라기 한 마리
一鷺

한 마리 해오라기 버들 등걸 밟고 섰고　　　一鷺踏柳根
또 한 마리는 물 가운데 우뚝 섰네　　　　　一鷺立水中
산허리는 짙푸르고 하늘빛은 시커먼데　　　　山腹深靑天黑色
무수한 해오라기 빙빙 공중을 돌며 나네　　　無數白鷺飛翻空
선머슴 소를 타고 시냇물 거슬러 건너는데　　頑童騎牛亂溪水
시내 저 너머로 각시 무지개 날아오르네　　　隔溪飛上美人虹

총석정에서 일출을 보다
叢石亭觀日出

길손들 한밤중에 서로 주고받는 말이	行旅夜半相叫譍
멀리서 닭 울었나 아직 울진 않을 텐데	遠鷄其鳴鳴未應
멀리서 닭이 먼저 우니 어드메서 난 것일까	遠鷄先鳴是何處
맘속에만 있는 거라 파리 소리마냥 희미하네¹⁻	只在意中微如蠅
마을 안의 개 한 마리 짖다 도로 고요하니	邨裏一犬吠仍靜
고요하다 못해 찬기 일어 마음조차 으스스	靜極寒生心兢兢
바로 그때 소리 나니 귀울이가 아닐까	是時有聲若耳鳴
자세히 듣자 하니 집닭이 따라 우네	纔欲審聽簷鷄仍
여기서 총석정은 겨우 십 리 거리라	此去叢石只十里
동해에 곧바로 다다르면 일출을 보겠구먼	正臨滄溟觀日昇
하늘과 맞닿은 물 넘실넘실 해 뜰 조짐 없고	天水溔洞無兆朕
거센 파도 언덕 치니 벼락이 일어나네	洪濤打岸霹靂興
늘 두려운 건 폭풍이 바다를 뒤엎고	常疑黑風倒海來
뿌리째 산을 뽑아 수만 바위 무너질라	連根拔山萬石崩
고래 곤어 다투어 뭍으로 나올 듯하고	無怪鯨鯤鬪出陸
뜻밖에 회오리바람 일어 나래 치는 붕새를 만날지도²⁻	不虞海運值搏鵬
다만 걱정되는 건 이 밤이 오래도록 아니 새니	但愁此夜久未曙

1_파리 소리마냥 희미하네: 『시경』 제풍齊風 「계명」鷄鳴에 "닭이 우는 것이 아니라, 파리 소리로다"(匪鷄則鳴 蒼蠅之聲)라고 하였다. 왕비가 조회朝會에 늦지 않도록 왕을 깨우려고 조바심하다가, 파리 소리를 닭 울음으로 잘못 들었다는 뜻이다.

이제부터 혼돈[3]을 뉘 다시 징벌할지	從今混沌誰復徵
겨울 신이 제 힘을 과시하여	無乃玄冥劇用武
구유를 일찍 닫고 우연을 얼어붙게 한 게 아닐까	九幽早閉虞淵氷
아마도 하늘 축이 오래도록 돌고 돌다	恐是乾軸旋斡久
서북으로 기울어져[4] 묶은 줄이 끊어진 걸까	遂傾西北墮環絚
세 발 달린 까마귀[5] 날기로는 천하제일인데	三足之烏太迅飛
누가 주술 부려 발 하나를 끈으로 매어 놓았나	誰呪一足繫之繩
해야海若의 옷과 띠엔 물방울이 뚝뚝 듣고	海若衣帶玄滴滴
수중 신녀神女 쪽 찐 머린 추위 서려 싸늘하네	水妃鬢鬢寒凌凌
큰 고기 활개 치며 준마같이 내달리니	巨魚放蕩行如馬
붉고 푸른 지느러미 어찌 그리 터부룩한고	紅鬐翠鬣何髼髼
개벽 이전 어둔 누리 본 사람이 누구더냐	天造草昧誰參看
참다 못해 외쳐 대며 등이라도 켜려 드네	大叫發狂欲點燈
혜성이 꼬리를 끌고[6] 화성이 빛을 발하는데	欃槍擁彗火垂角

2_뜻밖에 …… 만날지도 : 『장자』莊子에 나오는 이야기다. 북해에 사는 거대한 붕새는 "바다에서 회오리바람이 일면 장차 남해로 이동한다"(海運則將徙於南溟)고 했으며, 이 새는 남해로 이동할 때 "나래로 회오리바람을 쳐서 구만 리나 솟구쳐 오른다"(搏扶搖而上者九萬里)고 하였다.

3_혼돈 : 천지개벽 초에 만물이 아직 구별되지 않은 어두운 상태를 가리키는데, 중국의 고대 문헌에서는 주로 부정적인 존재로 의인화擬人化되었다. 『사기』「오제본기」五帝本紀에 혼돈은 황제黃帝의 못난 자식으로서 그 후손이 요순堯舜 시대 때 악명 높은 사흉四凶의 하나였다고 한다. 『신이경』神異經에는 곤륜산崑崙山 서쪽에 사는 사악한 짐승이라고 하였다.

4_서북으로 기울어져 : 고대 중국의 천문학에서는 하늘이 서북으로 기울어져 있어서 해와 달과 별들이 모두 그쪽으로 옮겨 간다고 믿었다.

5_세 발 달린 까마귀 : 고대 중국의 전설에 나오는 해 속에 산다는 새이다.

6_혜성이 꼬리를 끌고 : 원문의 '참창'欃槍은 혜성의 이름이다. 혜성은 비를 들어 쓸어 버린 듯이 꼬리를 길게 끌기 때문에 소추성掃帚星이라고도 한다.

앙상한 나무에서 우는 부엉새 더욱 얄밉네	禿樹啼鵩尤可憎
조금 뒤에 수면에 작은 부스럼 생긴 듯	斯須水面若小癟
용 발톱에 잘못 긁혀 독기로 벌겋더니	誤觸龍爪毒可癬
그 빛이 점점 커져 만 리를 비추누나	其色漸大通萬里
물결 위에 번진 빛 꿩의 가슴 비슷하이	波上瀁暈如雉膺
망망한 이 천지에 한계 처음 생겼으니	天地茫茫始有界
붉은 붓 한 번 그어 두 층이 되었구려	以朱劃一爲二層
매삽이라 신성이라[7] 염색집이 하도 커서	梅澁新惺大染局
수천 필을 물감 들여 각색 비단 만들었네	千純濕色縠與綾
산호나무 누가 베어 참숯을 만들었나	作炭誰伐珊瑚樹
부상 나무 뒤이으니 더욱더 이글이글	繼以扶桑盆熾蒸
염제는 불을 불어 입이 응당 비틀리고	炎帝呵噓口應喎
축융은 부채 휘둘러 바른팔이 지쳤구려	祝融揮扇疲右肱
새우 수염 가장 길어 그슬리기 제일 쉽고	鰕鬚最長最易爇
굴껍질은 굳을수록 더욱더 절로 익네	蠣房逾固逾自脁
한 치 구름 조각 안개 동으로 다 몰려가	寸雲片霧盡東輳
온갖 상서 바치려고 제 힘을 다하누나	呈祥獻瑞各效能
자신궁紫宸宮엔 조회 전에 막 갖옷을 모셔놓고[8]	紫宸未朝方委裘
병풍만 펼쳐 논 채 용상은 비어 있네	陳扆設黼仍虛凭
초승달은 샛별 앞에 오히려 밀려나서	纖月猶賓太白前

7_ 매삽이라 신성이라 : '매삽'梅澁과 '신성'新惺은 그 의미가 불확실하나 염색집의 이름이 아닌가 한다.
8_ 갖옷을 모셔놓고 : 임금이 죽고 새 임금이 아직 조정에 나와 앉기 전에는 죽은 임금이 남긴 갖옷을 모셔놓고 조회한다.

먼저 예를 행하려고 등설滕薛처럼 제법 맞서네[9]	頗能爭長薛與滕
붉은 기운 차츰 묽어 오색으로 나뉘더니	赤氣漸淡方五色
먼 물결 머리부터 절로 먼저 맑아지네	遠處波頭先自澄
바다 위 온갖 괴물 어디론지 숨어 버리고	海上百怪皆遁藏
희화만이 홀로 남아 수레 장차 타려 하네	獨留羲和將驂乘
육만 사천 년[10]이나 둥글둥글 내려왔으니	圓來六萬四千年
오늘 아침엔 동그라미 고쳐 어쩌면 네모 될라	今朝改規或四楞
만 길의 깊은 바다에서 누가 해를 건져 올렸나	萬丈海深誰汲引
이제야 믿겠네 하늘도 오를 계단이 있음을[11]	始信天有階可陞
등림에 가을 열매 한 덩이가 붉었고	鄧林秋實丹一顆
동공이 채색 공을 차서 반만 올려놨네	東公綵毬蹵半登
과보는 헐레벌떡 뒤따라오고 있고	夸父殿來喘不定
육룡은 앞서 끌며 교만스레 자랑하네	六龍前道頗誇矜
갑자기 눈살 찌푸리듯 하늘가 어두워지더니	天際黯慘忽顰蹙
기운이 솟아난 듯 어영차 해 수레 미네	努力推轂氣欲增
해는 바퀴처럼 둥글지 않고 독처럼 길쭉한데	圓未如輪長如甕

9_등설滕薛처럼 제법 맞서네: 『좌전』左傳에 나오는 고사를 이용한 표현이다. 노魯나라 은공隱公 11년 봄에 등후滕侯와 설후薛侯가 노나라에 조현朝見을 왔다가 예를 행하는 데 선후를 다투자, 은공이 설후를 설득하여 등후가 먼저 예를 행하도록 했다고 한다.

10_육만 사천 년: 소옹邵雍의 『황극경세서』皇極經世書에 의하면, 우주가 개시해서 소멸할 때까지를 원元이라 하는데, 1원은 12회會로, 1회는 30운運으로, 1운은 12세世로, 1세는 30년年으로 나뉜다. 따라서 1원은 12만 9600년으로, 우주 개벽의 역사가 6회가 지나면 6만 4800년이 된다.

11_하늘도 …… 있음을: 『논어』에서 진자금陳子禽이 공자 제자 자공子貢에게 공자라도 그대만 못하겠다고 칭찬하자, 자공은 "내가 선생님에게 미칠 수 없음은 하늘을 계단을 밟아 오를 수 없는 것과 마찬가지이다"(夫子之不可及也 猶天之不可階而升也)라고 반박하였다.

뜰락말락하니 철썩철썩 부딪치는 소리 들리는 듯	出沒若聞聲砳砳
만인이 모두 어제처럼 바라보는데[12]-	萬物咸覩如昨日
누가 두 손으로 받들어 단번에 올려놓았나	有誰雙擎一躍騰

---

[12]_ 만인이 …… 바라보는데 : 해를 성인에 비겨 말한 것이다. 『주역』에 "성인이 나타나시니 만인이 바라본다"(聖人作而萬物覩)고 하였다.

문학을 지망하는 젊은이에게
贈左蘇山人

내 보았노라 세상 사람들이	我見世之人
남의 문장을 예찬할 때면	譽人文章者
산문은 꼭 양한을 본떠야 하고	文必擬兩漢
시는 꼭 성당을 본떠야 한다네[1]	詩則盛唐也
비슷하단 그 말 벌써 참이 아니란 뜻이요	曰似已非眞
한나라 당나라가 어찌 또 있을 리 있나	漢唐豈有且
우리나라 습속은 상투적 표현을 즐겨	東俗喜例套
당연하게 여기네 촌스러운 그 말을	無怪其言野
듣는 자는 도무지 깨닫지 못해	聽者都不覺
얼굴이 붉어지는 사람이 없네	無人顏發赭
못난 놈은 기쁨이 뺨에 솟아서	駿骨喜湧頰
입을 벌려 웃어 대며 침을 흘리고	涎垂嚛而哆
약은 놈은 갑자기 겸양을 발휘하고	黠皮乍撝謙
삼십 리나 피하여 달아나는 척	逡巡若避舍
속이 허한 놈은 깜짝 놀라 눈이 휘둥글	餒髯驚目瞠
덥지도 않은데 땀을 줄줄 흘리네	不熱汗如瀉
약골은 굉장히도 부러워하여	儒肉健慕羨

1_산문은 …… 한다네 : 한漢나라 이전의 옛날 산문과 당唐나라 전성기 이전의 옛날 시들을 모방하고자 하는 복고주의 문예 사조가 명明나라 때 성행하여 당시 조선에까지 큰 영향을 미쳤다.

명성만 들어도 향초 내음 맡은 듯	聞名若蘅若
시기심 많은 놈은 공공연히 성내며	妓肚公然怒
곧바로 주먹 불끈 후려치려 든다네	輒思奮拳打
내 또한 이와 같은 예찬을 들은 적 있지	我亦聞此譽
처음 들을 땐 낯가죽이 에이는 듯싶더니	初聞面欲刲
두 번째 듣고 나니 도리어 포복절도	再聞還絶倒
여러 날 허리 무릎 시큰거렸다네	數日酸腰髁
이름이 널리 알려질수록 더욱 흥미 없어	盛傳益無味
흡사 아무 맛 없는 밀조각을 씹는 듯 했네	還似蠟札䶃
그대로 베껴서는 진정 안 될 말	因冒誠不可
오래되면 실성하여 바보가 된 듯 되지	久若病風傻
시기심 많은 녀석을 돌아보며 얘기하노니	回語妓克兒
잔재주 따위일랑 우선 버려라	伎倆且姑舍
조용히 내 하는 말 듣다 보면	靜聽我所言
네 마음 응당 너그러워질 테니	爾腹應坦䯘
흉내쯤이야 시새울 게 뭐가 있다고	摸擬安足妒
스스로 야료를 부리다니 부끄럽지 않나	不見羞自惹
걸음을 배우려다 되려 기어서 오고[2]	學步還匍匐
찌푸림을 본받으면 단지 추할 뿐[3]	效嚬徒醜魋
이제 알리라 그려 놓은 계수나무가	始知畫桂樹

[2] 걸음을 …… 오고: 『장자』에 나오는 이야기다. 수릉壽陵 지방의 젊은이가 당시 조趙나라의 서울인 한단邯鄲에 가서 그곳 사람들의 세련된 걸음걸이를 배우려다가 이를 제대로 익히지도 못하고 예전의 걸음걸이마저 잊어버린 채 기어서 돌아왔다고 한다.

살아 있는 오동나무만 못하다는 걸	不如生梧檟
손뼉 치며 초나라 왕을 놀라게 한들	抵掌驚楚國
이는 바로 옷차림만 빌린 것이고[4]	乃是衣冠假
푸르고 푸른 언덕의 보리를 노래한 건	靑靑陵陂麥
입속의 구슬을 몰래 빼내기 위함이라[5]	口珠暗批搚
제 속이 속된 줄은 생각 못하고	不思腸肚俗
우아한 붓과 벼루만 애써 찾는구나	强覓筆硯雅
육경의 글자로만 글을 엮는 건	點竄六經字
비하자면 사당에 숨어 사는 쥐와 같다네[6]	譬如鼠依社
고전의 자구 해석한 말 주워 모으면	掇拾訓詁語
못난 선비들은 입이 다 벙어리 되네	陋儒口盡啞
태상이 제물을 벌여 놓으니	太常列釘餖
절인 생선과 젓갈 뒤섞여 썩은 내 진동하고	臭餒雜鮑鮓
한여름철에 농사꾼이 허술한 제 차림 잊고	夏畦忘疎略

3_찌푸림을 …… 뿐: 역시 『장자』에 나오는 이야기다. 서시西施라는 미녀가 가슴앓이로 인상을 찌푸리고 다녔는데 그 모습마저 아름답게 보이자 이웃의 추녀가 그 모습을 흉내 내었으나 도리어 더 추해 보였다고 한다.

4_손뼉 …… 것이고: 『사기』에 나오는 이야기다. 초楚나라의 악공樂工 우맹優孟이 죽은 초나라 재상 손숙오孫叔敖의 옷차림을 하고 장왕莊王 앞에 나타나 손뼉을 치면서 이야기하자 장왕이 깜짝 놀라면서 손숙오가 다시 살아 돌아온 것으로 믿었다고 한다.

5_푸르고 …… 위함이라: 『장자』에서 선비를 도굴꾼에 비유해 풍자한 글에, 선비가 시체의 입에 물린 구슬을 보고 "푸르고 푸른 보리, 언덕 위에 자랐네. 살아 생전 베풀지 않더니만, 죽어서 구슬을 입에 문들 무엇하리오"(靑靑之麥 生于陵陂 生不布施 死何含珠爲)라는 시를 읊조리며 시체의 입을 벌려 구슬을 끄집어냈다고 한다. 시문詩文을 지을 때 남의 훌륭한 구절을 훔쳐 내어 아름답게 꾸미는 경우의 비유로 흔히 쓰인다.

6_육경의 …… 같다네: 사람들이 함부로 범할 수 없는 사당에 집을 짓고 살아가는 쥐처럼, 사람들의 비판을 피하기 위해 성스러운 경전經典에 의탁하여 시문을 짓는 것을 말한다.

창졸간에 갓끈과 띠쇠로 겉치장한 셈이지	倉卒飾緌銙
눈앞 일에 참된 멋이 들어 있는데	卽事有眞趣
하필이면 먼 옛것을 취해야 하나	何必遠古抯
한나라 당나라는 지금 세상 아닐 뿐더러	漢唐非今世
우리 민요 중국과 다르고말고	風謠異諸夏
반고班固나 사마천司馬遷이 다시 태어난들	班馬若再起
반고나 사마천을 결코 모방하지 않으리	決不學班馬
새 글자는 만들어 내기 어렵더라도	新字雖難刱
내 생각은 마땅히 다 표현해야 할 텐데	我臆宜盡寫
어쩌자고 옛 법에만 구속이 되어	奈何拘古法
붙잡고 매달리듯이 허겁지겁 따르나	刦刦類係把
지금 시대는 비근하다 이르지 말라	莫謂今時近
천년 뒤에 비하면 응당 고귀하리니	應高千載下
손자孫子와 오자吳子의 병서 누구나 읽지만	孫吳人皆讀
배수진을 아는 자는 극히 드물지[7]	背水知者寡
남들이 사 두지 않은 기화를 서둘러 산 건	趣人所不居
저 양적현陽翟縣의 장사치뿐이었네[8]	獨有陽翟賈

[7]_배수진을 …… 드물지: 『사기』에 나오는 이야기다. 한漢나라의 장수 한신韓信은 "사지死地에 빠진 뒤에야 살 수 있고, 죽을 자리에 놓인 뒤라야 산다"는 병법을 활용하여, 오합지졸들을 모아 배수진背水陣을 침으로써 조趙나라 군대를 대파할 수 있었다.

[8]_남들이 …… 장사치뿐이었네: 『사기』에 나오는 여불위呂不韋의 이야기다. 여불위는 전국 시대 말기 양적현陽翟縣의 대상인이었는데, 조趙나라에 볼모로 와 천대받고 있던 진秦나라 공자 자초子楚를 만나자 이를 '사 둘 만한 기화'(奇貨可居)라 여기고는, 계책을 써서 진나라의 왕이 되게 함으로써 그의 아들인 진시황에 이르기까지 진나라의 승상을 지낼 수 있었다.

이 몸은 음陰이 허한 병을 앓고 있어[9]-	而我病陰虛
사 년째 다리가 쑤시고 아프다오	四年疼趼踝
적막한 물가에서 그대[10]를 만나 보니	逢君寂寞濱
가을철 규방의 미인마냥 차분도 하이	靜若秋閨姹
웃음을 자아내는 광형匡衡이 찾아온 듯[11]-	解頤匡鼎來
몇 밤이나 등잔 심지 돋우었던가	幾夜剪燈炧
문장 논평 약속한 듯 서로 꼭 들어맞아	論文若執契
두 눈동자 빛내며 술잔을 잡았었지	雙眸烱把斝
하루아침에 막힌 가슴 쑥 내려가니	一朝利膈壅
입에 가득 매운 생강 씹은 맛일레	滿口嚼薑饺
평생에 숨겨 둔 두어 줌 눈물	平生數掬淚
싸 두었다 뿌리노라 가을 하늘에	裹向秋天灑
목수가 나무 깎는 일 맡았어도	梓人雖司斲
대장장이를 배척한 적이 없네	未曾斥鐵冶
미장이는 각자 쇠흙손 잡고	圬者自操鏝
기와장이 각자 기와 만드네	蓋匠自治瓦
그들이 방법은 비록 같지 않지만	彼雖不同道

9_ 이 몸은 …… 있어 : 한의학에서 음陰에 속하는 정액이나 진액津液이 부족해지는 병을 음허陰虛라고 한다.

10_ 그대 : 좌소산인左蘇山人 이덕무李德懋를 가리킨다.

11_ 웃음을 …… 듯 : 『한서漢書에 나오는 이야기다. 한漢나라 때 광형匡衡은 『시경』에 대한 풀이를 잘하였다. 당시 사람들이 이를 두고 "『시경』에 대해 풀이할 사람이 없다 싶으면 광형이 바로 찾아오고, 광형이 『시경』을 풀이하면 사람들이 저절로 웃음을 터뜨린다"(無說詩 匡鼎來 匡說詩 解人頤) 하였다.

목적은 큰 집을 짓자는 거야	所期成大廈
저만 옳다 하면 사람들이 따르지 않고	悻悻人不附
지나치게 깔끔을 떨면 복 받기 어렵네	潔潔難受嘏
부디 그대는 현빈을 지키고	願君守玄牝
기모氣母를 장복하게나[12]	願君服氣姐
부디 한창 젊을 적에 노력한다면	願君努壯年
전문專門이 동쪽으로 활짝 열리리[13]	專門正東闢

12_ 현빈을 …… 장복하게나 : 현빈玄牝은 『노자』老子에 나오는 말로, 현묘한 모체母體란 뜻이다. 이 현빈을 잘 지키는 것이 도가道家의 양생술養生術이다. 원문의 '기저'氣姐는 기모氣母와 같은 말이다. 『장자』에 복희씨伏羲氏가 도를 얻어 기모를 배합했다고 한다. 기모를 호흡하는 복기服氣 역시 도가의 양생술에 속한다.

13_ 전문專門이 …… 열리리 : 진시황秦始皇이 천하를 제압한 사실을 노래한 이백李白의 고시古詩에, "함곡관函谷關이 동쪽으로 활짝 열렸네"(函谷正東開)라고 하였다. 진시황이 육국六國을 병합하자 침략을 두려워할 일이 없어, 그동안 굳게 닫아걸었던 동쪽의 관문關門인 함곡관을 활짝 열어 두었다는 뜻이다. 여기서는 좌소산인 이덕무가 문장 공부에 전념한다면 장차 천하를 제압하는 명가名家가 되리라는 격려의 뜻을 나타낸 것으로 보인다.

산중에서 동짓날을 맞아
山中至日書示李生

제비 바위 아래에 집을 지으니	築室燕岩下
바로 화장산華藏山 동쪽이로세	乃在華藏東
지팡이 짚고 좋은 경치 찾기도 하고	倚杖臨水石
낫 들고 물거리를 베기도 한다오	携鎌剪灌叢
기이한 바위는 비취빛 이슬진 병풍 같고	奇巖翠滴屛
그윽한 여울물 소리 궁조宮調를 취하네	幽湍響操宮
뜰 안에는 무엇을 심어 놓았나	庭中何所植
복숭아와 대나무 소나무 단풍나무라	桃竹與松楓
시냇가엔 푸른 사슴 물 마시고	磵畔飮蒼鹿
섬돌에선 꿩이 모이 쪼누나	階除啄華蟲
초가집 처마는 정교하게 달처럼 다듬었는데	簷茅工鏤月
추녀 끝의 풍경은 바람에 절로 우네	楹磬自憂風
해 다 가도 사람은 아니 보이고	盡日不見人
적막 속에 창문만 지키고 있네	寂寞守窓櫳
흡사 선정禪定에 든 중 같고	還如僧入定
공곡空谷에 숨은 부처 같기도	復似佛逃空
누가 겨울 해를 짧다고 했나	誰謂冬日短
이따금 낮잠 들어 정신이 몽롱하네	午睡時朦朧
나를 따르는 이생[1]이 있어	相隨有李生
농에 가득 고서를 가지고 왔네	古書携滿籠

산밭이라 가을 되어도 곡식이 여물지 않아	山田秋不熟
푸성귀나 풋콩으론 배 못 채워 괴롭네	蔬菽苦未充
그래도 부지런히 외우고 읽어	猶然勤誦讀
목이 메도록 웅얼거리네	伊吾嗌喉嚨
늙어서 게을러진 나를 깨우쳐 주어 고마운데	感君警衰惰
연마하는 그대를 깔보다니 부끄럽도다	媿我蔑磨礱
양陽이 처음 자라나는² 이날을 맞아	是日値陽至
『대학』³ 한 권을 끝마쳤다니	君讀曾傳終
묻노라 그대는 무얼 깨달았는고	問君何所得
이치란 본래 하나라 서로 통한다네	一理本相通
성하건 쇠하건 각자 점차적으로 되나니	消長各有漸
쌓고 또 쌓아야만 다함이 없느니라	累積乃無窮
겨울 되면 만물이 비록 견고해지지만	及冬雖貞固
봄이 오면 누그러져 퍼지기 마련	至春得發融
계절의 변화는 빠르지도 느리지도 않고	不疾亦不舒
총총히 오가는 게 아니고말고	來往非忽忽
한 가지 일 제아무리 독차지할 수 있어도	一事雖得專

1_ 이생: 몇몇 이본에는 이생李生의 이름이 '이현겸'李賢謙이라 밝혀져 있다. 정조 2년(1778) 황해도 금천金川 연암燕巖 골짜기로 갓 이사한 연암은 그전에 잠시 개성開城에 머물면서 청년 문사들을 가르쳤다. 그중 이현겸은 그 지역에서 문학으로 가장 명성이 높던 청년이었는데, 연암이 연암 골짜기로 돌아오자, 그도 따라와 글을 배웠다고 한다.

2_ 양陽이 처음 자라나는: 동짓날은 일양시생一陽始生이라 하여, 음이 극에 달한 끝에 양이 다시 자라나기 시작하는 날이라고 한다.

3_ 『대학』: 『대학』은 증자曾子가 공자의 가르침을 전한 책이라고 한다.

사계절이 제 혼자선 공을 못 이루네	四時不自功
비하자면 알 품은 암탉과 같아	譬如鷄伏卵
아득한 그 가운데 말없이 변화하는 법	默化窅冥中
미약한 양陽은 겨우 실낱 같고	微陽僅如線
초승달은 영락없이 활 모양이네	初月又似弓
아무리 눈 밝은 이루가 있고	雖有離婁明
귀 밝은 사광을 시킨다 해도	復使師曠聰
변화의 기미를 듣고 보기 어려운 건	其幾難聞覩
태초의 혼돈에서 음과 양이 갈라지기 때문	判別肇鴻濛
사사로운 지력智力 따위 어찌 용납되리	寧容智力私
천지조화의 공평함을 예서 보누나	乃見運化公
창의 해그림자 책력冊曆을 대신하니	窓晷代曆日
물시계를 시험해서 무엇 하리오	何用驗漏筒
부디 그대가 밝은 덕을 숭상한다면	願君崇明德
일신日新의 효험을 차츰 보게 되리4_	漸看日新工

4_ 밝은 …… 되리: 『대학』에 "밝은 덕을 밝히라"(明明德)는 말씀에 이어 탕湯임금의 반명盤銘을 인용하여 "진실로 날로 새롭게 되려면, 나날이 새로 하고, 또 날로 새로이 하라"(苟日新 日日新 又日新)고 하였다.

해인사
海印寺

경상도라 합천에 해인사가 있는데	陝川海印寺
웅장하고 화려하다 팔도에 소문났네	壯麗稱八路
가마 타고 골짜기에 막 들어서면	肩輿初入洞
그윽한 경치들이 점차 모여드누나	幽事漸相聚
못은 깊어 수은을 담아 놓은 듯	湫深若貯汞
온갖 형상 아리땁게 갖추었어라	窈窱萬象具
나무 그림자 팔다리에 얼크러지고	樹影錯脛肘
산빛은 가슴속까지 뚫고 쏟아지네	山光寫肺腑
새는 제 깃 사랑해 자주 물에 모습 비춰보고	愛羽鳥頻窺
수달은 제 터럭 믿고 능히 물을 거슬러 오르네	恃毛獺能泝
으슥진 곳 헤치고 지날 땐 악몽 꾸는 듯	剔幽類夢魘
탄성을 지를 적엔 건주정 부리는 듯	叫奇競淸酗
다람쥐는 밤을 물어 뺨에다 저장하고	鼯鼲頰藏栗
고슴돛은 가시로 찔러 등에 토란을 싣네	蝟載背刺芋
눈 깜짝하는 사이에 기괴하게 변하니	俄頃轉譎詭
너무도 생소하여 의구심마저 나네	生疎甚疑懼
갑자기 으리으리 비단옷 입은 건	照爛忽衣錦
십 리 길을 양옆에 낀 단풍나무 숲	十里擁丹樹
천둥 같은 폭포 소리 높은 골짝 짜개고	飛霆䃔高峽
온갖 샘물 용솟음쳐 한군데로 쏟아지네	百泉湧傾注

후려치고 물어뜯다 놀라서 서로 합치고	搏嚙驚相合
부딪치고 싸우다가 물러섰다 도로 내닫네	觸鬪郤還赴
물의 성질 본래는 유순하지만	水性本柔順
수많은 험한 돌과 서로 만나면	犖确石與遇
한 치도 선선히 양보하지 않아	不肯一頭讓
마침내 수천 년을 성낸 채 내려오네	遂成千古怒
남은 여울물은 모래톱에 엎디어 울며	餘湍伏沙鳴
사람 향해 흐느끼며 하소연하네	幽咽向人訴
모를레라 저 물이랑 저 돌은	不知水於石
서로 무슨 질투가 있다는 건지	有何相嫉妒
물이 돌에 부딪치지 않는다면	使水不相激
돌도 원망하며 거역하지 않을 텐데	石應無怨忤
부디 돌이 조금만 양보한다면	願言石小遜
물도 편평하게 퍼지며 흘러갈 것을	水亦流平鋪
어쩌자고 힘자랑 밀치고 다투어	奈何力排爭
밤낮으로 야단법석 일삼는 건고	日夜事喧嘩
가마 떠멘 중 덕분에 험지를 지나는데	歷險賴轝僧
두어 걸음 못 벗어나 번갈아 메네	替擔纔數步
어깨 붉어지고 오목한 홈이 패여 가엾고	肩骍憐凹筧
시뻘개진 까까머리 박처럼 터질라 걱정되네	巓赭恐破瓠
허리 쥐고 숨을 한창 헐떡거리며	捧腰喘方短
등에 밴 땀방울 흐르다 말아 버리네	透背汗因洉
묻노라 너희는 무슨 낙이 있어	問爾何所聊

갖은 고생 겪으며 첩첩 산중에 사느냐	辛苦萬山住
잡역으로 관가에 종이 만들어 바치고	雜役供官紙
힘 남으면 사사로이 신도 삼지요	餘力織私屨
오히려 무서운 건 과객 양반들	猶將畏過客
헐레벌떡 관의 부름에 달려가듯 해야지요	犇趨似赴募
이를 보니 마음이 측은하여라	見此心悱惻
호소할 데 없는 신세 차마 못 볼레	不忍無控籲
미투리 바꿔 신고 지팡이 챙겨	換屨覔短筇
엎어지고 자빠지며 가는 비탈길	仄迻任顚仆
화공畫工이 가을 산에 들어가	畫史入秋山
해질녘의 먼 경치 그리려 맘 먹은 듯	意匠在遠暮
서리 내린 숲은 온통 단청이요	霜林饒丹靑
찬 햇볕은 흰 비단을 대신하누나	冷陽替絹素
골짜기 입구 갑자기 넓게 벌어져	洞門忽廣圻
수레 백 대도 나란히 몰 수 있겠네	百車可並驅
겹겹 싸인 숲이 아스라이 어리비치고	疊樹遠掩映
층층 높은 누각은 반만 모습 드러냈네	層閣半呈露
여라 넝쿨 무성한 길에 마중 나온 노승	老僧候蘿逕
장삼 굴갓 차림새가 괴이하구려	巾衲詭制度
은근히 먼 길을 위로하면서	慇懃勞遠途
합장으로 대신 예의 차리네	合掌成禮數
나를 끌어 절 문으로 들어서는데	引我入寺門
눈이 아찔 몇 번이고 돌아보았네	眩轉勞眄顧

사천왕상 우뚝하니 앞을 막으니	巨靈屹當前
팔다리 실로 벌벌 떨려라	手脚實危怖
벌린 입은 찢겨져 눈까지 닿았고	張口裂至目
불거진 두 눈깔엔 황금 발랐네	突睛黃金鍍
귓속에서 뽑아낸 두 마리 뱀은	耳中拔雙蛇
꿈틀꿈틀 독 안개 뿜어내는 듯	蜿蜒若射霧
제멋대로 비파를 끼고도 있고	汗漫擁琵琶
알록달록한 칼 끈을 쥐고도 있네¹⁻	落莫執劍韣
힘을 써서 요귀의 배를 밟으니	努力蹋鬼腹
그 요귀 혀와 눈이 모두 튀어나왔네	鬼目舌並吐
단풍나무 귀신은 팔이 잘려 떨어지고	楓魖腕鑿落
대나무 귀신은 손톱이 갈퀴 같네	竹魈爪回互
벽라로 된 옷깃 어깨를 덮고	覆肩薜蘿襟
호피로 된 바지 배를 가렸네	掩肚虎皮袴
괴룡이랑 가뭄 귀신은	乖龍及旱魃
꽁무니와 뿔이 서로 엉겨붙었네	尻角相依附
우레 치는 귀신이랑 바람 귀신은	雷公與飛廉
주둥이랑 이마가 독특하게 생겼는데	嘴額獨天賦
엎치락뒤치락 가죽신 밑에 숨어	顚倒竄韡底
팔다리 돌려대며 허공을 허우적거리네	爬空匝臂股

1_제멋대로 …… 있네: 사천왕四天王 중 북방北方을 수호하는 다문천多聞天은 비파를 끼고 있고, 동방東方을 수호하는 지국천持國天은 칼을 쥐고 있다.

불전은 깊은 골짝에 있어 차가운데	佛殿寒洞天
용마루 서까래만 햇볕 겨우 드네	甍桷纔容晅
황금빛 푸른빛 번쩍번쩍 눈이 부셔	金碧閃相奪
양지 쪽을 보니 절로 눈이 침침해지네	視陽自昏瞀
창문을 아로새겨 연꽃 이루었고	雕窓成菡萏
파닥파닥 가마우지 멱을 감누나	翩翩浴鸕鷺
연리화連理花는 붉은 꽃받침 함께하고	連理幷紫蔕
비익조比翼鳥는 푸른 목이 하나로 되었네	比翼結翠嗉
어여쁜 아이가 흑룡의 여의주를 갖고 놀고	妖童弄驪珠
고운 계집은 새장에다 봉새 기르네	豔女調鳳筊
칠성각七星閣의 신선들 시위를 거느리고	星官從羽衛
구름 타고 경포에 모여드누나	步雲集瓊圃
영롱한 광경을 두루 보고 나니	玲瓏罷周覽
서글퍼지며 속으로 싫증이 나네	悵然使心斁
흡사 꿈속에서 경치를 보면	還如夢中景
어두침침해서 늘 비 내리는 듯하고	沈沈常雨雨
시름 속에 밥을 먹으면	又似愁裏饍
눈앞에 성찬 있어도 배불리 못 먹는 것과 같네	滿眼不飽饇
비로소 알겠네 괴이한 볼거리란	始知詭異觀
즐거움이 극에 달하면 되려 흥취 없음을	樂極還無趣
내 들었노라 석가여래는	我聞牟尼佛
코와 눈이 본래 추악하게 생겼는데	鼻眼本醜惡
후세 사람들이 더럽게 여겨	或恐後世人

애모하지 않을까 염려해서	嘔穢不愛慕
경박한 제齊나라 양梁나라 놈들이[2]	輕儇齊梁兒
제멋대로 불화와 불상 만들었다네	私意傅繪塑
어떤 불상은 아주 작아 팥알만 한데	幺麽或如豆
전생을 깨달은 듯한 모습을 하고 있고	前生若可悟
우람한 장륙불상丈六佛像은	塊然丈六身
다리 하나가 수레를 다 차지할 만하네	一肢可專輅
감괘坎卦처럼 손가락을 맞대었는데	箇箇指連坎
크고 작은 그 손가락 모두 곱고 예쁘네[3]	巨細悉嫩嫷
부처에겐 이런 게 또 무슨 상관이랴	於佛更何有
이런 꾀는 모두 잘못된 거라네	此計儘錯誤
그렇게 해서 부처를 높이려는 수작이	所以尊之者
도리어 극심한 비방을 초래하였지	還自極訛諛
이러쿵저러쿵 곱든 밉든 간에	紛紛妍蚩間
깨우친 마음이야 예전 그대로일 터	慧心應如故
빙 두른 행랑이 팔십 칸이나 되고	回廊八十間
넓디넓은 장경판고藏經板庫가 자리잡고 있네	蕩蕩藏經庫
거울처럼 윤이 나는 옻칠한 목판	漆板明如鏡

2_제齊나라 양梁나라 놈들이 : 제나라와 양나라는 남북조 시대의 남조南朝에 속하는 나라들로 불교가 극성했으므로, 그 나라 사람들을 경멸하여 부른 말이다.

3_감괘坎卦처럼 …… 예쁘네 : '감괘처럼 손가락을 맞대었다'는 것은 감중련坎中連이라고 하여 음효陰爻 가운데 양효陽爻가 끼여 있는 감 모양으로 소지小指와 대지大指를 맞닿게 해, 깨달은 경지를 상징적으로 표현한 모습을 말한다. 또한 부처는 전생에 베푼 선행의 결과로 인간의 모습으로 태어날 때 32가지 길상吉相을 갖추었는데, 그중의 하나로 손가락이 가늘고 길어 예뻤다고 한다.

좀이 못 들게 소금물에 삶아 냈다지	烹鹽備蟫蠹
차곡차곡 쌓아서 얼음 창고 같은데	委積若凌陰
실명한 듯 깜짝 놀라 제대로 보질 못하겠네	失目驚瞿瞿
비하자면 늘어선 비단 가게와 같아	譬如列錦肆
— 원문 빠짐 —	□□□□□
방패들이 늘어선 듯 짜임새 있게 놓였고	織織比盾干
댓가지 꽂아 논 듯 촘촘히 쌓였네	簪簪挿箘簬
서성대다 시험삼아 뽑아 보았더니	徘徊試抽看
주석조차 없어서 도무지 모르겠더만	茫然失箋註
괴이한 빛을 때때로 발산하니	光怪時迸發
오금이 용광로에 녹아 있는 양	五金入镕鑄
뉘 능히 불법을 해설할 건고	誰能說乘法
갈대배 타고 바다 건넌 사람 없으니[4]	無人□蘆渡
뜰을 거닐 땐 감히 침도 못 뱉어	步庭不敢唾
밥알이 떨어져도 주워 먹겠네	粒墜堪拾哺
섬돌 틈엔 개밋둑도 없고	除級無封蟻
기와 이음매엔 새도 깃들지 않네	瓦縫絕棲羽
쓸지 않아도 절로 먼지가 없어	不掃自無塵
조촐해라 봄비로 씻긴 듯하네	淨若沐新澍
찬바람이 으스스하니	寒風□瑟然

4_갈대배 …… 없으니 : 보리달마菩提達磨가 남인도에서 갈대로 만든 배를 타고 포교하러 중국에 건너온 고사를 들어, 보리달마와 같은 고승이 없다는 뜻을 말한 것이다. 원문 중의 빠진 글자는 갈대를 꺾어 배를 만든다는 뜻의 '折' 자가 아닌가 한다.

온갖 신이 은밀히 호통치며 지켜주는 듯	百神陰呵護
묻노라 누가 이 절 처음 지었노	問誰剏此寺
나라를 기울일 재물 축내었구나	傾國致財賂
옛날 옛적 천흉국穿胸國의 중이	宿昔穿胸僧
바다를 건너와 여기 살았다는데	浮海常來寓
그 불상은 새까매 까마귀 같고	厥像黑如烏
비쩍 말라 마치 할망구 같네[5]	崎嶇若老嫗
처음에 대장경 새기던 일을 죄다 말하는데	緬言刻經初
황당하고 괴이하여 후려잡기 어려워라[6]	荒怪難討□
이씨 성에 이름은 거인이란 자[7]	李氏名居仁
부처에 아첨하여 복을 빌었더니	媚佛求嘏祚
그 집에 눈 셋 박힌 개가 태어나	家産三眼狗
어린애 기르듯이 곱게 길렀네	愛養如養孺
그 개가 어디론지 달아나 버렸으니	狗去不知處
보살펴 준 은공을 갑자기 망각한 듯	忽若忘濡呴
이거인이 죽어 황천에 가서	及死到黃泉
신령스런 사람을 만났는데	乃與神人遘

5_ 옛날 …… 같네 : 해인사의 조사당祖師堂에 모셔져 있던 희랑조사상希朗祖師像을 묘사한 것이다. 신라 말의 고승이었던 희랑希朗은 고려 태조가 후백제의 견훤과 싸울 때 큰 도움을 주어 그 보답으로 해인사를 크게 중건할 수 있었다. 이와 같은 유래를 모르고, 세간에는 조사상이 천흉국穿胸國의 중의 모습을 나타낸 것이라는 전설이 있었다고 한다.
6_ 후려잡기 어려워라 : 원문의 빠진 글자는 문맥과 운자韻字로 보아, 토포討捕의 '捕' 자가 아닌가 한다.
7_ 이씨 …… 자 : 이거인李居仁은 신라 문성왕文聖王 때 합천의 아전으로서, 왕을 설득하여 해인사의 사간 장경판寺刊藏經板을 만들게 했다는 인물이다. 이하의 내용은 그와 관련된 전설을 노래한 것이다.

이 사람도 그 개마냥 눈이 셋이라	三目亦如狗
깜짝 놀라 반기며 몰래 부탁했더니	驚喜潛囑喩
주인님 은혜에 실로 감동해	實感主人恩
신령의 도움으로 깨어나게 할 터이니	冥祐行□寤
바라건대 팔만 개의 목판에 게偈를 새겨	願刻八萬偈
불사를 널리널리 전파해 달라 했네	佛事廣傳布
땀을 쏟고 나서 꿈 깨듯 일어나니	汗發若夢寐
시원스레 고질병이 사라졌어라	洒然去沈痼
친척들은 시신 염해 관에 넣으려던 참이고	親戚謀棺斂
한 고장 사람들은 벌써 부조를 보냈다네	鄕隣致賻賵
이거인은 신령한 사람의 말에 감격해	感激神所言
불경을 전부 목판에 새겼다고 한다네	全經剞劂付
이 일은 진실로 황당하여라	此事誠荒唐
아득한 옛일이라 거슬러 오를 수도 없네	邃古非可遡
설령 진짜 이런 일이 있었다 해도	且令眞有是
선비라면 마음에 둘 일이 아닐세	儒者所不措
통탄할 건 우리 유교의 십삼경이라	所歎十三經
멀리 북경 시장까지 달려가 사 오는 실정	遠購燕市鶩
저들은 한 사람의 힘만으로도	彼能一人力
천년토록 굳건히 경판經板을 전했구려	刻板千載固
아침나절 학사루學士樓에 올라 보니	朝上學士臺
문창후文昌侯(최치원)를 만날 듯도 싶네	文昌如可晤
이분이 신선을 좋아하여	此子喜神仙

종신토록 재혼하지 않았다네	終身不再娶
득도하여 갑자기 하늘로 날아 올라	得道忽飛昇
신 두 짝만 숲 언덕에 남겼다는데	雙履遺林步
황제黃帝가 용을 타고 승천했다지만	軒轅雖騎龍
교산에는 상기도 그 무덤 있지 않은가	喬山尙有墓
선탑禪榻에 기대 앉아 밤 지새는데	暝宿倚禪榻
초승달이라 두꺼비와 옥토끼 보이질 않네	初月缺蟾兎
황금 불탑에선 풍경이 뎅그렁 울고	金塔鳴風鐸
옥 등잔엔 심지가 무지개 이루었네	玉燈貫虹炷
어고魚鼓[8]를 두드리며 청아한 범패 부르는데	淸梵搖魚□
허공에선 바람 소리 일어나 고루 퍼지네	虛籟發鈞濩

8_어고魚鼓: 원문에는 '魚' 자 다음에 한 글자가 빠졌는데, '鼓' 자가 아닌가 한다. 어고는 곧 목어木魚로서, 나무를 깎아 잉어 모양을 만들고 속을 파낸 것으로 불사佛事 할 때 두드린다.

부록

●

연암 박지원의 삶과 문학

●

인명 및 사항 해설

●

작품 원제 색인

연암 박지원의 삶과 문학

연암을 찾아 18세기로

연암 박지원은 우리 문학사의 최고봉에 속하는 위대한 작가이다. 지난 2005년은 연암이 서거한 지 200주년이 되는 해여서, 이를 기념하는 학술행사들이 성대하게 열렸다. 오늘날 연암과 그의 문학에 대한 지식은 한국인이라면 누구나 갖추어야 할 국민적 교양이라 할 수 있다. 중고등학교 교과서에「양반전」,「허생전」,「호질」은 물론『열하일기』까지 소개되어 있고, 연암의 문학사상을 집약한 '법고창신'法古創新이라는 용어가 고사성어처럼 친숙하게 쓰이고 있다. 또한 연암이 고을 사또로 재직하면서「열녀 함양 박씨전」과 같은 빼어난 작품들을 썼던 안의安義(지금의 경남 함양군 안의면)는 어느덧 학술답사 코스의 하나로 자리 잡았고, 나아가『열하일기』의 현장을 찾아서 중국의 열하熱河까지 탐방하는 여행도 줄을 잇고 있는 실정이다.

  이와 같이 21세기에 들어선 오늘날까지 연암에 대한 관심이 갈수록 고조되는 까닭은 대체 무엇일까. 이는 무엇보다도 그의 문학이 금강산 일만 이천 봉처럼 기기묘묘하게 다채로운 모습을 보여주기 때문이 아닌가 한다. 『주역』에 어진 이는 도道를 보고 '인'仁이라 하고, 슬기로운 이는 도를 보고 '지'智라고 한다는 말이 있다. 아무리 훌륭한 사람이라도 각자의 본성에 따라 진리의 일면만 파악할 수 있을 뿐이라는 뜻이다. 그와 흡사하게, 지금까지 우리는 연암이 이루어놓은 위대한 문학적 성과에서 저마다 보고 싶은 모습만 찾아냈다고 할 수 있다.

한때는 조선 시대를 대표하는 '고문古文(고전적 산문)의 대가'로 연암을 꼽기도 했고, 또 한때는 양반 사회의 모순을 통렬하게 풍자한 '소설가'로서 그를 높이 평가하기도 했다. 최근에 들어 연암은 소설뿐 아니라 『열하일기』와 산문, 한시 등 그의 작품 전반에 걸쳐 리얼리즘과 민족문학적 개성을 추구한 '우리 근대문학의 선구자'라는 정평을 얻는가 싶더니, 평범한 일상사를 가볍고 참신하게 표현한 '소품문小品文의 작가'로 새삼스레 주목을 받기도 한다.

연암의 작품들은 이처럼 다양한 평가를 모두 일면의 진실로서 포용하는, 무한히 열려 있는 텍스트라고 할 수 있다. 아마 미래의 세대는 또 그들 나름으로 연암의 작품에서 새로운 시대적 의미를 읽어 낼 것이다. 하지만 그렇다고 해서 그의 작품을 어떻게 해석하든 괜찮다는 것은 아니다. 착오나 이해 부족에 기인한 엉뚱한 해석이 창조적인 해석과 혼동되는 일은 바람직하지 못하다. 그러므로 연암의 참모습에 한층 더 다가가기 위해서는 우선 18세기의 역사 속으로 돌아가 그의 삶과 문학을 차분히 살펴볼 필요가 있다.

명문 양반가의 자제

연암은 1737년(영조 13년) 음력 2월 5일 한양 도성의 서쪽 반송방盤松坊 야동冶洞에서 박사유朴師愈와 함평咸平 이씨 사이의 2남 2녀 중 막내아들로 태어났다.

한양 서부 11개 방坊 중의 하나인 반송방은 지금의 서울 서대문구에 속하는 지역으로, 조선 초기에 반송정盤松亭이 있던 곳이라 하여 그와 같은 명칭이 붙었다고 한다. 연암이 태어난 당시에는 반송정 자리에 중국 사신을 맞이하는 모화관慕華館과 아울러 반송지盤松池라는 크고 아름다운 연못이 있었다. 야동은 우리말로 '풀무골'이라 하는데 반송방의 남동쪽, 서소문 밖 바로 근처에 있던 동네였다. 연암은 야동의 조부 댁에서 태어나 자랐으므로, 성년이 된 뒤에도 오래도록 그곳에서 보낸 어린 시절을 그리워했다.

연암의 집안은 당대의 명문 양반인 반남潘南 박씨 가문에 속했다. 반남 박씨 가문은 조광조趙光祖의 문인으로 중종 때 사간을 지낸 중시조 박소朴紹 이후 자손들이 번창하기 시작해서, 박소의 손자인 박동량朴東亮은 임진왜란 때 선조를 호위하여 수행한 공으로 금계군錦溪君에 봉해졌으며, 금계군의 아들 박미朴瀰는 선조의 딸인 정안옹주貞安翁主와 결혼하여 금양위錦陽尉가 되었다.

박미의 증손이자 연암의 조부인 박필균朴弼均은 영조 때 경기도 관찰사, 공조 참판, 지돈녕부사 등 고위 관직을 지냈으며, 사후에 장간章簡이라는 시호까지 받은 인물이다. 그는 숙종 말년에 서인이 노론과 소론으로 분열되자 집안의 당론을 노론으로 이끌었다. 경종 때 이른바 신임사화로 노론이 소론에 의해 대대적인 탄압을 받자 은둔해 지내다가, 영조 즉위 후 비로소 과거에 응시하여 문과 급제하고, 탕평책에 비판적인 노론계 문신으로 활동했다. 박필균은 일족인 박필성朴弼成이 효종의 사위이고 박명원朴明源이 영조의 사위인 등 왕실과 가까운 인척 관계에 있어, 영조의 신임이 두터웠다. 하지만 그럴수록 더욱 근신하면서 청렴하게 살았으므로, 사대부들 사이에 칭송이 자자했다고 한다.

이러한 조부와 대조적으로, 연암의 부친 박사유는 아무런 벼슬을 하지 못했으며, 장남으로서 부모를 모시고 그 슬하에서 평범하고 조용한 일생을 보냈다. 따라서 연암의 정신적 성장에는 집안의 기둥이던 조부가 부친보다 훨씬 더 강한 영향을 끼쳤던 듯하다.

열여섯 살 때인 1752년 전주全州 이씨와 결혼한 연암은 장인 이보천李輔天과 그 아우인 이양천李亮天의 지도를 받으면서 본격적으로 학업에 정진했다. 이보천은 세종의 아들인 계양군桂陽君의 후손으로, 호를 유안재遺安齋라 하였다. 그는 농암 김창협農巖 金昌協의 제자인 종숙부의 문하에서 수학하고, 역시 농암의 제자인 기원 어유봉杞園 魚有鳳의 사위가 되어 그에게도 사사받음으로써, 우암 송시열에서 농암 김창협으로 이어지는 노론의 학통을 착실히 계승한 산림처사였다. 연암은 이러한 장인으로부터 사상과 처세 면에서 커다란 감화를 받고, 그릇된 시대 풍조와 결코 타협하지 않으며 선비의 진정한 본분을 잊지 않는 자세를 배웠다고 한다.

처숙 이양천은 문과 급제 후 홍문관 교리를 지냈으며, 호를 영목당榮木堂이라 하였다. 그는 한시와 산문 창작에 뛰어나 주로 문학 면에서 연암을 지도했는데, 그에게서 배운 『사기』史記는 연암의 작품 세계에 특히 깊은 영향을 끼쳤다.

청년시절의 번민과 소설 창작

연암은 스무 살 무렵부터 같은 명문가 자제인 김이소金履素·이희천李羲天·황승원黃昇源 등과 함께 한양 근교의 산사를 찾아다니며 과거 공부에 전념했다. 그 무렵에 지은 한시 「원조대경」元朝對鏡을 보면 학업에 가일층 정진하려는 그의 결의를 엿볼 수 있다. 하지만 다른 한편으로 당시 연암은 며칠씩이나 잠을 이루지 못하는 등 심한 우울증 증세로 고생했다고 한다. 여기에는 그의 처숙이자 스승이었던 이양천의 시련과 죽음이 중대한 계기로 작용한 듯하다. 「민옹전」閔翁傳에서 연암은 이 같은 증세가 열일고여덟 살 때부터 시작되었다고 술회하고 있는데, 이는 바로 이양천이 흑산도로 유배당한 시기와 일치한다.

홍문관 교리 이양천은 1752년 말에 소론 강경파의 지도자인 이종성李宗城을 영의정으로 임명한 조치에 항의하여 상소했다가, 영조의 분노를 사서 머나먼 흑산도에 위리안치되고 말았다. 그 이듬해에 귀양은 풀렸으나, 1755년에야 관직에 복귀했다가 그해 가을에 겨우 마흔 살의 나이로 병사했다. 「불이당기」不移堂記에서 연암은 정치적 시련 속에서도 절조를 변치 않았던 그를 '눈 속의 측백나무'와 같은 선비라고 예찬하고 있다. 이로 미루어 보면 이양천의 불우한 삶을 계기로, 연암은 혼탁한 정치 현실에 대해 비판적인 생각을 품게 되고 자신의 장래 거취 문제에 대해서도 깊이 번민하게 되었던 것이 아닌가 한다.

연암의 초기 문학을 대표하는 한문소설들은 이와 같이 심각한 정신적 상황에서 창작된 것이었다. 즉 그의 초기 소설로서 오늘날 전하고 있는 「마장전」馬駔傳, 「예덕선생전」穢德先生傳, 「민옹전」, 「광문자전」廣文者傳, 「양반전」,「김신선전」金神仙傳,「우상전」虞裳傳은 대개 연암이 자신의 우울증을 달래기 위해 이야기꾼들을 청해다 한양 시중의 기이한 인물이나 사건에 대한 소문을 즐겨 듣던 과정에서 취재한 것이다. 단 이 작품들이 일시에 창작된 것은 아니다. 「광문자전」과 「민옹전」은 각각 1754년과 1757년에 지었다고 작중에 밝혀져 있으나, 나머지 작품들의 창작 연대는 정확히 알 수 없다. 「김신선전」은 1765년 이후, 「우상전」은 1766년 이후에 창작되었을 것으로 짐작된다.

이러한 일련의 소설 창작을 통해 연암은 당시 양반들이 권세와 명성과 이익만을 좇아 다님으로써 양반 사회에 우정의 도의가 사라진 현실을 개탄하고, 하층 민중과의 사귐에서 도리어 참된 우정을 기대할 수 있음을 보여주고자 했다. 따라서 그의 초기 소설들은 「마장전」과「광문자전」의 떠돌이 거지들, 「예덕선생전」의 똥 치는 인부, 「민옹전」의 한미한 무반武班, 「김신선전」의 불우한 중인中人들과 같이 주로 이름 없는 민중을 주인공격으로 내세우고 있으며, 이들의 순박하고 건실한 삶에 비추어 양반들의 윤리적 타락상을 신랄하게 풍자하고 있다. 그리고 민중들의 삶을 생생하고 활기차게 묘사하기 위해, 비속한 표현이 됨을 개의치 않고 우리말 속어·속담·지명 등을 과감하게 구사하고 있다. 또한 양반 사회를 직설적으로 비판했다가 물의를 빚지 않도록 우언寓言의 형식을 취하거나 허구적인 설화를 차용하기도 한다. 그 결과 연암의 초기 소설들은 다분히 우언에 가까운 「마장전」, 근대적 단편소설에 근접한 「양반전」, 시인의 삶을 다룬 전기傳記로 볼 수 있는 「우상전」 등 다양한 형식적 특징을 지닌 문제작들이 되었다고 할 수 있다.

연암의 청년시절의 문학적 성과로서 또 하나 빼놓을 수 없는 작품으로

「총석정 관일출」叢石亭觀日出을 들 수 있다. 이 시는 연암이 1765년 가을에 벗 유언호俞彦鎬, 신광온申光蘊과 함께 금강산 일대를 두루 유람한 뒤 총석정에서 동해의 일출을 보고 지은 것이다. 금강산 여행은 그에게 몹시 깊은 인상을 주어, 「김신선전」뿐 아니라 「풍악당집서」楓嶽堂集序, 「관재기」觀齋記 등에서 거듭 당시의 체험이 회상되고 있음을 볼 수 있다. 7언 70행에 달하는 장편 한시인 「총석정 관일출」에서 연암은 일출과 관련된 각종 고사를 자유자재로 구사하면서, 동해에서 해가 돋는 장관을 놀라우리만치 사실적으로 그려 내었다.

과거 포기와 은둔

장래의 거취 문제로 오랫동안 번민하던 연암은 마침내 과거를 포기하고 재야의 선비로서 살아가기로 결심한다. 1770년(영조 46년) 그는 소과 초시小科初試에 응시하여 초장初場과 종장終場 두 번의 시험에서 모두 일등으로 뽑혔을뿐더러, 영조의 특명으로 대궐에 들어가 임금을 뵙고 크게 칭찬까지 받았다. 이러한 그가 이듬해의 소과 복시覆試에는 주위의 강권에 못 이겨 응시하기는 했으되 시험 답안지를 제출하지 않고 나와 버렸으며, 그해 이후로 다시는 과거를 보지 않았던 것이다.

이와 같이 명문가 자제로서 장래가 매우 촉망되던 연암이 과거를 포기하는 결단을 내리게 된 것은, 1767년에 별세한 부친 박사유의 묏자리 문제로 인한 분규가 한 원인이었다고 한다. 즉 그해 연암 집안과 숙종 때 영의정을 지낸 녹천 이유鹿川 李濡의 후손 집안 사이에 묏자리를 두고 소송이 벌어져 국왕의 중재로 시비는 가려졌으나, 소송에서 진 상대편 인사가 자책 끝에 관직에서 물러나 폐인처럼 지낸다는 소식을 전해 듣고는, 연암도 자숙하는 뜻에서 과거를 포기하기로 결심했다는 것이다. 부친의 삼년상을 마칠 무렵, 벗 황승원에게 보낸 편지(「사황윤지서」謝黃允之書)에서 그는 가족을 이끌고 장차 시골에 은둔해서 살 뜻을 밝히고 있다.

비록 그런 사정이 있었다고는 하지만, 1760년 조부가 별세한 데 이어 이제는 부친마저 별세한 집안 형편을 생각하면 연암은 하루속히 과거에 급제하여 관직을 얻었어야 했다. 더욱이 자신보다 열다섯 살이나 손위인 형님 박희원朴喜源이 이미 중년의 나이로, 벼슬할 가망이 없었기 때문에 그럴 필요성은 더욱 절박했을 터였다. 그럼에도 불구하고 연암이 과거 포기를 결심한 데에는 영조 말년의 혼탁한 정국이 결정적인 영향을 미쳤을 것으로 짐작된다.

앞서 언급했듯이, 연암의 조부 박필균이나 장인 이보천과 처숙 이양천은 모두 노론으로서, 신임사화 때 역적으로 몰려 죽은 노론 지도자들의 명예 회복과 소론 일파에 대한 숙청을 통해 충역 시비忠逆是非를 바로잡아야 한다는 당론을 확고히 지지한 인물들이다. 따라서 이들은 영조의 탕평책에 대해 노론과 소론의 갈등을 미봉하려는 고식책姑息策이라 하여 극력 반대했다. 연암은 이러한 조부와 장인 형제의 영향 속에서 성장했던 만큼, 탕평책에 적극 호응한 일파들이 왕실의 외척 세력과 결탁하여 권세를 부리던 영조 말년의 정치 현실에 대해 매우 비판적이었다.

여기에 더하여, 절친한 벗 이희천이 1771년 참수형을 당한 사건은 연암에게 엄청난 충격을 주었던 듯하다. 연암은 일찍이 처사 이윤영李胤永에게 『주역』을 배우면서, 그의 아들인 이희천과도 막역한 친구 사이가 되었다. 그런데 이희천은 『명기집략』明紀輯略이란 중국 책에 조선 왕실을 모독한 내용이 있는 줄 모르고 이 책을 책 장수로부터 구입했다가, 그 사실이 문제되어 졸지에 처형되는 변을 당한 것이다. 「이몽직 애사」李夢直哀辭의 뒤에 덧붙인 글을 보면, 연암은 벗 이희천이 죽은 뒤부터는 사람들과 교제하고 싶지 않아 경조사에도 일절 가지 않았다고 했을 정도로 큰 상처를 받았던 듯하다. 게다가 1772년에는 홍문관 응교 유언호가, 그 이듬해에는 사간원 정언 황승원이 노론 강경파로 몰려 흑산도로 유배되었다. 이처럼 가까운 벗들이 잇달아 정쟁에 휘말려 고초를 겪는 현실을 목도하면서, 연암은 관직 진출에 대해 더욱 깊은 혐오감을 품게 되었을 것이다.

과거를 포기한 직후, 연암은 북으로 개성과 평양을 거쳐 묘향산까지 유람하고, 남으로는 속리산, 가야산, 화양동華陽洞, 단양丹陽 등의 명승지를 유람했다. 그가 백동수白東修와 함께 개성 근처에 있는 황해도 금천군金川郡의 연암燕巖 골짜기를 답사한 후 장차 여기에 은거할 뜻을 굳히고, 자호自號를 '연암'이라 지은 것도 이 당시의 일이다. 그 뒤 강원도 인제의 산골짜기로 살러 떠나는 백동수에게 지어 준 「증백영숙 입기린협서」贈白永叔入麒麟峽序에서 연암은 무인武人으로서 입신할 꿈을 접고 과감하게 두메산골로 들어가는 그를 장하게 여기면서, 연암 골짜기로 떠나지 못한 채 여전히 방황하고 있는 자신의 처지를 서글퍼 하였다.

북학파의 형성

1772년에서 1773년 사이에 연암은 일단 처자를 경기도 광주에 있던 장인의 시골집으로 보낸 뒤 혼자 지내기로 했다. 당시 연암이 거처하던 집은 한양 중부의 전동典洞에 있었다. 전동은 전의감典醫監이 있던 동네로, 지금의 서울 종로구 견지동에 속하는 지역이다. 이와 같이 전동에서 홀로 은거하던 시절에 연암은 홍대용洪大容, 정철조鄭喆祚, 이덕무李德懋, 유득공柳得恭, 박제가朴齊家, 이서구李書九 등과 친밀히 교제하면서, 자신의 사상과 문학을 심화해 나갔다.

연암과 이들의 만남은 실은 1760년대 후반부터 이루어졌다. 1766년 동지사행冬至使行에 참여하여 청나라를 다녀온 홍대용이 북경에서 사귄 중국 선비들과 나눈 필담을 정리한 『간정동 회우록』乾淨衕會友錄을 완성하고 연암에게 서문(「회우록서」)을 청한 것을 계기로, 그와 연암 사이에 평생토록 변치 않는 깊은 우정이 이어졌다. 정철조는 미호 김원행渼湖 金元行의 문하에서 홍대용과 동문수학한 사이였으므로, 아마 홍대용을 통해 연암과 교분을 트게 되었으리라 짐작된다.

이덕무는 그의 모친이 반남 박씨로 금평위錦平尉 박필성의 손녀였으므로, 연암 집안과 인척 관계에 있었다. 이덕무가 전동 부근의 대사동大寺洞(지금의 종로구 인사동)으로 이사한 해인 1766년 무렵에 그와 연암 사이에도 교분이 이루어졌다. 나아가 이덕무는 자신과 같은 서얼 신분인 박제가와 유득공, 유연柳璉(유득공의 숙부), 이희경李喜經, 서상수徐常修, 백동수(이덕무의 처남) 등을 연암에게 소개했던 듯하다. 이들과 달리 이서구는 지체 높은 양반 자제였지만, 한동네에 살던 이덕무에게 글을 배우면서 역시 그의 소개로 연암을 찾아뵙게 되었다.

1768년에서 1769년 사이에 박제가가 연암의 문명文名이 드높음을 듣고 그를 처음 찾아뵈었을 적에 연암뿐 아니라 이덕무와 이서구, 서상수, 유득공, 유연 등이 모두 원각사지圓覺寺址 십층석탑을 중심으로 한 그 주변 일대에 살고 있었다. 조선 세조 때 원각사에 세웠던 이 십층석탑은 중종 때 절이 철폐된 뒤에도 보존되어 현재 탑골공원 안에 있는데, 흰 대리석으로 만들어져 '백탑'白塔이라고도 불렸다. 연암이 전동의 은거 생활을 청산하고 마침내 연암 골짜기로 들어갈 때까지, 이 백탑을 중심으로 십여 년 간 연암과 그의 벗이자 문하생들 사이에 자못 활발한 교유와 창작 활동이 이루어졌다. 그리하여 당시 이들이 쓴 한시와 산문, 편지들을 모아, 이희경이 편찬하고 박제가가 서문을 쓴 『백탑청연집』白塔淸緣集이라는 여러 권의 문집이 있었다고 한다.

따라서 연암을 중심으로 모인 이 문인 집단을 오늘날 '연암그룹', '백탑시사'白塔詩社 등으로 명명하기도 한다. 하지만 그보다는 '북학파'北學派로 지칭하는 것이 더 적절할 듯하다. 이들은 당파나 신분의 차이에 개의치 않고 서로 진정한 우정을 추구했으며, 문학 창작뿐 아니라 음악 연주와 감상, 서화와 골동품 애호 등 폭넓은 예술적 취향을 공유하고 있었다. 그러나 이들의 가장 큰 특징은 청나라의 선진 문물을 배우고자 하는 '북학'北學을 지향한 데 있었다. 「북학의서」北學議序에서 보듯이, 전동 은거 시절에 연암은 홍대용을 비롯해서 유연, 이덕무와 박제가 등 잇달아 중국을 다녀온 벗들과 더불어, 조선의 낙후된 현실을 타개하기 위해 청나라의 발전상을 연구하면서 스스로도 중국 여행의 꿈을 키워 갔다.

전동 은거 시절의 문학론과 산문 창작

전동 은거 시절에 연암은 '법고창신'法古創新으로 요약할 수 있는 독창적인 문학론을 확립하고, 이를 바탕으로 참신한 산문들을 왕성하게 창작했다.

'옛것을 본받되 새롭게 창조하자'는 법고창신론은, 연암이 명나라 말 청나라 초 중국 문학계의 변화와 그에 영향 받은 당시 조선의 창작 경향을 비판하고 그 대안으로 제시한 문학론이다. 「초정집서」楚亭集序에서 연암은 명나라의 작가들이 '법고파'와 '창신파'로 분열·대립하다가, 둘 다 바른길을 얻지 못하고 말세의 하찮은 문학으로 타락하고 말았다고 비판했다. 여기서 말한 법고파란 오로지 고대의 문학만을 모범으로 삼아 창작할 것을 주장한 일파로서, 이반룡李攀龍과 왕세정王世貞 등이 대표적인 작가들이다. 창신파란 그러한 고전의 구속에서 벗어나 참신한 개성적 표현을 추구한 일파로서, 원굉도袁宏道 형제 등이 대표적인 작가들이다. 그중 법고파의 문학이 선조 때 국내에 소개된 이래 지속적으로 큰 영향을 끼치고 있었으나, 한편으로 창신파의 문학도 뒤이어 국내에 점차 소개되면서 변화를 갈망하던 일부 문인들을 사로잡기 시작했다.

그 결과 당시 조선 문단에는 중국의 고전에 대한 피상적인 모방을 일삼는 폐단이 심했을 뿐 아니라, 그에 대한 반동으로 새로운 유행을 무분별하게 좇는 움직임도 나타나고 있었다. 연암은 이러한 두 가지 극단적인 경향을 모두 경계했다. 고전의 겉모습만 시대착오적으로 모방할 것이 아니라 당대 중국의 현실을 참되게 그리고자 한 그 내면의 정신을 본받아야 하며, 이와 같은 고전의 정신을 되살려 오늘의 우리 현실을 참되게 그린 문학을 창조해야 한다고 역설했다. 그러므로 「영처고서」嬰處稿序에서 연암은, 옛날 중국 시를 모방하지 않고 '지금 조선'의 현실을 참되게 노래한 이덕무의 시야말로 『시경』의 정신을 올바로 계승한 '조선의 국풍國風'이라고 격찬했다.

전동 은거 시절에 창작한 연암의 수많은 산문들은 바로 이러한 법고창신론을 구체적으로 실천한 작품들이라 할 수 있다. 연암은 이 시기에 지은 서문, 발문, 기記, 서간문, 논설, 비문碑文, 추도문 등 다양한 형식의 작품들을 모아 『공작관문고』孔雀館文稿(원명 『공작관집』孔雀館集), 『종북소선』鍾北小選, 『영대정잉묵』映帶亭賸墨 등의 문집으로 엮었으며, 거기에 각각 「자서」自序를 붙여 자신의 새로운 창작 방법론을 밝혀 두었다.

『공작관문고』의 「자서」에서 연암은 "글 짓는 사람은 오직 참을 그릴 뿐"이라고 주장하면서, 초상화를 그릴 적에 평상시의 태도와 달리 용모를 가다듬고 꾸며서 화가 앞에 나선다면 아무리 훌륭한 화가라도 그 사람의 참모습을 제대로 그릴 수 없다고 했다. 이러한 주장대로, 전동 은거 시절 연암의 산문들은 작가 자신의 성품이나 생활상을 있는 그대로 솔직하고 여실하게 그려 내고 있는 점이 큰 특색이다. 「수소완정 하야방우기」酬素玩亭夏夜訪友記에서 연암은 예의범절 따위에 신경쓰지 않고 자유롭게 지내는 자신의 소탈한 모습을 숨김없이 그려 보이고 있으며, 「답남수」答南壽에서는 심심한 나머지 자신의 좌우 손을 편갈라 쌍륙 놀이를 하며 소일하는 비결을 익살스럽게 전하기도 한다.

또한 「소단적치인」騷壇赤幟引 등에서 연암은 글 짓는 법을 병법에 비유하면서, 명장 한신韓信이 예전의 병법에 없던 배수진背水陣 작전으로 승리했듯이 작가는 고정된 작법에 얽매이지 말고 적절히 변통할 줄 알아야 한다고 했다. 이에 따라, 이 시기 연암의 산문들은 더욱 참되게 표현하기 위해서라면 종래의 창작 규범에 구애되지 않는 파격破格을 과감히 시도하고 있는 점이 또 하나의 큰 특색이다.「백자 증정부인 박씨묘지명」伯姊贈貞夫人朴氏墓誌銘에서 연암은 묘지명의 상투적인 서술 방식에서 탈피하여, 인상적인 삽화와 극적 장면을 중심으로 사실적인 묘사를 추구함으로써 고인에 대한 애정과 슬픔을 한층 더 감동적으로 전달하는 데 성공하고 있다.

이와 아울러, 전동 은거 시절의 산문들은 당시 연암이 유교에서 이단으로 배격하던 불교나 도가道家에도 상당한 관심을 가졌음을 보여준다. '주공麈公 스님'의 사리탑을 위해 지었다는「주공탑명」麈公塔銘은 물론,「도화동 시축발」桃花洞詩軸跋에서도 연암은 자신을 '관도도인'觀桃道人이라 칭하면서 불경의 어투를 구사하는가 하면 말미에는 '게어'偈語까지 덧붙이고 있다. 또한「답모」答某라는 편지에서는 고라니와 파리를 예로 들어, 사물의 대소大小란 어디까지나 상대적일 뿐 아니라 시점視點의 원근遠近에 따른 가상假象이라고 주장하고 있는데, 이는 바로『장자』莊子의 철학과 통하는 주장이다. 또한「낭환집서」蜋丸集序에서 보듯이, 상식에 반하는 역설적 주장을 펴기 위해 우언의 형식을 즐겨 취하는 것도『장자』와 흡사하다. 전동 은거 시절의 연암은 유교뿐 아니라 불교나 도가에까지 관심의 폭을 넓혔으며, 이러한 사상적 변화가 산문 형식의 파격을 낳은 한 요인이라고 할 수 있다.

연암 골짜기로 떠나다

1777년(정조 1년) 연암은 가족을 이끌고 황해도 금천군의 연암 골짜기로 은둔했다. 그 전해에 영조가 승하하고 세손世孫인 정조가 즉위하자, 정조의 생부인 사도세자에 대한 처벌을 지지하고 정조의 왕위 계승을 방해했던 세력들이 대거 숙청되는 한편, 세손의 보호와 그 즉위에 공이 컸던 홍국영洪國榮이 정계의 실력자로 부상하여 국정을 좌우하다시피 했다. 이러한 왕위 교체기의 불안한 정세 속에서 연암은 홍국영 일파에 대해 비판적인 언사를 서슴지 않았으므로, 위기를 감지한 벗 유언호 등이 그에게 급히 한양을 떠나 피신할 계책을 세우도록 충고했다고 한다.

게다가 1777년에는 장인 이보천이 별세했다. 이보천은 만년에 광주 석마石馬(지금의 성남시 분당)에 은거하면서 그곳 선비들과 강독회를 열고, 「오륜가」五倫歌를 지어 아동들을 가르치는 등 유교 교육에 힘썼다. 장인의 영전에 올린 제문(「제외구 처사유안재 이공문」祭外舅處士遺安齋李公文)에서 연암은 평생을 고결한 선비로서 살았던 장인을 절절히 추모하고, 아울러 처남 이재성과 누구보다 절친하게 지냄으로써 자신을 알아준 장인의 은혜에 보답하리라 다짐하고 있다.

이와 같이 당시 연암은 급박한 정치적 박해를 피할 필요가 있었을뿐더러, 장인의 별세로 인해 그간 장인의 시골집에 맡겨 두었던 가족들의 생계도 모색해야 할 형편이었다. 그리하여 마침내 예전에 은거지로 물색해 두었던 연암 골짜기로 떠나게 된 것이다.

연암 골짜기는 개성에서 동북쪽으로 삼십 리 쯤 떨어진 황해도 금천군(지금 북한의 개성직할시 장풍군)의 화장산華藏山 동쪽 불일봉佛日峯 아래에 있었다. '연암'燕巖이란 지명은 그 골짜기 입구의 절벽에 늘 제비들이 둥지를 틀고 있다고 해서 '제비 바위'라는 뜻으로 지어진 것이었다. 이웃집이라고 해야 숯을 구워 살아가는 가난한 민가 몇이 있을 뿐, 호랑이와 사슴 따위가 출몰하는 대단히 외진 이 산골짜기에 연암은 두어 칸 초가집과 돌밭 약간을 장만하고 손수 뽕나무도 심었다. 그가 연암 골짜기로 들어왔다는 소식을 듣고, 개성의 선비 양호맹梁浩孟, 최진관崔鎭觀 등이 자주 찾아와 뵈었다.

그해 겨울에 마침 유언호가 개성 유수로 부임하여, 연암을 물심양면으로 크게 도와주었다. 연암 골짜기에서의 궁핍한 생활을 염려한 유언호의 제안과 주선으로, 한동안 연암은 개성으로 나가 양호맹의 금학동琴鶴洞 별장에 머물면서, 이현겸李賢謙, 한석호韓錫祜 등 젊은 선비들을 가르치며 지냈다. 「금학동 별서 소집기」琴鶴洞別墅小集記는 연암이 당시 금학동 별장으로 자신을 찾아온 개성 유수 유언호와 금강산을 유람하던 옛일을 추억하며 담소한 사실을 기록한 글이다.

1778년 형수 전주全州 이씨가 별세했다. 형수는 열여섯 살 때 시집온 뒤 가난과 질병 속에서도 대갓집 살림을 도맡아 왔으며, 연암을 길러 준 분이기도 했다. 불행히도 자식들이 모두 요절하여, 연암의 장남 종의宗儀를 양자로 삼았다. 장차 연암을 뒤따라 형님 부부도 함께 연암 골짜기로 이주할 작정이었는데 그만 병으로 형수가 먼저 세상을 떠난 것이다. 연암은 형수의 유해를 연암 골짜기로 모셔와 집 뒤뜰에 장사 지냈다. 개성 유수 유언호는 장례를 도와주었을 뿐만 아니라, 연암이 형수의 묘지명(「백수 공인이씨 묘지명」伯嫂恭人李氏墓誌銘)을 지을 때 연암의 청에 따라 그 명銘도 지어 주었다.

개성에서 다시 연암 골짜기로 돌아온 연암은 그를 따라온 젊은 선비들을 지도하는 한편 사색하고 집필하는 나날을 보냈다. 동짓날 이현겸에게 지어 보인 시(「산중지일 서시이생」山中至日書示李生)를 보면, 문하생들을 가르치며 지내던 그의 외로운 산중 생활이 잘 드러나 있다. 이 시절에 연암은 「만휴당기」晚休堂記, 「이존당기」以存堂記, 「발승암기」髮僧菴記와 같이 빼어난 기를 여러 편 지었다. 또한 『열하일기』와 더불어 연암이 남긴 또 하나의 대표적 저작인 『과농소초』課農小抄도 실은 이 시절에 그가 우리나라와 중국의 농서農書를 두루 구해 읽고 초록해 두었던 것을 바탕으로 한 것이었다.

그 무렵 홍대용은 전라도 태인의 현감으로 나가 있으면서도, 연암에게 잊지 않고 위문 편지를 보내오곤 했다. 그에 답한 편지(「답홍덕보서」答洪德保書)에서 연암은 벗들과 떨어져 홀로 지내는 외로움을 감추지 못하면서, 아울러 이덕무와 유득공, 박제가가 불우한 처지에서 벗어나 최근 교서관 검서檢書(나중에 규장각에 소속됨)에 특별히 발탁된 사실을 기뻐했다.

대망의 중국 여행과 『열하일기』 저술

1780년(정조 4년) 초 홍국영이 실각함에 따라 한동안 혼미하던 정국이 진정되는 기미를 보이자, 연암은 칩거해 있던 산중으로부터 상경했다. 그때 마침 팔촌형인 금성도위錦城都尉 박명원이 중국 사행의 정사正使로 임명된 덕분에, 연암은 대망하던 중국 여행의 기회를 얻게 되었다. 그해 음력 5월 조정에서 청나라 건륭乾隆 황제의 70세 생신을 축하하기 위해 박명원이 인솔하는 특별 사행을 파견했는데, 여기에 연암은 정사의 개인 수행원 자격으로 참여하게 된 것이다.

사행은 6월에 압록강을 건넌 뒤, 요동 벌판을 지났다. 『열하일기』「도강록」渡江錄 7월 8일자 일기는 광활한 요동 벌판을 처음 본 연암의 감격을 기록하고 있다. 여기에서 그는 요동 벌판이야말로 "통곡하기에 좋은 장소"라고 외친다. 당시 조선의 선비들은 태어나서 죽을 때까지 좁은 국토를 벗어날 수 없었으며 이를 숙명으로 알고 살았다. 게다가 연암은 일찍부터 조선의 낙후된 현실을 개혁하기 위해 청나라의 선진 문물을 연구해 왔던 만큼, 꿈에도 그리던 중국 여행이 실현되자 그 감격은 남다를 수밖에 없었다. 저 요동 벌판과 같이 한없이 드넓은 세계로 나선 해방의 기쁨은 통곡으로밖에는 표현될 수가 없었을 것이다.

7월 말에 사행은 산해관山海關을 거쳐 북경으로 향하던 도중 옥전현玉田縣에서 하룻밤을 묵게 되었다. 그때 연암이 어느 가게를 구경하다가 벽에 걸려 있던 기이한 글을 발견하고 이를 옮겨 적었다는 것이 바로 『열하일기』「관내정사」關內程史 7월 28일자 일기에 소개된「호질」虎叱이다. 원래 그 글은 지은이의 성명도 없고 제목도 없었는데, 연암이 '범이 꾸짖었다'는 원문 중의 두 글자를 따서 제목을 삼았다고 한다. 하지만 이는 선비의 타락상을 풍자하는 과격한 내용이 물의를 빚을까 염려하여, 연암 자신이「호질」을 창작한 사실을 은폐하려고 꾸며낸 말일 가능성이 크다. 설령「호질」이 그와 같은 경위로 『열하일기』에 삽입된 것이 사실이라 하더라도, 연암은 그 글을 그대로 옮겨 적는 데 그치지 않고 자신의 의도에 따라 적극적으로 개작했으므로,「호질」은 연암의 창작으로 보아도 무방할 것이다.

8월 초 드디어 북경에 도착하자, 뜻밖에도 당시 건륭 황제가 머물고 있던 열하熱河에서 거행되는 생신 축하 행사에 참석하라는 황제의 특명이 내려와, 정사를 비롯한 사행의 일부가 황급히 그곳으로 떠나야만 하게 되었다. 이에 따라 연암은 그 이전에 조선 사행이 한 번도 가 본 적이 없는 열하까지 여행하는 행운을 맞게 되었다.

북경에서 열하로 가자면 만리장성을 지키는 관문의 하나인 고북구古北口를 통과해야 했다. 「야출고북구기」夜出古北口記는 당시 연암이 역대 중국의 유명한 격전지였던 고북구를 한밤중에 지나면서 느낀 남다른 감회를 표현한 글이다. 고북구를 나선 연암 일행은 예정된 기일에 늦지 않기 위해 하룻밤 새 아홉 번이나 급류를 건너는 강행군을 했다. 「일야구도하기」一夜九渡河記는 연암이 그와 같은 위험과 고생을 겪으면서 얻게 된 정신적 깨달음을 설파한 글이다.

열하는 중국 하북성河北省 동북부의 무열하武烈河 서안에 위치하고 있는 국경 도시로서, 건륭 황제가 이곳에 거대한 별궁인 피서산장避暑山莊을 완성하고 거의 매년 방문하여 체류하면서부터 북경에 버금가는 정치적 중심지로 발전하게 되었다. 청나라의 국력이 최고조에 달했던 그의 치세 중에 열하는 황제를 알현하러 모여든 몽골·티베트·위구르 등의 외교 사절들로 일대 성시를 이루었다. 조선 사행이 처음으로 이곳을 찾은 1780년에는 티베트 불교의 영도자인 판첸 라마의 역사적인 방문이 있었다. 그리하여 연암은 당시의 조선인으로서는 전인미답의 열하를 방문하게 된 데 더하여, 판첸 라마와 티베트 불교에 대해 견문할 수 있는 희귀한 기회까지 얻게 되었다.

열하 체류 중에 연암은 숙소인 태학太學에서 청나라의 전 대리시경前代

理寺卿 윤가전尹嘉銓, 선비 왕민호王民皞 등과 거의 매일 만나다시피 하며, 중국 고금의 역사·정치·학술·문예·음악·천문·풍속 등 광범한 주제를 놓고 필담을 나누었다. 이를 통해 그는 주자학에서 고증학으로 대세가 옮아 가던 당시 청나라의 학풍이라든가, 만주족의 지배에 대한 한족漢族의 은근한 저항 의식 등을 엿볼 수 있었으며, 몽골과 티베트 등 주변 민족들의 움직임과 청나라의 대외 정책에 대해서도 식견을 갖출 수 있게 되었다. 이와 아울러 그는 중국의 식자들에게 조선의 높은 문화 수준을 알리고자 노력했으며, 그 일환으로 홍대용 등이 주장한 지구 자전설地球自轉說을 소개하여 그들을 놀라게 하기도 했다.

유득공이 '천하에서 가장 기이한 글'이라고 격찬한 「상기」象記는 연암이 열하의 피서산장에서 코끼리를 본 소감을 기록한 것이다. 이 글에서 그는 '기묘하고 괴상하고 황당하고 거창한 구경거리'인 코끼리를 예로 들어, 가축 따위밖에 본 적이 없는 좁은 소견으로 천하의 이치를 단정하려 들지 말고, 열린 마음으로 만물의 무궁한 변화를 탐구해야 한다고 역설하고 있다. 「상기」는 앞서 언급한 「야출고북구기」, 「일야구도하기」와 함께 『열하일기』의 「산장잡기」山莊雜記에 수록되어 있다.

건륭 황제의 생신 축하 행사에 참여한 뒤 연암 일행은 8월 15일 열하를 떠나, 다시 북경으로 돌아왔다. 북경으로 향하던 도중 옥갑玉匣이란 곳에서 묵게 되었을 때 연암은 밤에 동행들과 돌아가며 이런저런 이야기들을 나누었다. 그 이야기들을 기록해 놓은 것이 『열하일기』의 「옥갑야화」玉匣夜話이다. 오늘날에는 「옥갑야화」 중에서 연암이 했다는, 남산 묵적골의 숨은 선비 허생許生에 관한 이야기만 독립시켜 '허생전'許生傳이라 명명하고, 북학 사상을 담은 한문소설로서 높이 평가하고 있다.

조선 사행은 북경에서 약 한 달 간 머물다가, 9월 중순 북경을 출발하여 그해 10월 말 한양에 도착했다. 북경 체류 중에 연암은 자금성紫禁城을 비롯한 거대한 궁궐들, 수많은 불교와 도교 사원들을 두루 관광했을 뿐 아니라, 천주교 성당을 방문하여 서양 벽화를 감상하는가 하면 예수회 선교사 마테오리치의 묘를 구경하기도 했다. 또한 각종 서적과 서화, 골동품 시장으로 유명한 유리창琉璃廠에서 한림翰林 초팽령初彭齡, 고역생高棫生, 선비 유세기兪世琦, 능야凌野 등과 만나 교분을 맺었다.

귀국 즉시 연암은 한양 반송방 평계平溪(지금의 종로구 평동)에 있던 처남 이재성의 집과 연암 골짜기를 왕래하며 『열하일기』를 저술하기 시작했다. 그 사이에 경상도 영천의 군수로 전임된 홍대용은 소 두 마리와 농기구, 돈과 공책 등을 보내면서, 농사를 짓는 한편으로 후세에 남을 만한 저술에 힘쓰도록 연암을 격려해 주었다. 연암은 중국 여행 중에 기록해 두었던 방대한 초고를 정리·편집하는 작업에 착수해서, 수년 동안 심혈을 기울인 끝에 아마도 1783년 경에는 일단 탈고하여 이를 '열하일기'라는 표제로 세상에 내놓았던 것 같다. 그 후 『열하일기』는 연암 자신에 의한 여러 차례의 수정·보완 작업을 거친 끝에 오늘날 보는 바와 같이 「도강록」 이하 「금료소초」金蓼小抄에 이르는 총 25편의 체제를 갖추게 되었던 것으로 짐작된다.

이와 같이 『열하일기』의 저술에 몰두하고 있던 무렵에 한편으로 연암은 절친한 벗들이 잇달아 세상을 떠나는 슬픔을 겪어야 했다. 1781년에는 정철조가, 1783년에는 홍대용이 병으로 죽었다. 당시 연암이 심혈을 기울여 지은 정철조에 대한 제문(「제정석치문」祭鄭石痴文)과 홍대용의 묘지명(「홍덕보묘지명」洪德保墓誌銘)은 일반적인 제문이나 묘지명과 달리, 작고한 벗에 대한 뜨거운 추모의 감정을 대단히 파격적인 방식으로 표현한 글들이라 할 수 있다.

드디어 벼슬길에 나서다

1786년 연암은 음보蔭補로 선공감 감역(종9품)에 임명되어, 나이 쉰 살에 비로소 벼슬길에 나서게 되었다. 이는 벗 유언호가 이조 판서로 있으면서 천거한 덕분이라고 한다. 1789년 그는 평시서 주부(종6품)로 승진했으며, 이듬해 의금부 도사로 전보되었다가 그해에 다시 제릉 영齊陵令(종5품)으로 전임되었고, 1791년에는 한성부 판관(종5품)으로 전보되었다.

이와 같이 반남 박씨 집안의 저명한 문인인 연암이 뒤늦게나마 관직에 진출하자, 젊은 시절부터 교분이 있던 노론 벽파僻派의 심환지沈煥之, 정일환鄭日煥 등이 그를 찾아와 자파로 끌어들이려 했다. 하지만 연암은 그들의 권유를 완곡히 거절했을뿐더러, 음관蔭官을 대상으로 한 과거에도 번번이 불응함으로써 출세에 뜻이 없음을 보여주었다. 「재거」齋居는 경기도 개풍군開豊郡(지금 북한의 개성직할시 개풍군)에 있는 태조의 원비元妃 신의왕후神懿王后의 능을 관리하는 제릉 영으로 재직할 적에 지은 한시인데, 여기에서 연암은 말단 벼슬아치로 유유자적하게 지내는 자신의 모습을 자못 해학적으로 노래하고 있다.

그런데 오랜 가난과 은둔의 생활을 청산하고 비로소 벼슬길에 나선 이 시기에 연암은 가족과 친척들이 잇달아 사망하는 불행을 겪어야 했다. 1787년 음력 정월에 부인 전주 이씨가 세상을 떠났다. 부인 이씨는 연암과 동갑으로, 열여섯 살에 시집온 뒤 2남 2녀를 낳았다. 결혼 초에는 연암의 조부 댁이 비좁아 친정에 많이 가 있었고, 중년 이후에도 가난하여 자주 이사하는 등 고생이 심했으나 묵묵히 견뎌 냈다. 평소 부인 이씨의 부덕婦德을 존경했던 연암은 부인이 사망한 뒤 종신토록 독신으로 지냈다. 같은 해 7월에는 형님 박희원이 별세하여, 연암 골짜기의 집 뒤 형수 이씨의 묘에 합장했다. 「연암억선형」燕巖憶先兄은 돌아간 형님을 추모하여 지은 시이다. 그 이듬해에는 맏며느리 덕수德水 이씨와 시집간 맏딸이 죽었다. 부인에 이어 맏며느리마저 사망하여 집안 살림을 맡길 데가 없었으므로, 주위에서 재혼을 권했으나 연암은 이를 마다하였다.

1790년 금성도위 박명원이 별세했다. 영조의 딸인 화평옹주和平翁主와 결혼한 박명원은 생전의 사도세자를 측근에서 보호하기에 힘썼을 뿐 아니라, 사도세자의 능을 화성華城(수원)으로 이전하는 사업을 적극 추진하여 정조의 두터운 신임을 받았다. 한편 그는 반남 박씨 일족 중에서 누구보다도 연암의 뛰어난 재능을 인정하고 아껴 준 인물이었다. 1780년 중국 사행의 정사로 임명되자 연암을 수행원으로 데려가 청나라의 선진 문물을 널리 견문할 수 있도록 해 주었으며, 귀국한 뒤에는 연암이 독서와 저술에 전념할 수 있도록 자신의 별장인 삼포三浦(마포)의 세심정洗心亭을 빌려주기도 했다. 「족형도위공 주갑수서」族兄都尉公周甲壽序는 1785년 연암이 팔촌형 박명원의 환갑을 축하하여 지은 글이다. 박명원이 별세하자 정조는 '충희'忠禧라는 시호와 함께 장문의 어제御製 제문을 하사하고 손수 신도비神道碑를 지었으며, 생전의 그와 절친했던 연암에게 묘지명을 짓도록 명했다.

평시서 주부로 재직하던 1789년 가을에 연암은 잠시 여가를 얻어 연암 골짜기로 돌아왔다. 그때 연암 골짜기로 처음 들어왔을 적부터 교분이 있던 개성 선비 최진관의 청탁으로, 작고한 그의 부친 최순성崔舜星의 묘갈명(「치암 최옹묘갈명」癡菴崔翁墓碣銘)을 지어 주었다. 또한 같은 개성 선비로서 일찍이 자신의 금학동 별장에 연암을 모시는 등으로 교분이 깊었던 양호맹(호는 죽오竹塢)을 위해 「죽오기」竹塢記를 지어 준 것도 그 무렵의 일로 짐작된다.

안의 현감 시절의 왕성한 창작 활동

1791년(정조 15년) 음력 12월 연암은 경상도 안의安義 현감에 임명되어, 이듬해 정월 안의에 부임했다. 그로부터 1796년 음력 3월 교체되어 그곳을 떠날 때까지의 5년 간은 연암의 불우했던 생애 가운데 조금이나마 뜻을 펼 수 있었던 행복한 시절이었다고 할 수 있다. 안의는 영호남의 경계에 위치한 지리산 중의 작은 고을로서 거창군과 함양군을 이웃에 두고 있었으며, 당시 인구는 5천여 호였다. 이곳은 '화림'花林이라고도 불렸을 만큼 산수 자연이 아름다운 고장이었으나, 무신년 이인좌李麟佐의 난 때 적극 호응한 탓으로 한동안 고을이 혁파革破된 적이 있었으며, 그 여파로 연암이 부임하던 당시에도 민심이 사납고 교활하며, 도적이 극성하고 아전들의 농간이 심했다고 한다.

연암은 부임 초에 경상 감사 정대용鄭大容의 부탁으로, 대구의 감영監營에 여러 날 묵으면서 도내의 수많은 의옥疑獄들을 심리하고 소견서를 작성했다. 「답순사 논함양장수원 의옥서」答巡使論咸陽張水元疑獄書는 그때 경상 감사의 하문에 답하여, 함양 사람 장수원이 저지른 살인 사건의 진상에 관해 자신의 소견을 밝힌 편지이다.

안의에 부임한 즉시 연암은 엄정한 판결로 송사訟事를 처리하여 백성들 간에 분쟁을 일삼던 풍조를 바로잡고, 아전들의 상습적인 관곡官穀 횡령을 근절했으며, 관아에까지 침범하던 도적을 퇴치했다. 또한 그는 자신의 녹봉을 털어 흉년에 굶주린 고을 백성들을 구제하기에도 힘을 다했다. 「답대구판관이후 논진정서」答大邱判官李侯論賑政書는 1793년 봄 도내에 극심한 흉년이 들었을 때 연암이 기민饑民 구호 업무로 지친 대구 판관 이단형李端亨을 위로하고 격려하기 위해 쓴 편지이다.

이와 같이 선정善政을 행하고자 힘쓰는 외에, 연암은 북학 사상을 일부 실천해 보기도 했다. 공장工匠을 시켜 자신이 중국 여행 중에 주의 깊게 관찰한 바 있던 용미거龍尾車 등 선진적인 농기구들을 제작하게 하여 시험해 보았으며, 관아의 빈 터에 백척오동각百尺梧桐閣, 하풍죽로당荷風竹露堂 등의 정각을 새로 짓고 담을 쌓을 때도 중국의 제도를 본받아 벽돌을 만들어 썼다고 한다. 또한 그는 멀리 한양이나 개성으로부터 처남 이재성과 문하생 이희경, 한석호, 박제가 등을 초청해서는, 공무의 여가를 틈타 새로 지은 정각에 술자리를 마련하고 한시를 짓는 모임을 즐기기도 했다.

이처럼 비교적 여유 있고 안정된 안의 현감 시절에 연암은 왕성한 창작력을 발휘하여, 연이어 주옥같은 작품들을 지었다. 「양반전」 등과 함께 연암의 대표적 한문소설의 하나로 간주되는 「열녀 함양 박씨전」은 안의 고을 아전 집안의 한 여성이 함양으로 시집간 뒤 요절한 남편을 따라 순절한 사실을 기록한 열녀전이다. 그런데 연암은 본전本傳 앞에 별도의

긴 서문을 덧붙여, 여성의 순절을 비인간적인 풍습으로 비판하는 진보적 윤리관을 교묘하게 피력하고 있을뿐더러 고독한 과부의 내면 심리를 섬세하고도 호소력 있게 묘사하고 있다. 그 결과 「열녀 함양 박씨전」은 일반적인 열녀전과 달리 그 주제와 표현 면에서 모두 독특한 작품이 되었다고 하겠다.

「홍범우익서」洪範羽翼序는 안의 출신의 학자 우여무禹汝楙(1595~1657)가 남긴 『홍범우익』이란 저술에 부친 서문이다. 이 글에서 연암은 종래의 미신적인 오행상생설五行相生說을 비판하고, 오행五行이란 백성들의 일용생활에 불가결한 이용 후생利用厚生의 도구를 다섯 가지 범주로 총괄한 것에 불과하다는 독창적인 견해를 펴고 있다. 「해인사 창수시서」海印寺唱酬詩序는 연암이 합천 해인사에서 경상 감사를 맞아 도내 수령들과 함께 시 짓고 술 마시는 자리를 가졌던 일을 서술한 글이다. 여기에서 그는 남명 조식南冥 曺植과 동주 성제원東洲 成悌元이 해인사에서 만나 밤새 민생 문제를 논했던 고사를 빌려, 행락에만 그친 수령들에게 은근히 각성을 촉구하고 있다.

이 시절에 연암은 빼어난 기記도 많이 지었다. 그중 「공작관기」孔雀館記는 신축한 백척오동각의 남쪽 방을 '공작관'이라 명명하면서 지은 글이고, 「하풍죽로당기」는 백척오동각의 남쪽에 공작관과 마주하여 하풍죽로당을 신축하고 나서 지은 글이다. 이러한 글들에서 연암은 정각을 에워싼 주위 풍경을 사실적이면서도 매우 운치 있게 표현하고, 아울러 정각의 이름을 그와 같이 지은 깊은 속뜻을 드러내었다. 또한 「함양군 학사루기」咸陽郡學士樓記는 함양 군수 윤광석尹光碩의 부탁으로, 신라 시대 최치원崔致遠의 전설이 얽힌 학사루를 복구한 전말을 기록한 글이다. 최치원의 불우했던 말년을 회고하면서 학사루 위를 거닐며 시를 읊는 그의 모습을 상상하고 있는 이 글의 말미는 격조 높고 비감 어린 문장으로 인해 무한한 여운을 남긴다.

안의 현감 시절에 쓴 편지들도 연암 산문의 특징을 잘 보여주고 있다. 그중 「여인」與人(『연암집』 권10)은 박제가가 조강지처를 잃은 데 이어 이덕무와 같은 절친한 벗과 사별한 것을 가슴 아파하며 쓴 편지이다. 여기에서 연암은, 벗을 잃은 슬픔은 처를 잃은 슬픔과는 비교할 수 없이 고통스럽다는 극단적인 우정 예찬론을 펴고 있다. 그리고 춘추 시대에 백아伯牙가 자신의 연주를 참으로 이해했던 벗 종자기鍾子期가 죽자 악기의 줄을 끊어 버리고 다시는 연주하지 않았다는 고사를 끌어와, 백아의 가상적인 내면 독백을 통해 지기를 잃은 슬픔을 그려 내는 기발한 수법을 구사하고 있다.

또한 전前 전라 감사 이서구李書九가 유배지에서 보낸 편지에 대한 답서(「답이감사 적중서」答李監司謫中書)에서는 당시 경상도 영해寧海에서 유배 생활을 하고 있던 그를 위로하는 한편으로, 이가 빠지고 흔들거리며 치통으로 고생하는 연암 자신의 연로한 모습을 솔직하고 해학적으로 묘사하고 있어, 연민과 동시에 웃음을 자아낸다. 그리고 우의정이 된 벗 김이소에게 보낸 편지(「상김우상서」上金右相書)에서는, 나그네처럼 홀로 지내는 고을살이의 외로움과 관직을 버리고 떠나고 싶은 심경을 드러내면서, 관직에 연연하는 자들을 독이 있는 줄도 모르고 복어 알을 먹으려 덤비는 까마귀에 비겨 신랄하게 풍자하고 있다.

이 시절의 문학적 성과로서 또 하나 간과할 수 없는 작품은 합천 해인사를 구경하고 지은 5언 198행의 장편 한시 「해인사」이다. 연암은 비록 과작寡作이긴 했으나 그 나름의 독특한 경지를 보여주는 우수한 시들을 남겼는데, 그중에서도 이 시는 초기작인 「총석정 관일출」과 더불어 그 탁월한 사실적 자연 묘사에서 연암의 시 세계를 대표하는 명작이라 할 수 있다.

그런데 이와 같이 여유 있는 환경에서 원숙기에 달한 자신의 창조 역량을 유감없이 발휘할 수 있었던 안의 현감 시절에 연암은 뜻밖에도 『열하일기』로 인해 국왕 정조의 견책을 받게 되었다. 당시 정조는 양반 사대부들의 글 짓는 풍조가 날로 타락하고 있다고 우려하여, 규장각奎章閣 설치, 과거 문체에 대한 규제, 중국의 최신 서적 수입 금지 등 여러 조치들을 통해 이를 바로잡고자 했다. 이러한 문예정책의 일환으로, 1792년 정조는 측근의 문신文臣들과 성균관 유생들 중, 명나라 이후 크게 유행한 중국의 통속소설이나 소품 산문들을 탐독하고 그에 물든 문체를 구사하고 있는 자들을 적발하여, 그들의 관직이나 과거 응시 자격을 박탈하고, 순수한 고문古文의 문체로 속죄하는 글을 지어 바치도록 했다.

이와 같은 정조의 조치는 이듬해인 1793년 초에 박제가와 이덕무에 이어, 멀리 안의에 있던 연암에게까지 미쳤다. 규장각 문신 남공철南公轍이 연암에게 편지를 보내 간접적으로 전한 하교에서, 정조는 중국의 통속소설과 소품 산문에 물든 새로운 문체를 유행시킨 장본인으로 연암과 그의 『열하일기』를 지목하여 엄중 문책하면서, 아울러 자신의 문예정책에 순응한다면 특별히 중용할 수도 있다는 뜻을 비쳤다.

이에 연암은 『열하일기』의 문체에 대한 변명과 반성의 뜻을 담은 정중한 답서를 남공철에게 보냈다. 하지만 정조의 견책을 받았던 여러 문인들이 다투어 속죄하는 글을 바친 것과 달리, 연암은 더 이상의 대응을 하지는 않았다. 국왕의 견책을 감수하고 근신해야 마땅한 터에 새로 글을 지어 바친다면 이것은 이전의 허물을 가리려는 짓이자 분수 밖의 영달을 바라는 셈이 되므로, 재차 국왕의 하교가 있으면 마지못해 응하여 전에 지어 두었던 글 몇 편을 진상함으로써 신하된 도리를 지킬 뿐이라는 것이 당시 연암의 생각이었다고 한다.

면천 군수 시절과 『열하일기』 파동

1796년 음력 3월 안의 현감 직에서 교체되어 한양으로 올라온 연암은 제용감濟用監 주부, 의금부 도사, 의릉 영懿陵令을 거쳐 이듬해 7월, 환갑이 지난 나이에 충청도 면천沔川(지금의 충남 당진군 면천면) 군수로 나가게 되었다.

당시 충청도 일대에 극심한 가뭄이 들었으므로, 면천 군수로 갓 부임한 연암에게 충청 감사 한용화韓用和가 조세 감면 혜택을 조정에 청하는 장계를 대신 지어 주도록 부탁했다. 이는 연암의 친구인 공주 판관公州判官 김기응金箕應이, 안의 현감 시절 연암이 도내의 의옥들을 심리하면서 그에 관한 소견서를 잘 지었던 사실을 들어 충청 감사에게 적극 천거한 때문이었다.

이에 연암이 조정의 선처를 요망하는 장계(「연분가청 장계」年分加請狀啓)를 지어 주었더니, 과연 그의 문장에 힘입어 조정의 윤허를 받을 수 있었다. 그러자 충청 감사는 연암을 자신의 측근으로 끌어들이려는 은근한 뜻을 나타내며 그에게 접근해 왔다. 하지만 연암은 이를 혐오하여 병이 났다는 이유로 사직서를 제출했으므로, 감사와 불화를 빚게 되었다. 이로 인해 중간에서 난처해진 김기응과 연암 사이에 편지들이 오고 갔는데, 「답응지서」答應之書도 그중의 하나이다. 이 편지에서 연암은 연말의 인사 고과에서 감사가 보복 삼아 자신에게 낮은 평가를 내린 데 대해 분개하기는커녕, 매우 해학적인 어조로 자신은 그런 것에 전혀 개의하지 않음을 분명히 밝히고 있다.

안의 현감 시절과 마찬가지로, 연암은 면천군에서도 고을 백성들 간의 극심했던 소송 분쟁을 진정시키고, 흉년에는 녹봉을 털어 굶주린 백성을 구제하는 등 선정에 힘썼다. 그런데 군수로서 연암이 당면한 가장 큰 문제는 천주교에 관한 대책이었다. 당시 충청도 일대에는 천주교가 성행하고 있었으며, 면천군 역시 예외가 아니었다. 연암이 면천 군수로 임명된 것도 천주교 문제를 우려한 정조의 의중에 따른 것이었다고 한다. 연암은 천주교도로 적발된 자들을 엄벌에 처하는 대신, 유교의 인륜 도덕으로 반복 설득하여 개심하도록 한 뒤 모두 풀어주었다. 이러한 온건한 대책이 주효하여 자수하는 자들이 속출했으며, 그 결과 1801년 대대적인 천주교 탄압(이른바 신유사옥辛酉邪獄)이 벌어졌을 때에도 도내에서 면천군만은 평온할 수 있었다고 한다.

면천 군수 시절에 연암은 「서이방익사」書李邦翼事와 아울러 『과농소초』라는 중요한 저술을 남겼다. 앞서 언급했듯이 정조는 『열하일기』의 문체를 문제삼아 연암을 견책했으나, 이는 자신의 문예정책에 연암이 호응할 것을 기대하면서 회유하는 뜻도 함축한 조치였다. 그 뒤 정조는 총애하던 규장각 검서 이덕무가 병사하자, 특별히 연암에게 이덕무의 행장을 지으라고 어명을 내리는 등으로, 노론 명문가의 후예요 문단의 거물인 연암에 대해 지속적인 관심을 표명했다. 그 일환으로 정조는 면천 군수로 임명된 연암이 임지로 떠나기 전에 하직 인사차 대궐에 들어갔을 때, 제주도 사람 이방익李邦翼이 해상 표류 끝에 중국 각지를 전전하다가 극적으로 귀환한 사건을 친히 설명하고 이를 글로 짓도록 지시했다. 「서이방익사」는 이와 같은 어명에 따라 연암이 면천에 부임한 직후 지어 바친 글로서, 정조의 칭찬을 받았다고 한다.

『과농소초』는 1799년 봄 농업 장려를 위해 널리 농서를 구한다는 정조의 윤음綸音을 받들어 진상한 저술이다. 이는 일찍이 연암 골짜기에 은둔하던 시절에 연암이 우리나라와 중국의 농서들을 읽고 초록해 둔 데다가, 1780년 중국 여행 중 관찰한 청나라의 선진적 농법과 농기구에 관한 지식을 보태어 엮은 것이었다. 연암은 여기에 「한민명전의」限民名田議를 덧붙여, 지방 수령으로서의 다년간의 경험에 비추어 농업 문제의 근본 모순을 토지 소유의 제한을 통해 해결하는 방안을 제시했다. 이러한 『과농소초』에 대해 정조가 칭찬했을 뿐 아니라, 규장각의 문신들 사이에서도 칭송이 자자했다고 한다.

그런데 1798년에서 1799년 무렵에, 안의 현감 시절 연암이 '오랑캐의 옷을 입고 백성들을 대했다'(胡服臨民)는 유언비어와 함께, 『열하일기』에 대해서도 '오랑캐의 연호를 쓴 원고'(虜號之稿)라는 비방이 일어나, 하마터면 큰 사건이 될 뻔했다. 「자소집서」自笑集序에서도 알 수 있듯이, 연암은 우리나라의 옷차림 중에 오랑캐인 원나라 몽골의 풍속을 답습한 것들을 고대 중국의 복식 제도에 맞게 개혁해야 한다는 지론을 품고 있었다. 그래서 안의 현감으로 있을 적에 관아에서 물러나면 고대 중국의 제도에 따라 만든 평복을 입곤 했던 것인데, 연암이 백성을 잘 다스린다는 소문이 자자함을 시기한 이웃 고을 수령이 이를 빌미로 '호복임민'胡服臨民이라는 유언비어를 지어내어 한양에 퍼뜨렸던 것이다.

이와 같은 모함은 청나라에 대한 반감이 여전하던 당시의 사회 풍조에 편승해서 상당히 주효했으며, 마침내 『열하일기』에 대한 비방으로까지 비화했다. 즉 『열하일기』는 망한 명나라의 '숭정'崇禎 연호 대신 '건륭'乾隆이라는 청나라의 연호를 썼으므로, 명나라에 대한 의리를 망각하고 오랑캐인 청나라를 추종한 '노호지고'虜號之稿라는 것이었다. 이러한 비방 사건은 당시 저명한 문인의 한 사람이던 유한준兪漢雋과 연암 사이의 해묵은 불화와 깊은 관련이 있었다. 유한준은 병자호란 때 척화파斥和派였던 유황兪榥의 후손인 관계로, 청나라를 오랑캐로 여기고 몹시 배격하던 인물이었다. 뿐만 아니라 그는 중국의 고대 문학을 절대적 모범으로 삼아 글을 지었으며, 만년에는 문학이 유교의 도를 충실히 전달해야 한다고 보는 성리학적 문학관을 받아들였다. 따라서 그는 '북학'과 '법고창신'을 주장한 연암과는 사상적으로나 문학적으로나 대립 관계에 있었다.

유한준에게 답한 편지들(「답창애」答蒼厓)에서 보듯이 두 사람은 일찍부터 친분이 있었으나, 연암이 유한준의 글에 대해 중국 고전의 모방이 심하다고 비판한 이후로 사이가 벌어지게 되었다. 그리하여 자신의 글을 알아주지 않는 연암에 대해 평소 유감을 품고 있던 유한준은, 정조가 『열하일기』를 들어 연암을 견책하면서도 장차 중용할 뜻을 비치자 더욱 시기하는 마음이 커지던 중에, 때마침 '호복임민'의 유언비어가 나도는 데 가세하여 『열하일기』를 '노호지고'라고 비방하는 여론을 선동했다고 한다. 하지만 그 무렵 처남 이재성에게 답한 편지(「답이중존서」答李仲存書)를 보면, 연암은 이러한 모함과 비방으로 인한 물의를 염려하면서도 그에 위축되지 않고 결연히 맞서 북학 사상을 견지하고 있음을 알 수 있다.

양양 부사 이후의 말년

1800년 음력 6월 정조가 승하했다. 연암은 자신의 하찮은 글 솜씨를 알아준 정조의 은혜에 제대로 보답하지 못했다고 하여 몹시 애통해하였다.

그해 8월 연암은 강원도 양양襄陽 부사로 승진했다. 양양은 동해에 임하여 바닷바람이 거세고 산들은 하늘을 찌를 듯이 험준한 고을인데, 임금의 관棺을 만드는 데 쓰는 황장목黃腸木이라는 질 좋은 소나무가 많이 나는 곳으로 유명했다. 부임 직후 정조의 장례에 쓸 소나무를 벌목하는 부역이 내려지자, 연암은 진영鎭營의 교졸校卒들이 도벌 방지를 구실로 갖은 횡포를 부리던 것을 엄단했을 뿐 아니라, 전임자들처럼 진상하고 남은 목재를 챙기지 않고 모두 거두어 다리를 만드는 데 쓰도록 했다. 이와 아울러, 그는 한심한 지경에 이른 환정還政을 바로잡고자 자신의 녹봉을 털어 축난 관곡을 솔선해서 보충했다. 그러자 이에 감동한 아전들이 힘을 다해 배상하고 고을 부민富民들이 협조하여 마침내 부고府庫가 채워지게 되었다고 한다.

그러나 이듬해 봄에 연암은 관직에서 물러났다. 당시 양양 신흥사新興寺의 중들이 궁속宮屬들과 결탁하여 절에 역대 임금들의 유품을 봉안하고 있는 양 꾸민 뒤, 그 위세로 수령들을 모함하는가 하면 백성들을 침탈하고 구타, 살상하는 등 행패가 자심했으므로, 연암은 강원 감사에게 보고하여 그 중들을 징계하고자 했다. 하지만 감사가 미온적인 태도로 나왔기 때문에, 부임한 지 1년도 채 안 되어 노병老病을 핑계로 사직하고 만 것이다.

　정조가 승하한 뒤 순조가 어린 나이로 즉위하자, 수렴청정을 하게 된 대왕대비 정순왕후貞純王后의 일족인 경주 김씨 세력의 주도로 시파時派에 대한 벽파僻派의 공격이 개시되고, 천주교도에 대한 일대 탄압이 벌어지는 등 정국이 극도로 경색되어 갔다. 그 무렵 이조 판서, 호조 판서 등에 중용된 이서구가 연암에게 누차 관직에 복귀할 것을 권했으나, 연암은 이를 굳이 사양하고 조용히 말년을 보내는 길을 택했다.

　수년 전 연암은 안의 현감을 지낸 뒤 상경하여 잠시 산직散職에 있을 때, 장차 전원으로 돌아가 책을 저술하면서 여생을 보낼 계획으로 계산동桂山洞(지금의 종로구 계동)에 과수원을 매입하고 벽돌로 작은 집을 지었다. 안의현 관아의 빈터에다 정각을 지었을 때와 마찬가지로, 각종 건축에 벽돌을 적극 사용하자는 자신의 북학론北學論을 몸소 실천하여 집을 지었던 것이다. 이 집이 이른바 '계산초당'桂山草堂이다.

　계산초당에는 처음에 처남 이재성이 이사와 살았으므로, 당시 연암은 매일같이 그를 방문하여 나라를 다스리고 백성을 구제하는 문제에 관해 함께 토론했다고 한다. 그런데 얼마 후 연암이 면천 군수로 나가고 이재성도 사정이 있어 이사 간 뒤로 이 집은 수년 간 남에게 맡겨졌다가, 아들 박종채朴宗采가 다시 들어와서 평생 이 집을 지키고 살았다. 연암의 사후에 태어난 손자 박규수朴珪壽가 대를 이어 지키고 산 집도 바로 이 계산초당이었다.

　연암은 면천 군수 시절 이래 풍비風痹(뇌졸중)로 고생했는데, 1804년 여름 이후 그 증세가 더욱 악화되었다. 하지만 그는 자신의 죽음을 예감한 듯 약을 물리치고 더 이상 들지 않았으며, 자제들에게 장례를 검소하게 치르도록 지시했다. 병석에 눕게 된 연암은 종종 이재성과 이희경을 불러 술상을 마련하고, 이들의 대화를 곁에서 듣는 것으로 낙을 삼았다고 한다.

1805년(순조 5년) 음력 10월 20일 연암은 향년 69세를 일기로 서거했다. 장지는 경기도 장단長湍 송서면松西面의 선영으로, 부인 이씨의 묘에 합장되었다. 송서면은 일제강점기에 진서면津西面으로 통합되었으며, 분단 이후 지금은 북한의 개성직할시 판문군에 속하는 지역이 되었다. 현재 연암의 묘는 개성 동쪽 교외의 삼댐(모래찜질로 유명한 하천) 건너편 황토고개 부근에, 한글로 '연암 박지원의 묘'라고 쓴 비석과 함께 새로 단장된 모습으로 보존되어 있다고 한다.

1874년 양력 2월(고종 10년 12월) 박규수가 우의정으로 임명되자, 그의 조부인 연암에게도 좌찬성左贊成의 관직이 추증追贈되었다. 그리고 1910년 8월 조선왕조가 망하기 직전에 연암에게 '문도'文度라는 시호諡號가 내려졌다.

21세기에 연암을 그리며

연암은 노론 명문가 출신인데다 뛰어난 문학적 재능을 지니고 있어 입신출세할 수도 있었지만, 현실과 타협하기를 거부하고 재야의 선비로 살아가는 길을 택했다. 또한 그는 좁은 국토에서 벗어나 천하의 대세를 살피고 조선의 낙후된 현실을 타개할 수 있는 방안을 찾고자 청나라를 다녀온 뒤, 북학 사상을 집대성한 거작 『열하일기』를 남겼다. 그리고 뒤늦게 관직에 나아가서도 벼슬에 연연하지 않고 선정을 펴려고 했으며, 당시 양반 사회의 보수적인 시류에 맞서 자신의 문학적·사상적 진보성을 견지하고자 했다. 이렇게 볼 때 연암은 자기 시대의 과제를 해결하려고 성실하게 노력한 양심적인 작가요 사상가라 할 수 있다.

창강 김택영滄江 金澤榮은 중국의 당송 팔가唐宋八家에 비견되는, 우리나라의 대표적 고문가古文家의 한 사람으로 연암을 꼽은 바 있다. 하지만 연암은 고문의 전통을 충실히 계승하면서도, 다른 한편 규범에 얽매이지 않는 새로운 표현과 조선 고유의 속어·속담 등을 구사하여 참신하고 사실적이면서 민족문학적 개성이 뚜렷한 산문들을 많이 남겼다. 그리고 「양반전」, 「호질」, 「허생전」, 「열녀 함양 박씨전」 등의 한문소설로 인해 그는 조선 후기 소설사에서 가장 뛰어난 작가로 평가되고 있다. '법고창신'을 핵심으로 하는 연암의 문학론은 당대 조선의 현실을 참되게 그릴 것을 주장한 점에서 민족문학론과 리얼리즘론의 선구가 된다고 볼 수 있다.

시민사회와 국민국가 수립이 시급한 과제였던 시대에 연암의 문학과 사상이 무엇보다 먼저 '근대지향적'인 유산으로서 주목되었던 것은 당연한 일이다. 하지만 21세기에 들어선 오늘날에도 오로지 그와 같은 시각에서만 연암을 바라볼 필요는 없을 듯하다. 우리는 지금 전지구적 차원에서 자본주의 체제가 완성되면서 세계가 급속히 하나로 통합되어 가는 새로운 시대에 살고 있다. 그리하여 국가·민족·문명·계층·지역·성별 등 기존의 모든 경계가 허물어지는 가운데 심각한 정체성의 혼란과 인간다운 삶의 위기를 겪고 있다. 이른바 세계화의 도도한 물결에 직면

하여 어떻게 주체적으로 인간답게 살아갈 것인가? 이것이 우리 시대의 '화두'話頭라고 한다면, 시대착오적인 고루한 사고방식을 버리고 발상을 전환하여 사물을 새롭게 인식할 것을 가르친 연암의 작품들은 그에 응답하는 살아 있는 고전이 될 수 있지 않을까 한다.

만약 연암이 살아 있다면 현대의 당면 과제에 대해 과연 어떤 대안을 제시했을까 하는 관점에서, 그의 문학과 사상을 창조적으로 재해석하는 일은 온전히 우리의 몫으로 남아 있다.

인명 및 사항 해설

ㄱ

감라甘羅 | 진秦나라의 명장 감무甘茂의 손자로, 열두 살 때 승상 여불위呂不韋의 가신家臣이 되었다. 조趙나라에 사신으로 가서 조나라를 설득하여 5개 성을 할양받고 연燕나라를 공격하게 하여, 진나라의 영토를 확장하는 공로를 세웠다.

강태공姜太公 | 여상呂尙 또는 태공망太公望이라고도 한다. 주周나라 초에 무왕武王을 도와 은殷나라를 멸망시켰다.

강희康熙 | 청나라 성조聖祖의 연호로, 1662년부터 1722년까지 사용되었다.

개령開寧 | 지금의 경상북도 김천시에 속하는 고을이다.

객호客戶 | 그 고장에 2대代 이상 거주하고 있는 호구를 주호主戶라고 하고, 타향에서 새로 들어와 사는 호구를 객호라고 한다.

건륭乾隆 | 청나라 고종高宗의 연호로, 1736년부터 1795년까지 사용되었다.

경포瓊圃 | 고대 중국의 전설에 아름다운 옥이 산출되며, 신선들이 산다는 동산이다.

곡영谷永 | 자는 자운子雲이다. 경서經書에 해박하고 특히 천문天文에 정통하였다. 전한前漢 원제元帝 때에 태상승太常丞으로 있으면서 여러 차례 글을 올려 천재지변의 현상을 가지고 조정의 득실을 논하였다. 성제成帝 때에는 황태후를 비롯해 외척 왕씨王氏들과 가까이 지낸 탓에 성제의 신임을 받지 못해 대사농大司農에 그쳤다.

곤어鯤魚 | 북쪽 대해大海에 살며 크기가 몇천 리나 되는지 알 수 없다는 물고기로, 『장자』莊子 「소요유」逍遙遊에 나온다. 붕새는 이 곤어가 새로 변한 것이라 한다.

공명선公明宣 | 춘추 시대 노魯나라 남무성南武城 사람으로, 증자曾子의 제자이다.

공인恭人 | 조선 시대에 정5품 또는 종5품 벼슬아치의 부인에게 내린 벼슬을 이른다.

공형公兄 | 조선 시대에 호장戶長과 이방吏房 및 수형리首刑吏를 삼공형三公兄이라 하였다.

곽거병霍去病 | 기원전 140~기원전 117. 한漢나라 무제武帝 때 대장군大將軍 위청衛靑의 조카로서 열여덟 살에 시중侍中으로 발탁되었다. 여섯 차례나 흉노 정벌에 참여하여 그 공으로 표기장군驃騎將軍이 되었다.

곽집환郭執桓 | 1746~1775. 산서인山西人으로, 자는 봉규封圭·근정勤庭이며, 호는 반오半迁·동산東山·회성원繪聲園이다. 시를 잘 지었으며 그림과 글씨에도 뛰어났다.

관백關白 | 일본의 천황을 대신하여 섭정攝政한다는 뜻으로, 막부幕府의 최고 실력자인 쇼군將軍을 가리킨다.

관중管仲 | ?~기원전 645. 춘추 시대 제齊나라의 승상이 되어 부국강병책을 추진하여 제나라 환공桓公이 제후들을 규합하고 천하를 제패하도록 도왔다.

광통교廣通橋 | 한양 중부 광통방廣通坊에 있던 다리로, 광교廣橋라고도 한다. 청계천에 놓인 다리 중 가장 큰 다리였다.

광형하廣硎河 | 정확한 명칭은 '맹광형수'孟廣硎水이다. 일명 맹광형孟廣硎이라고 하는 무령산霧靈山 아래를 흐르는 강이다.『열하일기』「막북행정록」漠北行程錄 8월 7일자 일기에 광형하는 백하白河의 상류라고 하였다.

괴룡乖龍 | 고대 중국의 신화에 나오는 나쁜 용으로, 비를 내려 주기를 싫어해서 온갖 방법으로 숨지만 결국 뇌신雷神에게 붙잡히고 만다고 한다.

교산喬山 | 황제黃帝를 장사 지냈다는 곳이다.『열선전』列仙傳에, 황제를 교산喬山에 장사 지냈더니 산언덕이 갑자기 무너지면서, 묘에 시신이 사라지고 칼과 신발만 남았다고 한다.

구가九歌 | 굴원屈原이 지은『초사』楚辭의 편명篇名이다. 태일신太一神인 동황태일東皇太一, 구름 신인 운중군雲中君, 상수湘水의 신인 상군湘君, 아황娥皇과 여영女英의 상부인湘夫人 등 귀신들을 노래한 11수로 되어 있다.

구리개 | 지금의 서울 중구 을지로 입구, 롯데백화점 맞은편에 있었던 고개이다.

구영仇英 | 명明나라 때의 화가로서 자는 실보實父, 호는 십주十洲이다. 산수화와 화조화를 주로 그렸으며 특히 인물화를 잘 그렸다. 심주沈周, 문징명文徵明, 당인唐寅 등과 함께 명대明代 4대 화가로 불린다.

구왕九王 |『열하일기』「황도기략」黃圖紀略에 구왕九王은 청나라 초기의 예친왕睿親王 도르곤多

爾袞이라고 하였다. 도르곤(1612~1650)은 청 태조太祖 누루하치의 열네째 아들로서 통칭 '구왕'이라 하였다. 병자호란 때 청 태종太宗을 도와 강화도를 침공해서 조선의 왕비와 두 왕자를 사로잡았다. 청 세조世祖가 즉위하자 섭정으로 실권을 장악한 도르곤은 명나라를 멸망시키고 이후 청나라가 중국을 지배하는 기초를 확립하였다.

구유九幽 | 땅속의 가장 깊은 곳을 가리킨다.

구진성句陳星 | 자미원紫微垣에 속하는 별인데, 모두 6개의 작은 별로 이루어져 있다. 그중의 하나가 곧 북극성北極星이다. 구진성은 천자天子의 군대를 주관한다고 하며, 금군禁軍을 상징한다.

국옹麯翁 | 누구의 호인지 알 수 없다. 홍대용洪大容의 벗으로, 성姓은 이씨李氏이며 시와 글씨에 빼어났다고 한다.

군리軍吏 | 병방兵房에 속한 아전을 말한다.

궁조宮調 | 궁상각치우宮商角徵羽의 오음 중 첫 번째 음인 궁음宮音으로 시작하여 궁음으로 끝나는 음계를 말한다.

극진미신劇秦美新 | 왕망王莽이 한漢나라 황실을 몰아내고 신新나라를 세우자 양웅揚雄이 사마상여司馬相如의 「봉선문」封禪文을 모방하여, 진시황秦始皇을 비판하고 신나라 왕망의 공덕을 칭송하는 내용으로 지은 글이다.

금관자金貫子 | 관자貫子는 망건을 쓸 때 당줄을 꿰어 졸라매는 작은 고리인데, 품계에 따라 그 재료와 새김 장식이 달랐다. 조선 시대에 2품의 고관은 초룡草龍 등을 새긴 금으로 된 관자를 하였다.

금사산金沙山 | 황해도 장연에 있는 장산곶의 백사장인데, 모래로 된 그 산봉우리에 오르면 서해가 멀리까지 보인다고 한다. 이덕무李德懋의 『서해여언』西海旅言에 소개되어 있다.

금잠金蠶 | 중국 남쪽 지방에서 키운다는 황금색 독충인데, 좋은 비단을 먹여 기른 뒤 그 똥을 구해다 음식에 섞어 사람에게 먹이면 죽게 된다고 한다. 또한 사람의 뱃속에 들어갈 수 있어, 창자와 위를 모조리 씹어먹은 뒤에 사람의 몸에서 빠져 나온다고 한다.

금주金州 | 한강 입구의 김포金浦를 금주 또는 금릉金陵이라 불렀다.

금천金川 | 황해도에 속한 군郡으로 개성開城 근처에 있었다.

기련산祁連山 | 중국 감숙성甘肅省과 청해성靑海省의 경계에 있는 높은 산으로, 천산天山이라고도 한다.

기주冀州 | 고대 중국의 구주九州의 하나로, 지금의 산서성山西省 전부와 하북성河北省·하남성河南省·요령성遼寧省 일부를 포함하는 지역이다.

김광수金光遂 | 1699~1770. 본관은 상주尙州이며, 이조 판서 김동필金東弼의 둘째 아들로 출생하였다. 자는 성중成仲이고, 호는 상고당尙古堂이다. 1729년(영조 5) 진사 급제 후 잠시 인제 군수麟蹄郡守를 지냈다. 서화에 뛰어났으며, 골동품 수집과 감정으로 명성이 높았다.

김기응金箕應 | 1744~1808. 자는 응지應之이다. 본관은 광산光山으로, 사계沙溪 김장생의 후손이다. 연암이 젊은 시절 교유했던 선배인 석당石堂 김상정金相定의 아들로, 연암과 교분이 있었다. 생원시에 급제한 후 음보로 황간黃澗 현감, 황주黃州 목사 등을 지냈다. 연암이 면천沔川 군수로 재직할 당시 그는 공주公州 판관으로 재직하고 있었다.

김사희金思羲 | 자는 일여逸如, 호는 이아탕주인爾雅宕主人이다. 본관은 경주이고, 1753년에 출생했다. 1773년(영조 49)에 진사 급제했으며, 이덕무와 절친하였다.

김선행金善行 | 1716~1768. 본관은 안동安東이고, 자는 술부述夫이다. 1739년(영조 15) 문과 급제 후 옥당玉堂, 황해 감사, 대사헌, 한성부 좌윤, 도승지 등을 거쳐 1765년부터 1766년까지 동지사冬至使의 부사副使로 연행을 다녀왔다. 귀국 직후인 1766년 5월 개성 유수로 임명되어 1768년 2월까지 재임하였다. 그 후 대사헌, 좌윤을 지내다가 곧 사망했다.

김수항金壽恒 | 1629~1689. 호는 문곡文谷이다. 숙종肅宗 때 서인西人과 노론老論의 영수로서, 전서篆書와 해서楷書·초서草書에 두루 능하였다고 한다.

김억金檍 | 1746~?. 본관은 청양靑陽이고, 자는 효직孝直이며, 호는 풍무風舞이다. 절충장군折衝將軍으로 첨지중추부사를 지낸 김종택金宗澤의 아들이다. 1774년 생원시에 급제하였으며, 금사琴師이자 가객歌客으로 유명하였다.

김이소金履素 | 1735~1798. 자는 백안伯安, 호는 용암庸庵, 본관은 안동安東이며, 신임사화 때 죽은 노론 4대신의 한 사람인 김창집金昌集의 증손이다. 연암과는 약관 시절부터 친구였다. 영조 대에 문과에 급제하여 대사헌, 이조 판서를 거쳐 정조 대에 우의정과 좌의정을 지냈다. 그는 정조 17년~18년(1793~1794) 우의정으로 재임했다.

김창업金昌業 | 1658~1721. 호는 노가재老稼齋이다. 1712년(숙종 38)에 큰형 김창집金昌集이 사은사로 청나라에 갈 때 따라갔으며 연행록燕行錄을 남겼다.

김홍연金弘淵 | 본관이 웅천熊川으로, 개성의 부유한 양반가에서 생장했다. 무과에 급제했으나 불우하게 지냈다. 말년에 평양 영명사永明寺에 기거할 때 연암을 찾아와 자신을 위해 글을 지어 달라고 부탁했다고 한다.

ㄴ

나벽羅璧 │ 송宋나라 말의 학자로, 유교 경전과 역사에 관해 잡다하게 고증한 『지유』識遺라는 저술을 남겼다.

나함羅含 │ 동진東晉 때의 인물로, 상수湘水 지역의 산수를 다룬 『상중산수기』湘中山水記를 저술하였다.

난회煖會 │ 난로회煖爐會를 말한다. 한양 풍속에 화로에 숯불을 피워 번철燔鐵을 올려놓고 쇠고기에 갖은 양념을 하여 구우면서 둘러앉아 먹는 것을 '난로회'라 하였다. 번철은 전을 부치거나 고기를 볶는 데 쓰는 무쇠 그릇으로, 삿갓을 엎어놓은 듯한 모양의 번철 주위에 둘러앉는다고 하여, 난로회를 '철립위'鐵笠圍라고 한 듯하다.

난후병攔後兵 │ 부대의 후방을 방어하는 부대로, 난후군攔後軍이라고도 한다.

남덕신南德新 │ 1749~?. 자는 백선伯善·사수士樹이다. 무반가 출신으로 정조 1년(1777) 생원 급제하고 후년에 다시 진사 급제한 듯하다. 서상수의 고종 조카로 박제가·유득공·이희경 등과 친했으며, 연암의 문하를 출입했다.

남해자南海子 │ 남원南苑이라고도 하였다. 북경의 영정문永定門 밖에 있던 황실의 동물원이자 식물원이다.

낭서郎署 │ 조선 시대에 육조六曹의 정랑正郎(정5품), 좌랑佐郎(정6품), 기타 실무를 담당하는 6품 관원을 이르던 말이다.

노전魯錢 │ 진晉나라의 은자 노포魯褒가 「전신론」錢神論을 지어 돈을 숭배하는 세태를 풍자했으므로, 돈을 일러 노전魯錢이라 한다.

녹자綠字 │ 『녹문』綠文, 『녹도』綠圖라고도 한다. 황하黃河에서 나왔는데, 인간 세상의 길흉화복을 예언한 책이라 한다.

누각동樓閣洞 │ 누각골이라고도 한다. 지금의 서울 종로구 누상동樓上洞, 누하동樓下洞, 체부동體府洞에 걸쳐 있었던 마을이다. 서리胥吏들의 거주지로, 인왕산 아래 누각이 있었으므로 누각동이라고 했다고 한다.

ㄷ

담제인禫制人 │ 삼년상을 마친 그 다음다음 달 하순에 탈상脫喪하면서 지내는 제사인 담제禫祭를 지낼 때까지 상중에 있는 사람이 스스로를 지칭하는 말이다.

당시품휘唐詩品彙 | 명명나라 때 고병高棅이 편찬한 당시집唐詩集이다. 모두 90권으로, 시인 620인의 작품 5700여 수를 형식별로 수록하였다.

대릉大陵 | 대정동大貞洞을 가리킨다. 원래 조선 태조의 계비 신덕왕후神德王后의 무덤인 정릉貞陵이 있었던 곳으로, 지금의 서울 중구 정동 일대이다.

대부大夫 | 주周나라의 제도에 국군國君 아래 경卿·대부大夫·사士의 세 등급이 있었으므로, 후대에 관직에 임명된 자를 대부라 하였다. 조선 시대의 품계에서도 4품 이상의 문관에게는 '~대부'라 하였다.

대패大貝 | 바닷조개 중 가장 크다는 거거車渠와 흡사한 조개의 일종이다. 껍질은 장식품으로 쓴다.

도올檮杌 | 고대 중국의 전설에 나오는 가증스러운 악수惡獸인데, 초楚나라에서 악을 징계하기 위해 이로써 국사國史의 이름을 삼았다고 한다.

도홍경陶弘景 | 452~536. 시호는 정백貞白이다. 양梁나라 때의 인물로, 역대 제왕들과 각국 인물들의 도검刀劍에 대하여 기술한 『고금도검록』古今刀劍錄을 저술하였다.

도화동桃花洞 | 한양의 북악北岳 아래에 있었다. 복숭아나무가 많으므로 도화동이라 했다.

동공東公 | 고대 중국의 신화에 나오는 해를 맡은 신이다.

동래박의東萊博議 | 남송南宋 때 여조겸呂祖謙이 지은 『동래좌씨박의』東萊左氏博議를 말한다. 『춘추좌씨전』春秋左氏傳에서 주제를 취해 평론한 것인데, 과거科擧에서 논설을 짓는 데 도움 되는 책으로 중국과 조선에서 널리 읽혔다.

동리자東里子 | 동리東里에 사는 여자라는 뜻이다. 동리는 정鄭나라 도읍의 성안에 있던 마을이다. 정나라의 현명한 재상인 자산子産도 여기에 살았으므로 마을 이름을 따서 '동리자산'東里子産이라고 불렀다.

동전動轉 | 불교 용어로, 움직임이란 뜻이다. 동動은 사대四大의 하나인 바람(風)의 자성自性이고, 전轉은 사물의 인연에 의하여 생기生起하는 것을 말한다.

동지同知 | 동지중추부사同知中樞府事 등 종2품 벼슬인 동지사同知事의 준말인데, 벼슬이 없는 노인을 높여 부르는 말로도 쓰였다.

두포斗浦 | '두포' 豆浦라고도 한다. 두포는 두모포豆毛浦의 준말이다. 두모포는 지금의 한강 동호대교 북단인 서울 성동구 옥수동에 있던 유명한 나루였다. 우리말로는 '두뭇개'라고 했는데, 이는 한강과 중랑천의 두 물이 합류하는 곳이라는 뜻에서 유래한 지명이라 한다.

둥그재(圓嶠) | 서울의 서대문 밖 아현동 부근에 있었던 고개로, 원현圓峴이라고도 한다.

등림鄧林 | 고대 중국의 신화에 나오는 숲 이름이다. 『산해경』山海經에 과보夸父가 해를 따라 달리다가 목이 말라 죽었는데 그때 버린 지팡이가 숲을 이뤄 등림이 되었다고 한다.

| ㅁ |

마갑주馬甲柱 | 살조개 또는 꼬막이라고 하며, 그 육주肉柱가 맛있다.

마 원수馬元帥 | 화광대제華光大帝 또는 삼안영관마천군三眼靈官馬天君이라고도 한다. 전신前身이 남두南斗 제6성이어서 그 별의 이름을 따서 승勝으로 이름을 삼았으며, 머리가 셋에 눈이 아홉 개였다고 한다. 옥황상제로부터 진무대제부장眞武大帝部將에 봉해졌다고 한다.

마테오 리치 Matteo Ricci | 1552~1610. 중국 이름은 이마두利瑪竇이고, 자는 서태西泰이다. 이탈리아 출신으로 예수회의 선교사가 되어 1582년부터 중국에 거주하며 죽을 때까지 가톨릭 선교에 힘썼다.

만석희曼碩戱 | 개성 지방에서 음력 4월 8일에 연희되던 무언 인형극이다. 이 놀이는 개성의 명기 황진이黃眞伊의 미색과 교태에 미혹되어 파계하였다는 지족선사知足禪師를 조롱하기 위하여 연희되었다는 속전이 있으며, 일설에는 지족선사가 불공 비용을 만 석이나 받은 것을 욕하기 위하여 연희되었다고도 한다.

말갈靺鞨 | 말갈아靺鞨芽 또는 홍마노紅瑪瑙라고도 한다. 보석의 일종으로 붉은빛을 띠며 주로 말갈 지역에서 생산되었으므로 '말갈'이라 하였다.

망기望氣 | 망운望雲이라고도 하며, 구름을 보고 길흉을 예언하는 점술을 말한다.

망양亡陽 | 식은땀을 많이 흘림으로 인해 몸 안의 양기가 없어지면서 오한이 나고 손발이 차지며 심한 허탈 상태에 빠지는 병인데, 산삼이 특효약이라고 한다.

맹용猛獷 | 한漢나라 무제武帝 때 서역西域에서 공물로 바쳤는데, 살쾡이처럼 생겼다고 한다.

먹적골 | 묵적동墨積洞이라고도 부른다. 지금의 서울 중구 묵정동이다.

모교毛橋 | 청계천에 놓인 다리의 하나로, 모전교毛廛橋라고도 한다. 지금의 무교동과 서린동의 사거리 지점에 있었다.

몽염蒙恬 | ?~기원전 220. 진시황 때 내사內史가 되어, 진시황의 명으로 30만 대군을 이끌고 만리장성을 쌓았다. 또한 처음으로 붓을 만들었다고 한다.

무령산霧靈山 | 청나라 순천부順天府 밀운현密雲縣 동북쪽에 있는 해발 2천 미터가 넘는 높은 산이다. 일명 맹광형孟廣硎이라고 하며, 그 아래에 맹광형수孟廣硎水가 흐른다. 백하白河가 이 산에

서 발원한다고 한다.

무령왕武靈王 | 전국 시대 조趙나라의 왕으로, 북쪽 오랑캐의 땅에 있던 중산국中山國을 차지하기 위해 군사력을 기르고자, 왕족들의 반대를 무릅쓰고 활 쏘고 말 타기를 익히기에 편하게 오랑캐 옷을 입도록 복제를 개혁하였다.

무신난戊申亂 | 무신년戊申年인 영조 4년(1728)에 일어난 이인좌李麟佐의 난을 가리킨다.

무하향無何鄕 | 『장자』莊子에 나오는 '무하유지향'無何有之鄕의 준말로, 어디에도 없는 곳이라는 뜻이다. 현실의 제약을 벗어난 무위자연無爲自然의 이상향을 가리킨다.

미우인米友仁 | 1086~1165. 북송北宋 때의 유명한 서화가인 미불米芾의 아들로서 그 역시 뛰어난 서화가였다.

미원동美垣洞 | 미장동美墻洞 또는 줄여서 미동美洞이라고도 불렀다. 지금의 서울 중구 을지로 1가 소공동 북쪽에 해당한다.

미자微子 | 은殷나라 주왕紂王의 형으로, 주왕에게 여러 차례 충고했으나 주왕이 말을 듣지 않으므로 나라를 떠났다. 은나라가 망한 뒤 주周나라의 신하가 되어 송宋의 제후로 봉해졌다.

밀운密雲 | 청나라 때 순천부順天府에 속한 현으로, 지금은 북경시의 교구구郊區區에 속한다. 이곳에서 고북구를 거쳐 열하(지금의 승덕시承德市)까지 직로가 통한다.

ㅂ

박駮 | 백마처럼 생겼는데, 뿔이 하나 있으며 톱니 같은 이빨로 범과 표범을 잡아먹는다고 한다.

박남수朴南壽 | 1758~1787. 자는 산여山如이다. 진사 급제 후 대과에 누차 낙방하여 불우하게 지냈다. 연암의 증조인 박태두朴泰斗 이후 갈라진 동족 간으로, 연암의 족손族孫이 된다.

박명원朴明源 | 1725~1790. 열네 살에 영조의 셋째 딸인 화평옹주和平翁主와 결혼하여 금성위錦城尉에 봉해졌고, 1766년, 1780년, 1784년 세 차례나 사은사謝恩使로 중국을 다녀왔다. 『열하일기』는 1780년 연암이 그를 따라 중국을 여행한 기록이다.

박문수朴文秀 | 1691~1756. 소론에 속한 정치가로, 경종 3년(1723) 문과 급제 후 영남 암행어사로 나가 명성을 떨쳤다. 이인좌李麟佐의 난 때 공을 세워 경상도 관찰사에 발탁되고, 영성군靈城君에 봉해졌다. 병조 판서, 우참찬 등을 지냈다.

박미朴瀰 | 1592~1645. 선조宣祖의 딸 정안옹주貞安翁主와 결혼하여 금양위錦陽尉에 봉해졌다. 이항복李恒福과 신흠申欽에게 수학하고 장유張維, 정홍명鄭弘溟 등과 교유하면서 문학에 치력

하여 장유와 더불어 당대를 대표하는 문장가로 손꼽혔다. 문집으로 『분서집』汾西集 16권이 전하고 있다.

박제가朴齊家 │ 1750~1805. 초명은 제운齊雲이고, 자는 재선在先, 호는 초정楚亭이다. 연암의 문하에서 수학하면서 이덕무, 유득공, 이서구 등과 절친하게 지냈다. 서얼 출신으로, 정조正祖에 의해 특별히 규장각 검서에 발탁되어 각종 서적 편찬에 기여하였고, 무과 급제 후 오위장이 되었으며 영평永平 현감 등을 지냈다. 1778년 사은사 채제공蔡濟恭의 수행원으로 청나라에 갔다 온 뒤 『북학의』北學議를 저술했으며, 그 뒤로도 세 차례나 연행을 다녀왔다.

박제도朴齊道 │ 1743~1819. 자는 성언聖彦이다. 서자庶子였던 박제가朴齊家의 적형嫡兄이다.

박종선朴宗善 │ 1759~1819. 연암의 삼종형三從兄인 박명원朴明源의 서장자庶長子로 규장각 검서를 지냈다.

박필균朴弼均 │ 1685~1760. 연암의 조부로, 영조 때에 문과 급제 후 경기도 관찰사, 예조 참판, 공조 참판, 지돈녕부사 등을 지냈다. 시호는 장간章簡이다.

박희원朴喜源 │ 1722~1787. 연암의 형으로, 벼슬을 하지 못했으며, 자식이 없어 연암의 첫째 아들 종의宗儀를 양자로 삼았다. 황해도 금천군 연암협燕巖峽의 집 뒤에 있던 부인 이씨 묘에 합장되었다.

반정균潘庭筠 │ 전당錢塘 사람으로, 1742년생이다. 자는 난공蘭公·향조香祖, 호는 덕원德園·추루秋鹿이다. 건륭乾隆 때 진사 급제 후 어사御史를 지냈다. 연행차 북경에 온 홍대용, 유연柳璉, 이덕무, 박제가, 유득공 등과 만나 교분을 맺었다. 서화에 뛰어났으며, 처인 상부인湘夫人도 시를 잘 지어 『사월루시집』四月樓詩集이 있다.

반지盤池 │ 반송지盤松池 또는 서지西池라고도 하며, 한양의 서대문 밖 반송방盤松坊에 있던 큰 연못으로 명승지의 하나였다. 지금의 서대문구 천연동 금화초등학교 자리에 있었다.

발묵법潑墨法 │ 선을 사용하지 않고 먹을 뿌리듯이 하여 번져나간 먹 자국만으로 표현하는 수법을 말한다. 미불米芾과 미우인米友仁 부자는 화면에 이른바 미점米點이라는 횡으로 길고 큰 먹점을 겹쳐 찍는 기법으로 안개 짙은 산수를 표현하는 독특한 화풍을 창시했는데, 이후 문인 화가들이 수묵 산수화를 그릴 때 이 기법을 즐겨 따랐다.

발선髮鱓 │ 민물고기인 드렁허리의 일종이다.

배오개 │ 지금의 서울 종로구 종로 4가 인의동에 있었던 고개이다.

백伯 │ 고려 말기에 공신들에게 내렸던 봉호封號이다.

백동수白東修 │ 1743~1816. 자는 영숙永叔이고, 호는 인재靭齋·야뇌野餒이다. 평안도 병마절도사를 지낸 백시구白時耈(1649~1722)의 증손자로, 일찍 무과에 급제했으나 서얼 출신이라 관직 진출에 제한을 받았다. 1789년(정조 13) 장용영 초관壯勇營哨官이 되어 이덕무, 박제가와 함께 『무예도보통지』武藝圖譜通志의 편찬에 참여했으며, 그 후 비인庇仁 현감, 박천博川 군수 등을 지냈다. 그는 이덕무의 처남이기도 하다.

백아伯牙 | 춘추 시대 금琴 연주의 명수였다. 종자기鍾子期가 백아의 연주를 듣고 그의 뜻이 고산유수高山流水에 있음을 알았다고 한다. 종자기가 죽자, 백아는 이 세상에 자신의 음악을 이해할 사람(知音)이 없다고 생각하고, 마침내 줄을 끊고 금을 부수어 버린 뒤 종신토록 다시는 금을 연주하지 않았다고 한다.

백탑白塔 | 1) 골짜기의 이름으로, 내금강 명경대明鏡臺 구역에 있는 명승지이다.
2) 중국 요양遼陽에 있는 팔각 13층 벽돌탑으로, 요遼나라 때 이후 건립된 것으로 추정된다. 요동遼東 일대에서 가장 높고 큰 불탑이다.

번오기樊於期 | 전국 시대 진秦나라의 장수로 죄를 짓고 연燕나라로 망명했다. 이로 인해 진나라 왕(나중에 진시황이 된다)이 그의 일족을 멸하고 그의 목에도 막대한 현상금을 걸어 놓았으므로 번오기는 진나라 왕에 대해 원한이 깊었다. 마침 연나라 태자가 자객 형가荊軻를 시켜 진나라 왕을 살해할 계획을 추진하자, 번오기는 형가가 자신의 목을 바침으로써 진나라 왕에게 접근할 수 있도록 스스로 목을 베어 죽었다.

범저范雎 | 전국 시대 위魏나라 사람으로, 진秦나라로 망명하여 소왕昭王에게 원교근공遠交近攻과 왕권 강화를 역설하여, 승상으로 발탁되고 응후應侯에 봉해졌다.

범증范增 | 기원전 277~기원전 204. 진秦나라 말에 항우項羽를 보좌하여 그가 제후들을 제패할 수 있게 하였다. 항우에게 유방劉邦을 살해하도록 권했으나 항우가 그 말을 듣지 않다가, 도리어 유방의 이간책에 넘어가 자신을 의심하자 분격하여 항우와 결별한 뒤 병사했다.

벙거지 | 조선 시대에 하인이나 군졸이 쓰던 털모자이다.

벽곡辟穀 | 신선이 되기 위해 불에 익힌 곡식을 먹지 않고 솔잎 따위만 생식하는 것을 말한다.

벽라薜蘿 | 넝쿨식물인 벽려薜荔(줄사철나무)와 여라女蘿(소나무겨우살이)를 가리킨다. 『초사』楚辭 「구가」九歌에, 산귀山鬼는 벽려로 옷을 삼아 입고 여라로 띠를 삼아 두른다고 하였다. 그러므로 은자隱者의 의복을 '벽라'라고 하기도 한다.

별감別監 | 조선 시대에 궁중의 하인으로, 대전大殿과 중궁전中宮殿 등에서 잡무를 수행하는 한편 국왕이 행차할 때 시위와 봉도奉導를 맡았다.

보인普印 | 1701~1769. 호는 풍악楓嶽이다. 금강산의 내원통암內圓通庵에서 염불과 참선에 전념

하다가 법랍法臘 쉰한 살로 입적入寂하였다. 이복원李福源이 지은 비가 금강산 유점사에 세워졌으며, 저서로 『풍악당집』楓嶽堂集이 전한다.

부목扶木 | 부상扶桑이라고도 하며, 고대 중국의 신화에 해 돋는 곳에서 자란다는 신령스런 나무이다. 일본을 가리키기도 한다.

부열傅說 | 은殷나라 고종高宗의 재상으로, 은나라의 중흥을 이루었다.

북곽선생北郭先生 | 북쪽의 성곽 부근에 사는 학자라는 뜻이다. 초楚나라나 제齊나라에도 북곽선생이란 현자가 있었다. 제나라 위왕威王 때 왕이 총애하던 우희虞姬는 북곽선생과 간통한 적이 있다는 모함을 받았으나, 왕에게 자신의 정절을 당당한 언변으로 입증하여 오해를 풀었다고 한다.

북상투(北髻) | 여자의 쪽머리를 모방하여 뒤통수에 상투처럼 묶은 머리 모양을 가리킨다.

비간比干 | 은殷나라 말 주왕紂王의 제부諸父(아버지뻘 되는 친척) 또는 서형庶兄으로 전해지는 인물로, 음란한 주왕에게 바른말을 했다가 그의 분노를 사서 살해되고 참혹하게 심장이 해부되었다고 한다.

비위狒胃 | 음력 섣달 그믐날 역병을 쫓아내기 위해 벌이는 나례儺禮의 주사呪詞에서 역병을 쫓아낸다는 12신神의 하나로 불렸다.

비익조比翼鳥 | 날개 하나에 눈이 하나인 암수 새 둘이 한 몸이 되어 난다는, 고대 중국의 신화에 나오는 새이다.

빈공과賓貢科 | 당나라와 송나라 때 외국인을 대상으로 실시한 과거를 말한다. 원나라의 제과制科에도 외국인이 응시할 수 있었다. 빈공과는 명나라 이후 폐지되었다.

빙호추월氷壺秋月 | 얼음을 담은 옥항아리와 가을철의 밝은 달처럼 마음이 맑고 깨끗함을 말한다.

ㅅ

사광師曠 | 춘추 시대 진晉나라의 유명한 맹인 악사樂師이다.

사동社洞 | 조선 시대 한양의 사직단社稷壇(지금의 사직공원) 부근의 동네이다.

사마상여司馬相如 | 기원전 179~기원전 118. 자는 장경長卿이다. 한漢나라 무제武帝 때의 유명한 문인으로, 사부辭賦를 잘 지었다.

사문沙門 | 중국 산동성山東省 봉래현蓬萊縣(지금의 봉래시)의 서북쪽 해상에 있는 작은 섬으로, 죄수를 유배 보내거나 풍랑을 피해 배를 정박하는 장소로 이용되었다.

사복천司僕川 | 한양 중부 수진방壽進坊(지금의 수송동 일대)에 있던 사복시司僕寺 앞의 계천이다.

사알司謁 | 조선 시대에 액정서掖庭署에 속한 관직으로, 왕명王命의 전달을 담당했다.

산남山南 | 지금의 중국 섬서성陝西省에 있는 종남산終南山과 화산華山 이남 지역을 말한다.

산해관山海關 | 명나라 초에 만리장성의 동쪽 끝에 설치한 관문으로, 전략적 요충지였다. 지금의 하북성河北省 진황도시秦皇島市에 있다.

살곶이(箭串) | 지금의 서울 성동구에 있는 뚝섬의 옛 이름이다.

삼대三代 | 중국 역사에서 이상적인 시대로 숭상하는 하夏·상商·주周 세 왕조 시대를 가리킨다.

삼성參星 | 하늘의 서방西方에 자리 잡은 삼수參宿(오리온좌)에 속하는 별들을 가리킨다. 특히 중앙의 3대성大星은 동서로 저울대처럼 나란히 늘어서 있다.

삼하三河 | 중국 하북성河北省 삼하현三河縣에 속한 고을로, 이곳과 통주通州를 거치면 곧 북경에 당도하게 된다.

상방象房 | 코끼리 사육장을 말한다. 『열하일기』 「황도기략」黃圖紀略 '상방'象房 조에 상방은 북경 자금성紫禁城 서남쪽에 있는 선무문宣武門 안의 서성西城 북쪽 담장 아래에 있는데, 코끼리 80여 마리를 보유하고 있으며, 이 코끼리들은 자금성의 오문午門에서 백관들이 조회할 때 벌이는 의장儀仗 행사에 동원된다고 하였다.

상앙商鞅 | 전국 시대 위衛나라 사람으로, 이름은 공손앙公孫鞅인데 상商의 제후로 봉해졌으므로 상앙이라고도 하였다. 진秦나라에 들어가 19년이나 승상을 지내면서 진나라 효공孝公의 개혁 정치를 보좌하여 진나라를 부강하게 만들었다.

상장向長 | 한漢나라 때의 고사高士로, 자는 자평子平이다. 상장은 자녀의 혼사를 다 치르고 나자, 다시는 가사家事를 묻지 않고 명산을 유람하러 떠나 그의 자취를 찾을 수 없었다 한다.

서경덕徐敬德 | 1489~1546. 호는 화담花潭이다. 송도의 화담에 거주하면서 학문에만 전념하였다. 황진이, 박연 폭포와 함께 송도삼절松都三絶로 일컬어졌다.

서대犀帶 | 무소의 뿔로 장식한 허리띠.

서상수徐常修 | 1735~1793. 자는 백오伯五·여오汝五이고, 호는 관재觀齋·관헌觀軒 등이다. 서얼 출신으로, 1774년 생원시에 급제했으며 광흥창 봉사廣興倉奉事를 지냈다.

서유린徐有隣 | 1738~1802. 자는 원덕元德이다. 아우 서유방徐有防과 함께 약관 시절부터 연암과 절친한 사이였다. 문과 급제 후 현달하여 경기도·충청도·전라도의 관찰사와 형조·병조·호조·이조의 판서 등을 역임했다. 그는 정조 5년(1781)에 호조 참판으로 재직했다.

서중수徐重修 │ 1734~1812. 자는 성백成伯으로, 연암의 둘째 매형이다.

서학동西學洞 │ 한양의 사학四學의 하나인 서학西學이 있던 동네로, 지금의 태평로 1가 조선일보사 부근이다.

서호西湖 │ 1) 한양의 서강西江을 말한다. 한강의 마포 나루로 흘러드는 하천으로, 조운漕運의 한 중심지였다.

2) 중국 절강성浙江省 항주杭州에 있는 유명한 호수로, 서자호西子湖·전당호錢塘湖 등으로도 불린다.

석교石郊 │ 지금의 서울시 성북구 석관동 일대이다.

석록石綠 │ 공작석孔雀石이라고도 한다. 녹청색의 아름다운 광물로, 장식품이나 안료顔料로 쓰인다.

선암船菴 │ 내금강內金剛 표훈사表訓寺에 딸린 암자이다.

선염법渲染法 │ 동양화에서 먹을 축축하게 번지듯이 칠하여 붓자국이 보이지 않게 하는 수법을 이른다.

설전薛牋 │ 소폭의 채색 종이인 설도전薛濤牋을 가리킨다.

성당盛唐 │ 당나라 현종玄宗에서 대종代宗 치세에 이르는 당시唐詩의 전성기를 가리킨다. 이백李白, 두보杜甫 등의 시인들이 배출되었다.

성운成運 │ 1497~1579. 호는 대곡大谷이다. 중종 때 진사 급제했으나, 형이 을사사화乙巳士禍로 화를 입자 속리산에 은거하여 성리학에 전심했다. 문집으로 『대곡집』大谷集이 있다.

성제원成悌元 │ 1506~1559. 호는 동주東洲이다. 초야의 선비로 명망이 높아 명종明宗 때 유일遺逸로서 보은報恩 현감에 제수되었다. 벼슬살이를 욕심 없이 하면서 오직 술로써 즐기니, 교활한 아전은 위엄을 두려워하고 간사한 백성은 그 덕에 감복하였다. 3년의 임기가 끝난 뒤에는 곧 옛집으로 돌아가, 조정의 부름을 받고도 나아가지 않다가 죽었다.

성주城主 │ 고을의 사또를 말한다.

세제歲制 │ 관을 만드는 것을 말한다. 『예기』禮記에 사람이 예순 살이 되면 죽을 때가 가까우므로 일 년에 걸려 관을 미리 만들어 두는 법이라고 하였다.

소릉小陵 │ 소정동小貞洞을 가리킨다. 원래 조선 태조의 계비 신덕왕후神德王后의 무덤인 정릉貞陵이 있었던 곳으로, 지금의 서울 중구 정동 일대이다.

소진蘇秦 │ ?~기원전 317. 전국 시대의 유세가游說家로, 연燕·조趙·한韓·위魏·제齊·초楚 6국을 설득하여 진秦나라에 대항하는 동맹을 맺게 하고 자신은 6국의 승상이 되었다.

소호韶護 │ 은殷나라 탕湯임금 때의 궁중 음악이라는 설도 있고, 소韶는 순舜임금 때의 궁중 음악,

호護는 탕임금 때의 궁중 음악이라는 설도 있다. 옛날 태평성대의 음악을 가리킨다.

손유의孫有義 | 거인擧人으로, 자를 심재心裁, 호를 용주蓉洲라고 하였다. 1766년 북경에서 귀환하던 홍대용과 만나 교분을 맺은 것을 계기로, 그 후 10여 년 간이나 서신을 통해 우정을 이어 갔다. 『간정동회우록』乾淨衕會友錄에는 홍대용이 그에게 보낸 편지 6통이 수록되어 있다.

수결手決 | 문서에 도장 대신 자신의 성명이나 직함 밑에 적던 사인sign을 말한다.

수다사水多寺 | 개령군開寧郡이 아니라 그 이웃 고을인 선산군善山郡에 있다. 신라 때 진감국사眞鑑國師가 창건했다고 한다.

수벽水碧 | 벽옥碧玉이라고도 하는 옥의 일종인데 누런 녹색을 띤다.

수어천호소守禦千戶所 | 성을 수호하고 적을 막는 군대를 말한다. 명나라 때 군대가 주둔하는 곳을 '소'所라고 했으며, 병사 천 명을 거느린 곳을 '천호소'千戶所, 병사 백 명을 거느린 곳을 '백호소'百戶所라 했다. 홍무洪武 11년(1378) 고북구에 수어천호소를 세웠다.

수표교水標橋 | 청계천에 놓여 있던 다리의 하나로, 홍수에 대비하여 수심을 재는 눈금이 교각橋脚에 표시되어 있었다.

슬슬瑟瑟 | 보석의 일종으로 푸른빛을 띤다. 녹주綠珠라고도 한다.

승丞 | 조선 시대에 서署·시寺·감監 등 중앙의 각 관청에 있었던 종5품에서 종9품에 걸친 벼슬이다.

승본해勝本海 | 일본의 장기현長崎縣 북쪽 일기도壹岐島에 속한 승본勝本 일대의 바다를 가리킨다.

시복緦服 | 시마緦麻로 된 상복을 입는 3개월의 상을 말한다. 족부모族父母, 족형제族兄弟 등 가장 촌수가 먼 친척의 상이 이에 해당한다.

신광온申光蘊 | 1735~1785. 자는 원발元發이다. 1762년(영조 38) 진사 급제 후 사복시 첨정司僕寺僉正을 지냈다. 연암과 젊은 시절부터 절친하여 1765년(영조 41) 금강산 유람을 함께 다녀오기도 했다.

신광직申光直 | 1738~1794. 자는 숙응叔凝, 호는 염재念齋이다. 연암의 친구인 신광온申光蘊의 아우로, 연암뿐만 아니라 홍대용洪大容과도 절친하였다.

신농씨神農氏 | 고대 중국의 신화에 나오는 제왕으로, 백성들에게 농사일과 의약醫藥을 가르쳤다고 한다.

심사정沈師正 | 1707~1769. 자는 동현董玄이다. 명문 사대부 출신이면서도 과거나 관직에 뜻을 두지 않고 그림에 정진하여 많은 작품을 남겼다. 화초와 풀벌레를 가장 잘 그렸다고 한다.

십삼경十三經 | 한漢나라 때 학관學官에 세운 『역경』易經, 『시경』詩經, 『서경』書經, 『예기』禮記, 『춘추』春秋의 오경이다. 당唐나라 때 『주례』周禮, 『의례』儀禮, 『공양전』公羊傳, 『곡량전』穀梁傳을 합쳐 구경이 되었고, 여기에 다시 『효경』孝經, 『논어』論語, 『이아』爾雅를 보태 십이경이라 했다. 송宋나라 때 다시 『맹자』孟子를 보탰으며, 명明나라 때 이들을 합쳐 십삼경이라 일컬었다.

ㅇ

아곡鴉谷 | 지금의 경기도 양평군楊平郡에 통합된 지평현砥平縣에 있던 골짜기이다.

아골석雅鶻石 | 아골석鴉骨石을 말한다. 슬슬瑟瑟과 비슷한 청록색 보석이다.

안기생安期生 | 진秦나라 때 사람으로, 하상장인河上丈人에게 신선술을 배워 장수하였으므로 천세옹千歲翁이라 불리웠다. 진시황이 금벽金璧을 내렸으나 받지 않고 봉래산蓬萊山으로 떠나갔다 한다.

안의安義 | 경상도 지리산 밑에 있던 현縣으로, 지금은 함양군에 속한 면으로 되었다.

알레니 Julio Aleni | 1582~1649. 중국 이름은 애유략艾儒略이고, 자는 사급思及이다. 예수회 선교사로 명나라 때에 중국에 들어와 『직방외기』職方外紀를 저술하였다. 그 내용은 권두에 마테오리치의 「곤여만국전도」坤輿萬國全圖를 수록한 뒤 아시아 등 오대주에 대해 기록하고 「사해총설」四海總說을 덧붙여 각국의 풍물들을 소개한 것이다.

압押 | 화압花押이라고도 한다. 수결手決과 같다.

압수전壓羞錢 | 부끄러움을 진정시킨다는 명분으로 주는 돈이다.

애사哀辭 | 한문漢文 문체의 하나로, 주로 요절한 사람에 대한 추도사를 말한다.

약법 삼장約法三章 | 한漢나라 고조高祖 유방劉邦은 진秦나라 수도 함양咸陽을 함락한 뒤, 진秦나라의 가혹하고 번다한 법률 대신 삼장三章, 즉 살인자는 죽이고 상해자와 도적은 처벌한다는 세 가지 법만을 시행하겠다고 약속하였다.

약산藥山 | 평안도 영변군寧邊郡에 있는 산이다. 약산 동대東臺는 관서 팔경關西八景의 하나였다.

양사언楊士彦 | 1517~1584. 호는 봉래蓬萊이다. 안평대군安平大君, 김구金絿, 한호韓濩와 함께 조선 전기의 4대 서예가로 불렸다.

양웅揚雄 | 기원전53~기원후18. 자운子雲은 그의 자이다. 학문에 다방면으로 밝았으며 특히 사부辭賦에 뛰어났다. 왕망王莽이 신新나라를 세우자 대부大夫가 되었고, 왕망을 옹호하는 글을 지어 올려 후대의 비판을 많이 받았다.

양정맹梁廷孟│양호맹梁浩孟과 형제간으로, 연암이 개성에 잠시 거주할 때 형제가 함께 그 문하를 출입하였다.

양호맹梁浩孟│1738~1795. 자는 양직養直이고, 호는 죽오竹塢이다. 개성의 부유한 양반가 출신으로, 연암이 황해도 금천의 연암협으로 이거하면서 개성에 잠시 머물 때 그의 별장에 묵은 적이 있었다. 그때부터 교분을 맺고 연암의 문하를 출입했다.

어과魚果│과과는 신표信標라는 뜻이다. 물고기 모양을 나무에 새기거나 구리로 빚어 허리띠에 차던 관리의 신표를 말한다. 어부魚符 또는 어패魚佩라고도 하였다.

억양반복抑揚反覆│문장의 기세를 억제했다가 고조했다가 하기를 여러 번 되풀이하는 수법을 말한다.

엄고嚴鼓│임금이 행차할 때 치던 큰북이다.

엄과嚴果│전당錢塘 사람으로, 호는 구봉九峯이다. 글씨를 잘 썼다. 홍대용과 결교한 엄성嚴誠의 형으로, 북경에서 귀국한 홍대용이 편지를 보내 그와도 결교를 청하였고, 엄성의 부음訃音을 접하고 그에게 애도하는 편지도 보냈다.

엄성嚴誠│1732~1767. 호는 철교鐵橋이다. 건륭乾隆 때 거인擧人이 되었으며, 서화에 뛰어났다. 서실을 소청량실小淸凉室이라 하였다.

역도원酈道元│466~527. 북위北魏 때의 인물로, 중국 지리학의 명저인 『수경주』水經注를 저술하였다.

연리화連理花│한 꽃받침에 꽃이 두 개 달린 병체화幷蒂花를 말한다. 사랑하는 부부를 상징한다.

연상각烟湘閣│연암이 안의安義 현감 시절 관아官衙 안에 지었다는 정각亭閣 중의 하나이다.

연익성延益成│뛰어난 거문고 연주가로서 장악원掌樂院의 악공을 지냈다. 쉰세 살로 세상을 떠났으며, 홍대용과는 30년 동안 교유하였다고 한다.

연희궁延禧宮│지금의 서울 서대문구 연희동 연세대학 부근에 있었던 별궁이다.

염제炎帝│고대 중국의 신화에 나오는 불을 주관한다는 신이다.

염파廉頗│전국 시대 조趙나라의 명장이다. 진秦나라의 장수 백기白起가 조나라를 공격했을 때 염파廉頗가 장수로 나와 진나라를 상대로 승리할 수가 있었다. 그러나 진나라의 이간책에 속은 조나라 왕은 염파를 쫓아내고 싸움에 서투른 조괄趙括을 장수로 삼았다.

영원靈源│골짜기의 이름으로, 내금강 명경대明鏡臺 구역에 있는 명승지이다.

오吳│북부 중국인 중원中原과 구별하여, 중국의 강남江南 지방 즉 삼국 시대 오나라의 땅이었던 양자강揚子江 이남의 강소성江蘇省 남부와 절강성浙江省 북부 일대를 가리킨다. 오吳 지방 사람들은 학문과 예술에 뛰어났을 뿐 아니라, 명나라 말에 최후까지 만주족의 침략에 저항하여 반청反淸 사상이 특히 강하였다.

오계五戒 | 살생, 도둑질, 간음, 망언, 술을 금하는 불교의 계율이다.

오광吳廣 | ?~기원전 209. 진秦나라 말에 진승陳勝과 함께 농민 반란을 일으켰다. 진승은 왕을 자칭하고 오광을 가왕假王으로 삼았는데, 오광은 형양滎陽을 공격하다가 부장 전장田臧에게 살해되었다.

오금五金 | 황색의 금, 백색의 은, 적색의 구리, 청색의 납, 흑색의 철을 가리킨다.

오릉중자於陵仲子 | 원래 이름은 진중자陳仲子이다. 전국 시대 제齊나라 사람으로, 형이 많은 녹봉을 받는 것을 의롭지 않다고 여겨, 초楚나라의 오릉於陵에 가서 은거하며 가난하게 살았으므로 오릉중자라 하였다. 당시 그는 사흘이나 굶주려 우물가로 기어가서 굼벵이가 반 넘게 파먹은 오얏을 삼키고 나서야 귀에 소리가 들리고 눈이 보였다고 한다.

오색五色 **사자** | 사자와 비슷하게 생긴 짐승으로 털은 금빛이고 오색五色을 띠었는데, 범을 잡아먹는다고 한다.

오유선생烏有先生 | 실존하지 않는 가공의 인물을 뜻한다. 한漢나라 사마상여司馬相如가 「자허부」子虛賦에서 자허자虛, 오유선생, 무시공亡是公이라는 가공의 세 인물을 설정하여 문답을 전개한 데서 유래한 것이다.

오인도五印度 | 오천축五天竺이라고도 하며, 인도를 가리킨다. 고대 인도가 동·서·남·북·중의 5부로 구획되어 있었으므로 생긴 이름이다.

오자吳子 | 오기吳起를 말한다. 전국 시대 위衛나라 사람으로, 위魏나라에서 장수가 되어 진秦나라에 대항하였고, 다시 초楚나라의 영윤令尹이 되어 부국강병에 힘썼다. 그가 지었다고 전해지는 『오자』吳子라는 병서兵書가 있다.

오토五土 | 산림山林, 천택川澤, 구릉丘陵, 하천지河川地, 저습지低濕地를 가리킨다.

오행상생설 | 오행五行이 상호 생성해 준다는 학설로서, 한漢나라 때 동중서董仲舒에 의해 주창되었다. 나무는 불을 낳고(木生火), 불은 흙을 낳고(火生土), 흙은 쇠를 낳고(土生金), 쇠는 물을 낳고(金生水), 물은 나무를 낳는다(水生木)고 보았다. 따라서 나무는 불의 어미(母)가 되고 불은 나무의 자식(子)이 된다고 하여 오행을 자모子母 관계로 간주하였다.

옥첨玉籤 | 책갑이 벗겨지지 않도록 하기 위해 옥으로 만들어 끼우도록 한 뾰족한 찌를 이른다.

온 원수溫元帥 | 도교道敎에서 숭상하는 무용武勇의 신神이다. 마 원수馬元帥, 조 원수趙元帥, 관 원수關元帥(관우關羽)와 함께 도교의 '호법 사신' 護法四神의 하나로, 이들을 속칭 '사대원수'四大

元帥라고 한다. 온 원수는 원래 온주溫州 사람으로 이름을 경瓊이라고 하는데, 나중에 청면적발신靑面赤髮神으로 변하여 무장을 하고 용맹하기 짝이 없었으므로, 동악대제東岳大帝가 그를 우악신장祐岳神將으로 삼았다고 한다.

완안희윤完顔希尹 | 금金나라 초기의 중신重臣이다. 완안完顔은 공신으로서 하사받은 국성國姓이고, 희윤은 중국식으로 고친 이름이다. 완안희윤은 금나라 태조의 명에 따라 여진女眞 문자를 만들었으며, 종실宗室 장군 완안종한完顔宗翰의 휘하에서 요나라 군주를 추격하면서 고북구古北口에 주둔 중인 요遼나라 군대를 크게 쳐부수는 공로를 세웠다.

요하遼河 | 청나라의 북쪽 국경 너머에서 발원하여 봉천奉天(지금의 심양瀋陽)과 금주錦州 사이를 흐르는 큰 강이다. 한漢나라 때 이 강을 경계로 해서 요동遼東과 요서遼西의 두 군郡을 설치하였다.

용연향龍涎香 | 고래의 분비물로 만든 이름난 향의 이름이다.

용호장龍虎將 | 용호영龍虎營의 정3품 벼슬이다. 용호영은 우두머리인 별장別將 밑에 여러 명의 장將을 두었다.

우림아羽林兒 | 궁궐의 호위를 맡은 친위親衛 부대 중의 하나인 우림위羽林衛 소속의 군인들을 말한다. 우림위는 영조 때 용호영龍虎營에 소속되었다.

우사단雩祀壇 | 한양 남산 서편 기슭에 있었던 기우제를 지내던 단壇이다. 사방이 40척이고, 구망句芒, 축융祝融, 후토后土, 욕수蓐收, 현명玄冥, 후직后稷을 모셨다. 음력 유월 상순에 제사를 드렸다. 남관왕묘南關王廟가 그 부근인 남대문 밖 도저동桃渚洞에 있었는데 선조宣祖 때 명明나라 장수 진인陳寅이 세웠다고 한다.

우월于越 | 중국 남방에 살았던 소수 민족의 하나이다.

우하虞夏 | 순舜임금의 치세와 하夏나라 왕조를 함께 묶어서 부른 말이다.

운종교雲從橋 | 광통교廣通橋를 가리킨다. 한양의 종로 네거리인 운종가雲從街에 가까이 있다고 하여, 광통교를 운종교라고도 불렀다.

웅남행雄南行 | 음관을 남행南行이라 한다. 웅남행은 위품位品이 높은 음관을 가리킨다.

원앙대鴛鴦隊 | 5인의 병사가 1조를 이루는 것을 오오伍라 하는데, 1·3·5·7·9번째 병사들이 좌오左伍가 되고 2·4·6·8·10번째 병사들이 우오右伍가 되어, 가로로 보면 2인이 하나의 짝을 이루도록 편성한 부대를 말한다.

원유진元有鎭 | 1751~1826. 자는 약허若虛이다. 계미통신사癸未通信使의 서기로 일본에 다녀온 뒤 『화국지』和國志 등을 남긴 원중거元重擧(1719~1790)의 맏아들로, 장흥고長興庫 주부를 지

냈다.

유계幽薊 | 거란契丹이 지배했던 유주幽州와 계주薊州 등 연운燕雲 16주州를 가리키는데, 지금의 하북성河北省과 산서성山西省의 북부 일대에 해당한다. 유주와 계주의 치소治所는 각각 지금의 북경北京과 하북성 계현薊縣에 있었다.

유금乳金 | 금을 녹여서 만든 황색 계통의 안료顔料로, 좆빛을 띤 금색인데 단청丹靑 등에 쓰인다.

유득공柳得恭 | 1748~1807. 자는 혜풍惠風이고, 호는 영재泠齋이다. 연암의 문하생으로, 이덕무·박제가와 함께 규장각 검서관에 발탁되었으며, 포천 현감, 가평 군수, 풍천豐川 부사 등을 지냈다.

유리창琉璃廠 | 골동품·서화·서적·문방구 등을 파는 북경 선무문宣武門 밖의 유명한 상가商街이다.

유세가游說家 | 소진蘇秦과 같이, 전국 시대에 각국을 돌아다니며 군주를 상대로 자신의 책략을 개진하여 관직에 발탁되고자 하던 정객들을 말한다.

유수광劉守光 | 당唐나라 말 오대五代의 혼란기에 유주幽州를 차지하고 연燕나라를 세워 스스로 제위帝位에 올랐으나, 후당後唐과 세력을 다투다가 914년 유주가 함락되자 체포되어 참살되었다.

유언호兪彦鎬 | 1730~1796. 자는 여경汝京·사경士京이고, 시호는 충문忠文이다. 정조의 총애를 받아 정조 즉위년(1776) 9월 규장각奎章閣이 설치될 때 정3품 벼슬인 직제학直提學에 첫 번째로 제수되었으며, 또한 정조의 특지特旨로 이듬해 6월에는 개성 유수에 제수되었다. 1795년 좌의정에 올랐다.

우연虞淵 | 고대 중국의 신화에 해가 진다는 곳이다.

유연柳璉 | 1741~1788. 나중에 이름을 금琴으로 고쳤다. 자는 연옥連玉이고, 호는 기하실幾何室이다. 서얼 출신으로, 벼슬을 하지 못했다. 1776년 사은사謝恩使의 일원으로 북경에 갔을 때 유득공·이덕무·박제가·이서구의 시를 엮은 『한객건연집』韓客巾衍集을 중국 문사들에게 소개했다. 천문학과 수학에 밝았으며, 시와 음악에도 뛰어났다. 유득공柳得恭은 그의 장조카이다.

유영劉伶 | 진晉나라 때 사람으로, 자는 백륜伯倫이다. 죽림칠현竹林七賢의 한 사람으로 술을 좋아하여 「주덕송」酒德頌을 짓고 예법을 조롱하며 지냈다.

유인孺人 | 조선 시대에 벼슬하지 못한 선비의 아내를 사후에 일컫는 존칭이다.

유한준兪漢雋 | 1732~1811. 호는 창애蒼厓이다. 진사 급제 후 군수, 부사, 목사, 형조 참의 등을 지냈다. 당대의 문장가로 평판이 높았으며, 젊은 시절에 연암과 절친하였으나, 나중에 『열하일기』

를 비방하고 산송山訟을 벌이는 등 사이가 나빠졌다.

유형원柳馨遠 | 1622~1673. 호는 반계磻溪이다. 전라도 부안군 보안면 우반동(지금의 우동리)에 은거하면서, 군사 제도 개혁을 포함하여 전반적인 사회 개혁 방안을 제시한 『반계수록』磻溪隨錄을 저술하였다.

육귀몽陸龜蒙 | ?~881. 당唐나라 때의 인물로, 자는 노망魯望이고, 호는 강호산인江湖散人이다. 강호에서 노닐기를 좋아했으며, 조정에서 고사高士로서 초빙했으나 응하지 않았다.

육비陸飛 | 전당錢塘 사람으로, 자는 기잠起潛, 호는 소음篠飮이다. 건륭乾隆 때 향시鄕試에 장원 급제하였다. 산수화와 꽃 그림에 능하고, 시를 잘 지었다. 문집으로 『소음집』篠飮集이 있다.

윤광석尹光碩 | 1747~1799. 본관은 파평坡平이다. 병자호란 때 순절한 충헌공忠憲公 윤전尹烇의 후손으로 당색은 소론이었다. 영조 50년(1774) 진사 급제 후 함양 군수를 지냈다.

윤급尹汲 | 1697~1770. 호는 근암近庵이다. 영의정을 지낸 윤두수尹斗壽의 5대손이며, 이재李縡·박필주朴弼周의 문인이다. 1725년(영조 1) 문과 급제 후 이조 좌랑, 대사성, 이조 판서 등을 지냈다. 영조의 탕평책에 대해 용기 있게 반대하여 자주 파직·좌천되었으므로 직신直臣으로 명망이 매우 높았다. 필법이 정려精麗하여 당시 이름난 고관 대신들의 비갈碑碣을 많이 썼으며, 사람들이 그의 편지를 얻으면 글씨를 다투어 모방하여 그런 글씨를 '윤상서체'尹尙書體라 불렀다고 한다.

음화陰火 | 산호가 물속에서 발산하는 빛을 말한다.

읍황邑況 | 읍징邑徵 또는 관황官況이라고도 한다. 고을의 각종 관공비 명목으로 전세田稅에 부가하여 거둬들이던 쌀이나 돈을 가리킨다.

이관상李觀祥 | 1716~1770. 충무공忠武公의 5세손으로, 무과 급제 후 고을 수령과 병수사兵水使를 여러 차례 지냈으며, 영변寧邊 부사로 재임 중 사망했다.

이기李岐 | 1524~1581. 중종中宗과 숙원淑媛 이씨李氏 사이에서 출생한 왕자로, 봉호封號를 덕양군德陽君이라 하였다.

이기彝器 | 고대 중국에서 종묘 제사에서 청동靑銅으로 만들어 사용했던 종이나 솥, 술잔 등의 제기祭器를 이른다. 후세에 골동품으로 애호되었다.

이단형李端亨 | 자는 사장士長이다. 음보蔭補로 출사하여 지방관을 전전하였다. 근재近齋 박윤원朴胤源의 이종사촌으로 반남 박씨가의 인척이 되었으므로, 합천 화양동의 야천冶川 박소朴紹의 묘소를 정비하는 데 성금을 보태기도 했다.

이덕무李德懋 | 1741~1793. 자는 무관懋官, 호는 좌소산인左蘇山人·선귤자蟬橘子·재래도인畊

睐道人·매탕梅宕·영처嬰處·형암炯菴·청장관青莊館·아정雅亭 등이다. 서얼 출신으로, 유득공·박제가와 함께 규장각 검서에 발탁되었으며, 사근도沙斤道 찰방, 적성積城 현감, 사용원 주부 등을 지냈다.

이동泥洞 | 지금의 서울 종로구 운니동이다.

이루離婁 | 고대 중국의 눈이 몹시 밝았다는 사람이다. 백 걸음 밖에서도 능히 볼 수 있고 추호秋毫의 끄트머리도 볼 수 있어서, 황제黃帝가 현주玄珠를 잃어버리고는 그를 시켜 찾게 했다고 한다.

이문안(里門內) | 한양 중부에 있던 동네로, 이문동里門洞이라고도 하였다. 지금의 종로구 공평동 삼성타워(예전 화신백화점 자리) 뒤편에서 태화빌딩(옛날 순화궁順化宮과 태화관 자리)에 이르는 골목 일대에 해당한다.

이백李白 | 701~762. 당唐나라의 시인으로, 한림원翰林院 공봉供奉에 제수되었다.

이보천李輔天 | 1714~1777. 호는 유안재遺安齋이다. 세종世宗의 둘째 아들인 계양군桂陽君의 후손으로, 농암農巖 김창협金昌協의 제자인 종숙부 이명화李命華의 문하에서 수학하고, 같은 농암 제자인 어유봉魚有鳳의 사위가 되어 그에게서도 사사받음으로써, 우암尤庵에서 농암으로 이어지는 노론의 학통을 계승한 산림 처사로서 명망이 높았다. 사위인 연암에게 『맹자』를 가르쳤으며, 정신적으로 큰 감화를 주었다고 한다.

이사李斯 | ?~기원전 208. 진시황이 천하를 통일하자 승상이 되어, 소전小篆이라는 글씨체를 만들었다.

이색李穡 | 1328~1396. 호는 목은牧隱이다. 이제현李齊賢의 문인으로, 1348년(충목왕 4) 원元나라에 가서 국자감國子監의 생원이 되어 성리학을 연구했으며, 1354년 서장관書狀官으로 원나라에 가서 과거에 응시하여 급제하고 1356년 귀국하여 여러 관직을 지냈다.

이서구李書九 | 1754~1825. 본관은 전주이고, 자는 낙서洛瑞, 호는 소완정素玩亭·강산薑山·척재惕齋 등이다. 연암에게 문장을 배웠으며, 이덕무·유득공·박제가와 함께 이른바 사가시인四家詩人의 한 사람으로, 문자학文字學과 전고典故에 조예가 깊고 글씨에도 뛰어났다. 1774년 정시庭試에 급제한 뒤 전라도 관찰사, 우의정 등을 지냈다.

이심전李心傳 | 자는 여중汝中이다. 생년이 『사마방목』에는 1738년, 『문과방목』에는 1739년으로 되어 있다. 본관은 전주全州로, 대사간을 지낸 이성수李性遂의 아들이다. 유무柳懋의 사위가 되었으므로, 황승원黃昇源과 동서간이다. 1773년(영조 49) 정시庭試 급제 후 정자正字에 제수되었으나 세손世孫 즉위 반대파로 몰려 파직되었다가 1784년(정조 8) 사면된 이후 사헌부 장령, 사간원 정언 등을 지냈다.

이아爾雅 | 십삼경十三經에 속하는 중국에서 가장 오래된 자전字典이다. 주로 『시경』詩經과 『서경』書經에 나오는 글자들의 뜻을 풀이하였다.

이양천李亮天 | 1716~1755. 자는 공보功甫이다. 연암의 장인인 이보천李輔天의 동생으로, 홍문관 교리를 지냈다. 시문詩文에 뛰어났으며, 수학 시절의 연암에게 문학을 지도하였다.

이언진李彦瑱 | 1740~1766. 자는 우상虞裳이고, 호는 운아雲我·송목관松穆館이다. 역관譯官 출신으로, 이용휴李用休의 문인이었다.

이영원李英遠 | 1739~1799. 본관은 전주全州이고, 자는 유구悠久이다. 영의정 이경여李敬輿의 5대손이자, 경상 감사, 이조 판서 등을 지낸 이연상李衍祥의 아들로, 1774년 진사 급제 후 사도시司導寺 첨정 등을 지냈다.

이완李浣 | 1602~1674. 무신武臣으로 인조仁祖 말년인 1643년에 처음 어영대장에 임명되었다. 그 뒤 효종이 즉위하자마자 청나라에 대해 복수하기 위한 북벌 계획을 추진하면서 어영청御營廳을 북벌의 선봉 부대로 삼았을 때 어영대장에 임명되었다. 1674년(현종 15) 우의정에 임명되었다.

이용휴李用休 | 1708 ~ 1782. 호는 혜환惠寰이다. 숙부인 성호星湖 이익李瀷의 문하에서 수학했으며, 생원 급제 후 과거를 보지 않고 문학에 힘써 근기近畿 남인南人의 문단에서 중심인물로 활동하였다. 아들 이가환李家煥이 현달하여 말년에 첨지중추부사에 제수되었다.

이윤伊尹 | 은殷나라 탕湯임금의 신하로, 그를 보좌하여 하夏나라 걸桀을 정벌한 공으로 재상이 되었다.

이인상李麟祥 | 1710~1760. 자는 원령元靈, 호는 능호관凌壺觀이다. 진사 급제 후에 음직으로 참봉, 봉사, 주부 등을 거쳐 찰방察訪, 음죽陰竹 현감 등을 지냈다. 말년에 단양丹陽에 은거하며 벗들과 시와 글씨와 그림을 즐겼다. 당대의 대표적 문인 화가였으며, 전서篆書와 전각篆刻에도 뛰어났다.

이재성李在誠 | 1751~1809. 자는 중존仲存이고, 호는 지계芝溪이다. 계양군桂陽君(세종의 둘째 아들)의 후손이다. 연암의 처남이자 평생지기였으며, 이서구·이덕무·박제가 등과도 절친하여 북학파北學派의 일원으로 볼 수 있는 인물이다. 연천淵泉 홍석주洪奭周 형제에게 글을 가르쳤다. 노년에 진사 급제 후 능참봉을 지냈을 뿐이고, 문집으로 『지계집』芝溪集 7권이 있다고 하나 현재 전하지 않는다.

이정구李鼎九 | 1756 ~ 1783. 자는 중목仲牧이다. 이서구李書九의 사촌동생으로, 이덕무의 문하에서 수학했다. 젊은 나이에 자살하였다.

이징李澄 | 선조 14년(1581)에 유명한 화가였던 종실宗室 학림정鶴林正 이경윤李慶胤의 서자로 태어났다. 도화서圖畵署 화원이 되었으며, 산수화에 뛰어났다고 한다.

이철괴李鐵拐 | 고대 중국의 신선으로 알려진 팔선八仙 중의 한 사람이다. 하늘의 스승을 잠시 방문하고 돌아온 사이에 제자가 그의 육신을 불태워버린 바람에 굶어죽은 거지의 시신을 빌려 환생할 수밖에 없었으므로, 항상 머리를 산발하고 얼굴에는 때가 자욱하고 배는 훌떡 걷어 올리고 다리는 절뚝거리며 철괴鐵拐 즉 쇠로 만든 지팡이를 짚고 다녔다고 한다.

이태인利泰仁 | 지금의 서울 용산구 이태원동 일대이다.

이필李泌 | 722~789. 당唐나라의 문장가이자 정치가로, 신선술을 좋아하였다. 항주 자사杭州刺史, 중서 시중中書侍中 등을 지냈으며, 업후鄴侯에 봉해졌다.

이현모李顯模 | 1729~1812. 초명은 택모宅模이고, 자는 백규伯揆이다. 이름을 고치면서 자도 회이誨而로 고쳤다. 택당澤堂 이식李植의 후손으로, 선공감 감역, 동지중추부사를 지냈다.

이홍유李弘儒 | 1743~1812. 자는 사종士宗, 호는 백석白石이다. 정유正儒로 이름을 고쳤다. 김원행金元行의 문하에서 수학했으며, 진사 급제했다. 시와 공령문功令文에 뛰어났다.

이홍재李弘載 | 이양재李亮載의 초명이다. 1751년생으로, 본관은 전주全州이고, 이언용李彦容의 아들이다. 1771년(영조 47) 역과譯科에 급제했다.

이희경李喜經 | 1745~? 자는 성위聖緯, 호는 설수雪岫이다. 연암을 종유從遊했으며, 박제가와 절친하였다. 중국 사행에 참여하여 다섯 차례나 청나라를 다녀왔으며, 저서로 농기구와 벽돌 등 청나라의 선진 문물을 소개한 『설수외사』雪岫外史가 있다.

이희명李喜明 | 1749~? 자는 성흠聖欽이다. 이희경李喜經의 아우로, 연암을 종유하였다. 정조 16년(1792) 진사 급제 후 전옥서 참봉과 의금부 도사를 지냈다.

이희영李喜英 | 1757~1801. 호는 추찬秋餐이다. 이희경李喜經의 아우로, 글씨와 그림에 뛰어났다. 김건순金建淳 등과 절친하여 함께 천주교를 신봉하면서 성화聖畵를 잘 그려 포교에 이바지했다고 하는데, 신유사옥辛酉邪獄 때 처형되었다.

이희천李羲天 | 1738~1771. 자는 사춘士春이고, 호는 석루石樓이다. 연암이 그의 부친인 이윤영李胤永에게 『주역』을 배우게 된 것을 계기로, 젊은 시절부터 연암과 절친한 사이가 되었다. 그는 청나라 사람 주인朱璘이 편찬한 『명기집략』明紀輯略에 조선 태조의 세계世系를 왜곡·모독한 내용이 있는 줄 모르고 이 책을 책장사로부터 구입했다가, 그 사실이 문제 되어 졸지에 참수되는 변을 당했다.

인상여藺相如 | 전국 시대 조趙나라 환관의 사인舍人이었으나, 진秦나라 왕의 야욕에 맞서 화씨和

氏의 옥을 지켜 낸 공으로 상대부上大夫가 되었고, 진나라 왕과 조나라 왕의 회동에서 국위를 지킨 공으로 상경上卿이 되어, 명장 염파廉頗와 함께 조나라를 지키는 중신이 되었다.

일각문一角門 | 대문간이 따로 없이 양쪽에 기둥을 하나씩 세워서 문짝을 단 대문을 이른다.

일명一命 | 처음으로 최하위 관등官等을 하사받고 정식 관리가 되는 것을 말한다.

임제林悌 | 1549~1587. 호는 백호白湖이다. 대곡大谷 성운成運의 문인으로, 문과 급제 후 해남海南 현감, 평안도 도사都事, 예조 정랑 등을 지냈다. 당시 정계가 동인東人과 서인西人으로 나뉨을 개탄하고 파쟁에서 초연하여 산천 유람을 즐기고 시와 술로써 세월을 보냈다. 평안도 도사로 부임하는 길에 황진이의 무덤에 글을 지어 제를 지내는 등 그의 기이한 언행들이 야담에 전하고 있다. 호방한 시풍의 시들과 함께 『화사』花史, 『수성지』愁城誌 등을 남겼다.

| ㅈ |

자수교慈壽橋 | 지금의 서울 종로구 옥인동과 효자동, 궁정동이 만나는 곳에 있던 다리로, 조선 시대에 후궁들의 거처로 쓰인 자수궁慈壽宮이 있었던 곳이어서 자수궁교라고도 하였다.

자신궁紫宸宮 | 당나라와 송나라 때 천자가 신하나 외국의 사신을 조회하던 정전正殿이다.

장경판고藏經板庫 | 해인사海印寺 내의 팔만대장경판을 모신 건물로, 남북으로 마주 보는 수다라장修多羅藏과 법보전法寶殿의 두 채로 되어 있다.

장기도長崎島 | 장기長崎(나가사키)를 말한다. 이덕무李德懋의 『청령국지』蜻蛉國志에 히젠肥前의 장기도는 일본 서해의 큰 도회지로서 중국과 동남아시아의 상선들이 모여드는 곳인데, 긴 곶(長崎)이 다리미 모양으로 바다로 파고 들어가 있으나 실은 육지에 이어져 있어 섬이 아니라고 하였다.

장동壯洞 | 장의동壯義洞이라고도 하는데, 지금의 서울 종로구 효자동, 궁정동, 청운동 일대이다.

장리狀吏 | 조선 시대에 지방 관아들 사이에 공문을 전달하던 지자持字를 가리킨다.

장영張詠 | 북송北宋 초의 명신名臣으로, 호는 괴애乖崖이다. 그는 강직함을 자처하고 다스림에 있어서 엄하고 사나움을 숭상하여, 괴팍하고 모가 났다는 뜻의 '괴애'로 자신의 호를 삼았다고 한다. 태종太宗 때 익주 지사益州知事로 나가 은위恩威를 병용하여 선정善政을 폈으므로, 백성들이 그를 두려워하면서도 사랑했다고 한다. 그 뒤 진종眞宗은 이러한 남다른 치적을 알고 그를 거듭 익주 지사로 임명했다.

장이張耳 | ?~기원전 202. 진秦나라 말에 진섭陳涉이 반란을 일으키자 그에게 육국六國의 후예를

세우도록 권하고, 진여陳餘와 함께 장군 무신武臣을 따라 조趙나라 땅을 평정했다. 또한 무신을 종용하여 진섭을 배반하고 스스로 조나라 왕이 되게 한 다음, 자신은 우승상이 되고 진여는 대장군이 되었다. 장이와 진여는 무명 시절에 문경지교刎頸之交(생사를 같이하기로 맹세한 우정)를 맺었으나, 장이가 진여의 대장군 직책을 빼앗아 차지했을 뿐더러 항우項羽의 논공행상에 따라 상산왕常山王으로 세워지자 서로 틈이 생겼다. 분노한 진여가 상산왕 장이를 습격하여 패주하게 하니, 장이는 한漢나라에 투항하여 한신韓信과 함께 조나라의 대군을 격파하고 진여를 살해한 뒤, 조나라 왕에 봉해졌다.

장창교長暢橋 │ 청계천에 놓였던 다리의 하나로 한양 중부 장통방長通坊(지금의 장교동, 관철동 일대)에 있었다. 장통교長通橋, 장교長橋라고도 불렸다.

장평長平 │ 전국 시대 때에 조趙나라 군사 40만이 진秦나라 장수 백기白起에게 몰살당한 곳이다.

적송자赤松子 │ 고대 중국의 전설에 나오는 신선이다. 본래 신농씨神農氏의 시대에 비를 다스리는 우사雨師였다고 한다. 적송자가 불로장생을 위해 만들었다는 단약丹藥, 기공氣功, 호흡법 등이 도가道家에 전해지고 있다.

전당錢塘 │ 청나라 절강성浙江省 항주부杭州府에 속한 현縣이다.

전문箋文 │ 황제에게 올리는 글을 표表라 하고, 그와 구별하여 황후나 황태자, 왕이나 왕후에게 올리는 글을 전箋이라 한다. 주로 감사를 표하거나 위로하는 목적으로 지으며, 사륙변려체四六騈儷體를 취하였다.

정각鄭珏 │ 1721년생. 본관은 창원昌源이고, 자는 계명季明이다. 1774년(영조 20) 진사 급제했다. 1780년 연행燕行 당시 연암과 마찬가지로 정사 박명원의 수행원이었으며, 일행 중 연암과 가장 친숙한 사이였다.

정鄭**나라** │ 주周나라 때의 제후국의 하나로, 수도는 지금의 하남성河南省 신정현新鄭縣에 있었다. 정나라는 풍속이 음란하다고 알려졌다. 『논어』에서 공자는, 정나라의 민요가 남녀 간의 음탕한 사연을 즐겨 노래했으므로 궁중 음악으로 써서는 안 된다고 하였다.

정령위丁令威 │ 한漢나라 때 요동遼東 사람으로 신선이 된 지 천 년 만에 학鶴으로 변해 고향을 찾아 갔으나, 그가 학이 되어 화표주華表柱에 앉은 줄을 모르는 한 젊은이가 활로 쏘려고 했으므로 탄식하며 고향을 떠날 수밖에 없었다고 한다.

정철조鄭喆祚 │ 1730~1781. 호는 석치石癡이다. 미호渼湖 김원행金元行의 문하에서 수학했으며, 영조 50년(1774) 문과 급제 후 정언正言을 지냈다. 그림을 잘 그렸으며 지도 제작, 천문 역산에도 뛰어났다. 호주가로 유명하였다.

제과制科 | 제거制擧라고도 하며, 황제가 임시로 조령詔令을 내려 실시하는 부정기적인 과거를 말한다. 고려 말에 최해崔瀣·안축安軸·이곡李穀·이색李穡 등이 제과에 응시하여 합격하였다.

조괄趙括 | 전국 시대 조趙나라의 장군인 조사趙奢의 아들로, 병법을 조금 알게 되자 천하에 자기를 당할 자가 없을 것이라고 늘 자부하고 다녔으므로, 아버지 조사로부터 장차 조나라 군대를 망칠 것이라는 주의를 받았다고 한다. 진秦나라의 장수 백기白起가 조나라를 공격했다가 염파廉頗의 군대에게 패배하자, 이간책을 써서 조나라 왕이 염파를 쫓아내고 조괄趙括을 장수로 삼도록 공작하였다. 그리하여 백기는 장평長平 전투에서 조나라 군대를 대패시키고 투항한 40만 군사를 구덩이에 묻어 죽였다.

조귀명趙龜命 | 1694~1737. 본관은 풍양豐壤이고, 자는 보여寶汝, 호는 동계東谿이다. 생원시에 급제한 뒤 관직에 나아가지 않다가, 말년에 세자익위사의 시직侍直·익위翊衛 등을 지냈다. 재종형再從兄인 풍원군豐原君 조현명趙顯命과 절친하였으며, 황경원黃景源과 함께 당대의 문장가로 손꼽혔다. 문집으로『동계집』東谿集이 있다.

조성기趙聖期 | 1638~1689. 호는 졸수재拙修齋이다. 저명한 학자로, 평생 성리학 연구에 전념하였다.

조식曺植 | 1501~1572. 호는 남명南冥이다. 훈척勳戚이 정치를 좌우하고 사화士禍가 자주 일어났으므로, 벼슬에 나아갈 것을 포기하고 성리학 연구와 제자 양성에만 전념하였다. 퇴계 이황과 함께 영남의 유학을 진작시킨 공로가 크다.

조현단趙玄壇 | 조 원수趙元帥를 말한다. 이름은 낭랑이나, 공명公明이라는 자로 더 널리 알려져 있다. 조공명은 진秦나라 때 산중으로 피난하여 수련 끝에 옥황상제로부터 신소부수神宵副帥, 주령뢰정부원수主領雷霆副元帥 등에 임명되었으며, 또한 천사天師 장도릉張道陵이 선단仙丹을 수련할 때 옥황상제로부터 현단대원수玄壇大元帥에 임명되어 단로丹爐를 수호하러 강림했다고 한다. 검은 호랑이를 타고 다닌다고 하였다.

조현명趙顯命 | 1690~1752. 소론에 속하는 정치가로, 이인좌李麟佐의 난 때 공을 세워 풍원군豐原君에 봉해졌다. 영조의 탕평책을 적극 지지하여 영의정까지 지냈다.

종본탑宗本塔 | 지금의 서울 종로 탑골공원 안에 있는 원각사지圓覺寺址의 석탑(白塔)을 가리킨다. 원각사는 조선 태조 때 조계종曹溪宗의 본사本寺로 삼았던 절이었으므로, 그 절에 세운 석탑을 후세에 종본탑이라고도 부른 듯 하다. 원각사 백탑 부근에 연암과 이덕무, 이서구, 유득공 등이 살았다고 한다.

종자기鍾子期 | 춘추 시대 초楚나라 사람으로 음악에 정통했다는 인물이다.

주문조朱文藻 | 호는 낭재朗齋이며, 육서六書와 금석金石에 정통했다. 엄성, 육비, 반정균 3인과 홍대용 등 조선 사행 6인이 주고받은 시와 편지를 편찬한 『일하제금집』日下題襟集에 서문을 썼다.

죽우竹牛 | 들소의 일종인데 힘이 몹시 세어 범을 굴복시킬 수 있다고 한다. 죽우가 대숲에서 새끼를 낳을 때 범이 가까이 지나가면, 범의 발자욱을 뒤쫓아 가면서 숲속 나무들과 충돌하므로 범이 두려워서 굴복한다고 한다.

중동重瞳 | 눈에 동자가 겹으로 된 것을 말하며, 귀인貴人의 상相으로 간주되었다.

지황탕地黃湯 | 육미지황탕六味地黃湯이라고도 하며, 숙지황·구기자·산수유 등 6종의 약재를 넣어 만든 탕약湯藥으로 폐결핵 등에 효험이 있다.

진여陳餘 | ?~기원전 204. 진陳나라 말에 장이張耳와 함께 진섭陳涉의 반란군에 참여하여 조趙나라의 땅을 차지한 뒤, 장군 무신武臣을 설득하여 조나라 왕에 오르게 하고, 자신은 대장군이 되었다. 그러나 장이와 불화 끝에 그에게 대장군 직책을 빼앗겼을 뿐 아니라 항우의 논공행상에 따라 장이는 상산왕常山王이 되고 자신은 겨우 남피南皮 부근의 세 현縣을 봉읍으로 받게 된 데 크게 불만을 품고, 장이를 습격하여 패주하게 했다. 단 『사기』史記에는 진여를 '성안후'成安侯라 하지 않고 '성안군'成安君이라 지칭하였다.

진봉秦鳳 | 중국 섬서성 봉상부鳳翔府의 진계秦階, 농봉隴鳳 일대를 가리킨다.

진승陳勝 | ?~기원전 208. 진秦나라 말에 오광吳廣과 함께 농민 반란을 일으켜, 스스로 왕이 되고 국호를 장초張楚라고 하였다. 진나라 장수 장감章邯에게 패한 끝에 피살되었다.

진주담眞珠潭 | 금강산 입구 만폭동萬瀑洞의 팔담八潭 중 가장 장대한 명승지이다.

집주름 | 집 흥정을 붙여주고 대가를 받는 사람을 가리킨다.

ㅊ

창귀倀鬼 | 범에게 잡아먹힌 사람의 귀신으로, 다른 사람을 잡아먹도록 범을 인도한다는 나쁜 귀신이다.

창동倉洞 | 한양의 남대문 안 선혜청宣惠廳의 창고 부근에 있었던 동네로, 지금의 남대문 시장이 있는 남창동 일대이다.

창평昌平 | 청나라 때 순천부順天府에 속한 주州로, 지금은 북경시의 교구구郊區區에 속한 현縣이다. 이곳에서 거용관居庸關을 거치면 북경에서 가장 가까운 만리장성이 있는 팔달령八達嶺에 닿는다.

창힐蒼頡 | 고대 중국의 전설에 황제黃帝의 사관史官으로서 한자漢字를 처음 만들었다는 사람이다.

채륜蔡倫 | ?~121. 한漢나라 화제和帝 때 중상시中常侍가 되고, 용정후龍亭侯에 봉해졌다. 종이를 처음 발명했다고 한다.

채택蔡澤 | 전국 시대 연燕나라 출신의 유세가游說家로, 진秦나라에 가서 범저范雎를 설득하여 소왕昭王을 만나게 되자 객경客卿으로 기용되었고, 범저가 사퇴한 뒤에는 진나라의 승상이 되었다.

천흉국穿胸國 | 중국 남방의 소수 민족인 천흉족이 세운 나라. 천흉족은 가슴에 구멍이 나 있어, 귀인들은 그 구멍에 긴 장대를 꿰어 가지고 두 사람이 떠메게 하여 다닌다고 하였다.

철괴무鐵拐舞 | 고대 중국의 전설에 나오는 팔선八仙 중의 하나인 이철괴李鐵拐의 모습을 흉내 내어 추는 춤이다.

철돌鐵突 | 거문고의 명수로 알려진 실존 인물로, 김철석金哲石이라고도 했다. 가객歌客 이세춘李世春, 가기歌妓 추월秋月·매월梅月·계섬桂蟾 등과 한 그룹을 이루어 직업적인 연예 활동으로 자못 명성이 높았다고 한다.

철현금鐵絃琴 | 금속 줄로 된 양금洋琴을 이른다. 유럽에서 들어왔다고 하여 구라철사금歐邏鐵絲琴이라고도 한다. 명나라 말에 예수회 선교사 마테오리치가 중국에 처음 소개했는데, 조선에는 영조 때에 들어왔을 것으로 추정된다. 홍대용洪大容이 국내 최초로 철현금을 향악鄕樂 음정에 조율하여 연주하는 데 성공한 뒤 그 연주법이 널리 전파되었다고 한다.

첨사僉使 | 첨절제사僉節制使의 준말이다. 첨절제사는 병마절도사의 다음 가는 벼슬로 종3품 무관직이다.

청교青橋 | 한양 남부 명철방明哲坊에 있던 다리 이름이다. 쌍리동雙里洞의 개울물이 북쪽으로 흘러 이 다리를 지나 태평교와 합친다고 하였다.

청명상하도清明上河圖 | 청명절清明節에 변하汴河를 거슬러 오를 때 보이는 풍경을 그린 대작大作이다. 송宋나라 때 장택단張澤端이 그렸다고 하는데, 원작은 전하지 않고 구영仇英 등 후대 화가들의 모방작만 전한다.

청파青坡 | 지금의 서울 용산구 청파동 일대이다.

청허선생聽虛先生 | 가공 인물로, 청허聽虛는 '여러 사람들의 견해를 널리 듣고 허심탄회하게 받아들인다'는 겸청허수兼聽虛受의 뜻으로 짐작된다.

청환清宦 | 봉록은 많지 않으나 명예롭게 여겼던 홍문관, 예문관, 규장각 등의 하위 관직을 가리킨

다. 학식과 문벌을 갖춘 인물에 한하여 허용되었다.

초관哨官 | 조선 시대 군대의 편제인 초哨의 우두머리로 종9품의 벼슬이다.

총석정叢石亭 | 강원도 통천군通川郡에 있던 정자로 관동팔경關東八景 중의 하나였다. 동해 해금강海金剛에 육각형의 현무암 돌기둥이 여러 개 총립叢立하여 절경을 이루었으므로 총석정이라 했으며, 정자가 없어진 뒤에도 그곳을 여전히 총석정이라 불렀다.

최순성崔舜星 | 1719~1789. 호는 치암癡庵이다. 개성開城의 부호로서 선행을 많이 하였다.

최진관崔鎭觀 | 1747~1812. 최순성崔舜星의 아들로, 백부 최응성崔應星의 양자가 되었다. 정조 1년(1777) 진사 급제했으며, 문집으로『나창유고』蘿窓遺稿가 있다.

최치원崔致遠 | 857~? 자는 고운孤雲이다. 신라 말의 최고 문장가로, 당唐나라에 유학하여 과거에 급제하고, 879년 황소黃巢의 난 때 고변高騈의 종사관從事官으로서「토황소격문」討黃巢檄文을 지어 중국에 문명을 떨쳤다. 문집으로『계원필경』桂苑筆耕이 있다. 고려 현종顯宗 때 문창후文昌侯에 추시追諡되고 문묘文廟에 배향되었다.

최흥효崔興孝 | 조선 세종世宗 때의 명필로, 초서에 뛰어났다고 한다.

추도騶徒 | 추도騶導와 같은 말로, 고관이 행차할 때 앞장서서 말을 끌고 길을 인도하는 하인들을 이른다.

추이酋耳 | 고대 중국 서남쪽의 오랑캐인 앙림央林의 지역에서 난다는 짐승으로, 범처럼 생겼는데 범을 만나면 죽인다고 한다.

축筑 | 거문고와 비슷하게 생긴 고대 중국의 현악기다.『사기』「자객열전」刺客列傳에 진秦나라 임금을 죽이러 떠나는 형가荊軻가 그의 벗 고점리高漸離가 연주하는 축 소리에 맞추어 비분강개하게 노래를 부르자, 전송객들이 그에 감동하여 모두 눈에 노기를 띠었으며 머리털이 남김없이 곤두서 관冠을 찌를 듯했다고 한다.

축융祝融 | 고대 중국의 신화에 불을 주관한다는 신이다.

ㅌ

탁무卓茂 | ?~28. 남양南陽 사람으로, 자는 자강子康이다. 전한前漢 원제元帝 때에 통유通儒로 불려 시랑侍郎에 천거되기도 하였고, 밀현령密縣令이 되어서 선정을 베풀기도 하였다. 왕망王莽이 집권할 때 벼슬을 내렸으나 병을 핑계 대고 사직하였다. 광무제光武帝가 즉위하자 태부太傅로 발탁되고 포덕후褒德侯에 봉해졌다.

태상太常 | 한漢나라 이후의 관직 제도에서 제사와 예악을 주로 담당하던 관직을 말한다.

태항산太行山 | 중국의 산서성山西省과 하북성河北省 사이에 뻗어 있는 거대한 산맥이다.

태현경太玄經 | 『태현』太玄이라고도 한다. 한漢나라 때 양웅揚雄이 『주역』周易을 모방하여 지은 저술이다.

통인通引 | 조선 시대에 지방 수령의 잔심부름을 하던 아전을 말한다.

| ㅍ |

파제破題 | 당나라와 송나라 때 과거 답안지의 첫머리에서 시험 제목의 의미를 먼저 설파하는 것을 말한다. 이는 명나라와 청나라의 팔고문八股文에 이르러 고정된 법식이 되었다.

판관判官 | 조선 시대에 감사監司를 보좌하는 종5품 벼슬이다.

패邶나라 | 주周나라 무왕武王이 상商나라를 정복한 뒤 지금의 하남성河南省 탕음현湯陰縣 동남쪽에 해당하는 조가朝歌 이북의 땅을 패邶나라로 삼고 제후를 봉했다. 나중에 위衛나라에 병합되었다. 『시경』의 패풍邶風은 이 나라의 민요를 수록한 것이라 한다.

패자覇者 | 춘추 시대에 무력과 권모술수로써 제후들의 우두머리가 된 자들을 말한다. 제齊나라 환공桓公, 진晉나라 문공文公, 송宋나라 양공襄公, 진秦나라 목공穆公, 초楚나라 장왕莊王을 오패五覇라고 하였다.

팽조彭祖 | 팔백 살까지 살았다는 전설적인 인물로, 유향劉向의 『열선전』列仙傳, 갈홍葛洪의 『신선전』神仙傳 등에 소개되어 있다.

평계平溪 | 평동平洞, 거평동居平洞이라고도 하였다. 한양의 서대문 밖 반송방盤松坊에 속한 동네로, 지금의 종로구 평동 일대이다. 예전에 평동과 냉정동冷井洞(지금의 냉천동) 사이에 지금은 복개된 계천이 흘렀으므로 평계라 한 듯하다.

평원군平原君 | ?~기원전 251. 전국 시대 조趙나라 무령왕武靈王의 아들이자 혜문왕惠文王의 아우로, 성명은 조승趙勝이다. 동무성東武城에 봉해졌으며, 호를 평원군이라 했다. 세 번이나 조나라의 승상을 지냈으며, 문하에 식객이 3천 명이나 되었다고 한다.

포리捕吏 | 조선 시대에 포도청이나 지방 관아에 소속되어 죄인을 잡는 일을 맡았던 하급 관리를 말한다.

포현蒲莧 | 고염무顧炎武의 『창평산수기』昌平山水記에는 '포희'布希로 되어 있다. 포희는 여진족의 서성庶姓으로, 『금사』金史에는 '포현'蒲莧, '포선'蒲鮮, '포한'蒲閒 등으로 표기되어 있다. 『금

사』에 의하면, 금나라 태종太宗 3년(1125) 완안종망完顏宗望이 백하白河에서 4만 5천 명의 송나라 대군을 크게 쳐부수고 마침내 연경을 함락할 적에, 포현은 고북구에서 송나라 병사 3천 명을 패배시켰다.

포희씨庖犧氏 | 태곳적 중국의 삼황三皇의 한 사람인 복희씨伏羲氏로, 팔괘八卦와 문자(書契)를 처음 만들었다고 한다.

표견駒犬 | 노견露犬이라고도 한다. 고대 중국 서쪽의 오랑캐인 거수渠叟의 지역에서 난다는 짐승으로, 날개가 있어 잘 난다고 하였다.

표철주表鐵柱 | 실존 인물로서 한양의 무뢰배 조직인 검계劍契의 일원이었다. 이들은 자칭 왈짜(日者)라고도 하는데, 노름판과 사창가 등을 무대로 활동하면서 살인과 약탈, 강간 등을 자행하였다.

ㅎ

학산수鶴山守 | 종실宗室로, 이름은 알 수 없다. 수守는 종친부宗親府의 정4품 벼슬이다.

한신韓信 | ?~기원전 196. 유방劉邦을 도와 한漢나라를 세운 명장으로, 해하垓下에서 항우項羽의 군대를 궤멸한 뒤 초왕楚王에 봉해졌으나, 모반 혐의로 체포되어 회음후淮陰侯로 강등되고 연금되는 신세가 되었다.

한유韓愈 | 768~824. 당나라 때 고문古文 부흥 운동을 이끈 문장가요 시인이다. 그는 본래 영천潁川(하남성河南省 우현禹縣) 한씨韓氏였지만, 호족豪族인 창려昌黎(하북성河北省 용성현龍城縣) 한씨로 자처하였으므로, 세간에서 '한창려'로 불리웠으며 송宋나라 때는 창려백昌黎伯에 봉해졌다.

항우項羽 | 항적項籍(기원전 232~기원전 202)의 자字가 우羽이다. 항적은 진秦나라 말에 숙부 항량項梁을 따라 반란을 일으켜, 진나라 군대를 격파하고 스스로 서초패왕西楚霸王이 되었으나, 유방劉邦과 천하를 다투다가 패하여 자살했다.

해야海若 | 고대 중국의 신화에 나오는 해신海神이다.

해왕奚王 | 선비족鮮卑族의 일종으로 당나라 때 세력을 떨쳤던 해족奚族의 우두머리를 말한다.

해추海鰌 | 꼬리지느러미가 솟아 있는 긴흰수염고래를 말한다. 그 지느러미가 붉은 깃발을 흔드는 것 같다고 한다.

향소鄕所 | 조선 시대 향청鄕廳의 좌수座首와 별감別監을 말한다.

현백玆白 | 고대 중국 서쪽의 오랑캐 나라인 의거국義渠國에서 난다는 짐승으로, 백마처럼 생겼으며 톱니 같은 이빨로 범과 표범을 잡아먹는다고 한다. 박駁이 곧 현백玆白이라는 설도 있다.

현빈玄牝 | 현묘한 모체母體란 뜻으로, 양생養生의 도道를 가리킨다. 『노자』老子에 "곡신은 죽지 않으니 현빈이라 이른다. 현빈의 문은 천지의 뿌리이다"(谷神不死 是謂玄牝 玄牝之門 天地之根)라고 하였다.

현승縣丞 | 한漢나라 때 이래 현縣의 장관을 보좌하던 관직이다.

현위縣尉 | 한漢나라 때 이래 현縣의 장관을 보좌하던 관직으로, 현승縣丞과 합하여 장리長吏라고 불렸다. 주로 지방의 치안을 담당했다.

형가荊軻 | 전국 시대 위衛나라 출신의 자객이다. 진秦나라가 위나라를 멸망시키자 연燕나라로 망명한 다음, 연나라 태자와 모의하여 진나라 왕을 죽이려다 실패하였다.

호맥胡貊 | 중국 북방에 사는 흉노匈奴 등의 민족을 가리킨다.

호장戶長 | 조선 시대 고을 아전의 우두머리를 말한다.

호전胡傳 | 송나라 때 호안국胡安國(1074~1138)이 지은 『춘추호씨전』春秋胡氏傳을 말한다. 『좌전』左傳, 『공양전』公羊傳, 『곡량전』穀梁傳과 함께 『춘추』 4전傳의 하나로, 원元·명明의 주자학파에 의해 존숭되었다.

홍대용洪大容 | 1731~1783. 자는 덕보德保, 호는 담헌湛軒이다. 미호渼湖 김원행金元行의 문하에서 수학했으며, 영조 때 음보로 세손익위사 시직侍直을 지냈고, 정조 즉위 후 태인泰仁 현감과 영천榮川 군수를 지냈다. 1765년(영조 41) 숙부 홍억洪檍이 서장관으로 청나라에 갈 때 수행하여 북경에서 엄성·반정균·육비 등과 사귀었으며, 귀국한 뒤 『연기』燕記를 저술하고 『간정동회우록』乾淨衕會友錄을 편찬했다.

홍로주紅露酒 | 소주에다 멥쌀로 만든 누룩과 계피 등을 넣고 우려 만든 약주로, 감홍로甘紅露, 감홍주甘紅酒라고도 부른다.

홍범洪範 | 『서경』書經 주서周書의 한 편篇이다. 홍범은 대법大法, 즉 천지간에 가장 큰 법이라는 뜻이다. 무왕武王이 은殷나라를 멸망시킨 뒤 기자箕子를 주周나라의 도읍으로 데리고 가서 하늘의 도가 무엇이냐고 물었을 때 기자가 답한 내용이 곧 홍범이라고 한다. 여기에는 우禹가 상제에게서 받았다는 '아홉 가지 큰 규범'(洪範九疇)이 제시되어 있는데, 첫째는 오행五行으로, 사람이 살아가는 데 꼭 필요한 다섯 가지 물질을 가리킨다. 둘째는 사람들이 지켜야 할 다섯 가지 일, 즉 오사五事이고, 셋째는 여덟 가지 정사, 즉 팔정八政이고, 넷째는 다섯 가지 기율, 즉 오기五紀이고, 다섯째는 임금의 법도, 즉 황극皇極이고, 여섯째는 세 가지 덕, 즉 삼덕三德이고, 일곱째는 점

을 쳐서 의심나는 일을 밝혀내는 일, 즉 계의稽疑이고, 여덟째는 하늘이 내리는 여러 징조, 즉 서징庶徵이고, 아홉째는 다섯 가지 복과 여섯 가지 곤액, 즉 오복육극五福六極이다.

홍패紅牌 | 조선 시대에 문과 급제자에게 수여했던 합격 증서를 말한다. 생원이나 진사에게는 백패白牌를 수여하였다.

화장산華藏山 | 황해도 개성 동북쪽, 금천군金川郡 내에 있는 산이다.

화제火齊 | 보석의 일종으로 청색, 홍색, 황색 등 빛깔이 다양하다. 매괴주玫瑰珠라고도 하며 일설에는 유리琉璃라고도 한다.

화조火棗 | 고대 중국의 전설에 나오는 선과仙果로 이것을 먹으면 하늘을 날 수 있다고 한다.

활猾 | 바다짐승으로, 몸을 펴서 살을 드러내어 범을 유혹하는데 범이 삼키기는 하지만 씹을 수는 없다고 한다.

황승원黃昇源 | 1732~1807. 자는 윤지允之이다. 1771년 문과 급제 후 사간원 정언으로서 이광좌李光佐 등 소론 대신大臣의 관작을 복구한 조치에 항의하다가 흑산도에 유배되었다. 정조 즉위 후 대사성, 황해 감사, 이조 판서 등을 지냈다. 강한江漢 황경원黃景源의 사촌동생으로 그에게 글을 배웠으며, 연암과는 과거 공부를 같이 하는 등 젊은 시절부터 절친한 사이였다.

황여고皇輿攷 | 명나라 신종神宗 때 장천복張天復이 편찬한 지리서이다.

황요黃要 | 황요黃腰라고도 한다. 족제비처럼 생겼는데, 허리 윗부분이 황색을 띠었다고 한다.

황정경黃庭經 | 도가道家의 경전으로, 도가의 양생 수련법에 오장 중에서 비장脾臟을 중앙 황정中央黃庭이라 하여 특히 중시했으므로 '황정경'이라 하였다.

황화진천黃花鎭川 | 정확한 명칭은 황화진천하黃花鎭川河이다. 강이 북쪽 국경 너머에서 발원하여 황화진黃花鎭 입구로 유입되었으므로 그와 같은 명칭으로 불리웠다. 황화진은 거용관居庸關과 고북구古北口의 중간에 있던 중요한 관문으로, 창평昌平 동북쪽에 있었다.

황희黃喜 | 1364~1452. 고려 말에 문과 급제 후 성균관 학관이 되었다. 조선 개국 초에 중용되어 세종 때 영의정까지 지냈다. 청렴하고 유능하여 세종의 두터운 신임을 받았으며, 후세에 청백리淸白吏의 귀감이 되었다.

회檜나라 | 지금의 하남성河南省 밀현密縣 동북쪽에 있었던 춘추 시대의 제후국으로 정鄭나라에게 멸망당했다. 『시경』詩經의 회풍檜風은 이 나라의 민요를 수록한 것이라 한다.

효공孝公 | 재위在位 기원전 362~338. 헌공獻公의 아들로, 성명은 영거량嬴渠梁이다. 상앙商鞅을 기용하여 진秦나라를 부강하게 만들었다.

후어鱟魚 | 참게를 말한다. 등 위에 7, 8촌寸 되는 껍질이 있는데 바람이 없으면 이 껍질을 눕히고

바람이 불면 이 껍질을 돛처럼 펴서 바람을 타고 다닌다고 한다.

후직后稷 | 주周나라의 선조로, 그의 모친이 천제天帝의 발자국을 밟고 잉태하여 낳았기에 상서롭지 못하다 하여 기르지 않고 내버렸으므로, 원래의 이름은 '기'棄라고 하였다. 순舜임금 때 농사를 담당하는 관리가 되어 백성들에게 농사짓는 법을 가르쳤다고 한다.

희화羲和 | 고대 중국의 신화에 해를 태운 수레를 몬다는 신이다.

작품 원제 색인

- 강거만음 江居謾吟 『연암집』 권4 │ 본서 435쪽
- 공작관기 孔雀館記 『연암집』 권1 │ 본서 296쪽
- 공작관문고 자서 孔雀館文稿 自序 『연암집』 권3 │ 본서 136쪽
- 관재기 觀齋記 『연암집』 권7 │ 본서 221쪽
- 관재소장 청명상하도발 觀齋所藏淸明上河圖跋 『연암집』 권7 │ 본서 215쪽
- 광문자전 廣文者傳 『연암집』 권8 │ 본서 32쪽
- 극한 極寒 『연암집』 권4 │ 본서 433쪽
- 금학동 별서 소집기 琴鶴洞別墅小集記 『연암집』 권3 │ 본서 248쪽
- 김신선전 金神仙傳 『연암집』 권8 │ 본서 48쪽
- 낭환집서 蜋丸集序 『연암집』 권7 │ 본서 147쪽
- 녹천관집서 綠天館集序 『연암집』 권7 │ 본서 133쪽
- 능양시집서 菱洋詩集序 『연암집』 권7 │ 본서 164쪽
- 답경지 (1) 答京之 『연암집』 권5 │ 본서 308쪽
- 답경지 (2) 答京之 之二 『연암집』 권5 │ 본서 310쪽
- 답경지 (3) 答京之 之三 『연암집』 권5 │ 본서 312쪽
- 답남수 答南壽 『연암집』 권10 │ 본서 329쪽
- 답대구판관이후 논진정서 答大邱判官李侯論賑政書 『연암집』 권2 │ 본서 338쪽
- 답모 答某 『연암집』 권5 │ 본서 322쪽
- 답순사 논함양장수원 의옥서 答巡使論咸陽張水元疑獄書 『연암집』 권2 │ 본서 336쪽

- 답영재 (1) 答泠齋 『연암집』 권5 | 본서 320쪽
- 답응지서 (4) 答應之書 『연암집』 권2 | 본서 359쪽
- 답이감사 적중서 答李監司謫中書 『연암집』 권3 | 본서 350쪽
- 답이중존서 (1) 答李仲存書 『연암집』 권2 | 본서 363쪽
- 답이중존서 (3) 答李仲存書 『연암집』 권2 | 본서 366쪽
- 답창애 (1) 答蒼厓 『연암집』 권5 | 본서 314쪽
- 답창애 (2) 答蒼厓 之二 『연암집』 권5 | 본서 317쪽
- 답창애 (3) 答蒼厓 之三 『연암집』 권5 | 본서 319쪽
- 답홍덕보서 (2) 答洪德保書 第二 『연암집』 권3 | 본서 332쪽
- 도압록강 회망용만성 渡鴨綠江回望龍灣城 『연암집』 권4 | 본서 439쪽
- 도화동 시축발 桃花洞詩軸跋 『연암집』 권10 | 본서 207쪽
- 마장전 馬駔傳 『연암집』 권8 | 본서 55쪽
- 만휴당기 晩休堂記 『연암집』 권3 | 본서 265쪽
- 민옹전 閔翁傳 『연암집』 권8 | 본서 19쪽
- 발승암기 髮僧菴記 『연암집』 권1 | 본서 258쪽
- 백수 공인이씨 묘지명 伯嫂恭人李氏墓誌銘 『연암집』 권2 | 본서 380쪽
- 백이론 하 伯夷論 下 『연암집』 권3 | 본서 417쪽
- 백자 증정부인 박씨묘지명 伯姊贈貞夫人朴氏墓誌銘 『연암집』 권2 | 본서 378쪽
- 북학의서 北學議序 『연암집』 권7 | 본서 187쪽
- 불이당기 不移堂記 『연암집』 권3 | 본서 232쪽
- 사황윤지서 謝黃允之書 『연암집』 권3 | 본서 325쪽
- 산중지일 서시이생 山中至日書示李生 『연암집』 권4 | 본서 453쪽
- 산행 山行 『연암집』 권4 | 본서 434쪽
- 상기 象記 『연암집』 권14(『열하일기』) | 본서 287쪽
- 상김좌상서 上金左相書 『연암집』 권3 | 본서 354쪽
- 서광문전후 書廣文傳後 『연암집』 권8 | 본서 37쪽
- 선귤당기 蟬橘堂記 『연암집』 권7 | 본서 224쪽
- 소단적치인 騷壇赤幟引 『연암집』 권1 | 본서 151쪽
- 소완정기 素玩亭記 『연암집』 권3 | 본서 238쪽

- 수소완정 하야방우기 酬素玩亭夏夜訪友記 『연암집』 권3 | 본서 242쪽
- 순패서 旬稗序 『연암집』 권7 | 본서 139쪽
- 야출고북구기 夜出古北口記 『연암집』 권14(『열하일기』) | 본서 277쪽
- 양반전 兩班傳 『연암집』 권8 | 본서 42쪽
- 여인 與人 『연암집』 권3 | 본서 343쪽
- 여인 與人 『연암집』 권10 | 본서 347쪽
- 여초책 與楚幘 『연암집』 권5 | 본서 324쪽
- 연암억선형 燕岩憶先兄 『연암집』 권4 | 본서 436쪽
- 열녀 함양 박씨전 병서 烈女咸陽朴氏傳 幷序 『연암집』 권1 | 본서 118쪽
- 염재기 念齋記 『연암집』 권7 | 본서 217쪽
- 영처고서 嬰處稿序 『연암집』 권7 | 본서 129쪽
- 예덕선생전 穢德先生傳 『연암집』 권8 | 본서 65쪽
- 옥새론 玉璽論 『연암집』 권1 | 본서 413쪽
- 우부초서 愚夫艸序 『연암집』 권7 | 본서 171쪽
- 우상전 虞裳傳 『연암집』 권8 | 본서 71쪽
- 원조대경 元朝對鏡 『연암집』 권4 | 본서 431쪽
- 유경집 애사 兪景集哀辭 『연암집』 권3 | 본서 402쪽
- 이몽직 애사 李夢直哀辭 『연암집』 권3 | 본서 397쪽
- 이존당기 以存堂記 『연암집』 권1 | 본서 253쪽
- 일로 一鷺 『연암집』 권4 | 본서 441쪽
- 일야구도하기 一夜九渡河記 『연암집』 권14(『열하일기』) | 본서 282쪽
- 자소집서 自笑集序 『연암집』 권3 | 본서 143쪽
- 재거 齋居 『연암집』 권4 | 본서 440쪽
- 전가 田家 『연암집』 권4 | 본서 437쪽
- 제외구 처사유안재 이공문 祭外舅處士遺安齋李公文 『연암집』 권3 | 본서 406쪽
- 제정석치문 祭鄭石癡文 『연암집』 권10 | 본서 411쪽
- 족형도위공 주갑수서 族兄都尉公周甲壽序 『연암집』 권1 | 본서 191쪽
- 종북소선 자서 鍾北小選 自序 『연암집』 권7 | 본서 155쪽
- 주공탑명 麈公塔銘 『연암집』 권2 | 본서 374쪽

- 죽오기 竹塢記 『연암집』 권10 | 본서 293쪽
- 증백영숙 입기린협서 贈白永叔入麒麟峽序 『연암집』 권1 | 본서 180쪽
- 증좌소산인 贈左蘇山人 『연암집』 권4 | 본서 447쪽
- 초정집서 楚亭集序 『연암집』 권1 | 본서 159쪽
- 총석정 관일출 叢石亭觀日出 『연암집』 권4 | 본서 442쪽
- 취답운종교기 醉踏雲從橋記 『연암집』 권10 | 본서 268쪽
- 치암 최옹묘갈명 痴庵崔翁墓碣銘 『연암집』 권2 | 본서 390쪽
- 풍악당집서 楓嶽堂集序 『연암집』 권7 | 본서 183쪽
- 필세설 筆洗說 『연암집』 권3 | 본서 423쪽
- 필운대 상화 弼雲臺賞花 『연암집』 권4 | 본서 438쪽
- 하야연기 夏夜讌記 『연암집』 권3 | 본서 229쪽
- 하풍죽로당기 荷風竹露堂記 『연암집』 권1 | 본서 300쪽
- 함양군 학사루기 咸陽郡學士樓記 『연암집』 권1 | 본서 304쪽
- 해인사 海印寺 『연암집』 권4 | 본서 456쪽
- 해인사 창수시서 海印寺唱酬詩序 『연암집』 권1 | 본서 204쪽
- 허생전 許生傳 『연암집』 권14(『열하일기』) | 본서 102쪽
- 형언도필첩서 炯言桃筆帖序 『연암집』 권7 | 본서 168쪽
- 호곡장 好哭場 『연암집』 권11(『열하일기』) | 본서 272쪽
- 호질 虎叱 『연암집』 권12(『열하일기』) | 본서 88쪽
- 홍덕보묘지명 洪德保墓誌銘 『연암집』 권2 | 본서 384쪽
- 홍범우익서 洪範羽翼序 『연암집』 권1 | 본서 197쪽
- 회성원집발 繪聲園集跋 『연암집』 권3 | 본서 211쪽
- 회우록서 會友錄序 『연암집』 권1 | 본서 175쪽
- 효행 曉行 『연암집』 권4 | 본서 432쪽